21世纪高等学校规划教材 | 计算机应用

信息处理技术基础教程
（第2版）

马崇华 主　编
方娇莉 副主编
张怀宁 主　审

清华大学出版社
北京

内 容 简 介

全书共 12 章，内容包括信息技术基础知识、计算机基础知识、Windows XP 操作系统、Word 2003 字处理软件、电子表格 Excel 2003、PowerPoint 2003 演示文稿制作软件、网页制作、数据库应用——Access 2003、多媒体基础知识、计算机网络及应用、信息安全技术、信息处理技术员模拟试题和参考答案。

在内容的组织安排及编写上，本书采用案例驱动教学的方式及贯彻精讲多练的方针。书中各章实例由浅入深、逐步升级，习题适量、总结简明，条理性强，便于学习。

本书可作为高等院校非计算机专业大学计算机基础课程的教材，也可作为信息处理技术员资格考试的培训教材及自学用书。亦可供广大信息处理技术人员在实际工作中学习参考。

本书封面贴有清华大学出版社防伪标签，无标签者不得销售。
版权所有，侵权必究。举报：010-62782989，beiqinquan@tup.tsinghua.edu.cn。

图书在版编目（CIP）数据

信息处理技术基础教程/马崇华主编.—2 版.—北京：清华大学出版社，2010.8（2023.12重印）
（21 世纪高等学校规划教材·计算机应用）
ISBN 978-7-302-22829-5

Ⅰ.①信… Ⅱ.①马… Ⅲ.①信息处理—高等学校—教材 Ⅳ.①G202

中国版本图书馆 CIP 数据核字（2010）第 097097 号

责任编辑：梁 颖 赵晓宁
责任校对：白 蕾
责任印制：丛怀宇

出版发行：清华大学出版社
网　　址：https://www.tup.com.cn，https://www.wqxuetang.com
地　　址：北京清华大学学研大厦 A 座　　　邮　　编：100084
社 总 机：010-83470000　　　　　　　　　　邮　　购：010-62786544
投稿与读者服务：010-62776969，c-service@tup.tsinghua.edu.cn
质量反馈：010-62772015，zhiliang@tup.tsinghua.edu.cn

印 装 者：北京鑫海金澳胶印有限公司
经　　销：全国新华书店
开　　本：185mm×260mm　　　印　张：24.25　　　字　数：583 千字
版　　次：2007 年 8 月第 1 版　 2010 年 8 月第 2 版　　印　次：2023 年 12 月第 22 次印刷
印　　数：35801～36300
定　　价：69.00 元

产品编号：037379-02

出 版 说 明

随着我国改革开放的进一步深化,高等教育也得到了快速发展,各地高校紧密结合地方经济建设发展需要,科学运用市场调节机制,加大了使用信息科学等现代科学技术提升、改造传统学科专业的投入力度,通过教育改革合理调整和配置了教育资源,优化了传统学科专业,积极为地方经济建设输送人才,为我国经济社会的快速、健康和可持续发展以及高等教育自身的改革发展做出了巨大贡献。但是,高等教育质量还需要进一步提高以适应经济社会发展的需要,不少高校的专业设置和结构不尽合理,教师队伍整体素质亟待提高,人才培养模式、教学内容和方法需要进一步转变,学生的实践能力和创新精神亟待加强。

教育部一直十分重视高等教育质量工作。2007年1月,教育部下发了《关于实施高等学校本科教学质量与教学改革工程的意见》,计划实施"高等学校本科教学质量与教学改革工程(简称'质量工程')",通过专业结构调整、课程教材建设、实践教学改革、教学团队建设等多项内容,进一步深化高等学校教学改革,提高人才培养的能力和水平,更好地满足经济社会发展对高素质人才的需要。在贯彻和落实教育部"质量工程"的过程中,各地高校发挥师资力量强、办学经验丰富、教学资源充裕等优势,对其特色专业及特色课程(群)加以规划、整理和总结,更新教学内容、改革课程体系,建设了一大批内容新、体系新、方法新、手段新的特色课程。在此基础上,经教育部相关教学指导委员会专家的指导和建议,清华大学出版社在多个领域精选各高校的特色课程,分别规划出版系列教材,以配合"质量工程"的实施,满足各高校教学质量和教学改革的需要。

为了深入贯彻落实教育部《关于加强高等学校本科教学工作,提高教学质量的若干意见》精神,紧密配合教育部已经启动的"高等学校教学质量与教学改革工程精品课程建设工作",在有关专家、教授的倡议和有关部门的大力支持下,我们组织并成立了"清华大学出版社教材编审委员会"(以下简称"编委会"),旨在配合教育部制定精品课程教材的出版规划,讨论并实施精品课程教材的编写与出版工作。"编委会"成员皆来自全国各类高等学校教学与科研第一线的骨干教师,其中许多教师为各校相关院、系主管教学的院长或系主任。

按照教育部的要求,"编委会"一致认为,精品课程的建设工作从开始就要坚持高标准、严要求,处于一个比较高的起点上;精品课程教材应该能够反映各高校教学改革与课程建设的需要,要有特色风格、有创新性(新体系、新内容、新手段、新思路,教材的内容体系有较高的科学创新、技术创新和理念创新的含量)、先进性(对原有的学科体系有实质性的改革和发展,顺应并符合21世纪教学发展的规律,代表并引领课程发展的趋势和方向)、示范性(教材所体现的课程体系具有较广泛的辐射性和示范性)和一定的前瞻性。教材由个人申报或各校推荐(通过所在高校的"编委会"成员推荐),经"编委会"认真评审,最后由清华大学出版社审定出版。

目前,针对计算机类和电子信息类相关专业成立了两个"编委会",即"清华大学出版社计算机教材编审委员会"和"清华大学出版社电子信息教材编审委员会"。推出的特色精品教材包括:

(1) 21世纪高等学校规划教材·计算机应用——高等学校各类专业,特别是非计算机专业的计算机应用类教材。

(2) 21世纪高等学校规划教材·计算机科学与技术——高等学校计算机相关专业的教材。

(3) 21世纪高等学校规划教材·电子信息——高等学校电子信息相关专业的教材。

(4) 21世纪高等学校规划教材·软件工程——高等学校软件工程相关专业的教材。

(5) 21世纪高等学校规划教材·信息管理与信息系统。

(6) 21世纪高等学校规划教材·财经管理与计算机应用。

(7) 21世纪高等学校规划教材·电子商务。

清华大学出版社经过二十多年的努力,在教材尤其是计算机和电子信息类专业教材出版方面树立了权威品牌,为我国的高等教育事业做出了重要贡献。清华版教材形成了技术准确、内容严谨的独特风格,这种风格将延续并反映在特色精品教材的建设中。

清华大学出版社教材编审委员会

联系人:魏江江

E-mail: weijj@tup.tsinghua.edu.cn

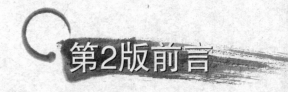

第2版前言

进入 21 世纪以来，为适应当今计算机与信息技术的最新发展以及各行各业对计算机应用人员的更高要求，大学计算机基础课程也开始了深入改革的历程。2006 年 6 月，教育部高校计算机教学指导委员会编制发表了"关于进一步加强高等学校计算机基础教学的意见暨计算机基础课程教学基本要求"，该意见及要求清晰地阐述了改革的思路及所要求达到的水准。

为适应国家信息化建设的需要，国务院相关部委在 2003 年 10 月颁布了"信息处理技术员考试大纲"，开始推行信息处理技术员资格考试。

《信息处理技术基础教程》第 2 版在第 1 版的基础上，综合教学中发现的一些问题和计算机发展中的一些新知识和新概念，在内容上作了一些调整：

(1) 将一些新的知识和概念补充到各个章节中。

(2) 第 7 章网页制作，将 Dreamweaver MX 2004 整体提升到 Dreamweaver 8.0。

(3) 考虑到"信息处理技术员上机考试"的需要，在 Word、Excel、PowerPoint、Access 的章节后面增加了实做题。

(4) 将第 11、第 12 章作了整合。

本书集中了作者群体多年来在计算机公共基础课程教学改革中的经验。在编写上采用案例驱动的方式、贯彻精讲多练的方针。书中配备了大量的案例、表格和图片，每章配备适量的习题及解答，具有注重实用性、兼顾前沿性的特点。

本书的建议学时为 64 学时，其中上课 32 学时，上机 32 学时。

本书由马崇华任主编，方娇莉任副主编。第 1、第 8 和第 12 章由马崇华编写，第 4 和第 11 章由方娇莉编写，第 2 和第 9 章由李向阳编写，第 6 和第 7 章由王建华编写，第 3 和第 5 章由赵晓侠编写，第 10 章由潘晟旻编写。马崇华负责全书的统稿和审定工作。

张怀宁教授在本书的编写和审阅过程中，提出了许多指导性的意见；清华大学出版社相关部门负责人和责任编辑对本书的出版给予了积极的支持和帮助。在此一并致以诚挚的感谢。

由于作者水平有限，书中缺点和疏漏之处在所难免，敬请读者批评指正。

编 者
2010 年 6 月

第1版前言

20世纪90年代初,为适应当时计算机技术发展及应用的形势与要求,我国高等院校开始为非计算机专业设置大学计算机文化基础课程。进入21世纪以来,为适应当今计算机与信息技术的最新发展,以及各行各业对计算机应用人员的更高要求,大学计算机基础课程也开始了深入改革的历程。2006年6月,教育部高校计算机教学指导委员会编制发表了"关于进一步加强高等学校计算机基础教学的意见暨计算机基础课程教学基本要求",该意见及要求清晰地阐述了改革的思路及所要求达到的水准。

为适应国家信息化建设的需要,我国人事部及信息产业部在2003年10月颁布了"信息处理技术员考试大纲",开始推行信息处理技术员资格考试。

考虑到大多数应用计算机人员日常最大量的共同工作是处理信息,考虑到毕业生面临的就业问题,能否在既遵循教育部计算机教指委意见及要求的同时,又满足信息产业部信息处理技术员的资格要求,按照这一思路进行大学计算机基础课程的改革,其答案是显而易见的。

本书按照教育部计算机教指委"计算机基础课程教学基本要求"和人事部与信息产业部"信息处理技术员考试大纲"的要求编写。本书集中了作者群体多年来在计算机公共基础课程教学改革中的经验。在编写上采用案例驱动的方式、贯彻精讲多练的方针。书中配备了大量的案例、表格和图片,每章配备适量的习题及解答,具有注重实用性、兼顾前沿性的特点。

本书的建议学时为64学时,其中上课32学时,上机32学时。

本书由马崇华担任主编,方娇莉任副主编。全书共分13章,第1和第8章由马崇华编写,第4和第11章由方娇莉编写,第2和第9章由李向阳编写,第6和第7章由王建华编写,第3和第5章由赵晓侠编写,第10和第13章由潘晟旻编写,第12章由李嘉艳编写。马崇华负责全书的统稿和审定工作。

管一弘教授对本书的编写给予了积极的支持,张怀宁教授在本书的编写和审阅过程中,提出了许多指导性的意见,在此一并致以诚挚的感谢。

由于作者水平及时间有限,书中缺点和疏漏之处在所难免,敬请读者批评指正。

编 者
2007年3月

目 录

第 1 章　信息技术基础知识 ········· 1
  1.1　信息技术概念 ············· 1
    1.1.1　数据和信息 ··········· 1
    1.1.2　信息处理全过程 ········· 2
  1.2　我国信息产业与信息化的地位与发展战略 ···· 4
  1.3　信息化和信息社会 ··········· 4
  1.4　信息技术发展趋势 ··········· 5
  1.5　信息人才 ·············· 7
  1.6　问与答 ·············· 7
  习题 1 ················ 8

第 2 章　计算机基础知识 ·········· 9
  2.1　计算机的发展、分类及应用 ······· 9
    2.1.1　计算机的发展 ·········· 9
    2.1.2　计算机的分类 ·········· 11
    2.1.3　未来新型计算机 ········· 12
    2.1.4　计算机在信息社会中的应用 ····· 12
  2.2　计算机系统的组成与工作原理 ······ 14
    2.2.1　计算机系统 ··········· 14
    2.2.2　计算机工作原理 ········· 15
  2.3　计算机硬件 ············ 15
    2.3.1　CPU ············· 15
    2.3.2　存储系统 ············ 17
    2.3.3　输入输出设备 ·········· 24
    2.3.4　主板、总线与接口 ········ 27
  2.4　进位计数制及其转换 ········· 30
    2.4.1　进位计数制 ··········· 30
    2.4.2　各数制间的转换 ········· 32
  2.5　数据在计算机中的表示 ········· 32
    2.5.1　数值型数据的表示形式 ······ 32
    2.5.2　西文字符编码 ·········· 34
    2.5.3　中文信息编码 ·········· 34

2.6 计算机软件 ·· 37
　　2.6.1 计算机软件概述 ··· 37
　　2.6.2 计算机语言概述 ··· 37
　　2.6.3 语言处理程序 ·· 39
2.7 问与答 ·· 40
习题 2 ·· 41

第 3 章 Windows XP 操作系统 ·· 45

3.1 Windows 操作系统使用初步 ·· 45
　　3.1.1 操作系统的概念、功能和分类 ······································ 45
　　3.1.2 Windows 操作系统的发展历史 ····································· 46
　　3.1.3 Windows XP 操作系统的功能特点 ······························· 48
　　3.1.4 Windows XP 的运行环境和安装 ··································· 48
　　3.1.5 Windows XP 的启动与关闭 ·· 48
3.2 Windows 操作系统基本概念 ·· 50
　　3.2.1 Windows 操作系统的常用术语 ···································· 50
　　3.2.2 鼠标和键盘的使用 ·· 50
　　3.2.3 Windows XP 桌面 ·· 51
3.3 中文 Windows XP 的基本操作 ·· 53
　　3.3.1 窗口和对话框的操作 ··· 54
　　3.3.2 桌面操作 ··· 57
　　3.3.3 菜单及其操作 ·· 59
　　3.3.4 剪贴板 ·· 60
　　3.3.5 Windows XP 帮助系统 ··· 60
3.4 Windows XP 的文件及文件夹管理 ·· 61
　　3.4.1 文件管理中的几个概念 ··· 61
　　3.4.2 使用资源管理器管理文件 ·· 63
3.5 Windows XP 的控制面板 ··· 70
　　3.5.1 设置显示属性 ··· 71
　　3.5.2 鼠标设置 ··· 73
　　3.5.3 输入法设置 ·· 74
　　3.5.4 打印机设置 ·· 75
　　3.5.5 添加或删除程序 ··· 76
　　3.5.6 添加新硬件 ·· 78
3.6 附件 ·· 78
3.7 问与答 ·· 79
习题 3 ·· 80

第 4 章 Word 2003 字处理软件 ... 84

- 4.1 Office 2003 简介 ... 84
- 4.2 Word 2003 概述 ... 85
- 4.3 文档的创建与编辑 ... 87
- 4.4 文档格式化 ... 94
  - 4.4.1 字符格式化 ... 95
  - 4.4.2 段落格式化 ... 97
  - 4.4.3 页面格式化 ... 103
- 4.5 表格 ... 105
- 4.6 图片处理 ... 108
- 4.7 样式和模板 ... 112
- 4.8 邮件合并 ... 115
- 4.9 问与答 ... 116
- 习题 4 ... 117

第 5 章 电子表格 Excel 2003 ... 124

- 5.1 Excel 2003 工作环境 ... 124
- 5.2 工作簿和工作表的基本操作 ... 126
  - 5.2.1 工作簿及工作表的基本操作 ... 126
  - 5.2.2 相关的概念及操作 ... 127
- 5.3 工作表的管理及数据计算 ... 130
  - 5.3.1 工作表的管理及表中数据的计算 ... 130
  - 5.3.2 相关的概念及操作 ... 132
- 5.4 格式化工作表 ... 138
  - 5.4.1 格式化工作表的基本操作 ... 138
  - 5.4.2 相关的概念及操作 ... 140
- 5.5 图表及其操作 ... 142
  - 5.5.1 图表的基本操作 ... 142
  - 5.5.2 相关的概念及操作 ... 144
- 5.6 数据的分析与管理 ... 146
  - 5.6.1 数据清单的基本操作 ... 146
  - 5.6.2 相关的概念及操作 ... 149
- 5.7 问与答 ... 153
- 习题 5 ... 154

第 6 章 PowerPoint 2003 演示文稿制作软件 ... 160

- 6.1 PowerPoint 2003 概述 ... 160
  - 6.1.1 PowerPoint 2003 窗口 ... 160

            6.1.2　PowerPoint 2003 相关概念介绍 …………………………… 161
    6.2　幻灯片制作流程 …………………………………………………………… 163
            6.2.1　创建演示文稿和插入对象 …………………………………… 163
            6.2.2　与插入对象有关的知识 ……………………………………… 165
    6.3　美化演示文稿 ……………………………………………………………… 167
            6.3.1　使用配色方案 ………………………………………………… 167
            6.3.2　使用母版 ……………………………………………………… 168
            6.3.3　使用设计模板 ………………………………………………… 169
            6.3.4　与美化演示文稿有关的知识 ………………………………… 170
    6.4　幻灯片的动画设置 ………………………………………………………… 171
            6.4.1　使用自定义动画 ……………………………………………… 171
            6.4.2　自定义动画的其他功能 ……………………………………… 173
    6.5　播放演示文稿 ……………………………………………………………… 175
            6.5.1　播放演示文稿 ………………………………………………… 175
            6.5.2　打印演示文稿 ………………………………………………… 177
            6.5.3　播放演示文稿的其他功能 …………………………………… 177
    6.6　演示文稿的其他应用 ……………………………………………………… 178
    6.7　问与答 ……………………………………………………………………… 180
    习题6 ……………………………………………………………………………… 181

第7章　网页制作 ………………………………………………………………… 184
    7.1　网页制作语言和工具 ……………………………………………………… 184
            7.1.1　网页制作语言 ………………………………………………… 184
            7.1.2　网页制作工具 ………………………………………………… 189
    7.2　网站的概念与网站设计步骤 ……………………………………………… 189
            7.2.1　网站与网页 …………………………………………………… 190
            7.2.2　网站设计步骤 ………………………………………………… 190
    7.3　Dreamweaver 8.0 窗口和站点管理 ……………………………………… 191
            7.3.1　Dreamweaver 8.0 工作界面 ………………………………… 191
            7.3.2　设置站点 ……………………………………………………… 193
            7.3.3　管理站点 ……………………………………………………… 195
    7.4　Dreamweaver 8.0 的基本操作 …………………………………………… 196
            7.4.1　新建和打开网页 ……………………………………………… 196
            7.4.2　网页中的文本操作 …………………………………………… 197
    7.5　在网页中使用图像和多媒体对象 ………………………………………… 198
            7.5.1　网页中常用文件格式 ………………………………………… 199
            7.5.2　绝对路径与相对路径 ………………………………………… 199
            7.5.3　插入和设置图像属性 ………………………………………… 199
            7.5.4　插入 Flash 动态元素 ………………………………………… 201

7.5.5 插入播放媒体 ·· 202
7.6 创建超链接 ·· 202
7.6.1 超链接的类型 ·· 202
7.6.2 创建超链接 ·· 203
7.7 在网页中使用表单 ·· 205
7.7.1 表单对象 ·· 205
7.7.2 创建表单 ·· 206
7.8 网页中的布局 ·· 207
7.8.1 表格布局 ·· 207
7.8.2 框架布局 ·· 208
7.9 网站的发布与维护 ·· 210
7.9.1 测试站点 ·· 210
7.9.2 网站的发布 ·· 211
7.9.3 网站的维护 ·· 212
7.10 问与答 ··· 212
习题 7 ·· 213

第 8 章 数据库应用——Access 2003 ··· 216

8.1 数据库系统基本知识 ··· 216
8.1.1 基本概念 ·· 216
8.1.2 数据库的三要素 ·· 217
8.1.3 数据模型 ·· 217
8.2 Access 2003 数据库管理系统的应用 ······································· 218
8.2.1 建立数据库 ·· 219
8.2.2 建立数据表 ·· 220
8.3 查询 ·· 227
8.3.1 简单查询向导 ·· 227
8.3.2 交叉表查询 ·· 230
8.3.3 用设计视图创建查询 ·· 231
8.3.4 设置查询条件 ·· 232
8.3.5 SQL 查询 ··· 233
8.4 窗体 ·· 234
8.4.1 窗体向导 ·· 235
8.4.2 窗体设计视图 ·· 236
8.4.3 工具箱 ·· 237
8.5 报表 ·· 243
8.6 建立系统主控制面板 ··· 248

8.7 数据的导入、导出与链接 …… 251
8.8 问与答 …… 252
习题 8 …… 252

第 9 章 多媒体基础知识 …… 257

9.1 多媒体技术的基本概念 …… 257
 9.1.1 什么是多媒体 …… 257
 9.1.2 多媒体信息类型 …… 258
 9.1.3 多媒体信息及多媒体技术的特点 …… 258
 9.1.4 多媒体技术的应用领域 …… 259
9.2 多媒体计算机系统组成 …… 261
 9.2.1 多媒体计算机硬件系统 …… 262
 9.2.2 多媒体计算机软件系统 …… 265
9.3 多媒体信息处理技术基础 …… 266
 9.3.1 音频信息 …… 266
 9.3.2 图像信息 …… 269
 9.3.3 视频信息 …… 272
 9.3.4 数据压缩技术 …… 273
9.4 多媒体信息处理工具 …… 274
 9.4.1 多媒体信息处理工具的分类 …… 274
 9.4.2 常用多媒体信息处理软件 …… 275
9.5 问与答 …… 276
习题 9 …… 277

第 10 章 计算机网络及应用 …… 280

10.1 计算机网络概述 …… 280
 10.1.1 计算机网络的定义 …… 282
 10.1.2 计算机网络的分类 …… 282
10.2 计算机网络的硬件和软件 …… 284
 10.2.1 计算机网络的硬件组成 …… 284
 10.2.2 计算机网络的软件组成 …… 289
10.3 Internet 基础 …… 289
 10.3.1 Internet 的定义 …… 289
 10.3.2 Internet 的世界语——TCP/IP 协议 …… 290
 10.3.3 IP 地址与域名 …… 292
 10.3.4 Internet 的主要服务 …… 295
 10.3.5 接入 Internet 的方法 …… 296

10.3.6　Internet 在中国 ································· 301
10.4　WWW 及浏览器 ·· 304
　　10.4.1　WWW 基础 ·· 304
　　10.4.2　浏览器的设置和使用 ································· 306
10.5　电子邮件 ·· 311
　　10.5.1　电子邮件概述 ······································ 311
　　10.5.2　电子邮件的收发常识 ································· 312
　　10.5.3　电子邮件的收发原理 ································· 312
　　10.5.4　Outlook Express 简介 ································· 313
10.6　网络技术发展趋势 ······································· 315
　　10.6.1　NGN 的概念和特点 ·································· 315
　　10.6.2　NGN 的支撑技术 ···································· 316
　　10.6.3　网络发展的内在动力 ································· 317
10.7　问与答 ·· 318
习题 10 ·· 318

第 11 章　信息安全技术 ·· 321

11.1　信息安全技术概述 ······································· 321
　　11.1.1　信息安全的概念 ····································· 321
　　11.1.2　信息安全技术研究内容 ······························· 322
　　11.1.3　计算机安全评价标准 ································· 323
11.2　实体安全 ·· 324
　　11.2.1　计算机环境"三度"的技术要求 ························ 324
　　11.2.2　雷击的防护措施及技术要求 ··························· 326
　　11.2.3　典型网络设备的防雷技术 ····························· 327
11.3　计算机病毒防治 ··· 328
　　11.3.1　计算机病毒的概念 ··································· 328
　　11.3.2　计算机病毒预防和清除 ······························· 329
　　11.3.3　其他恶意程序及其防治 ······························· 331
11.4　数据的加密与解密 ······································· 333
　　11.4.1　密码技术 ··· 333
　　11.4.2　数字签名 ··· 334
11.5　防火墙技术 ··· 335
11.6　数据的备份与恢复 ······································· 336
11.7　软件知识产权与相关法律法规 ······························ 344
　　11.7.1　软件知识产权 ······································· 344
　　11.7.2　网络行为规范与网络道德 ····························· 346

11.7.3　网络安全的法律法规 ………………………………………………………… 349
　　11.8　问与答 ……………………………………………………………………………… 350
　　习题 11 …………………………………………………………………………………… 352

第 12 章　信息处理技术员模拟试题和参考答案 ……………………………………… 353
　　12.1　信息处理技术员上午试卷模拟 …………………………………………………… 353
　　12.2　信息处理技术员下午试卷模拟 …………………………………………………… 360
　　12.3　参考答案 …………………………………………………………………………… 363

附录 A　ASCII 码表 …………………………………………………………………………… 367

参考文献 ………………………………………………………………………………………… 369

第1章　信息技术基础知识

学习目标：本章介绍信息的概念和分类、特点和功能，讲述信息产业的发展、人才需求以及信息产业的前景。本章为全书提供了以下的基础性概念：
- 信息和数据；
- 信息处理；
- 我国信息产业与信息化的地位与发展战略；
- 信息化和信息社会；
- 信息技术发展趋势；
- 信息人才。

1.1　信息技术概念

21世纪是信息化的崭新时代，信息技术是当今世界上发展最为迅速的产业，信息处理技术突飞猛进，日新月异，给人类社会带来了前所未有的冲击和变革，信息技术水平已经成为衡量一个国家科学技术水平的重要标志。

1.1.1　数据和信息

1. 数据

什么是数据(data)？国际标准化组织(ISO)对数据下的定义是"数据是对事实、概念或指令的一种特殊表达形式，这种特殊表达形式可以用人工的方式或者用自动化的装置进行通信、翻译转换或者进行加工处理。"根据这个定义，数字、文字、图形、图像、声音等都是数据。数据是计算机加工处理的对象，计算机可以接受上述的各种数据，并对数据进行加工、处理、传递和存储。

2. 信息

什么是信息(information)？近代信息论的创始人维纳说过："信息就是信息，不是物质，也不是能量。"在这句话里，虽然没有具体解释"信息"的含义，但是却指出了信息具有与物质、能量不同的性质。信息是客观世界各种事物变化的特征和反映。客观世界中各种事物都在不停地运动和变化，呈现出不同的状态和特征。信息的范围极广，例如，潮起潮落、气温变化、银行利息变化等都是信息。信息是客观存在的，与人们主观感觉它是否存在没有任何关系。

信息作为物质世界的三大组成要素(物资、能源、信息)之一，其定义所包含的范围是非常广泛的。它可以表示为："信息是事物运动的状态和改变状态的方法，是自然界、人类社会和人类思维活动中普遍存在的一切事物的属性"。

信息和数据有不同的含义。数据是描述客观事实、概念的一组可以识别的文字、数字或符号等，它是信息的素材，是信息的载体和表达形式。信息是从数据中加工、提炼出来的，是人们进行正确决策的有用数据。

综合来说，信息是在特定背景下具有特定含义的数据；信息是经过加工后的数据；信息是关于客观事物变化对接受者的决策或行为有现实或潜在价值的数据。

1.1.2 信息处理全过程

1. 信息分类

信息可从不同的角度分类：

(1) 依据信息的重要性分为战略信息、战术信息和作业信息。

(2) 依据信息的应用领域分为社会信息、科技信息、管理信息、军事信息、政治信息、文化信息、工业信息、农业信息等。

(3) 依据信息的作用分为有用信息、无用信息和干扰信息。

(4) 依据信息的逻辑性分为真实信息、虚假信息和不确定信息。

(5) 依据信息源的性质分为数字信息、图像信息和声音信息等。

(6) 依据信息的加工顺序分为一次信息、二次信息和三次信息等。

另外，信息还可以按照其他的标准进行分类。

2. 信息收集

信息收集的方法有以下几种：

(1) 社会调查：社会调查是获取真实可靠信息的重要手段。利用社会调查收集到的信息是第一手资料，因此比较贴近社会，接近生活，容易做到真实、可靠。

(2) 建立情报网。管理活动要求信息准确、全面、及时。为了达到这样的要求靠单一渠道收集信息是绝对不够的。因此需要靠多种途径收集信息，即建立信息收集情报网。情报网络是指负责信息收集、筛选、加工、传递和反馈的整个工作体系。

(3) 从文献中获取信息。文献资料是前人留下来的宝贵财富，是知识的集中反映，如何在数量庞大、信息分散的文献中找到有价值的数据是检索工作的目的。

(4) 信息的收集除了人工收集外，还可以用计算机辅助设备收集，传感技术收集就是其中的代表。

为保证信息收集的质量，应坚持以下原则：

(1) 准确性原则。该原则要求所收集到的信息要真实、可靠。这个原则是信息收集工作最基本的要求。为达到这样的要求，信息收集者就必须对收集到的信息反复核实，不断检验，力求把误差降到最低限度。

(2) 全面性原则。该原则要求所收集到的信息要全面、广泛、完整。只有全面、广泛地收集信息，才能更好地反映信息的全貌，为决策的科学性提供保证。

(3) 时效性原则。信息的利用价值取决于该信息是否及时提供，即它的时效性。信息只有及时、准确、迅速地提供给它的使用者才能有效地发挥作用。特别是决策对信息时效性的要求更高，只有"事前"的信息，对决策才是有效的。

3. 信息加工

（1）信息加工的概念。信息加工是指将收集到的信息（原始信息）按一定的程序和方法进行分类、分析、整理和编制等，使其成为可用信息。信息加工是信息得以利用的关键，那么，为什么要对原始信息进行加工呢？

原始信息一般情况下处于一种初始的、零散的、无序的、彼此独立的状态，既不能分析、传递，又不便于使用，加工可以使其变成便于分析、传递、利用的形式。

原始数据进行统计分析、编制数据模型和文字说明等，产生更有价值的新信息。

（2）信息加工的内容。由于信息量不同，信息处理方法不同，因此，信息加工没有共同的模式，总体来看，信息加工主要包括以下内容。

- 信息的分类。对凌乱的信息进行整理和归并，使其有条不紊，分类可按时间、空间、问题、目的和要求等标准进行。
- 信息的比较。对信息进行分析，判断出信息的价值，信息的时效性，提高信息的质量。
- 信息的综合研究。按一定的要求和程序对数据资料进行综合分析，从而形成有科学价值的新概念、新结论，成为更有价值的信息。

（3）信息的加工方法。信息的加工有统计分析法、手工处理和电子处理等方法。

- 统计分析法。统计分析法是一种对资料进行科学分析和综合研究的方法。它是既经济又常用的方法，统计分析可以通过对所搜集到的资料进行加工，揭示出经济社会下的具体数量关系。同时，通过数量关系探讨事物的性质、特征和变化规律，从而揭露事物的矛盾，提出解决的方法。
- 手工处理。手工处理资料的历史非常久远，从最早的结绳计数，到后来的算盘、计算器等。手工处理的特点是方法灵活，使用方便，所需要的工具较少。缺点是处理速度慢，特别是处理大数据量时，速度慢的缺点更加突出。
- 利用电子计算机进行处理。电子计算机运行速度快，存储容量大，因此利用计算机可以加工大批量的数据，同时计算机也为资料的深加工提供了条件。电子计算机的问世，为信息处理工作带来了新的生机。

计算机加工信息的过程大致分为以下步骤。

（1）资料编码。为使原始数据能方便地输入计算机，必须按一定的规则对其编码。

（2）选择计算机软件。随着计算机技术的不断发展，一些方便实用的软件应运而生，而不同的软件有其不同的特点，在使用时要根据需求加以选择。

（3）数据录入。将加工过的数据送入计算机是一件非常重要、工作量很大的工作，只有确保录入数据的准确性，才能保证数据加工的正确性。

（4）信息的处理和输出。数据录入完成后，要对数据作进一步的处理，数据处理完之后，计算机可按软件规定的格式将加工过的结果显示在屏幕上或用打印机输出。

（5）信息存储。加工过的数据，还可以存储在计算机的存储设备中，待需要的时候，可以重复地调出使用。

4. 信息的传递

信息传递的功能是要实现信息从空间的一点到另一点有效、快速、安全、可靠地转移。它是整个信息传递过程中最基础的环节，因为利用信息资源最重要的意义就在于它的大范围、多用户共享性。如果没有良好的信息传递技术，大范围、多用户信息共享是很难实现的，而且，如果没有良好的信息处理技术，那么信息的获取、信息的传递以及信息的实施就不能很好地实现。

在信息传递中，信源是信息的发送者，信宿是信息的接收者，信道是信息传递的通道。信息传递技术的功能模型如图1-1所示。

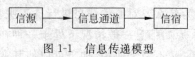

图1-1　信息传递模型

信源和信宿可以是人，也可以是机器，或有能力发送和接收信息的其他事物。信道可以是特殊的传导媒体，如光纤、电缆、微波、短波或人造卫星等。

按照信源和信宿的性质不同，通信系统可以分为电话通信、传真通信、计算机通信和图像通信等。按照信道性质的不同，通信又可以分为光纤通信、卫星通信、微波通信等。按照终端是移动的还是固定的，通信还可以分为移动通信和固定通信等。

信源和信宿并不是等量关系的，同一个信源可以对多个信宿。当有多路信息通过同一物理信道传送时，需要有多路复用系统，按照信号的时间参量、频率参量把各路信号组织起来，复用同一个物理通道。相应地在接收端也需要有多路分离系统，把各路信号从公用信道中分离出来。当大量用户之间利用不同的通信系统来互传信息时，就要用通信网络。

1.2　我国信息产业与信息化的地位与发展战略

1997年9月，中国共产党第十五次代表大会提出"大力推进国民经济和社会信息化"。2002年11月，十六大提出"信息化带动工业化，工业化促进信息化"。2007年10月，党的十七大报告中明确指出："发展现代产业体系，大力推进信息化与工业化融合，促进工业由大变强，振兴装备制造业，淘汰落后生产能力"。以上十年间对我国信息产业与信息化的地位与发展战略提法的演变，反映出我们国家对信息化与工业化关系的认识的不断深化，把握住了我国信息化建设的脉络。我国信息化所取得的成绩是有目共睹的，但信息化的成果还远远没有发挥到非常大的程度，还有很大的潜力。信息化与工业化之间是一个先后承接关系，两者相互依存、相互促进，其内在的有机联系主要表现在如下3个方面：

(1) 工业化是信息化的前提和基础，是信息化的社会环境和主要载体。

(2) 现代社会意义上的工业化又依托和有赖于信息化的发展，信息化是提升工业化水平的主导方向和重要手段。

(3) 工业化与信息化在协同互动中不断融合和共同发展。

毫无疑问，只有信息化与工业化的融合，才能为企业、为社会创造出更大的价值。也才能全面提升全体国民生活质量，这是信息化社会最终要达到的目的。

1.3　信息化和信息社会

1. 信息化

信息技术的发展，把人类从以传统工业为主的工业社会带向以信息产业为主的社会，这期间的转变过程，称为"信息化"。信息化是随着人类信息时代的到来而提出的一个社会发展目标，它的实质是要在信息技术高度发展的基础上实现社会的信息化。

2. 信息社会

信息社会是脱离工业社会以后，信息起主要作用的社会。在农业社会和工业社会中，物质和能量是主要资源，而在信息社会中，信息成为比物质和能量更为重要的资源，以开发和利用信息资源为目的的信息经济活动迅速发展，逐步取代工业生产活动而成为国民经济活动的主要内容。信息经济在国民生产中逐渐占据主导地位，并构成社会信息化的物质基础。以计算机、微电子和通信技术为主的信息技术革命是社会信息化的动力源泉。信息技术在生产、教育、科研、医疗保险、企业和政府管理以及在家庭中的广泛应用，对经济和社会发展产生了深刻的影响，从根本上改变了人们的生活方式、行为方式和价值观念。

1) 知识及人的素质在国民经济增长中起决定作用

信息作为社会三大资源之一，与物质、能量相提并论。知识经济迅速崛起，而呈现出巨大的发展势头。也就是说，在以往的社会里，知识、信息并不是一种独立的资源，现在却发生了深刻的变化。在信息时代，知识更将成为发展国民经济的核心因素，智力资本将是企业最重要的资产。特别是知识经济的兴起，表明知识不再是以无形资产的形式出现，而是以一种有形资产的形式独立地登上了经济舞台，成为一种知识产业。其中最典型的代表就是美国微软公司的发展经历。这种产业的出现将波及许多方面，还将影响整个社会的价值取向和分配方式。知识经济培育了一代新巨富，孕育着"知识＝财富"新分配观念的诞生。知识经济时代人才的显著特征是"创新"，创新成为经济增长最重要的动力。

2) 信息产业成为全球经济的支柱产业

信息产业成为现代社会的主导产业。信息产业是指那些从事信息生产、传播、处理、存储、流通和服务的生产部门，由信息技术设备制造业和信息服务业构成。以信息技术为核心的新技术革命所导致的产业结构的重大变革，不仅表现为一批新的信息生产与加工产业的出现和传统工业的衰退，而且还表现在信息产业自身正在从以计算机技术为核心发展成为以网络技术为核心。20世纪90年代以来，信息产业普遍被认为是推动全球经济成长最重要的产业，也是推动人类文明与进步的一股巨大力量。21世纪，信息技术将会得到更大的发展。

1.4 信息技术发展趋势

自从1946年生产出第一台计算机开始，信息技术就在不断地迅猛发展。从最初的电子管技术到超大规模集成电路，到网络技术的空前发展，无不展示着信息技术强大的生命力。人们对网络的未来充满了憧憬，高质量的下一代网络技术已成为学术、产业界与终端用户的共同期盼。

1. 信息产业的二次浪潮

20世纪，克林顿政府提出"信息高速公路"的国家振兴战略，大力发展互联网，推动了全球信息产业的革命，美国经济也受惠于这一战略，并在90年代中后期享受了历史上罕见的长时间的繁荣。推动了世界经济的发展。

在网络发展趋势的过程中，业界提出了下一代网络（Next Generation Network，NGN）的概念。NGN的支撑技术有IPv6、光纤高速传输、宽带接入、3G和后3G移动通信系统、IP终端、网络安全等。

2. 信息产业的三次浪潮

从 2008 年世界金融危机可以看到,目前人类依然面临着种种全球问题:金融危机、能源紧张、环境污染、疾病饥饿、全球变暖等,我们急需改变这些危害人类生存的因素。那么,用什么样的技术来改变这种现状呢?智慧的新地球,让我们拭目以待。

1) 物联网

何谓"物联网"?"物联网"(Internet of Things)指的是将各种信息传感设备,如射频识别(Radio Frequency Identification,RFID,又称电子标签,感应式电子晶片)装置、红外感应器、全球定位系统、激光扫描器等种种装置与互联网结合起来而形成的一个巨大网络。其目的是让所有的物品都与网络连接在一起,方便识别和管理。物联网是利用无所不在的网络技术建立起来的,其中非常重要的技术是 RFID 电子标签技术。

物联网在生产生活中的应用将举不胜举,下面简述几个比较典型的范例。

例一:将传感器嵌入到手表里,如果家里有老人孩子,可以让他们带上这种手表,即使你在外面上班、出差,也可以随时掌握他们的体征。用这种方法,医生也可以随时随地了解病人的体征,为病人诊断看病。

例二:如果在汽车和汽车钥匙上都植入微型感应器,酒后驾车现象就可能被杜绝。当喝了酒的司机掏出汽车钥匙时,钥匙能通过气味感应器察觉到酒气,并通过无线信号通知汽车"不要发动",汽车会自动罢工,并能够"命令"司机的手机给其亲友发短信,通知他们司机所在的位置,请亲友们来处理。

2) 智慧地球

IBM 认为建设智慧地球需要三个步骤:第一,各种创新的感应科技开始被嵌入各种物体和设施中,从而令物质世界被极大程度地数据化。第二,随着网络的高度发达,人、数据和各种事物都将以不同方式联入网络。第三,先进的技术和超级计算机则可以对这些堆积如山的数据进行整理、加工和分析,将生硬的数据转化成实实在在的洞察能力,并帮助人们做出正确的行动决策。IBM 并且提出将在六大领域建立智慧行动方案,分别是智慧的电力、智慧的医疗、智慧的城市、智慧的交通、智慧的供应链、智慧的银行。

作为新一轮 IT 技术革命,智慧地球对于人类文明的影响之深远,可能将远远超过互联网。预期其中投资于新一代智慧型基础设施的建设项目,能够有力地刺激经济复苏。尤其是美国正遭受着金融危机,美国公民正期望改变,奥巴马更加希望利用"智慧的地球"让美国迅速走出金融危机阴影,重现经济的繁荣和发展。"智慧的地球"很可能上升为美国的国家战略。

在日本,2004 年 5 月,日本提出了 u-Japan 构想,同年韩国也提出了 u-Korea 计划。其中,"u"代表 ubiquitous(来自拉丁文),意为"无所不在"。换言之,日本希望在 2010 年实现所有物品和人都能在任意时间、任意地点通过互联网接收和发送信息的技术。这与如今提到的物联网有些相似。日本在继 u-Japan 之后又提出了 i-Japan 计划,作为日本更新版本的国家信息化战略,其要点是大力发展电子政府和电子地方自治体,推动医疗、健康和教育的电子化。使所有的日本人,包括儿童和残疾人,都能积极地参与日本社会的活动。而"无所不在的网络"是一个 IT 应用环境,它是网络、信息装备、平台、内容和解决方案的融合体。

我国国家领导人也十分关注物联网。2009 年 8 月 7 日,温家宝总理在无锡视察中科院相应技术研发中心时,对于物联网应用也提出了一些看法和要求。总理认为,至少三件事情可以尽快去做,一是把传感系统和3G中的TD技术结合起来,二是在国家重大科技专项中,加快推进感传网发展,三是尽快建立中国的传感信息中心,或者叫"感知中国"中心。并提出"要努力突破核心技术,加快建立产业基地"。2009年11月3日,温家宝总理在人民大会堂向首都科技界发表了题为《让科技引领中国可持续发展》的讲话。他强调,一要高度重视新能源产业发展,二要着力突破传感网、物联网关键技术。

而目前,发改委、工业和信息化部正在会同有关部门,在新一代信息技术方面开展研究,以形成支持新一代信息技术的一些新政策措施,从而推动我国经济的发展。

1.5 信息人才

IT行业对人才的需求量节节上升,并且随着IT技术在通信、医疗、游戏、物联网、智慧新地球、教育等各行业的应用,软件、硬件技术人才以及网络技术人才的需求都保持了上升走势。

目前软件行业急需的是技术和管理两类人才,技术类包括研发工程师、产品工程师等架构、编程、测试人员;管理类需求集中在销售、市场、解决方案和外包管理方面。

软件开发类人才是目前IT业的紧缺人才。而目前,我国软件人才结构呈橄榄形,高、精、尖人才与底层"实战型"人才都较为稀缺。

据中华英才网的统计数据显示,以计算机、电信为主的IT行业,仍对高级研发技术人才和资深技术管理人才有较大需求。包括技术总监、项目研发经理和高级市场人员等。这些"高、精、尖"人才一般需要有行业的工作经验,主要负责公司各技术部门的全面管理和技术方案决策的制定和实施。而企业在招聘网络安全工程师、技术总监、软件高级项目经理等人才时,基本都要求应聘者有较高的学历和相应的资质认证证书。

复合型IT人才将受宠。随着IT技术向其他行业不断渗透,集数字、通信、娱乐于一体的产品消费已经深入人心,与互联网相关的软件人才将供不应求。互联网更多地在企业研发、生产、行政管理等环节中的应用也拉动了企业应用服务器、网络设备、磁盘存储等硬件行业的发展和相应的技术人才需求。数字媒体、数字娱乐、IT与无线通信技术的结合、网络技术等将是IT发展的潜力领域。而从事产品研发、市场推广、系统构架等工作的拥有相关专业背景且具有较强沟通能力的复合型IT人才将更受企业欢迎。

市场调研预测IT未来发展趋势时指出,IT企业将越来越看重"IT多面手",这些人才不仅需要拥有IT方面的专业知识,还应该熟悉跨行业流程的理解和操控,具备管理、沟通、合作能力,具备一定的商业敏感性。

1.6 问 与 答

(1) 什么是信息?

答:近代信息论的创始人维纳说过:"信息就是信息,不是物质,也不是能量。"信息是客观世界各种事物变化的特征和反映。

(2) 什么是数据?

答:国际标准化组织(ISO)对数据下的定义是"数据是对事实、概念或指令的一种特殊表达形式,这种特殊表达形式可以用人工的方式或者用自动化的装置进行通信,翻译转换或者进行加工处理。"根据这个定义,人类活动中使用的数字、文字、图形、图像、声音等都可以视为数据。

(3) 信息传递过程中,"信源"、"信宿"、"信道"之间存在什么关系?

答:在信息传递中,信源是信息的发送者,信宿是信息的接收者,信道是信息传递的通道。信源和信宿可以是人,也可以是机器,或有能力发送和接收信息的其他事物。信道可以是特殊的传导媒体,如光纤、电缆、微波、短波或人造卫星等。

(4) 什么是"物联网"?

答:"物联网"指的是将各种信息传感设备,如射频识别(RFID)装置、红外感应器、全球定位系统、激光扫描器等种种装置与互联网结合起来而形成的一个巨大网络。其目的是让所有的物品都与网络连接在一起,方便识别和管理。

习 题 1

(1) 信息具有哪些特点和功能?

(2) 什么是信息技术?信息技术分为哪几类?

(3) 简述信息社会的特点。

(4) 信息产业具有哪些特点?

(5) 什么是信息加工(或处理)?

(6) IT市场需要的复合型人才应具备哪些素质?

第 2 章　计算机基础知识

学习目标：当今时代，计算机的应用已渗透到社会生活的各个方面。功能如此强大的计算机是怎么发展起来的？它的基本工作原理是什么？本章用以下内容回答了这些问题。
- 了解计算机的发展、分类及应用；
- 掌握计算机系统的组成与工作原理，学习计算机软硬件基本知识；
- 对计算机硬件的各部分有较深入的了解；
- 掌握数制转化及运算，了解数据在计算机中的表示；
- 掌握系统软件和应用软件的概念。

2.1　计算机的发展、分类及应用

在人类社会发展的历史长河中，不断地探索发现，才有了我们今天的一切，计算机也是人类不断追求计算速度的产物。最早的计算工具是中国唐代发明的算盘，这是迄今还在使用的世界上第一种手动计数器。1622 年英国数学家设计了计算尺，1642 年法国人发明了世界上第一个加法器，1673 年德国发明了计算器，这些都是手动的或机械式的计算工具。

2.1.1　计算机的发展

电子计算机的直系祖先是 19 世纪英国剑桥大学的查尔斯·巴贝奇（Charles Babbage，1792—1871）设计的差分机和分析机。分析机的结构、设计思想蕴涵着现代计算机的结构和设计思想，是现代计算机的雏形，查尔斯·巴贝奇被公认为计算机之父。

计算机科学奠基人是艾兰·图灵，他的主要贡献是：建立图灵机模型并奠定了可计算理论的基础，提出图灵测试，阐述了机器智能的概念。图灵机的概念是现代可计算性理论的基础，为纪念图灵对计算机的贡献，美国计算学会（ACM）于 1966 年设立了"图灵奖"，号称计算机界的诺贝尔奖。

另一个也被称为计算机之父的是美籍匈牙利数学家冯·诺依曼（John von Neumann），他的主要贡献是：确立了现代计算机体系结构，提出了"存储程序"和"程序控制"的计算机工作原理。

目前，大家公认的第一台计算机是在第二次世界大战期间，美国陆军弹道实验室为解决弹道特性的计算问题而设计的 ENIAC（Electronic Numerical Integrator And Calculator），即电子数字积分计算机。该机于 1946 年 2 月诞生于美国宾夕法尼亚大学。它体重 30t，运算速度 5000 次加法/秒，占地 170m^2，共计 18 800 只电子管和 1500 个继电器，耗电 150kW，价值 40 万美元，如图 2-1 所示。

从第一台计算机的诞生到现在的60多年里,计算机得到了飞速的发展,一般根据计算机采用的物理器件,将计算机划分成四代。

1. 第一代计算机（1946—1958年）

第一代计算机采用的物理器件是电子管,如图2-2所示。内存采用延迟线或磁芯,外存为纸带、卡片或磁带,工作速度几千~几万次/秒,软件采用机器语言或汇编语言编写,主要应用于科学计算,代表机型 ENIAC。

图2-1　第一台电子计算机 ENIAC

图2-2　电子管

2. 第二代计算机（1958—1964年）

第二代计算机采用的物理器件是晶体管,如图2-3所示。内存为磁芯,外存是磁带或磁盘,工作速度几十万次/秒,软件用高级语言编写,应用于科学计算及工业控制,代表机型 IBM700 系列。

3. 第三代计算机（1964—1970年）

第三代计算机采用的物理器件是中小规模集成电路,如图2-4所示。内存为磁芯和半导体存储器,外存是磁带或磁盘,工作速度几十万~几千万次/秒,软件用高级语言编写,应用于计算、管理及控制,代表机型 IBM System/360。

4. 第四代计算机（1971年至今）

第四代计算机采用的物理器件为大规模或超大规模集成电路,如图2-5所示。内存为半导体存储器,外存为磁盘或光盘,工作速度几百万~上亿次/秒,出现了操作系统,软件分为系统软件和应用软件。随着计算机的不断发展,计算机在网络、多媒体技术中得到广泛应用。

图2-3　晶体管

图2-4　中小规模集成电路

图2-5　超大规模集成电路

计算机发展快的主要原因是集成电路的快速发展,有一个著名的摩尔定律用来描述集成电路的发展速度,即平均每18个月,同样体积的集成电路中的晶体管数量会增长一倍,性能会提升一倍。

我国自1956年开始研制计算机,1958年研制出第一台电子管计算机,1964年研制出第一台晶体管计算机,1971年研制出集成电路计算机,1985年研制出第一台IBM PC兼容微型机,2001年研制出我国第一款通用CPU——"龙芯"芯片,2002年推出了完全自主知识产权的"龙腾"服务器。2009年6月15日,运算速度世界第十、亚洲第一的超级计算机"魔方"正式在上海超级计算机中心启动。标志着中国成为继美国之后,第二个能够研发百万亿次超级计算机的国家。"魔方"原名"曙光5000A",拥有6600个四核AMD芯片,峰值运算速度达每秒230万亿次。

2.1.2 计算机的分类

可以从不同角度对计算机分类,按照计算机原理可分为数字式电子计算机、模拟式电子计算机和混合式电子计算机,按照计算机的用途可分为通用计算机和专用计算机,常用的分类法是根据计算机的字长、运算速度、存储容量等综合性能指标将计算机分为高性能计算机(巨型机和大型机)、中型机、小型机、微型计算机、工作站、服务器、嵌入式计算机。

1. 高性能计算机

高性能计算机是运算速度最快、处理能力最强的计算机,也就是常说的超级计算机、巨型机和大型机,高性能计算机的研制水平、生产能力及应用程度是衡量一个国家科技水平和经济实力的重要标志,因为它主要用于战略武器(如核武器和反导弹武器)的设计、大型预警系统、空间技术、石油勘探、中长期大范围天气预报等领域。我国研制的巨型机有银河、曙光、联想、魔方等。

2. 中小型计算机

中小型计算机与高性能计算机比较,规模较小、结构较简单,设计试制周期短,成本较低,容易维护,可用于科学计算、数据处理、生产过程自动控制和数据采集及分析处理等。

3. 微型计算机

微型计算机又称个人计算机(Personal Computer),在20世纪70年代出现后,引起了一场计算机的革命,极大地推动了计算机的应用和普及,进入了社会的各领域乃至家庭。可以说微型机的普及,标志着一个国家的信息化程度。微型计算机的字长为8~64位,具有体积小、价格低、可靠性强、操作简单等特点。微型计算机主要分为三类:台式机(Desktop Computer)、笔记本(Notebook)电脑和个人数字助理PDA。

4. 服务器和工作站

按照在网络中的应用,计算机可分为服务器和工作站,服务器提供信息资源,并及时响应工作站的请求,是网络中的信息资源提供者,服务器一般要求有较高的计算机配置、较高的安全性和稳定性。微型计算机也可以充当服务器,但必须安装网络操作系统、网络协议和各种服务器软件。根据提供的服务,服务器可以分为文件服务器、数据库服务器、应用服务器和通信服务器等。

工作站是网络中的资源需求方,一般的微型计算机即可。早期的工作站大都采用Motorola公司的680X0芯片的计算机,配置UNIX操作系统。现在的工作站多数采用Pentium 4,配置Windows 2000/XP或者Linux操作系统,它们比传统的工作站价格便宜,又称为个人工作站,而传统的、具有高性能的工作站称为技术工作站。

5. 嵌入式计算机

嵌入式计算机就是嵌入到应用系统中的信息处理部件,它与通用计算机的最大区别是运行固定的软件,用户很难或不能改变固定的程序。嵌入式计算机广泛用于各种家用电器中,如电冰箱、自动洗衣机、数码照相机、数字电视机、手机中。

2.1.3 未来新型计算机

从第一台计算机诞生到现在,人类一刻也没有停止过研究更好、更快、功能更强大的计算机,根据物理器件的变化,计算机已经跨越了4个发展时代,取得了突飞猛进的发展,成为信息社会最重要、最基本的工具。但万变不离其宗,目前几乎所有的计算机仍然是冯·诺依曼提出的体系结构,仍然遵循他提出的"存储程序"和"程序控制"的计算机工作原理。其发展趋势,正向网络化、智能化、多媒体、多极化发展。未来的计算机应是具有人的听、说、读、写和思维推理能力的智能化计算机,采用的技术主要包括纳米技术、光技术、量子技术和生物技术。从目前的研究情况看,未来的计算机可能在下列几个方面取得革命性的突破。

(1) 光子计算机。

利用光子取代电子进行数据运算、传输和存储。光子的传播速度极快,可以达到每秒万亿字节。

(2) 生物计算机。

使用蛋白分子作为主要原料制成的生物芯片构成,存储能力巨大,而且以波的形式来传播信息。

(3) 神经网络计算机。

用数据单元模拟人脑的神经元,并利用神经元结点的分布式存储和相互关联来模拟人脑活动。

(4) 量子计算机。

利用处于多现实态下的原子进行运算的计算机,这种多现实态是量子力学的标志。

2.1.4 计算机在信息社会中的应用

1. 应用领域

计算机已广泛应用于社会的各个领域,改变着人们的学习、工作和生活方式,不管你做什么工作,都会用到计算机。

1) 工商

大多数公司和单位都严重依赖计算机处理业务,如银行依赖计算机处理票据,商业用计算机管理商品的进、销、存状况,为经理提供最佳的决策,计算机与网络结合还可以进行电子商务。

2) 教育

教育软件不仅提供文字资料,还可以提供图形、音乐、语音三维动画及视频等多媒体教育。网络技术和通信技术结合还可以提供远程教育,学生在家里也可以和远地的老师对话。我国政府的"校校通"工程要使全国90%的中小学能够上网,使中小学师生能共享网上教育资源。到2005年,全国远程高等教育在册学员达到230万人。

3) 医药

计算机可以管理医院的日常事务,如电子病历、电子处方等,在医学界计算机的一个重要应用是医学成像,它能帮助医生看到病人体内的情况。远程医疗网络可以使偏远地方的病人得到上海、北京等地专家的会诊。

4) 政府

政府是最大的计算机用户,我国到2005年,93%的中央政府部门、73%的地方政府(省、地、县)已经建立了门户网站,截至2005年初以gov.cn结尾注册的域名总数达到1万个以上(gov是英文政府Government的缩写)。电子政务的实施首先可以使政府部门内部办公电子化、网络化,实现中央、省市、县级多级政府文电、信息、督察、会务、值班、接待等主要办公业务的数字化、网络化,其次政府部门之间通过网络还可以进行信息共享、传递及协同办公,更重要的是政府部门通过网络可以为公众提供信息发布与互动、政务公开、网上办公等服务,将政府内部办公职能面向公众延伸,及时发布公共信息,提供便民服务,如网上申报、审批、注册等,增强了政府工作的科学性、协调性和民主性,全面提高了依法行政能力。

计算机在科研工作中占有重要地位,可以用计算机进行数据采集、计算分析,在娱乐方面可以用计算机虚拟现实、实现电影特技,如"星球大战"就是成功的例子。

2. 应用

计算机的应用主要有以下几种:

1) 数值计算

数值计算是计算机应用的最早领域,其特点是计算量大、计算复杂、数值变化范围大,输入输出量相对较小,常用于天文学、量子化学、空气动力学、核物理学等领域。

2) 数据处理

数据处理也称为非数值计算,是计算机应用最广的领域,其特点是计算较简单,但输入输出及处理的数据量大,如银行账册、仓库或统计报表的管理,高考统计、人口普查等都属于数据处理的范畴,数据处理也是现代化管理的基础。

3) 电子商务(Electronic Commerce,EC 或 Electronic Business,EB)

电子商务是利用计算机和网络进行的商务活动,如商品与服务交易、金融汇兑、网络广告等。

4) 过程控制

过程控制又称实时控制,指利用计算机速度快的特点,实时采集数据,按最佳值迅速地对控制对象进行自动控制或自动调节。在冶金、石化、纺织、水电、机械、航天等部门得到广泛应用。

5) CAD/CAM/CIMS

计算机辅助设计(Computer Aided Design,CAD)就是用计算机帮助设计人员进行设计,如飞机、船舶的设计,建筑设计,机械设计,大规模集成电路设计等。计算机辅助制造(Computer Aided Manufacturing,CAM)就是用计算机进行生产设备的管理、控制和操作的过程。计算机辅助系统除了 CAD/CAM 外,还有计算机辅助工艺规划(Computer Aided Process Planning,CAPP)、计算机辅助工程(Computer Aided Engineering,CAE)、计算机辅助教育(Computer Based Education,CBE)等。

计算机集成制造系统(Computer Integrated Manufacture System,CIMS)是以计算机为中心的现代信息技术应用于企业管理与产品开发制造的新一代制造系统,是 CAD、CAPP、CAM、CAE、CAQ(计算机辅助质量管理)、PDMS(产品数据管理系统)、管理与决策、网络与数据库及质量保障等子系统的技术集成。CIMS通过将管理、设计、生产、经营等各个环节的信息集成、优化分析,从而确保企业的信息流、资金流、物流能够高效、稳定地运行,最终使企业实现整体最优效益。

6)虚拟现实

虚拟现实就是利用计算机生成一种模拟环境,通过多种传感设备使用户"投入"到该环境中,实现用户与环境直接交互的目的。实际上,电话就是声音的虚拟现实,目前,虚拟现实获得了迅速的发展,出现了虚拟工厂、虚拟飞机、虚拟人体等许多虚拟的东西。

7)人工智能

人工智能(Artificial Intellegence,AI)是指用计算机来模拟人类的智能。目前一些智能系统已能够代替人的部分脑力劳动,如机器人、专家系统、模式识别等,但要真正达到人的智能还是遥远的事情。

其他还有多媒体技术,在第9章有专门介绍。

2.2 计算机系统的组成与工作原理

2.2.1 计算机系统

计算机是一台能存储程序和数据,并能自动执行程序的机器。它能对各种数字化的信息进行处理,协助人们获取信息、处理信息、存储信息和传递信息。计算机系统由硬件系统和软件系统组成,硬件由机、电、磁、光等装置组成,是看得见摸得着的物理实体,硬件是计算机的"躯体"。软件是控制、管理和指挥计算机按规定的要求工作的程序的集合,软件分为系统软件和应用软件。计算机系统的组成如图2-6所示。

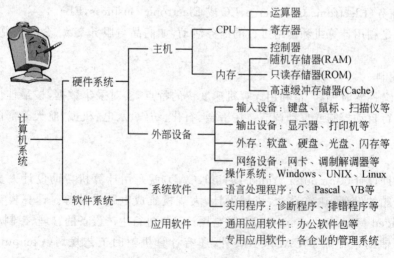

图 2-6 计算机系统

2.2.2 计算机工作原理

目前的计算机都采用美籍匈牙利数学家冯·诺依曼对计算机结构的设计思想,即:

(1) 计算机由运算器、控制器、存储器、输入设备、输出设备5个基本部分组成。

如图2-7所示,数据和程序通过输入设备输入到存储程序和数据的部件——存储器中,控制器指挥各部分协调工作,由它发出指令,将存储器中的程序取到执行算术逻辑运算的部件——运算器中进行算术逻辑运算,运算结果存到存储器中,在控制器的指挥下送到输出设备。

(2) 程序和数据在计算机中用二进制数表示。

自然界中具有两种稳定状态的物理器件很容易找到,如灯的亮和灭,晶体管的导通和截止,磁性材料的两种剩磁状态等,因此从计算机诞生到现在其内部都是用二进制表示程序和数据的。

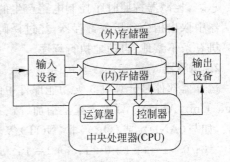

图 2-7 计算机硬件基本结构
(→为控制流,⇒为数据流)

(3) 计算机的工作过程是由存储程序控制的,即存储程序工作原理。

人们常说,要做好某件事情,事前就必须要"胸有成竹",计算机之所以能模拟人脑自动完成某项工作,就在于它能将程序和数据存入自己的大脑,做到了"胸有成竹",这样就能按程序的要求对数据自动进行处理。

在计算机系统的5个组成部分中,运算器和控制器称为中央处理器(Central Processing Unit,CPU),它是计算机的心脏。在大规模集成电路出现后,将它们集成在一个芯片中,CPU的品质高低决定了一个计算机系统的档次,所谓奔腾Ⅰ、奔腾Ⅱ、奔腾Ⅲ、奔腾4(P4)就是指中央处理器的型号,内存储器和CPU合称主机,它们的功能相当于人脑的功能。输入输出设备以及外部存储器合称外部设备,输入设备的功能相当于人的眼睛、耳朵的功能,输出设备的功能相当于嘴、手的功能,外存相当于生活中使用的笔记本,总之外部设备的作用相当于人脑之外的功能。

2.3 计算机硬件

2.3.1 CPU

CPU由控制器和运算器组成,是计算机的核心部件,论述如下。

1. 控制器

控制器是计算机的指挥中心,在它的控制下计算机才能有条不紊地工作,自动执行程序。控制器的主要功能是依次从存储器中取指令、分析指令、向其他部件发出控制信号,指挥各部件协同工作。

控制器主要由程序计数器(PC)、指令寄存器(IP)、指令译码器(ID)、时序控制电路以及微操作控制电路等组成,其中:

- 程序计数器:用来对程序中的指令进行计数,每取一条指令该计数器自动加一,保证控制器能依次读取指令;

- 指令寄存器：用来存放取出的指令，以便进行分析；
- 指令译码器：用来分析指令的操作要求，向相应的部件发出命令；
- 时序控制电路：用来生成时序信号，协调在指令执行周期各部件的工作；
- 微操作控制电路：用来产生各种控制操作命令。

总之，控制器按照时序控制电路产生的工作节拍（主频）以及程序计数器的指示依次从存储器中取出指令到指令寄存器，经过译码器分析指令，产生各种控制信号，从而指挥整个计算机有条不紊地、自动地执行程序。

2. 运算器

运算器部件是计算机5大功能部件中的数据加工部件，又称算术逻辑单元（Arithmetic Logic Unit，ALU）。算术运算是指加、减、乘、除等基本运算；逻辑运算是指逻辑判断、关系比较，如与（AND）、或（OR）、非（NOT）等。这些运算都只是基本二进制运算，如加法为：0+0=0；0+1=1；1+0=1；1+1=10。逻辑运算如表2-1所示。

表 2-1 逻辑运算

A	B	A AND B	A OR B	NOT A
0	0	0	0	1
0	1	0	1	1
1	0	0	1	0
1	1	1	1	0

计算机虽然能处理高深的数学问题，但任何复杂的运算都要化解为基本运算，计算机才能执行，但计算机的运算速度非常快，有高速信息处理能力，所以有人说计算机是快速的笨蛋。

运算器中的数据从内存取出，运算结果又送回内存，运算器对内存的读/写操作是在控制器的控制下进行的。

3. CPU的主要性能指标及产品领域

控制器和运算器做在一个芯片中，称为CPU（Central Processing Unit，中央处理器）。CPU发展至今，其中所集成的电子元件也越来越多，那么这些晶体管是如何工作的呢？看上去似乎很深奥，但归纳起来，CPU的内部结构可分为控制单元、逻辑单元和存储单元三部分。CPU的工作原理就像一个工厂对产品的加工过程：进入工厂的原料（指令），经过物资分配部门（控制单元）的调度分配，被送往生产线（逻辑运算单元），生产出成品（处理后的数据），再存储在仓库（存储器）中，最后等着拿到市场上去出售（交由应用程序使用）。

CPU是整个微机系统的核心，它往往是各种档次微机的代名词，人们所说的486，586其实就是指计算机中CPU的等级。从CPU的性能指标中基本可以反映出计算机的性能，因此它的性能指标十分重要。CPU主要的性能指标有以下几个：

1）CPU的字长

在单位时间内（同一时间）能一次处理的二进制数的位数，各个寄存器之间通过数据总线来传递数据，每条数据总线只能传递1位数据位，该指标反映CPU内部运算处理的速度和效率。

2）位宽

CPU通过外部数据总线与外部设备之间一次能够传递的数据位数。

3) X 位 CPU

通常用 CPU 的字长和位宽来称呼 CPU。如 80286 CPU 的字长和位宽都是 16 位，则称为 16 位 CPU；386 的字长是 32 位，位宽是 16 位，称为准 32 位；Pentium CPU 字长是 32 位，位宽是 64 位，称为超 32 位 CPU。

4) 主频

主频是 CPU 内核电路的实际运行频率，所以也叫做 CPU 内频或工作频率。用来表示 CPU 的运算速度。从理论上讲该频率应与它标定的频率一致，但在实际使用中，允许用户为 CPU 设置的内频与该 CPU 标定的频率不一致。从 486DX2 开始，基本上所有的 CPU 都有该特性。

5) 外频

CPU 的总线频率叫外频，是主板为 CPU 提供的基准时钟频率，也称为前端总线频率或系统总线频率，CPU 的外频越高，CPU 与内存之间的交换速度也越快，能较大地提高计算机整体的运行速度。

6) 倍频

主频和外频之间相差的倍数称倍频，CPU 主频＝外频×倍频，如某 CPU 的倍频系数为 3，外频为 100MHz 时，CPU 的主频＝100MHz×3＝300MHz。

7) 超频

实际使用中让 CPU 工作在高于标准的时钟频率时，称超频，一般情况下，CPU 都能在正常工作电压下跳高一档运行，Intel 的 Pentium Ⅱ 系列的 CPU，在正常供电情况下，大多能超 25％左右。

8) 生产工艺

通常用 μm(微米)来描述，精度越高，生产工艺越先进，加工出的连线也越细，这样可以在同样体积的硅材料上集成更多的元件，CPU 的主频就可以做得很高。随着线宽的不断降低，以往芯片内部使用的铝连线将被导电特性更好的铜连线代替。采用铜配线技术可以极大地提高 CPU 的集成度和工作频率。目前 CPU 的主流产品有 Pentium(奔腾)、Cecleron(赛扬)、Itanium(安腾)、Xeon(至强)和 Banias(迅驰)，著名的 CPU 生产公司有 IBM、Apple、Motorola、AMD、Cyrix 等。有关 CPU 的更多资料可访问 http://www.intel.net。

2006 年，Apple 公司生产了 4 核的处理器，最大支持 4 块硬盘，最大存储量达到 3TB，图像的处理能力以及浮点运算能力都有了显著的提高，如图 2-8 所示。

图 2-8　Mac Pro tower

2.3.2　存储系统

存储器是计算机系统中的记忆部件，分为内存储器和外存储器，叙述如下。

1. 内存储器

当前计算机运行时所需要的程序和数据都必须存放到内存中，早期的内存采用磁芯，目前多采用半导体存储器，与外存相比，其优点是速度快，但容量小、价格较贵。内存的容量是衡量计算机性能的主要指标之一。内存通常分为只读存储器(Read Only Memory, ROM)、随机存储器(Random Access Memory,RAM)和高速缓冲存储器(Cache)3类。

1) 只读存储器(ROM)

只读存储器是指只能从存储器中读数据,而不能往里写数据。ROM中的信息一般是由设计者和制造商事先写好固化在里面的,用户无法修改。即使断电或死机,ROM中的信息也不会丢失。因此,ROM一般用来检查计算机系统的配置情况并提供基本的输入输出系统程序BIOS(Basic Input-Output System)。微机接通电源后,系统首先由POST(Power On Self Test,上电自检)程序来对内部各个设备进行检查。通常完整的POST自检将包括对CPU、640KB基本内存、1MB以上的扩展内存、ROM主板、CMOS存储器、串并口、显卡、软硬盘子系统及键盘进行测试,一旦在自检中发现问题,系统将给出提示信息或鸣笛警告。系统在完成POST自检后,ROM BIOS就首先按照系统CMOS设置中保存的启动顺序搜寻软硬盘驱动器及CD-ROM、网络服务器等有效的启动驱动器,读入操作系统引导记录,然后将系统控制权交给引导记录,并由引导记录来完成系统的顺利启动。

ROM类型主要有以下一些:

- EPROM(Erasable Programmable ROM):可擦除可编程ROM,通常用紫外光线照射芯片顶部圆形的石英玻璃窗口,将信息擦除,然后再通过专门的编程器把新信息写入,可多次擦除和编程。
- PROM(Programmable ROM):一次性可编程ROM。
- EEPROM(Electronic Erasable Programmable ROM):电可擦除可编程ROM。可用加电的方法进行在线的擦除和编程。
- Flash ROM:快擦写ROM,又称闪速ROM。它既有EEPROM写入方便的优点,又有EPROM的高集成性,是一种很有发展前景的非易失性存储器。目前主板上和部分显卡都采用Flash ROM作为BIOS芯片。

2) 随机存储器(RAM)

通常所说的计算机内存容量均指RAM存储器容量,即计算机的主存。CPU可对随机存储器进行读、写操作,在计算机运行期间,CPU要从RAM中读取数据,而RAM中的数据一般来自外存,也就是说RAM中的信息是动态变化的。RAM有两个主要特点,其一,RAM中的数据可以多次使用(多次读出),向存储器写入新数据时,存储器中原有的内容被覆盖(更新);其二,关机或断电后,RAM中的信息将全部消失,所以RAM是计算机处理数据的临时存储区,要想长期保存数据,必须将数据保存到外存中。微型计算机中的内存基本上以内存条的形式进行组织,用户可根据需要随时增加内存,方便扩展。常见的内存条有64MB、128MB、256MB、512MB、1GB等多种类型,如图2-9所示。

图2-9 内存条

3) 高速缓冲存储器(Cache)

由于CPU的速度不断提高,它访问数据的周期甚至达到了几纳秒(ns),RAM的速度(50ns以上)越来越难以满足CPU的要求,当CPU从RAM中读取数据时,不得不进入等待状态,这是对高速CPU资源的一种极大的浪费,严重影响了计算机的整体性能。为解决这一问题,采用的办法就是使用Cache技术。

Cache 是指在 CPU 与内存之间设置一级或两级高速小容量存储器,称为高速缓冲存储器,Cache 的基本工作原理是基于程序访问的局部性,即把正在执行的指令地址附近的一部分指令或数据从主存调入 Cache,当 CPU 进行存储器存取时,首先检查所需的数据是否在 Cache 中,如在(称为命中)则直接存取 Cache 中的数据而不必访问主存;信息不在 Cache 中时,则需存取主存储器。只要算法得当,在 Cache 中的命中率一般很高,平均达到 80% 左右,极大地提高了工作效率,如图 2-10 所示。

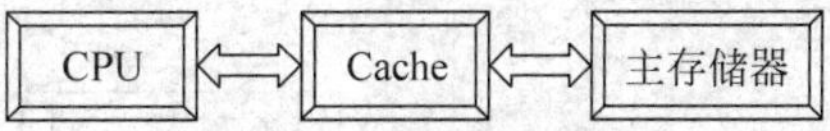

图 2-10 Cache、CPU、主存关系

2. 主存储器的技术指标

1) 存储容量

一个存储器可以容纳的存储单元总数即二进制数据信息量称为该存储器的存储容量。存储容量越大,能存储的数据就越多。存储容量常以字节数(B)为基本度量单位,每 8 位二进制位称为一个字节(Byte),一个字节可以存放一个字符,存储容量的表示有:1KB=1024B,1MB=1024KB,1GB=1024MB,1TB=1024GB,目前内存可达 1GB 以上,硬盘可达几十 GB 到几 TB。

2) 存取时间

存取时间又称存储器访问时间,是指从启动一次存储器操作到完成该操作所经历的时间。具体地讲,从一次读操作命令的发出到该操作命令的完成,即将数据从内存读入数据缓冲寄存器为止所经历的时间,就是存储器的存取时间。

3) 存取周期

存储器连续两次独立的存取操作之间所需的最短时间称为存取周期。通常存取周期略大于存取时间,其单位为 ns。半导体存储器的存取周期一般为 60~100ns。

4) 存储器带宽

存储器带宽是单位时间内存储器所读取的信息量,通常以位/秒(b/s)或字节/秒为度量单位。带宽是衡量数据传输速率的重要技术指标。

5) 存储器的可靠性

存储器的可靠性用平均故障间隔时间 MTBF 来衡量。MTBF 可以理解为两次故障之间的平均时间间隔。MTBF 越长,表示可靠性越高,即保持正确工作能力越强。

6) 性能价格比

性能价格比简称性价比,是一个综合性指标,对于不同的存储器有不同的要求。对于外存储器,要求容量极大,而对缓冲存储器则要求速度非常快,容量不一定大。因此性能价格比是评价整个存储器系统很重要的指标。

存取时间、存储周期、存储器带宽反映了主存的速度指标,存储器的可靠性反映了存储器的性能稳定性指标;而性价比则反映了存储器的综合性能。

3. 外存储器

外存储器也称辅存,其主要作用是长期存放计算机工作所需要的系统文件、应用程序、文档和数据等。常用的外存储器有以下几种:

1) 磁介质存储器

磁表面存储器主要包括硬盘、软盘和磁带等。磁表面存储器的实际工作速度很低,比主存储器慢 105 倍以上。这里所说的工作速度低,主要是指寻址时间特别长,当寻址完成之后,磁表面存储器的数据读写速度还是很高的。磁表面存储器的工作原理如图2-11所示,载体是用金属或塑料制成的圆盘或长带,在载体表面涂有很薄的磁层,数据信息就是记录在磁层上的。磁头上绕有读写线圈,磁头的头部有一条很窄的缝。根据写入电流的不同方向,使磁层表面被磁化的极性方向不同,以区分"1"或"0"。

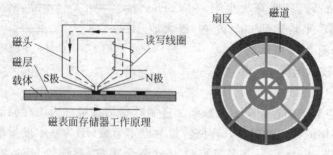

图 2-11 磁表面存储器工作原理

(1) 软盘。

软盘用柔软的聚酯材料制成圆形底片,在表面涂上磁性材料,封装在一个方形的护套内,构成一个整体,软盘要放在软盘驱动器中才能读写。软盘上的写保护口用于保护软盘中的信息,一旦设置了写保护,就只能从软盘读信息,而不能写信息。存储信息是按磁道(track)和扇区(sector)来存储的,磁道是以轴孔为中心的一个个同心圆,磁道从最外面的0道往内编号,0磁道中存有引导记录和文件分配表(FAT)等信息,0磁道一旦破坏,软盘就不能使用。每个磁道被分成若干区域,每个区域为一个扇区,每个扇区存放512B,扇区是软盘的基本存储单位,计算机读写数据时,无论数据多少,总是读写一个或几个完整的扇区。

磁盘的容量为面数(side)、磁道数/面、扇区数/磁道、字节数/扇区的乘积,如3.5英寸软盘的容量:

2(面)×80(道)×18(扇区)×512(字节)=1 474 560(Bytes)=1440(KB)=1.44(MB)

软盘必须经过格式化才能使用,格式化就是在磁盘上划分磁道和扇区,新盘通常已经由厂家进行过格式化,软盘使用后,如果不能正常读写,可以通过格式化命令剔除坏磁道,重新划分磁道和扇区,但格式化命令会破坏磁盘原有的信息。使用软盘时也应注意防潮、防磁与防尘,并且对软盘不要重压与弯曲,当软盘在驱动器中正在读写时,不要作插拔操作。

(2) 硬盘。

硬盘存储器由电动机和硬盘组成,一般放在主机箱内。硬盘由若干涂有磁性材料的铝合金盘片构成,硬盘结构如图2-12所示。与软盘一样,硬盘也用相同的基本系统来组织,硬盘也有面、磁道和扇区,但由于硬盘是由若干磁性圆盘组成,所有的盘片串在一根轴上,两个盘

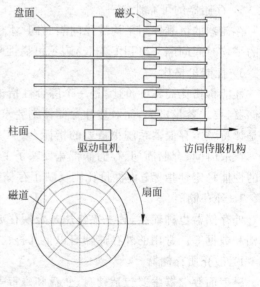

图 2-12 硬盘工作原理

片之间仅留出安置磁头的距离,所以它还有一个称为柱面的参数,柱面是各个盘面上相同大小的同心圆,即所有盘片具有相同编号的磁道。硬盘的容量取决于硬盘的磁头数、柱面数及每个磁道的扇区数,硬盘是立体的软盘,所以用立体的磁道(柱面数)来代替软盘中的平面磁道。每一扇区的容量也是 512B,硬盘的容量＝512×磁头数×柱面数×每道扇区数。

硬盘是计算机中广泛使用的外存储器,与软盘相比,具有存取速度快,存储容量大的特点,常以兆字节(MB)或千兆字节(GB)为单位,目前已有以 TB 为单位的硬盘。

硬盘性能指标一般有以下几个:

- 转速:主轴转速是决定硬盘内部传输速度和持续传输速度的第一决定因素,它直接影响平均寻道时间,即硬盘磁头找到数据所在簇的时间。
- 内部传输率:内部传输率的高低是评价硬盘整体性能的决定性因素。内部传输率也称最大或最小持续传输率,是指硬盘在盘片上读写数据的速度。由于硬盘的内部传输率要小于外部传输率,所以只有内部传输率才可以作为衡量硬盘性能的真正标准。
- 单碟容量:磁碟表面的磁记录密度。然而随着磁碟密度的提高,磁头就必须随之越来越灵敏。传统的 MR 磁头所能承受的最大单碟容量是 4.5GB 左右。单碟容量直接决定了硬盘的持续数据传输速度。
- 平均寻道时间:平均寻道时间是指磁头移动到数据所在磁道所需要的时间,这是衡量硬盘机械性能的重要指标,一般在 3～13ms 之间,平均寻道时间和平均潜伏时间(完全由转速决定)一起决定了硬盘磁头找到数据所在簇的时间。该时间直接影响着硬盘的随机数据传输速度。
- 缓存:提高硬盘高速缓存的容量也是一条提高硬盘整体性能的捷径。因为硬盘的内部数据传输速度和外部传输速度不同。因此需要缓存来做一个速度适配器。缓存的大小对于硬盘的持续数据传输速度有着极大的影响。它的容量有 8MB、16MB 甚至更高,对于视频捕捉、影像编辑等要求大量磁盘输入输出的工作,大的硬盘缓存是非常理想的选择。

使用硬盘前必须做 3 件事,即硬盘的低级格式化、硬盘分区和高级格式化。

- 硬盘的低级格式化:即硬盘的初始化,其主要目的是对一个新硬盘划分磁道和扇区,并在每个扇区的地址域上记录地址信息。低级格式化工作一般由硬盘生产厂家完成。当硬盘被破坏,或更改系统时,需要进行硬盘的初始化。初始化工作由专门的程序来完成,如 ROM-BIOS 中的硬盘初始化程序等。
- 硬盘分区:硬盘初始化后,还不能使用,还必须对硬盘进行分区,对硬盘分区的主要目的是建立系统使用的硬盘区域,并将主引导程序和分区信息写到硬盘的第一个扇区上,分区后的硬盘具有自己的名字,也就是通常所说的硬盘标识符(盘符)C:、D:、E:等,系统通过盘符访问硬盘。硬盘分区工作一般也是由厂家完成,如需要对硬盘重新分区,要用专门的程序完成,如 DOS 下的 FDISK 命令等。
- 硬盘的高级格式化:硬盘经过初始化、分区后,还必须对每一个分区进行高级格式化,硬盘高级格式化的主要作用有两点:其一是写入操作系统,使硬盘具有系统启动盘的作用,其二是对指定的硬盘分区进行初始化,建立文件分配表以便系统按指定的格式存储文件。硬盘的高级格式化由格式化命令完成,如 DOS 下的 FORMAT 命令或 Windows 下的格式化命令。

2) 光介质存储器

光盘(Optical Disk)的存储是利用激光束在被记录的圆盘表面存储信息,并根据激光束的反射读出信息。主要由光盘、光驱动器(即 CD-ROM 驱动器)组成,光盘的最大优点是存储容量大、价格低、寿命长、可靠性高,特别适合存储大量信息,如百科全书、图像、声音等信息。目前,主要有三种类型的光盘存储器,只读光盘 CD-ROM、写一次光盘 WORM 和可擦写光盘 EOD。

(1) 只读光盘 CD-ROM(Optical Disk Read-Only Memory):与 ROM 类似,即光盘中的数据是预先写入的,用户只能读,不能写,这种光盘主要用于存储文献资料等信息较大的内容,一般 CD-ROM 的存储容量为 650MB。

(2) 一次性写光盘 WORM(Write-Once Read-Many):这种光盘允许用户写一次,一旦写入后,不得修改,只能读出。

(3) 可擦写光盘 EOD(Erasable Optical Disk):可擦写光盘 EOD 的存储功能与磁盘相似,用户可多次对其进行读/写操作。

光盘必须放到光盘驱动器中才能使用,光盘的主要技术指标是速度指标,即单位时间内驱动器可从光盘上读取的数据量,也就是倍速,目前常用的有 32 倍速、40 倍速、50 倍速等的 CD-ROM 驱动器。

新的光盘标准已经制定完成,这就是 DVD(Digital Video Disk,数字视频光盘)标准,同样大小的光盘,DVD 的容量是 CD-ROM 光盘容量的几倍。

3) 移动存储器

随着信息技术的快速发展,日常工作中的信息交换量已达到几十兆字节甚至几百兆字节,传统的用于信息交换的 1.44MB 软盘逐渐淘汰出局,更多小巧、轻便、价格低廉的移动存储产品正在不断涌现。

(1) Flash 存储设备。

通常叫做优盘或闪存,利用 Flash 闪存芯片为存储介质,采用 USB 接口,读写速度可达到纳秒级,可擦写 100 万次以上,数据至少可保存 100 年,优盘无机械装置,可承受 3m 高自由落体的震动,还具有防磁、防潮、耐高低温等特性。容量从 16MB 到几百吉字节,部分优盘还具有写保护、加密等功能。优盘是计算机用户的必备产品。MP3、MP4、手机等也可以像优盘一样作为存储设备使用。

(2) 移动硬盘。

直接由台式计算机或者由笔记本电脑硬盘改装而成的便携式的大容量存储系统,主要指采用计算机标准接口(USB/IEEE 1394)的硬盘,有很好的性价比,如图 2-13 所示。

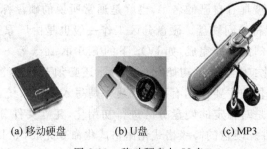

(a) 移动硬盘　　(b) U 盘　　(c) MP3

图 2-13　移动硬盘与 U 盘

4. 存储器的层次结构

计算机中的存储器有内存(主存)和外存(辅存),内存通常分为只读存储器(Read Only Memory,ROM)、随机存储器(Random Access Memory,RAM)和高速缓冲存储器(cache)3类,内存通常为半导体材料,具有速度快,但容量有限的特点。外存有软盘、硬盘、光盘、优盘等,通常材料为磁介质或光介质,与内存相比,具有容量大、速度慢的特点。为了充分发挥各种存储设备的特点,将其有机地组织起来,这就构成了具有层次结构的存储系统,如图2-14所示,CPU中的寄存器处在最高层,外部存储器处在最底层。

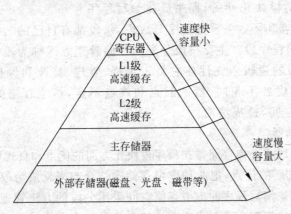

图 2-14 存储系统的层次结构

5. 虚拟存储器

任何一个程序都要调入内存才能执行,计算机的内存有限,而新软件的规模越来越大,怎样才能让较小的内存运行更大的程序呢?为解决这个问题"虚拟存储技术"应运而生。该项技术就是将主存和一部分外存空间共同构成一个整体,这样就能为用户提供一个比实际内存物理地址大得多的"虚拟存储器",简称"虚存"。而实际的物理内存称为"实存"。

虚拟存储器的工作原理与 Cache 的工作原理都是基于程序访问的局部性,即程序在运行的一段时间内,仅涉及一部分程序代码,没有必要把程序的全部代码都同时调入内存。但两种存储系统中的存储设备性能有所不同,管理方案的实施细节也就有所差异。主要区别在于:主存的存取时间是 Cache 存取时间的 5~10 倍,而磁盘的存取时间是主存存取时间的上千倍,所以虚拟存储器中未命中的性能损失要远大于 Cache 系统中未命中的损失。

虚拟存储器的主存与外存的基本信息传送单位采用3种不同的方案:页、段或段页式。

1) 页式虚拟存储器

页式虚拟存储器把虚拟地址空间划分成一个个固定大小的块,每块称为一页(Page),把主存储器的地址空间也按虚拟地址空间同样的大小划分为页。页是一种逻辑上的划分,它可以由系统管理软件任意指定。一个程序执行时,首先被调入虚存(外存的某一特殊空间),然后就完全由内存管理程序进行管理和调度。系统会根据一定的算法,将实际执行到的那段程序代码调入实存(称为页进)。如果实存已满,系统会设法腾出一些实存空间,必要时还需将实存中的一些信息送回虚存(页出),然后再将当前要执行的代码调入实存。这样,通过页进、页出，保证了要执行的程序段都在内存，如图 2-15 所示。信息传送的单位是这种定长的页，就称为页式虚拟存储器，其优点是空间的分配比较容易，浪费也较小，唯一可能造成的浪费是程序最后一页的内容可能不足一页，也占用了一页的空间。由于页不是逻辑上的实体，所以其缺点是管理、修改、保护和共享的性能都较差。

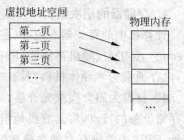

图 2-15　页式虚拟存储器

2) 段式虚拟存储器

段充分利用程序的模块化性质，程序员在编写程序时，一般按照程序的内容和函数关系把程序分成段，每段都有自己的名字，并且希望能够按照名称或序号来访问程序段。主存按段分配的存储管理方式称为段式管理，采用段式虚拟存储器的优点是段的逻辑独立性使它易于编译、管理、修改和保护，也便于多道程序共享，但因为段的长度各不相同，段的起点和终点不定，给主存空间分配带来麻烦，容易在段间留下零碎空间，造成浪费。

3) 段页式虚拟存储器

为了同时能够获得段式虚拟存储器在程序模块化方面的优点和页式虚拟存储器在管理主存和辅存物理空间方面的优点，把两种虚拟存储器结合起来就成为段页式虚拟存储器。其基本思想是对用户原来编写程序的虚拟存储空间采用分段的方法管理，而对主存储器的物理空间采用分页的方法管理。段页式管理的缺点是需要多次查表，计算虚地址与实地址的关系，速度较慢。目前计算机采用段页式存储管理的较多。

2.3.3　输入输出设备

1. 输入设备

输入设备的基本功能是将数据、程序等转换成计算机能接受的二进制码，并将它们送入内存。常用的输入设备有键盘、鼠标、手写板、轨迹球、扫描仪、光笔、触摸屏、读卡器、读码机、数字化仪、游戏操作杆等。其中：

1) 鼠标(Mouse)

鼠标按检测原理可分为机械式、轨迹球式和光电式 3 种，通常接串行口，如图 2-16 所示。

2) 触摸屏

触摸屏是用手触摸的输入设备，如图 2-17 所示，在计算机显示屏幕基础上，附加坐标定位装置，通常有接触式和非接触式两种。一般在显示屏的表面采用电阻薄膜、红外线、表面声波等技术，以形成一个对人手触摸产生感应的触摸屏，当人们用手对这一触摸屏的某个位置触摸时，通过引起这个位置的电阻、红外线信号或者表面声波信号的变化，能够产生与显示屏该位置对应的坐标的数字编码信号。所以特别适用于一些大型公共信息服务或者公共事务处理服务的多媒体网络的应用中。例如，邮局、大型商场提供的商品介绍和购买服务，在餐馆提供点菜服务，展览馆、旅游地的导游、参观服务，银行、宾馆、医院的信息查询和事务预约服务等。

图 2-16　精美的鼠标

图 2-17　触摸屏

3）笔绘板（手写笔）

笔绘板是由人直接通过特制的画板，向计算机输入手绘图形和手写文字的一种多媒体输入装置，如图 2-18 所示。它的工作原理也基本跟鼠标相似，是通过光、电、磁等方法把手写笔在手写板上的相对位置转换成二进制的数字编码信息输入计算机。它们两者的不同之处在于，鼠标以位置信息来驱动光标在显示屏上移动，笔绘板则把位置信息直接写入显示存储器内，使显示屏能够实时显示出笔绘板上画的图形或写的文字，计算机就可以对输入的图形、文字进行必要的处理。

图 2-18　手写笔

4）读卡器

与计算机相连接的读卡器可以读入磁卡、IC 卡和激光卡中存储的少量个人信息。存储卡中的个人信息可以包括姓名、单位、身份证号码、个人密码、照片和指纹等个人身份识别信息，还可以包括各种专门应用的有关个人信息，如银行账号、存款数、预付款数、个人健康状况、出勤记录等。因此存储卡在金融、商业、医疗、教育等部门的网络应用服务中得到越来越广泛的应用。

5）读码机

如果说存储卡输入技术主要用于存储个人信息和对人进行标识，那么条形码技术则主要用于存储物的信息和对物进行分类标识，以利于人们通过计算机网络对物的管理和使用，如图书馆的图书管理、仓库的产品和器材管理、商店的商品管理及药房的药品管理等。条形码输入方法采用的技术，与磁卡方法相似，它把标识不同的物品的标识码，用黑白颜色条纹按照规定的标准方法进行编码，并把它印刷或贴在物品上。与计算机相连的读码机是一个专门的光电检测头，它对准条形码，就可以方便地把黑白条形码信息转换成二进制编码电信号，送给计算机识别。条形码一般只是一个代表这个物品的标识号码，并不存储过多信息，其他有关信息，如该物品的名称、类型、重要性能、存放位置、出入情况等，都可以存在计算机网络的有关信息库中，因此，对条形码编码的基本要求是在指定的应用范围内标识的唯一性。使用条形码阅读器输入数据的方式是电子数据交换方式。

2．输出设备

输出设备是将计算机处理后的二进制结果转换成人们能够识别的数字、字符、图像、声音等形式，然后显示、打印或播放出来，常用的输出设备有显示器、打印机、绘图仪等。

1) 显示器与显示卡

显示输出系统由显示器与显示卡构成,以可见光的形式传送和处理信息。显示器的种类有阴极射线管 CRT(Cathode Ray Tube)显示器、液晶显示器 LCD(Liquid Crystal Display)和等离子显示器 PDP(Plasma Display Panel)等。其中,CRT 显示器具有显示直观、速度快、使用方便灵活、性能稳定可靠、价格便宜等优点,是使用最多的显示器。LCD 显示器具有体积小、无辐射、省电等优点,已经得到广泛应用。显示器屏幕上的字符和图形是由一个个像素组成的,像素的多少用分辨率来表示,如 1024×768、1600×1200 等,分辨率越高,其清晰度越好。

LCD 显示器的真实分辨率根据 LCD 的面板尺寸定,15 英寸的真实分辨率为 1024×768,17 英寸为 1280×1024。

LCD 显示器的像素间距(pixel pitch)的意义类似于 CRT 的点距(dot pitch)LCD 显示器的像素数量则是固定的。因此,只要在尺寸与分辨率都相同的情况下,所有产品的像素间距都应该是相同的。响应时间是 LCD 显示器的一个重要指标,它是指各像素点对输入信号反应的速度,即像素由暗转亮或由亮转暗的速度,其单位是毫秒(ms),响应时间越小越好,此外还有波纹(亦称作水波纹 Moire)及可视角度、刷新率等技术指标。

显示卡由显示存储器、寄存器和控制电路三部分组成。它是主机与显示器之间的桥梁,负责将计算机内的输出信号转换成显示器能接收的信号。常见的显示卡有 CGA(彩色图形适配器)、EGA(增强型图形适配器)、VGA(视频图形阵列适配器)、SVGA(超级视频图形阵列适配器)等,这些显示卡传送的是模拟信号,随着液晶显示器的出现,DVI 数字信号接口也进入了人们的生活,如图 2-19 所示。

图 2-19 液晶显示器

2) 打印机和绘图仪

打印机分为击打式、非击打式。击打式(针式打印机)有 16 针、24 针等,主要缺点是噪声大。非击打式有喷墨和激光打印机,喷墨打印机有较高的打印质量,低噪声、低价格,激光打印机打印质量高、速度快,低噪声。打印机指标有打印分辨率、打印速度。打印机通常接并行接口,如图 2-20 所示。

(a) 打印机

(b) 绘图仪

图 2-20 打印机和绘图仪

绘图仪用于精确绘图,在计算机的 CAD 和 CAM 中,应用绘图仪可以绘制精美的图形。

2.3.4 主板、总线与接口

1. 主板（Main board 或 Mother board）

主板是计算机系统中最大的一块电路板，几乎所有的计算机部件都通过它组织起来，主板上的部件主要有一个 CPU 插座；北桥芯片、南桥芯片、BIOS 芯片三大芯片；前端系统总线 FSB、内存总线、图形总线 AGP（Accelerated Graphics Port）、数据交换总线 HUB、外设总线 PCI（Peripheral Component Interconnect）5 大总线；软驱接口 FDD、通用串行设备接口 USB、集成驱动电子设备接口 IDE 等 7 大接口，如图 2-21 所示。

图 2-21 主板

芯片组决定了主板的结构及 CPU 的使用。三大芯片的功能如下：南桥芯片主要负责 I/O 接口控制、IDE 设备（硬盘等）控制以及高级电源管理等；北桥芯片负责与 CPU 的联系并控制内存、AGP、PCI 数据在北桥内部传输，由于北桥芯片的发热量较高，所以芯片上会装有散热片；BIOS 芯片是一个只读存储器，一些硬件的信息直接固化在其中，系统启动时，首先从这里调用硬件信息。

主板类型是指主板上各元器件的布局和排列方式，不同的板型要求不同的机箱与之相配，不同的 CPU 需要搭配不同的主板，各主板结构规范之间的差别包括尺寸大小、形状、元器件的放置位置和电源供应器等，常见的主板结构标准有 AT、ATX、LPX、NLX 结构。前两种是早期的 PC 结构，LPX（ALL-In_One）结构是一体化主板结构规范，由于维护和升级不方便，已被 NLX 结构取代。NLX（Now Low Profile Extension）结构是新型小尺寸扩展结构，NLX 结构灵活、规范，给计算机制造者留下了自由发挥的空间。

2. 总线

与计算机相连的外部设备种类繁多，如果每一种外部设备都有自己的线路与 CPU 相连，那么线路将复杂得难以实现。为了简化硬件电路设计，让所有的外部设备都共用一组线路，再对不同的外部设备配置以适当的接口电路，CPU 同样能与各种部件和各外部设备相连接，而且大大简化了系统结构，这组共用的连接线路称为总线，如图 2-22 所示。

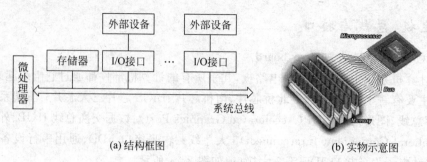

(a) 结构框图　　　　　　　(b) 实物示意图

图 2-22　总线

按总线在系统的不同层次、位置分为片内总线、主板局部总线、系统总线、通信总线。片内总线即芯片内的总线；主板局部总线即电路板上连接各插件的公共通路；系统总线即连接各插件板的总线；通信总线即微处理器与系统、外部设备间的通道。

按总线传输信息的种类，总线又分为：

（1）数据总线(Data Bus, DB)，用于数据传输，它的条数与 CPU 的字长一致，一般有 8, 16, 32 等。信息传送是双向的，可送入 CPU，也可从 CPU 送出。

（2）地址总线(Address Bus, AB)，用于传送存储单元或 I/O 接口的地址信息，信息传送是单向的，只能从 CPU 送出，它的位数决定了内存储器的最大容量，即 CPU 能管辖的范围，常有 20, 24, 32 位等。例如地址总线为 24 条，则内存的容量为 $2^{24}-1$，即 $2^{24}=2^{10}\times 2^{10}\times 2^{4}=1024\times 1024\times 16=16MB$。

（3）控制总线(Control Bus, CB)，传送控制器的各种控制信号，它的条数取决于 CPU 的字长。

目前微型计算机上常见的系统总线结构有以下几种：

1) ISA(Industry Standard Architecture)总线

ISA 是工业标准结构总线，应用在 80286 至 80486 时代，数据传送宽度为 16 位，工作频率为 8MHz，数据传输率最高可达 8Mb/s，寻址空间为 1MB。

2) PCI(Peripheral Component Interconnect)总线

PCI 是外部设备互连总线，1991 年由 Intel 公司推出，是 CPU 与外部设备之间的一条独立的数据通道，使每种设备都直接与 CPU 取得联系，使图形、通信、视频、音频设备都能同时工作。通常 PCI 的数据传送宽度为 32 位，工作频率为 33MHz，数据传输率最高可达 133Mb/s。PCI 是基于 Pentium 等新一代微处理器而发展起来的总线，如图 2-23 所示。

3) AGP(Accelerated Graphics Port)总线

AGP 是加速图形端口的英文缩写，这是 Intel 公司配合 Pentium 处理器开发的总线标准，它是一种可自由扩展的图形总线标准，主要是为了提高视频带宽而设计的，AGP 在内存与显示卡之间提供了一条直接的通道，它通过专业的 AGP 总线直接与北桥芯片相连接。通常总线宽为 32 位，时钟频率有 66MHz 和 133MHz 两种。

3. 接口

不同的计算机外部设备都有自己独特的系统结构、控制软件、控制信号等，计算机要与它们连接在一起协调工作，必须对设备的连接有一定的规范或约定，这种约定就是接口协议，实现接口协议的硬件设备就是接口电路，简称接口。输入输出接口是处理机与外部世界

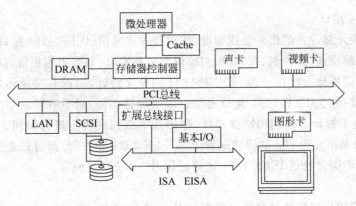

图 2-23　PCI 总线

进行联系的界面,实际上,现代处理机内部的许多例外事件也通过输入输出接口进行处理。接口的主要功能有:

- 处理机与外部设备之间的通信联络;
- 数据缓冲;
- 接受处理机的命令,提供外部设备的状态;
- 数据格式的变换。

常见的接口有以下几种:

1) 串行接口

所谓串行是指每一个字都是在设备与接口之间一位一位地进行传送的,串行接口有专门的设备名 COM1、COM2 等,串行接口也称为异步通信适配器接口(RS-232-C),是美国电子工业协会(Electronic Industry Association,EIA)制定的一种接口标准,最大通信距离为 15m。鼠标和调制解调器连接在串行接口上。

2) 并行接口

每一次都是将一个字节或一个字的所有位同时进行传送,并行接口设备名为 LPT1、LPT2,打印机接在并行接口上。

3) USB(Universal Serinal Bus)通用串行总线接口

USB 由 4 条信号线组成,其中 2 条用于传送数据,另外 2 条传送＋5V 容量为 500mA 的电源。可以经过集线器(Hub)进行树状连接,最多可达 5 层。该总线上可接 127 个设备。USB 1.0 有 2 种传送速率:低速为 1.5Mb/s,高速为 12Mb/s。USB 2.0 的传送速率为 480Mb/s。USB 最大的优点是支持即插即用以及支持热插拔。USB 接口为外设提供电源,可同时支持高速和低速设备的访问,如图 2-24 所示。目前可连接的设备有显示器、键盘、鼠标、扫描仪、光笔、数字化仪、数码照相机、打印机、绘图仪和调制解调器等。与串行接口和并行接口一样,该接口也要在软件控制下才能正常工作,Windows 支持通用串行总线接口。

图 2-24　USB 接口

4) IEEE 1394 接口

这是一种连接外部设备的机外总线标准,按串行方式通信,IEEE 1394 接口标准允许把计算机、计算机外部设备(如硬盘、打印机、扫描仪)、各种家电(如数码照相机、DVD 播放机、视频电话等)非常简单地连接在一起。IEEE 1394 的原来设计,是以其高速传输率,容许用户在计算机上直接通过 IEEE 1394 接口来编辑电子影像档案,以节省硬盘空间。在 IEEE 1394 以前,编辑电子影像必须利用特殊硬件,把影片下载到硬盘上进行编辑。自从 DV 诞生后,1394 接口就基本成为 DV 的标准配置了。IEEE 1394 和 USB 都可以连接外部设备,按串行方式通信,不同之处是 IEEE 1394 速度更快,USB 价格更便宜。

5) 硬盘接口

目前微机中使用最广泛的硬盘接口标准是 IDE 和 SCSI 标准。

IDE(Integrated Device Electronics,集成设备电子部件)接口标准的最大特点是把控制器集成到硬盘驱动器内。这样消除了驱动器和控制器之间数据丢失的问题。

SCSI(Small Computer System Interface,小型计算机系统接口),早期在小型机上使用,现在也在 PC 上使用,是一个多任务接口,在同一个 SCSI 控制下的多台外设可以并行工作,同步数据传送速率达到了 20Mb/s。

4. 基本输入输出方式

计算机中数据输入输出的控制方式可有多种,如程序查询控制方式、中断控制方式、直接存储器控制方式(DMA)和通道控制方式等。

中断控制方式是最常见的控制方式。它的特点是可以实现多个程序并行运行,多个 I/O 设备并行运转。程序需要 I/O 时,可以暂时中断正在执行的程序进行 I/O 处理。I/O 完成后,通过发中断信号,暂时中断正在执行的程序,转去执行 I/O 中断服务程序。类似人们工作生活中,经常被某种信号打断,转而做另一件事,做完后继续做原来的事。

正是由于中断机制,使计算机的各种 I/O 设备之间、程序与 I/O 设备之间、程序与程序之间实现了并行工作,也使计算机能实时响应突发事件,即能立即转去处理突发事件。

2.4 进位计数制及其转换

由于计算机的物理器件只有两种状态,实际在计算机中存储的是"0"和"1"二进制代码,处理的也是二进制代码。那么二进制与在实际生活中人们熟悉的十进制、十二进制(一打)等进制的特点是什么?这些进制是怎样进行换算的?计算机怎样用二进制来表示数值、文字等信息?这是本节要讨论的问题。

2.4.1 进位计数制

任何进位计数制都有两个要素:基数和位权值。

基数是每一种计数制中数符的个数,按基数进位、借位。二进制有 2 个数符(0,1),逢二进一、借一当二;十进制有 10 个数符、逢十进一、借一当十;r 进制有 r 个数符,逢 r 进一、借一当 r,见表 2-2。

表 2-2 各种进制的基数

进 制	数 符	个数（个）	进 位 值
十进制 D	0～9	10	10
二进制 B	0 和 1	2	2
八进制 O	0～7	8	8
十六进制	0～9 和 A～F	16	16
r 进制	r	r	r

此外，一个数的每个位置都有一个位权值，如十进制 $(1999)_{10}=1\times 10^3+9\times 10^2+9\times 10^1+9\times 10^0$，从左到右每个数符的位权值为 10^3、10^2、10^1、10^0，二进制 $(1010)_2=1\times 2^3+0\times 2^2+1\times 2^1+0\times 2^0$，从左到右每个数符的位权值为 2^3、2^2、2^1、2^0。对于任何一个 r 进制数 N 可表示为 $N=a_{n-1}\times r^{n-1}+a_{n-2}\times r^{n-2}+\cdots+a_1\times r^1+a_0\times r^0+a_{-1}\times r^{-1}+\cdots+a_{-m}\times r^{-m}=\sum_{i=-m}^{n-1}a_i\times r^i$。其中 i 表示位数，r 代表基数，a_i 代表各位的值。

用二进制表示一个大数时比较冗长，如十进制的 99 用二进制表示为 01100011（$1\times 2^6+1\times 2^5+1\times 2^1+1\times 2^0$），为了阅读和书写的方便，又引入了八进制和十六进制，见表 2-3。由于一位八进制数对应三位二进制数（$2^3=8$），所以在八进制转换为二进制时，只需一位八进制数变三位二进制数，在二进制转换为八进制时，三位二进制数变一位八进制数。而一位十六进制数对应四位二进制数（$2^4=16$），所以在十六进制转换为二进制时，只需一位十六进制数变四位二进制数，在二进制转换为十六进制时，四位二进制数变一位十六进制数即可。在转换时，位组划分是以小数点为中心向左向右两边展开，每组中的 0 不能省略，组中的位数不够时，可以补足整数的前 0 和小数部分后的 0，如：

$$(10101101.101)_2=(010,101,101.101)_2=(255.5)_8$$
$$(10101101.101)_2=(1010,1101.1010)_2=(AD.A)_{16}$$

表 2-3 常用数制对照表

十进制	二进制	八进制	十六进制
0	0	0	0
1	1	1	1
2	10	2	2
3	11	3	3
4	100	4	4
5	101	5	5
6	110	6	6
7	111	7	7
8	1000	10	8
9	1001	11	9
10	1010	12	A
11	1011	13	B

续表

十进制	二进制	八进制	十六进制
12	1100	14	C
13	1101	15	D
14	1110	16	E
15	1111	17	F

2.4.2 各数制间的转换

1. r 进制转换十进制——按权展开

r 进制数转换为十进制，只要将各位数码乘以各自的权值累加即可。如将二进制数 01100011 转换成十进制数：

$(01100011)_2 = 1 \times 2^6 + 1 \times 2^5 + 1 \times 2^1 + 1 \times 2^0 = (99)_{10}$

将八进制数 143 转换成十进制数：$(143)_8 = 1 \times 8^2 + 4 \times 8^1 + 3 \times 8^0 = (99)_{10}$

将十六进制数 63 转换成十进制数：$(63)_{16} = 6 \times 16^1 + 3 \times 16^0 = (99)_{10}$

所以：$(01100011)_2 = (143)_8 = (63)_{16} = (99)_{10}$。

2. 十进制转换为 r 进制

十进制数转换为 r 进制数时，将整数部分和小数部分分开转换，然后再合成起来即可。

整数部分转换成 r 进制整数时，采用除 r 取余法，即十进制数不断除以 r 取余数，直到商为 0，首次取得的余数是离小数点最近的低位。

小数部分转换成 r 进制小数时，采用乘 r 取整法，即十进制数不断乘以 r 取整数，直到小数部分为 0 或达到所求的精度为止，首次取得的整数是离小数点最近的高位。

例：将十进制数 75.625 转换为二进制数，先对 75 除 2 取余为 1001011，再对 0.625 乘 2 取整为 101，整数和小数部分合成起来即可：$(75.625)_{10} = (1001011.101)_2$，运算过程如下：

注意：不管是除法还是乘法首先算出来的都是离小数点最近的那一位。

```
  2 | 75  ---- 1              0.625
  2 | 37  ---- 1            ×     2
  2 | 18  ---- 0    取余    1.250
  2 |  9  ---- 1            ×     2
  2 |  4  ---- 0    取整    0.500
  2 |  2  ---- 0            ×     2
  2 |  1  ---- 1            1.0
      0
```

2.5 数据在计算机中的表示

计算机只能处理二进制数据，所以任何形式的数据（数字、文字、图形、声音等）都必须转换成二进制，计算机才能处理。本节讨论计算机中数值及中西文的表示形式。

2.5.1 数值型数据的表示形式

数值必须变成二进制代码才能存储到计算机，符号位也必须变成 0 或 1 才能存储，计算机中正号用"0"表示，负号用"1"表示，在计算机中使用的连同符号一起数码化了的数称为机器数,而它真正表示的数值叫真值。

例如：±99 数的真值表示：$(\pm 99)_{10} = (\pm 1100011)_2$。机器数表示法：+99：01100011；-99：11100011。采用符号数字化后,计算机就可以处理数符了。为了改进符号数的运算方法和简化硬件结构,人们研究了二进制机器数的几种表示法,即原码、反码和补码。

1. 原码

原码是数值化的符号位加上数的绝对值,如：

$X = (+91)_{10} = (+1011011)_2$, $[X]_原 = 01011011$

$X = (-91)_{10} = (-1011011)_2$, $[X]_原 = 11011011$

一字节(8bit)原码表示的整数范围是 -127～+127,采用原码表示法简单易懂,但它的运算复杂,如当两数相加时,同号则数值相加,异号则相减,相减时还要判断绝对值的大小,然后用大数减小数,最后还要给结果选择符号。如果符号位和数值一样参加运算,运算就简单了,为此提出了反码、补码表示法。

2. 反码

反码很少使用,它的主要作用是求补码的中间码。正数的反码与原码相同,负数的反码是把负数的原码除符号位之外的各位按位取反(0 变 1,1 变 0)即可,如：

$X = +1011011$ $[X]_原 = 01011011$ $[X]_反 = 01011011$

$X = -1011011$ $[X]_原 = 11011011$ $[X]_反 = 10100100$

3. 补码

正数的补码与原码相同,负数的补码是先求负数的反码,再把反码的最低位加 1,如：

$[X]_原 = 11011011$ $[X]_反 = 10100100$ $[X]_补 = 10100101$

负数用补码表示时,可以把减法转换为加法,符号位同数值一起参加运算,如：

$[X+Y] = [X]+[Y]$, $[X-Y] = [X]+[-Y]$

7-3=7+(-3),7 的补码：00000111,-3 的补码：11111101,00000111+11111101=0000100=$(4)_{10}$。

可见用补码参与运算最为方便,因为补码的符号位无须单独处理,就如同数字一样参与运算,运算结果的符号位有效。

注意：反码和补码是对负数而言的,而正数的原码、反码和补码是相同的,即：$[正数]_原 = [正数]_反 = [正数]_补$。

上面讨论了计算机是如何处理正负数的,下面讨论在计算机中如何处理小数。

4. 定点数和浮点数

当计算机需要处理实型数据时,就出现了如何表示小数点的问题,系统并不是像处理符号那样,用一位二进制数表示小数点,它采用的定点数和浮点数方法,都是隐含设定小数点的办法。顾名思义,定点数就是小数点位置隐含固定在某一位置上,浮点数就是小数点在数据中的位置是可变的。

1) 定点数

固定小数点的位置有以下两种：小数点在最低位之后称为定点整数,定点整数是纯整数。默认小数点在符号位之后称为定点小数,定点小数是纯小数,即所有数均小于1,如图 2-25 所示。

定点整数：+99=01100011（小数点隐含在最低位之后）

定点小数：-0.99=11111111（小数点隐含在符号位之后）

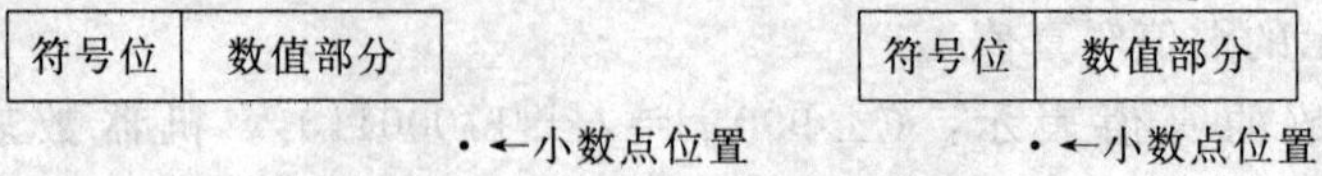

符号位	数值部分		符号位	数值部分
	·←小数点位置			·←小数点位置

图 2-25 定点整数与定点小数的表示

2) 浮点数

在科学计算中,定点数的表示是不够用的,为了表示很大或很小的数,采用"浮点数"或称"科学表示法",浮点数由两部分组成如图 2-26 所示,即阶码和尾数,其中阶码用二进制定点整数表示,阶码的长度决定数的范围;尾数用二进制定点小数表示,尾数的长度决定数的精度;底数(基数)r=2 是隐含的。由于阶码可取不同的数值,这样小数点在数据中的位置就是可变的。如:

$$(110.011)_2 = (1.10011)_2 \times 2^{(+10)_2} = (11001.1)_2 \times 2^{(-10)_2} = (0.110011)_2 \times 2^{(+11)_2}$$

15	14…12	11	10…0
阶符	阶码	数符	尾数

图 2-26 浮点数表示法

为了便于计算机中小数点的表示,规定将浮点数写成规格化的形式:尾数的绝对值大于等于 0.1 并且小于 1,从而唯一地规定了小数点的位置。

2.5.2 西文字符编码

西文字符(字母、数字、各种符号)采用 ACSII 码(American Standard Code for Information Interchange,美国信息交换标准代码)进行编码(见附录)。ACSII 码用 7 位二进制编码(最高位第 8 位为 0),共 128 个常用字符,ASCII 码值从 0 到 127(十进制),即从 7 个 0 到 7 个 1。其中,控制字符为 0~32 和 127;普通字符为 94 个,在这 94 个字符中,0~9、A~Z、a~z 都是顺序编码的,且小写字母比大写字母的码值大 32,这有利于大小写字母之间的转换。记住以下字符编码很有用:

- "a"字符的 ASCII 码为 1100001,即十进制数$(97)_{10}$;则"b"的编码为$(98)_{10}$。
- "A"字符的 ASCII 码为 1000001,即十进制数$(65)_{10}$;则"B"的编码为$(66)_{10}$。
- "0"数字字符的 ASCII 码为 0110000,即十进制数$(48)_{10}$;则"1"的编码为$(49)_{10}$。
- "SP"空格字符的 ASCII 码为 0100000,即十进制数$(32)_{10}$。

2.5.3 中文信息编码

汉字种类繁多,编码比较困难,而且对汉字的输入、内部处理、输出的要求不尽相同,因此要进行一系列的汉字编码及转换,汉字信息处理中各编码及流程如图 2-27 所示。其中虚线框内的编码是对国标码而言的。

图 2-27 汉字信息处理系统的模型

1. 汉字输入码

西文可以通过键盘直接输入,汉字不可能通过键盘直接输入,只能通过计算机标准键盘上按键的不同排列组合来对汉字输入,所谓汉字输入码就是输入汉字时的编码,目前常用的输入法大致有音码类和形码类以及音形混合类:

- 音码类。主要是以汉语拼音为基础的编码方案,如全拼、双拼、微软拼音、自然码和智能 ABC 等。优点是不用学习,与人们习惯一致,缺点是由于汉字同音字较多,输入重码率很高,输入速度较慢。
- 形码类。主要是按汉字的形状,先把汉字拆分成部首,然后进行合成,如五笔字型法、郑码输入法等。

2. 汉字国标码(GB2312—80)

全称是"国家标准信息交换汉字编码"(简称国标码,也称交换码)是计算机中汉字编码的标准。在国标码表中有:一级汉字 3755 个(按汉语拼音排列);二级汉字 3008 个(按偏旁部首排列);西文字符和图形符号 682 个,共 7445 个。

为了编码,将汉字分成若干个区,每个区 94 个汉字。由区号和位号(区中的位置)构成了区位码。区号和位号各加 32 就构成了国标码。如"中"的区位码为 5448,其国标码为 8680。一个国标码占两个字节,每个字节的最高位为 0。

3. 汉字机内码

汉字机内码是指计算机内部存储、处理、加工汉字时所用的代码。汉字在用不同的汉字输入法时其输入码(外码)各不相同,但其内码是统一的。输入码通过键盘输入,接受后就由汉字操作系统的"输入码转换模块"转换为机内码,每个汉字的机内码用 2 个字节表示。为了与 ASCII 码相区别,将国标码的每个字节的最高位由 0 变为 1,变换后的国标码称为汉字机内码,如:

| 1 | 国标码第一字节 | 1 | 国标码第二字节 |

可见汉字机内码的每个字节都大于 128,而每个 ASCII 码值均小于 128。如:

汉字　　汉字国标码　　　　　　　　汉字机内码
中　　8680(01010110 01010000)$_2$　　(11010110 11010000)$_2$
华　　5942(00111011 00101010)$_2$　　(10111011 10101010)$_2$

4. 汉字字形码

汉字字形码又称汉字字模,用于汉字输出。汉字字形码通常有两种表示方式:点阵和矢量表示方式。

汉字字形点阵的代码就是点阵码,常见的点阵有 16×16、24×24、32×32、48×48 等。点阵规模越大,字形越清晰美观,所占存储空间也越大,每个汉字字形码占用字节数为:点阵列数/8×行数,如一个 16×16 点阵的汉字所占的空间为 16/8×16=32B,两级汉字大约占用 256KB。点阵码的优点是编码、存储方式简单,无须转换直接输出,但放大后产生的效果差,如图 2-28 所示。

矢量表示方式存储的是描述汉字字形的轮廓特征,当要输出汉字时,通过计算机的计算,由汉字字形生成所需要的大小和形状的汉字点阵。Windows 中使用的 TrueType 技术就是汉字的矢量方式。

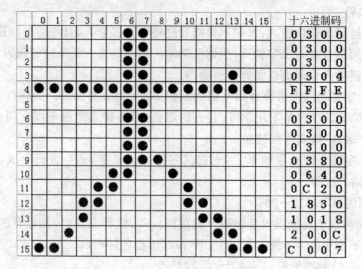

图 2-28 字形点阵及代码

点阵方式编码和存储方式简单,无须转换就可直接输出,但字形放大后的效果差,而矢量方式的特点正好与点阵相反。

5. 其他汉字内码

早期使用的 GB2312 国标码只能表示和处理 6763 个汉字,目前能够表示汉字内码的还有 UCS 码、Unicode 码、GBK 码、BIG5 码等。

1) UCS 码

UCS(Universal Code Set)码是国际标准化组织公布的通用多 8 位编码字符集,是世界各种文字的统一的编码方案。每一个字符占 4 字节。分别为组号、平面号、行号和字位号。UCS 码中的第一个平面(0 组 0 平面)称为基本多文种平面(BMP),包含字母、音节及表意文字等。

例如:

'A'　　　41H(ASCII)　　　00000041H(UCS)

'大'　　　3473H(GB2312)　　　00005927H(UCS)

2) Unicode 码

由于 UCS 码中的每个字符需要 4 字节表示,消耗的不必要的存储空间太多,事实上,全世界的各种文字经常使用的只是其中一部分,用两个字节就足够了。Unicode 码就是采用双字节编码统一地表示世界上的主要文字的另一国际标准,其字符集内容与 UCS 的 BMP 相同。可以表示符号 6811 个,汉字 20 902 个,韩文拼音 11 172 个,造字区 6400 个,保留 20 249 个,共计 65 534 个。目前 Unicode 码得到广泛使用,如 Java 语言就使用 Unicode 码。

3) GBK 码

GBK 编码是我国制定的,是从 UCS 码、Unicode 码发展起来的,它等同于 UCS 的新的中文编码扩展国家标准,2 字节表示一个汉字,第一字节从 81H 至 FEH,最高位为 1;第二字节从 40H 至 FEH,第二字节的最高位不一定是 1。GBK 码能表示汉字 20 902 个,它与 GB 汉字内码兼容,Windows 系统使用的是 GBK 码,这样早期汉字系统建立的文本,在 Windows 系统中仍然可用。

4) BIG5 编码

中国台湾、香港地区普遍使用的一种繁体汉字的编码标准，包括 440 个符号，一级汉字 5401 个、二级汉字 7652 个，共计 13 060 个汉字。

2.6 计算机软件

2.6.1 计算机软件概述

计算机系统是由硬件和软件两部分组成的，硬件是看得见、摸得着的物质实体，就是前面介绍的五大部件，CPU、存储器、输入输出设备等。没有软件的计算机称为裸机，要使用裸机只能用机器指令，计算机发展的初期就是只能使用机器指令的状况。目前，实际呈现在用户面前的计算机系统是经过若干层软件武装的计算机，所以计算机功能的强弱与所配备的软件有很大的关系。图 2-29 是计算机硬件软件层次关系。

软件由计算机程序、数据和有关的技术资料组成。程序是指挥计算机工作的步骤；技术资料包括软件和硬件的技术说明、使用方法和操作手册等文档。软件是计算机的"灵魂"。

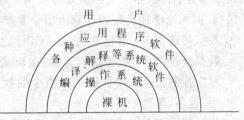

图 2-29 计算机硬件软件层次关系

软件系统分为两大类，即系统软件和应用软件。

系统软件通常负责管理、控制和维护计算机的各种软硬件资源，并为用户提供一个友好的操作界面和工作平台。常见的系统软件包括操作系统、语言处理程序、数据库管理系统、支持软件等。系统软件通常要涉及计算机硬件，所以编写难度较大，一般由大的计算机公司提供。

应用软件是专业人员为各种应用目的而开发的应用程序，如办公自动化套装软件 Office，专业软件(如建筑类、财务类)、科学计算软件包、套装软件、游戏软件、用户开发的系统等。应用软件的编写难度较小，可由具有一定计算机知识的各行各业的人员编写。

本节主要介绍语言处理程序，其他软件分散在各章介绍。

2.6.2 计算机语言概述

语言是人们交流的工具，这种在长期生活中形成的语言称为自然语言(如英语、汉语等)。人们要使用计算机，就要和计算机交流，就要懂计算机语言，所以计算机语言(程序设计语言)是人与计算机交流的工具，计算机语言就是计算机能懂的语言，计算机本身只懂二进制形式的机器语言，计算机发展的初期，只能通过机器语言编写的程序来使用计算机，计算机使用率极低。长期以来，编写程序和执行程序是利用计算机解决问题的主要方法和手段。也就是说，你要使用计算机就必须懂计算机语言，必须会编写程序。随着计算技术的发展，计算机语言也在不断发展，各种软件不断涌现，才使计算机变得像今天这样普及。

计算机语言的发展过程是其语言表达愈加接近自然语言和数学语言、功能不断完善、描述问题的方法愈加贴近人类思维方式的过程。

1. 机器语言

机器语言是由 0 和 1 二进制代码按一定规则组成的、能被机器直接理解和执行的指令的集合。指令规定了计算机能直接完成的某一种操作。一条指令通常由两个部分组成：

操作码	操作数

操作码指明要完成的操作类型或性质，如取数、做加法或输出数据等。操作码的位数决定了操作指令的条数。当使用定长操作码格式时，操作码位数为 n，则指令条数可有 2^n 条。

操作数指明操作的内容或所在的内存单元地址，操作数在大多数情况下是地址码，地址码通常可以有 0~3 个。地址码是数据所在的地址，可以是源操作数的存放地址，也可以是操作结果的存放地址。

一台计算机的所有指令的集合，称为该计算机的指令系统。不同类型的计算机，指令系统的指令条数、种类、格式有很大差异。指令系统决定了计算机的能力，也影响着计算机的体系结构，但无论哪种类型的计算机指令系统都应具有以下功能的指令：

- 数据传送指令：数据在内存与 CPU 之间传送。
- 数据处理指令：数据进行算术、逻辑或关系运算。
- 程序控制指令：控制程序中指令的执行顺序，如无条件转移、条件转移、调用子程序、返回、停机等。
- 输入输出指令：用于实现外部设备与主机间的数据传送。
- 其他指令：对计算机的硬件进行管理等。

指令系统是计算机基本功能具体而集中的体现，指令系统是软件和硬件的界面，机器指令是对计算机进行程序控制的最小单位。用机器指令编写的程序称为"机器语言程序"。

用机器语言编写程序，编程工作量大，难学、难记、难修改，通用性差，唯一的优点是代码不需翻译，所占空间少，执行速度快。

2. 汇编语言

机器语言的"难"，主要难在要将人们熟悉的自然语言和数学语言翻译成机器语言，这是相当烦琐、费时的工作，既然计算机有很大的存储容量，又有逻辑判断能力，是否可以把翻译的工作交给计算机完成呢？根据这个设想探索的结果，出现了汇编语言(符号语言)。汇编语言就是将机器指令代码用英文助记符表示，代替机器语言中的指令和数据。例如用 ADD 表示加，SUB 表示减，JMP 表示程序跳转等。这样在一定程度上克服了机器语言难读难懂难改的缺点，同时保持了其编程质量高、占存储空间小、执行速度快的优点，故常用于过程控制等编程。缺点是仍面向机器，使用者需具备专业知识。

3. 高级语言

高级语言接近自然语言(英语)和数学语言，是由表达各种意义的词和数学公式按照一定的语法规则来编写程序的语言。高级语言使程序员可以完全不用与计算机的硬件打交道，可以不必了解机器的指令系统。这样，程序员就可以集中精力来解决问题本身而不必受机器制约，因此编程效率高，简单易学，各行各业的人员都可以通过高级语言用计算机解决本专业的问题。高级语言由于与具体机器无关，因此程序的通用性强。

高级语言分类可分为 3 类。

1) 面向过程的语言

如 FORTRAN、BASIC、Pascal、C 等。面向过程的语言致力于用计算机能够理解的逻辑来描述需要解决的问题和解决问题的具体方法、步骤。编程时,程序需要详细描述解题的过程和细节,即需要详细地描述"怎样做"。

2) 面向问题的语言

面向问题的语言又称为第四代语言(4GLS)。这类语言解题时,不必关心问题的求解算法和求解的过程,只须指出要计算机做什么,以及数据的输入和输出形式,就能得到所需结果。

例如,用面向问题的 SQL(Structured Query Language)语言,只要用如下的一条语句就可实现查询教龄大于或等于 30 的人员情况:

SELECT 姓名,部门,教龄 FROM d:\zg.dbf WHERE 教龄 >= 30

面向问题的语言是采用快速原型法开发应用软件的强大工具,能够快速地构造应用系统,提高软件开发效率。

面向过程的语言需要详细地描述"怎样做";面向问题的语言仅需要说明"做什么"。它与数据库的关系非常密切,能够对大型数据库进行高效处理。

3) 面向对象的语言

在 20 世纪 80 年代推出了面向对象的语言,它与以往各种语言的根本不同点在于:它设计的出发点就是为了能更直接地描述客观世界中存在的事物(即对象)以及它们之间的关系。

面向对象语言将客观事物看作具有属性和行为的对象,通过抽象找出同一类对象的共同属性和行为,形成类。通过类的继承与多态性可以很方便地实现代码重用,这大大提高了程序的复用能力和程序开发效率。面向对象语言已是程序语言的主要研究方向之一。面向对象的语言有 C++、Java、Visual Basic 等。

2.6.3 语言处理程序

除了机器语言可以被计算机直接理解并处理外,汇编语言和高级语言都需要经过语言处理程序(或称翻译程序、编译器)将其翻译为机器语言,然后才可被计算机处理。实现这个翻译过程的工具是语言处理程序,即翻译程序。用非机器语言写的程序称为源程序,通过翻译程序翻译后的程序称为目标程序。不同的程序设计语言有各自的翻译程序,互相不通用。

1. 汇编程序

汇编语言写的程序,需要翻译成机器语言,才能被计算机执行。汇编程序就是将汇编语言编写的程序(源程序)翻译成机器语言程序(目标程序)的工具(翻译官),如图 2-30 所示。

图 2-30 汇编程序工作过程

2. 高级语言翻译程序

高级语言有两种翻译方式,即解释方式和编译方式,相应的翻译工具也分别称为解释程序和编译程序。

1) 解释方式

解释方式是由解释程序将高级语言源程序翻译为机器语言的一种方式,解释程序对源程序进行逐句翻译,翻译为一个或多个机器语言指令,并立即执行。若解释时发现错误,会立即停止,报错并提醒用户更正代码。解释方式不生成目标程序。工作过程如图 2-31 所示。

解释方式像生活中的"口译"方式,边说边译,说完也译完,不产生文本。由于每次执行都要解释,所以速度较慢。BASIC、LISP 等语言采用解释方式。

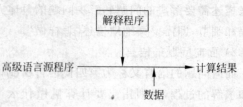

图 2-31　解释方式的工作过程

2) 编译方式

编译方式就是由编译程序将高级语言翻译为机器语言的另一种方式,编译方式如同"笔译",在纸上记录翻译后的结果,编译程序对整个源程序经过编译处理,产生一个与源程序等价的目标程序;目标程序还可能要用一些其他语言编写的程序和程序库中的标准子程序,通过连接程序将目标程序和有关的程序库组合成一个完整的可执行程序,如图 2-32 所示。编译方式执行速度快,修改源程序后都必须重新编译。一般高级语言(C/C++、Pascal、FORTRAN、COBOL 等)都采用编译方式。

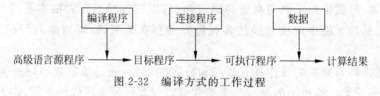

图 2-32　编译方式的工作过程

编译的过程大致有词法分析、语法分析、中间代码生成、优化和目标代码生成等工作。

2.7　问　与　答

(1) CPU 中的流水线技术、超流水线技术、超标量是什么?

答:流水线是 Intel 首次在 486 芯片中开始使用的。即在 CPU 中由 5~6 个不同功能的电路单元组成一条指令处理流水线,将一条指令分成 5~6 步由上述电路分别完成,从而在一个 CPU 时钟周期完成一条指令;超流水线是指 CPU 中的流水线超过 5~6 步。如 Pentium 4 的流水线就长达 20 步;超标量是指在 CPU 中内置多条流水线来同时执行多条指令。Pentium 级以上的 CPU 均具有超标量结构。

(2) Cache 中的 L1 高速缓存和 L2 高速缓存的区别是什么?

答:L1 称一级高速缓存,内置在 CPU 中,负责在 CPU 内部的寄存器与外部 Cache 之间的缓冲,由静态 RAM 组成,结构较复杂。由于 CPU 的管芯面积不能太大,L1 高速缓存的容量不能做得太大;L2 高速缓存指 CPU 外的高速缓存。主要用于弥补 CPU 内部 Cache 的容量过小,负责整个 CPU 与内存之间的缓冲。在 Socket 架构的主板上,外频频率、系统内存和 L2 高速缓存总线时钟频率相同。

(3) 何谓工作电压?

答:工作电压是指 CPU 正常工作时所需要的电压,早期 CPU 的工作电压是 5V。从

Pentium CPU 起 CPU 工作电压分为内核电压和 I/O 电压两种。内核电压由 CPU 生产工艺决定,I/O 电压通常在 1.6～3V。随着 CPU 主频的提高和制造工艺的改进,CPU 工作电压有逐步下降的趋势,以解决发热过高的问题。

(4) SRAM 和 DRAM 是指什么?

答:SRAM 称静态 RAM,速度快,价格高,只要不断电,数据就能保存,主要用来做高速缓存(Cache);DRAM 称动态 RAM,就是通常所说的内存。DRAM 靠 MOS 电路中的栅极电容来保存信息,由于电容会漏电,DRAM 需要设置刷新电路,每间隔一定时间对 DRAM 进行刷新,以确保信息不丢失。DRAM 比 SRAM 集成度高,功耗低,价格低。

(5) CMOS 是指什么?

答:CMOS 是互补金属氧化物半导体的英文缩写,是一种大规模应用于集成电路芯片制造的材料。在计算机中的 CMOS 是指主板上的一块可读写 RAM 芯片,又称 CMOS RAM,里面存放着当前计算机系统配置的具体参数,如系统 CPU、软硬盘驱动器、显示器、键盘、日期、电源管理、密码等的参数,由于 CMOS 可由系统电源和主板上的后备电池供电,所以即使系统掉电,CMOS 中的信息也不会丢失。CMOS 中的参数不正确,会引起系统性能降低、器件不能识别,导致系统软硬件故障。当开机时按特定键(一般按 Del 键)就可以进入 CMOS 设置程序对系统进行设置。

习 题 2

1. 选择题

(1) 在计算机中,硬件与软件的关系是_____。

A. 互相支持　　　　　　　　　　B. 软件离不开硬件

C. 硬件离不开软件　　　　　　　D. 相互独立

(2) 微机硬件系统包括_____。

A. 内存储器和外部设备　　　　　B. 显示器、主机箱、键盘

C. 主机和外部设备　　　　　　　D. 主机和打印机

(3) ROM 的特点是_____。

A. 存取速度快　　　　　　　　　B. 存储容量大

C. 断电后信息仍然保存　　　　　D. 用户可以随时读写

(4) 在微机中存储信息速度最快的设备是_____。

A. 内存　　　B. 高速缓存　　　C. 硬盘　　　D. 软盘

(5) 在微机系统中,任何外部设备必须通过_____才能实现主机和设备之间的信息交换。

A. 电缆　　　B. 接口　　　　　C. 电源　　　D. 总线插槽

(6) 在微机系统中,打印机与主机之间采用并行数据传输方式,所谓并行是指数据传输_____。

A. 按位一个一个地传输　　　　　B. 按一个字节 8 位同时进行

C. 按字长进行　　　　　　　　　D. 随机进行

(7) 计算机指令一般包含_____两部分。

A. 数字和文字　　　　　　　　　B. 数字和运算符号

C. 操作码和地址码 D. 源操作数和目的操作数

(8) 在微型计算机中,存储容量为 2MB 等价于_____。
A. 2×1024B B. 2×1024×1024B
C. 2×1000B D. 2×1000×1000B

(9) 在下列不同进制的 4 个数中,最小的一个数是_____。
A. $(45)_{10}$ B. $(57)_8$ C. $(3B)_{16}$ D. $(110011)_2$

(10) 下列十进制数中能用八位无符号二进制数表示的是_____。
A. 258 B. 257 C. 256 D. 255

(11) 衡量显示器显示图像清晰程度的主要指标是_____。
A. 亮度 B. 点距 C. 对角线长度 D. 对比度

(12) 计算机启动后,屏幕上出现"HDD Controller Failure"的提示,无法正常启动,可能的原因是_____。
A. 数据线连接错误 B. 硬盘中系统引导文件被破坏
C. 硬盘被烧坏 D. 电源接触不良

(13) 衡量计算机硬盘技术的指标有很多,但不包括_____。
A. 主轴转速 B. 平均寻道时间
C. 数据传输速率 D. 地址总线宽度

(14) 以下关于组装微型计算机的叙述,不正确的是_____。
A. 中央处理器应安装在计算机主板上的 Socket 插座上
B. 显示卡应安装在计算机主板上的扩展槽中
C. 独立的声卡应安装在 AGP 插槽中
D. 硬盘数据线应连接在计算机主板的 IDE/SCIS 接口上

(15) 计算机中数据输入输出的控制方式有多种,"中断"方式的优点不包括_____。
A. I/O 与 CPU 并行处理 B. 并行处理多种 I/O
C. 实时响应突发事件 D. 批量传送数据

(16) 下列关于静态存储器(SRAM)和动态存储器(DRAM)的叙述中,不正确的是_____。
A. DRAM 比 SRAM 速度快、价格高
B. DRAM 就是通常说的内存
C. DRAM 比 SRAM 集成度高、功耗低
D. SRAM 只要不断电,数据就能永久保存

(17) 关于一个汉字从输入到输出处理过程正确的是_____。
A. 首先用汉字的外码将汉字输入,其次用汉字的字形码存储并处理汉字,最后用汉字的内码将汉字输出
B. 首先用汉字的外码将汉字输入,其次用汉字的内码存储并处理汉字,最后用汉字的字形码将汉字输出
C. 首先用汉字的内码将汉字输入,其次用汉字的外码存储并处理汉字,最后用汉字的字形将汉字输出
D. 首先用汉字的字形码将汉字输入,其次用汉字的内码存储并处理汉字,最后用汉字的外码将汉字输出

(18) 若磁盘的转速提高一倍,则_____。
  A. 平均存取时间减半   B. 平均寻道时间减半
  C. 存储道密度提高一倍   D. 平均寻道时间不变
(19) 计算机在接通电源后,系统首先由_____程序对内部每个设备进行测试。
  A. POST   B. CMOS   C. ROM BIOS   D. DOS
(20) 衡量液晶显示器显示画面是否流畅的主要指标是_____。
  A. 液晶面板尺寸   B. 可视角度
  C. 信号响应时间   D. 对比度
(21) 下列关于应用软件的叙述中,正确的是_____。
  A. 应用软件并不针对具体应用领域   B. 应用软件建立在系统软件的基础之上
  C. 应用软件主要管理计算机中的硬件 D. 应用软件是计算机硬件运行的基础
(22) 下列叙述中,正确的是_____。
  A. 机箱内的声卡属于外部设备
  B. 操作系统只管理主存,并不管理磁盘
  C. 硬盘装在机箱内部,因此属于内存
  D. 存储在任何存储器中的信息在断电后都不会消失
(23) 下列关于主板的叙述中,不正确的是_____。
  A. 主板性能的好坏会影响到整个系统的速度、稳定性和兼容性
  B. 安装在主板上的CPU不能进行更换
  C. 不同型号的主板需要与之相应的CPU进行搭配
  D. 一体化主板将声卡、显卡、网卡等功能集成在主板上
(24) 下列关于CPU的叙述中,不正确的是_____。
  A. CPU的主频越高,处理数据的速度越快
  B. 地址总线宽度决定CPU可以访问的主存储器的物理空间
  C. 数据总线宽度决定CPU与内存等设备间一次数据传输的信息量
  D. CPU的工作电压一般为220V
(25) _____决定了计算机系统可访问的物理内存范围。
  A. CPU的工作频率   B. 数据总线的位数
  C. 地址总线的位数   D. 指令的长度
(26) 程序员一般使用_____软件编写和修改程序。
  A. 预处理   B. 文本编辑   C. 链接   D. 编译
(27) CPU的主要功能是_____。
  A. 存储程序   B. 传送数据   C. 执行I/O   D. 执行程序
(28) 在下面对USB接口特点的描述中,_____是USB接口的特点。
  A. 支持即插即用
  B. 不支持热插拔
  C. 提供电源容量为12V×1000mA
  D. 由6条信号线组成,其中两条用于传送数据,两条传送控制信号,另外两条传送电源

(29) 一条内存不常见的容量是_____。
A. 256MB　　　B. 512MB　　　C. 768MB　　　D. 1GB

(30) 下列叙述中,不正确的是_____。
A. 运算器主要完成各种算术运算和逻辑运算
B. 控制器可以读取各种指令,并对指令进行分析执行
C. CPU 中的累加器可以直接参与运算并存放运算的结果
D. 运算器可以从键盘读入数据,并进行运算

2. 填空题

(1) 总线是一组_____的公共通信线。
(2) _____设备可以将各种数据转换成为计算机能处理的形式并输送到计算机存储设备中。
(3) 设置高速缓存的目的是解决 CPU 的运算速度和_____的读写速度不平衡问题。
(4) 微机主机系统包括_____,外部设备包括_____。
(5) 内存储器通常有_____三类。
(6) $(11011101)_2 = ($_____$)_{10} = ($_____$)_8 = ($_____$)_{16}$。

3. 问答题

(1) 计算机系统由哪几个部分组成?
(2) 内存和外存有什么区别?
(3) 浮点数在计算机中是如何表示的?
(4) 系统主板主要包括了哪些部件?
(5) 衡量 CPU 性能的主要技术指标有哪些?
(6) 微型计算机的内部存储器按其功能特征可分为几类?各有什么区别?
(7) 外部存储器上的数据能否被 CPU 直接处理?
(8) 高速缓冲存储器的作用是什么?
(9) 什么是总线?按总线传输的信息特征可将总线分为哪几类?各自的功能是什么?
(10) 什么是接口?计算机上常见的接口有哪些?

第 3 章　Windows XP 操作系统

学习目标：Windows 操作系统是目前应用最为广泛的一种图形用户界面操作系统，它利用图像、图标、菜单和其他可视化部件控制计算机，通过使用鼠标，可以方便地实现各种操作。本章主要介绍 Windows XP 的以下几个部分：
- 基本知识和基本操作；
- 文件和文件夹管理；
- 控制面板；
- 媒体及附件等。

3.1　Windows 操作系统使用初步

计算机从微型机发展到今天的高性能机，无一例外都配置了一种或多种操作系统，操作系统已经成为现代计算机系统不可分割的主要组成部分，用户在使用计算机之前必须掌握所安装的操作系统。本章在介绍 Windows XP 的同时简要介绍一下有关操作系统的基本知识。

3.1.1　操作系统的概念、功能和分类

1. 操作系统的概念

操作系统是为了合理、方便地利用计算机系统，而对其硬件资源和软件资源进行管理和控制的软件，是系统软件中最基本、最重要的部分。操作系统是整个计算机系统的控制管理中心，是用户与计算机之间的接口，用户通过操作系统可以最大限度地利用计算机的功能。操作系统的主要任务是统一控制、调度和管理计算机硬件和软件资源，其中也包括对其他软件，如编辑程序、编译程序、连接程序等的管理，使计算机能自动地、高效地工作。

2. 操作系统的功能

操作系统是一个由许多具有管理和控制功能的程序组成的大型管理程序，比其他的软件具有"更高"的地位。操作系统统管整个计算机系统的所有资源，包括硬件资源和软件资源，操作系统的基本功能主要有以下几个方面：

（1）CPU 的控制与管理。让 CPU 有序地运行各种程序和为外部设备服务，使计算机系统的效率和吞吐量最大化。

（2）内存的分配和管理。为当前正在运行的各个程序合理分配有限的内存空间，避

免运行时的内存冲突,采用多道技术提高内存的利用率,采用虚拟存储技术扩大内存的容量。

(3) 外部设备的控制和管理。识别和"记住"当前系统中配置的各种外部设备,为各外设分配系统的资源(比如通道),管理申请使用各种外设的进程队列,采用中断技术、缓冲技术成批地交换外设与内存中的数据。

(4) 文件的控制和管理。操作系统根据用户要求实现按文件名存取,负责对文件的组织,以及对文件存取权限、打印等的控制。

(5) 作业的控制和管理。操作系统对进入系统的所有作业进行组织和管理,提高运行效率。

3. 操作系统的分类

随着计算机技术的迅速发展和计算机的广泛应用,用户对操作系统的功能、应用环境、使用方式不断提出了新的要求,因而逐步形成了不同类型的操作系统。根据操作系统的功能和使用环境,大致可分为以下几类。

(1) 单用户操作系统。一次只能运行单个用户的一个作业,该作业占用计算机的全部硬件资源和软件资源。DOS 操作系统属于单用户单任务操作系统,Windows 3.x 是基于图形界面的 16 位单用户多任务操作系统,Windows 98 或 Windows 2000 是 32 位单用户多任务操作系统。

(2) 批处理操作系统。用户每次把一批经过合理搭配的作业(程序、数据、命令的集合),通过输入设备提交给系统之后,用户与作业脱离。批处理系统的优点是系统吞吐量大。

(3) 实时操作系统。实时操作系统是对随机发生的外部事件在限定时间范围内做出响应及处理的系统。外部事件一般指来自与计算机系统相联系的设备的服务要求和数据采集。实时操作系统广泛用于工业生产过程的控制和实时事务数据处理。对实时操作系统的主要要求是高可靠性、及时响应和具有容错管理功能。

(4) 分时操作系统。分时操作系统的出现克服了批处理系统中用户与作业不能交互的缺点。分时操作系统中的多个用户同时在各自的终端上联机使用同一台计算机,系统为每一终端分配一 CPU 时间片,轮流为各个终端服务。只要响应及时,用户会有"独占"这台计算机的感觉。常用的分时操作系统有 UNIX、VMS 等。分时操作系统的特点主要是用户与其作业可以随时交互。

(5) 网络操作系统。网络操作系统用于对多台计算机的软件和硬件资源进行管理和控制,提供网络通信和网络资源共享功能。它要保证网络中信息传输的准确性、安全性和保密性,提高系统资源的利用率和可靠性。常用的网络操作系统有 Windows NT、Netware 等,这类操作系统通常用在计算机网络系统中的服务器上。

3.1.2 Windows 操作系统的发展历史

从最初的 Windows 1.0 版本到 Windows XP,Microsoft 公司推出的 Windows 操作系统经历了 20 多年的发展,已经成为当今世界个人计算机中最主要的操作系统。表 3-1 描述了 Microsoft 公司操作系统的发展历程及主要版本的特点。

表 3-1 Microsoft Windows 操作系统的发展

时间	产品		特点
1983 年	Windows 1.0	16 位操作系统	支持 Intel X386 处理器，具备图形化界面，能通过剪贴板在应用程序间传递数据
1995 年	Windows 95 Windows NT Server/Workstation 3.5	32 位操作系统	不需 DOS 支持能独立运行。采用 32 位处理技术，兼容 16 位应用程序，引入即插即用技术
1998 年	Windows 98		Windows 95 升级版，内置 IE4.0 浏览器
2000 年	Windows ME Windows 2000		比 Windows 98 更稳定、安全，易于管理；比 Windows NT 4.0 有更好的扩展性，新的电子商务特性，并增加了移动用户支持
2001 年	Windows XP Home Edition Windows XP Professional		具有更新颖的友好界面、简化的菜单和更加个性化的设计，是微软推出的第一个既适合家庭用户又适合商业用户的操作系统
2006 年	Windows Vista	32、64 位两个版本操作系统	半透明窗口、Windows Flip 3D、活动任务栏缩略图等；IP 网络的基本协议是 IPv6；自带截图工具，处理图形更加方便；安全性能更稳定
2008 年	Windows Server 2008	服务器操作系统	带有内置网络与虚拟技术，为组织所使用的服务器基础设施提供更强的可靠性和灵活性；新的虚拟化工具、网络技术及安全增强设置更省时、节约成本以及为动态数据处理中心提供平台；强大的新工具，如 Internet Information Server 7.0（IIS7），Windows Server Manager，以及 Windows PowerShell，为管理服务器、流线型网络、配置以及管理任务提供更多控制等
2009 年	Windows 7 测试版公布		提高了屏幕触控支持和手写识别，支持虚拟硬盘，改善多内核处理器和开机速度；提高了 UAC（用户账户控制）性能；增加了新的安全功能 DirectAccess、BitLocker To Go 和 AppLocker 技术

操作系统种类很多，目前除 Windows、UNIX、Linux 以外，还有苹果操作系统 Mac OS。Mac OS 是运行在苹果 Macintosh 系列计算机上的操作系统。Mac OS 是首个在商用领域获得成功的图形用户界面。最新的系统版本是 Mac OS Tiger，它结合 BSD Unix、OpenStep 和 Mac OS 9 的元素，最底层基于 UNIX 基础，其代码被称为 Darwin，实行的是部分开放源代码。Mac OS 具有较强的图形处理能力，广泛用于桌面出版和多媒体应用等领域。Mac OS 的缺点是与 Windows 缺乏较好的兼容性，影响了普及。

3.1.3 Windows XP 操作系统的功能特点

Windows 操作系统是一个图形界面操作系统,它具有使用方便、可靠性强、娱乐性高的特点。而 Windows XP 提供了更为新颖、简洁的图形化用户界面,操作直观、形象、简捷;不同应用程序保持了操作和界面方面的一致性,为用户带来很大方便;提高了用户计算机的使用次序,增强了易用性;进一步提高了计算机系统的运行速度、运行可靠性和易维护性;提供了增强的 Internet 集成功能和增强的多媒体功能;支持更多的硬件和软件,提供更多的技术,能最方便承载各种数码产品。

3.1.4 Windows XP 的运行环境和安装

1. 中文 Windows XP 的运行环境

一般来说,要正常运行 Windows XP,必须确保计算机满足以下最低配置:

- CPU:PentiumⅡ233MHz 或兼容的微处理器,建议使用更快的处理器。
- 内存:最低支持 64MB,推荐使用 2GB 或更高。
- 硬盘:大于 1 GB 的可用硬盘空间。
- 显示卡:标准 VGA 或分辨率更高的视频适配器。
- 光驱、彩色显示器、软驱、键盘和 Windows 支持的鼠标或兼容的定点设备等。

如果希望 Windows XP 提供更多的功能,对系统配置还有其他要求。如要处理声音就要配备声卡、音响等;要连网就要有网卡、调制解调器等。

2. Windows XP 的安装

安装 Windows XP 有以下 3 种方式:

(1) 升级安装。升级安装即覆盖原有的操作系统。该方式是指从 Windows 95 以后所有的 Windows 操作系统升级到 Windows XP。

升级安装是安装 Windows XP 的 CD 盘推荐的类型,安装过程中出现"安装向导",根据向导提示一步步进行。

(2) 全新安装。全新安装是将原有的操作系统卸载,只安装 Windows XP。方法是将原有的操作系统卸载后重新启动计算机,将 Windows XP Professional 的安装盘放入光盘驱动器中,在 DOS 提示符下键入命令"盘符:\Setup",按 Enter 键,然后按屏幕上的提示一步步进行。

(3) 多系统安装。多系统安装是指在保留原有操作系统的前提下,将 Windows XP 安装在另一个独立的分区中。新的系统将与原有的系统并存,互不干扰。

3.1.5 Windows XP 的启动与关闭

1. 启动 Windows XP

安装了 Windows XP 后,用户只要开机即可进入 Windows XP 的登录界面,如图 3-1 所示,登录界面将显示本机上的所有用户,只要单击用户名,并输入密码即可进入 Windows XP 操作系统界面——桌面,如图 3-2 所示。

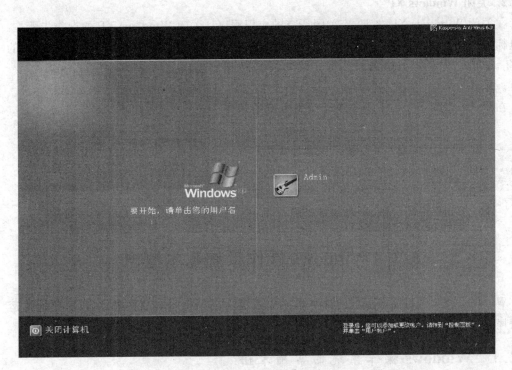

图 3-1　Windows XP 登录界面

图 3-2　Windows XP 操作系统界面

2. 关闭 Windows XP

在关闭 Windows XP 之前，应关闭所有的应用程序。关闭 Windows XP 的操作步骤是：用鼠标单击桌面底部任务栏上的"开始"按钮，选择"关闭计算机"选项，打开如图 3-3 所示的"关闭计算机"对话框；单击对话框中的"关闭"按钮即可。

在图 3-3 中除了"关闭"按钮外，其他按钮的功能如下：

- "重新启动"按钮：可以重新启动计算机。
- "待机"按钮：使计算机在闲置时处于低功耗状态，但仍能立即使用，此时内存中信息未存入硬盘，如果中断电源，内存中的信息会丢失。

图 3-3 "关闭计算机"对话框

3.2 Windows 操作系统基本概念

Windows XP 是目前最流行的计算机操作系统。在 Windows XP 中，用户主要通过运行程序来完成日常工作，因而，掌握 Windows XP 的一些基本操作十分必要。

3.2.1 Windows 操作系统的常用术语

Windows 操作系统的常用术语如下：

（1）应用程序：应用程序是一个完成指定功能的计算机程序。

（2）文件：文件是一组信息的集合，以文件名来存取。它可以是文档、应用程序、快捷方式和设备，所以可以说文件是文档的超集。

（3）文件名：每个文件都有名称，即文件名。系统将以文件名保存文件。

（4）目录（文件夹）：目录通常被称为文件夹，文件夹是文件的集合体，文件夹中可以包含多个文件，也可以包含多个子文件夹。

（5）选定：选定一个项目通常是指对该项目做一标记，选定操作不产生动作。

（6）选择：选择一个项目导致一个动作。如在程序菜单上选择一个程序导致该程序的运行。

（7）快捷菜单：快捷菜单是使用鼠标右键单击对象而打开的菜单。

（8）组合键：两个或三个键名之间常用"＋"连接表示。如 Ctrl＋C 键表示先按住 Ctrl 键不放，再按 C 字符键，然后同时放开。

注意：Ctrl 键和 Alt 键只有与其他键配合使用才起作用。

3.2.2 鼠标和键盘的使用

Windows 是一个图形用户界面的操作系统，鼠标是至关重要的输入设备，用户可以利用鼠标对 Windows XP 界面显示的对象进行操作，因此掌握鼠标的使用方法是熟练使用 Windows XP 操作系统的基础。

1. 鼠标的使用

鼠标指针一般称为光标,当鼠标在平面上移动时,光标也就在屏幕上作相应的移动。光标的形状是可变的,当光标移动到屏幕(窗口)的不同位置时,光标的形状可能变化。另外,当用户要计算机执行不同操作时,光标的形状也可能变化。要想了解常用的光标形状,可通过"控制面板"中的"鼠标"选项中的"指针"标签查看。

鼠标的基本操作有以下几种:

(1) 指向:将鼠标指针移动到某一对象上。

(2) 单击左键(单击):单击鼠标左键用来选择一个目标。将光标移到目标上,按一下左键并迅速放开。

(3) 双击左键:将光标移到某个目标上,快速按左键两次,并放开。双击左键一般用来打开一个目标,如打开一个文件,当打开的文件是可执行文件(程序)的时候,就是启动这个程序。双击的间隔要短,否则就成了两次单击,效果就完全不一样了。

(4) 单击右键:将光标移到某个位置,按一次右键并迅速放开。在 Windows 中,单击右键是很有用的操作,通常用来打开"快捷菜单"。

(5) 拖动:将光标移到某个目标上,按下左键不放,同时移动鼠标,光标和相应的目标会跟着移动,到需要的位置后,放开左键。鼠标拖动通常用来移动一个目标。

2. 键盘的使用

虽然 Windows 操作系统为鼠标操作提供了完备的功能,但是键盘依然是一个重要的输入设备,用户对计算机的操作大部分还要在键盘上进行。

键盘的操作分为输入操作和命令操作。

输入操作以向计算机输入各种信息为主要目的,可以输入英文字母、汉字、数字以及各种符号。当屏幕上有光标闪烁时,说明计算机处于输入状态下,用户可直接进行输入操作,这时,所有输入的字符都将显示在屏幕上。命令操作的目的是向计算机发出一个命令,让计算机完成一项工作,实现和鼠标操作同样的结果。命令操作是通过特定的键或几个键的组合来实现的,这些键被称为快捷键,如复制、剪切、粘贴的快捷键分别是 Ctrl+C、Ctrl+X、Ctrl+V。更多的快捷键可按 F1 打开相关的帮助窗口进行查看。

3.2.3 Windows XP 桌面

Windows XP 的操作界面如图 3-2 所示。Windows XP 的桌面上主要有桌面背景、桌面图标和任务栏 3 部分内容,用户对计算机的操作都是通过桌面实现的,为了使用方便,可将常用的应用程序以快捷方式的形式放在桌面上。

1. Windows XP 桌面上的主要图标

图标是桌面上或文件夹中用来表示 Windows 各种程序或项目的小图形。图标分为应用程序图标、文档图标、文件夹图标、快捷方式图标、驱动器图标等。表 3-2 列出了在传统 Windows 桌面上出现的图标及其相应的功能。

表 3-2　Windows 桌面主要图标

图标	名称	功能
	我的电脑	管理计算机资源，进行软、硬件操作
	我的文档	存放和管理用户个人文档文件的文件夹
	网上邻居	连接网络上的用户并进行相互之间的交流
	Internet Explorer	浏览因特网的信息
	回收站	暂存被用户删除的文件或文件夹

2. 任务栏

任务栏位于桌面下方，如图 3-4 所示。通常任务栏的最左侧是"开始"菜单按钮，右侧是语言栏和系统区，中间是活动任务区，用户还可以在任务栏中开辟快速启动工具栏。所有正在运行的应用程序和打开的文件夹均以任务按钮的形式显示在任务栏上，要切换到某个应用程序或文件夹窗口，只需单击任务栏上相对应的按钮即可。

图 3-4　任务栏

双击任务栏最右端的时钟，弹出如图 3-5 所示的界面，用户可以在该界面中设置日期、时间和时区。

单击任务栏上的输入法按钮，弹出如图 3-6 所示的输入法菜单，可从中选择一种输入法，这是切换输入法最简便的方法。

图 3-5　"日期和时间 属性"对话框

图 3-6　输入法菜单

中文 Windows XP 提供了多种中文输入法，如微软拼音、智能 ABC、全拼、区位、郑码等。用户可以随时使用 Ctrl＋空格键来启动或关闭中文输入法，用 Ctrl＋Shift 键在英文与各种中文输入法之间切换。

3. "开始"菜单

单击任务栏上的"开始"按钮，显示如图 3-7 所示的"开始"菜单，菜单中列出了计算机上当前安装的程序，它们的功能见表 3-3。

图 3-7 "开始"菜单

表 3-3 "开始"菜单中的命令

命 令	功 能
所有程序	当前安装的程序列表
我的文档	文档的默认存储位置
我最近的文档	列出用户最近使用过的文档
图片收藏	图形图像文件的默认存储位置
我的音乐	音频文件的默认存储位置
我的电脑	用来访问本地计算机上的磁盘、数码照相机、扫描仪等
控制面板	自定义计算机的外观和功能、添加/删除程序、设置网络连接等
打印机和传真	显示安装的打印机和传真
网上邻居	用来浏览网络上的共享资源
帮助和支持	帮助和支持中心
搜索	搜索文件、文件夹或计算机
运行	打开一个程序、文件、文件夹或网站

"开始"菜单最上端显示当前使用计算机的用户名;左侧区域列出了当前用户经常使用的程序和工具的快捷方式;右侧是常用的系统文件夹和系统命令;左下方是"所有程序"命令,单击将显示完整的程序列表。

3.3 中文 Windows XP 的基本操作

中文 Windows XP 是一个图形用户界面的操作系统,它为用户提供了方便、有效地管理计算机所需的一切。Windows XP 的图形除了桌面之外,还有窗口和对话框。窗口和对话框是 Windows XP 的基本组成部分,因此,窗口和对话框的操作是 Windows XP 最基本的操作。

3.3.1 窗口和对话框的操作

1. 窗口及窗口操作

窗口是桌面上用于查看应用程序或文档等信息的一个矩形区域。窗口有应用程序窗口、文件夹窗口、对话框窗口等。

Windows 可以同时打开多个窗口。在这些打开的窗口中，当前正在操作的窗口称为活动窗口，其标题栏的颜色鲜艳、亮度醒目；其他的窗口称为非活动窗口，标题栏呈灰色。

1) 窗口组成

Windows 的窗口包括标题栏、菜单栏、工具栏、状态栏、滚动条及应用程序工作区，图 3-8 所示是写字板应用程序窗口。不同程序窗口的各个组成部分的功能与操作方法相同。

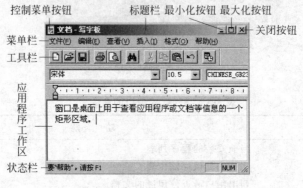

图 3-8 窗口的组成

- 标题栏。标题栏位于窗口最上端。标题栏左端是控制菜单按钮和窗口名称，单击控制菜单按钮可以打开窗口控制菜单，执行窗口的关闭、移动、改变大小等操作。右端一般包括最大化按钮、最小化按钮和关闭按钮，分别用于最大化窗口、最小化窗口和关闭窗口。
- 菜单栏。位于标题栏的下面，它包含应用程序或文件夹等所有的菜单选项，用于执行相应的命令。
- 工具栏。提供一些常用的、与菜单命令功能相同的按钮，单击此按钮可执行相应的命令。
- 状态栏。位于窗口底部，显示与窗口中操作有关的提示信息。
- 滚动条。当窗口不能显示全部内容时，在窗口的右侧或下方出现滚动条，它中间有一个小滚动块，可用鼠标移动滚动块，使前面或后面、上面或下面的信息快速显示出来。
- 应用程序工作区。窗口的内部区域，不同窗口工作区中的内容不同。

2) 窗口的基本操作

（1）打开窗口。打开窗口就是执行应用程序。打开窗口的方法有以下几种：

- 对桌面上有快捷图标的应用程序，双击该快捷图标。
- 单击"开始"→"程序"，在程序菜单项的子菜单中单击相应的应用程序。
- 单击"开始"→"运行"，在打开的"运行"对话框中输入应用程序的名称，单击"确定"按钮。

(2) 移动窗口。窗口的移动可通过鼠标和键盘来完成。将鼠标指针移到标题栏上,按下鼠标左键拖动,直到合适的位置即可。如果需要精确地移动窗口,可在标题栏上右击,在出现的快捷菜单中选择"移动",当屏幕出现✥标志时,再通过按键盘上的方向键来移动,到合适的位置后单击鼠标或按回车键确认。

(3) 缩放窗口。将鼠标指针移到窗口的边框或角上,鼠标指针变为双箭头时,按下左键拖动,直到所需的窗口尺寸后放开鼠标。

(4) 最大化、最小化和恢复窗口。
- 最大化窗口:单击最大化按钮,窗口扩大到整个桌面,此时最大化按钮变成恢复按钮。
- 最小化窗口:单击最小化按钮,窗口会变成图标,排列在任务栏上,此时应用程序仍在计算机内存中运行。
- 恢复窗口:窗口最大化时,最大化按钮变为"恢复"按钮,单击它可使窗口缩小。

(5) 切换窗口。Windows 可以同时打开多个窗口,但只有一个活动窗口,切换窗口就是将非活动窗口变成活动窗口。切换的方法有:
- 利用任务栏。单击任务栏中应用程序或文件夹对应的图标。
- 单击非活动窗口的任意部位。在桌面上可见非活动窗口时,单击该窗口的任意部位。
- 利用快捷键。按下 Alt+Tab 键时,屏幕中间会出现一个矩形区域,显示所有打开的应用程序和文件夹图标,按住 Alt 不放,反复按下 Tab 键,这些图标就会轮流突出显示,当要切换的窗口图标突出显示时,松开 Alt 键,该窗口就成为活动窗口。另外,按 Alt+Esc 键,可在打开的窗口之间进行切换。

(6) 关闭窗口。关闭窗口就是关闭应用程序。关闭窗口的方法有:
- 单击标题栏上的关闭按钮☒。
- 双击控制菜单按钮。
- 单击控制菜单按钮,在弹出的控制菜单中选择"关闭"命令。
- 按 Alt+F4 键。
- 如果应用程序没有响应,可按 Ctrl+Alt+Del 键,在任务管理器窗口的"应用程序"选项卡中选定该应用程序,单击"结束任务"按钮。

(7) 排列窗口。在桌面上打开的所有窗口可以按照层叠或平铺的方式进行排列,方法是在任务栏的空白区域右击,在出现的如图 3-9 所示的快捷菜单中选择"层叠窗口"、"横向平铺窗口"或"纵向平铺窗口"命令。

2. 对话框及对话框操作

对话框是 Windows 提供信息或要求用户提供信息的窗口,是系统与用户之间交流的界面。图 3-10 所示是一个典型的对话框。

1) 对话框的组成
- 标题栏。标题栏位于对话框的最上端,其左侧是对话框的名称,右侧一般是帮助按钮和关闭按钮。
- 选项卡。有的对话框中包括多个选项卡,每个选项卡对应一个主题,各选项卡相互重叠。每个选项卡都有一个标签表明它的功能。单击选项卡的标签可在选项卡之间切换。

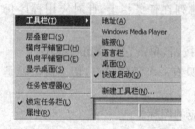

图 3-9 任务栏快捷菜单

图 3-10 "显示 属性"对话框

- 单选按钮。用来在一组选项中选择一个,且只能选择一个。单击选项前面按钮 ○ 即可选中该项,被选中的状态为 ⊙ 。
- 复选框。单击选项前面 □ 图标,图标变为 ☑ ,表示被选中,再单击一次,又回到未选中状态。很多对话框中常列出若干个复选框,用户可根据需要选择这些选项。
- 文本框。用于输入文本信息的一种矩形区域。
- 列表框。是一个显示多个选项的小窗口,用户可选择其中一项。当窗口不能全部显示列表框中的内容时,窗口旁会出现滚动条,以供用户快速查看。
- 下拉列表框。与列表框的不同点在于它的初始状态是一个只包含当前选项的小窗口。单击窗口右边的下三角箭头,可以打开列表供用户选择。采用下拉列表框能少占显示空间。
- 微调控制项。位于文本框右侧,是用于增减数值的一对箭头。
- 滑块。左右拖动滑块可以改变数值大小。一般用于调整参数。
- 命令按钮。命令按钮上都有名字,单击命令按钮可立即执行一个命令。如果一个命令按钮呈灰色,表示该按钮不可用;如果一个命令按钮的名字后有"…",表示单击该按钮后将打开另一个对话框。常见的命令按钮有"确定"和"取消"。
- 帮助按钮。帮助按钮上一般有一个"?",单击帮助按钮,然后再单击某个项目,就可获得有关该项目的帮助信息。

2)对话框的操作

(1)移动和关闭对话框。对话框的移动和关闭操作与窗口的操作相同。此外,如果要确认在对话框中的输入或修改有效,可单击"确定"按钮来关闭对话框;如果要取消所作的设置,可单击"取消"按钮或按 Esc 键关闭对话框。

(2)在对话框各选项之间移动。在对话框各选项之间移动,即选定不同部分,可直接单击相应部分,或者按 Tab 键、Shift+Tab 键移动所需的选项即可。

3.3.2 桌面操作

1. 排列图标

为了使图标排列整齐,有时需要对桌面上的图标重新排列。重新排列图标的操作步骤如下:

(1) 在桌面的空白区域单击鼠标右键,出现快捷菜单。

(2) 将鼠标指针指向快捷菜单的"排列图标"选项,显示子菜单,如图3-11所示。

(3) 单击子菜单中所需的菜单命令。

如果选择"自动排列",则在用户更改过桌面上图标排列顺序后,系统将自动重新排列桌面图标。

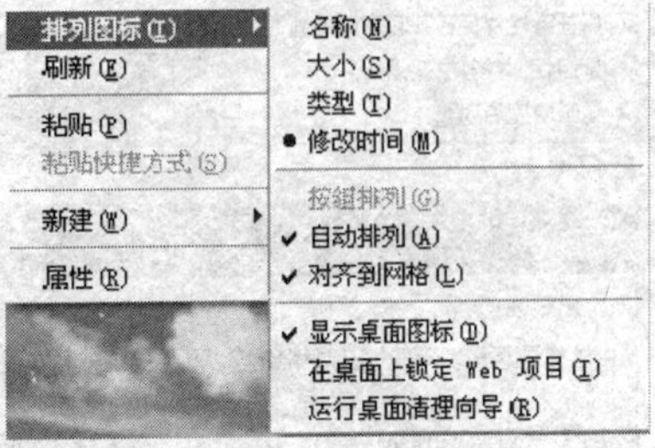

图 3-11 桌面快捷菜单

2. 更改图标名

右击图标,从弹出的快捷菜单中选择"重命名"命令,然后输入新名称。

3. 改变任务栏

用户可根据需要设置任务栏,设置方法是在任务栏的空白区域右击,出现图3-9所示的快捷菜单,单击"属性"命令,即可打开"任务栏和「开始」菜单属性"对话框,如图3-12所示,在"任务栏"选项卡中就可以设置锁定任务栏、自动隐藏任务栏、显示快速启动等。

另外,还可以利用图3-9中的"工具栏"选项,选择在任务栏中是否显示"快速启动"工具栏、"桌面"工具栏、"链接"工具栏等。

4. "开始"菜单的设置

在"开始"菜单中右击某一特定的项目,出现与之相应的快捷菜单,选择其中的"属性"命令可以了解或设置该项目的属性。

要删除"开始"菜单中的特定项目,可在待删除的项目上右击,从快捷菜单中选择"从列表中删除"或"删除"命令。

要改变项目的排列顺序,在"开始"菜单或"所有程序"子菜单中用鼠标拖动某一个项目到合适的位置再释放即可。

要在"开始"菜单中增加显示的程序数目,可在图3-13所示的对话框中单击"自定义"按钮,出现图3-14所示的"自定义「开始」菜单"对话框的"常规"选项卡,从中可以设置"开始"菜单中的程序数目;单击"清除列表"按钮,可清除"开始"菜单列表中那些近期频繁使用的程序的快捷方式。

在图3-15所示的"高级"选项卡中,通过"「开始」菜单项目"列表可设置在"开始"菜单中显示哪些项目及项目的显示方式;单击"清除列表"按钮,可清除最近使用的文档列表。

5. 回收站

回收站的作用是暂时存放被删除的文件或文件夹,以免操作失误造成不必要的损失。要删除文件或文件夹,可将其图标直接拖动到回收站中。

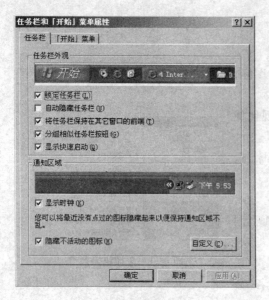
图3-12 "任务栏"选项卡

图3-13 "「开始」菜单"选项卡

图3-14 "自定义「开始」菜单"之"常规"选项卡

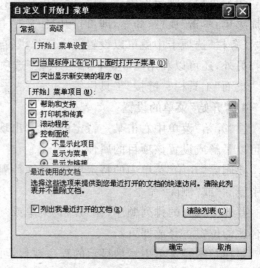
图3-15 "自定义「开始」菜单"之"高级"选项卡

打开回收站窗口,如图3-16所示,可在其中查看、恢复被删除的文件或文件夹,还可以永久删除某些对象。

（1）恢复文件或文件夹。恢复文件或文件夹的方法是：选择要恢复的对象,单击"回收站任务"栏中的"还原此项目"。

（2）清空回收站。如果要永久删除回收站中的所有对象,单击"回收站任务"栏中的"清空回收站"。要永久删除回收站中的某些对象,可先选择要删除的对象,然后在选中的对象上右击,从快捷菜单中选择"删除"命令。文件或文件夹被永久删除后,就不能恢复。

（3）改变回收站大小。回收站要占用硬盘空间,系统默认为硬盘的10％。改变回收站空间大小的操作方法是：右击桌面上的回收站图标，选择快捷菜单中的"属性"命令，出现如图 3-17 所示的对话框，可通过拖动滑块改变回收站空间大小。

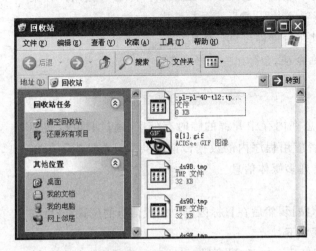

图 3-16 "回收站"窗口

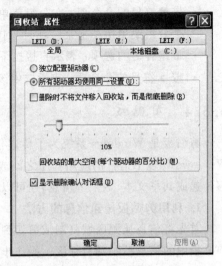

图 3-17 "回收站 属性"对话框

3.3.3 菜单及其操作

Windows 中有各种菜单，如"开始"菜单、文件夹窗口菜单、应用程序菜单、快捷菜单等，菜单实际上是一张命令表，用户可从中选择所需的命令执行。

菜单操作主要有打开、关闭和执行菜单中的命令。

1. 打开和关闭菜单

（1）打开菜单。

对于"开始"菜单，用鼠标单击"开始"即可。

对于窗口控制菜单，用鼠标单击控制菜单图标或右击标题栏任意区域即可打开。

对于菜单栏上的菜单，用鼠标单击菜单名或用键盘先按住 Alt 键再按下菜单名边上的英文字母，即可打开该菜单。

对于快捷菜单，用鼠标右击某个对象即可打开。打开的菜单如图 3-18 所示。

（2）关闭菜单。在菜单外的任何地方单击，可取消菜单显示，也可以按 Alt 或 Esc 键。

（3）执行菜单中的命令。在打开的菜单中选择执行其中某一命令的方法是：直接用鼠标指向并单击该命令，或者按下该命令名右侧括号中带有下划线的字母键。

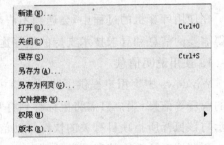

图 3-18 菜单实例

2. 菜单中的约定

Windows 中包括多种不同的菜单，但各种菜单中常常有一些相同的特殊标记。

- 灰色的命令项：表示该命令当前不可用。
- 带省略号的命令项：选中该命令项后会打开另一个对话框，要求用户输入信息。

- 有√符号的命令项：当命令前有该标记时，表示该命令有效。通过再次选择该命令项可以删除选择标记，它不再起作用。
- 带●符号的命令项：在分组菜单中，有且只有一个选项带有符号"●"，当用户在某个分组菜单中单击某一项时，则该项前出现"●"，表示被选中。
- 带组合键的选项：表示直接按下此组合键即可进行操作。
- 带▶符号的命令项：表示选中该命令项，会弹出一个子菜单。

3.3.4 剪贴板

剪贴板是 Windows 系统为了传递信息在内存中开辟的临时存储区，通过它可以实现 Windows 环境下运行的应用程序之间或者应用程序内的数据传递和共享。剪贴板不但能够传递或共享文本、数字等信息，还可以传递多媒体信息。

1. 利用剪贴板传递信息的方法

首先将信息从源区域复制或剪切到剪贴板，然后在目标区定位放置信息的位置，最后将剪贴板中的信息粘贴到目标区。操作步骤如下：

（1）选择要传递的信息。选择文本信息的方法是：将鼠标指针移到待选定区域的左上角，按下左键不放拖动到待选定区域的右上角，放开鼠标左键，被选中的信息反白显示。

（2）选择"编辑"→"复制（剪切）"命令。"复制"命令是将选定的信息复制到剪贴板，原位置的信息不受影响；"剪切"命令是将选定的信息移动到剪贴板，原位置上的信息消失。

（3）将鼠标定位到目标区。

（4）选择"编辑"→"粘贴"命令。粘贴命令是将剪贴板中的信息复制到当前光标位置。

2. 利用剪贴板复制屏幕

Windows 能将屏幕上的画面复制到剪贴板。要复制整个屏幕，按 PrintScreen 键；要复制活动窗口，按 Alt+PrintScreen 键。

3.3.5 Windows XP 帮助系统

在使用计算机的过程中，会遇到不清楚的问题。使用 Windows XP 提供的帮助系统是获得需要的信息和寻求技术支持的最好途径。

1. 使用说明信息

Windows 中为用户提供了针对窗口中按钮或项目的一些简洁快速的说明或对某个术语的解释等信息，用户只需将鼠标移到打开的窗口中相应的项目上，在鼠标的旁边就会自动显示与该鼠标所指项目有关的快捷帮助信息。

要获取对话框中特定项目的帮助信息，可以单击对话框标题栏中的问号按钮，然后从中寻找要求助的项目单击，就可打开相应的帮助内容。

2. 使用"帮助和支持中心"

当用户要了解详细的帮助资料时，可以使用"帮助和支持中心"。操作方法是单击"开始"→"帮助和支持"命令，即可打开"帮助和支持中心"窗口。用户可在其中选择系统提供的一个帮助主题，请求远程帮助或选择完成一个任务，或者单击"索引"、"收藏夹"、"历史"等按钮也可得到相关的帮助信息。

3.4 Windows XP 的文件及文件夹管理

文件是计算机系统中数据组织的基本单位。数据存储通常是以文件形式存放在磁盘或其他外部存储介质上，数据处理的对象是文件，数据管理也是通过文件管理来完成的。文件系统在操作系统中占有非常重要的地位，本节主要介绍与文件系统相关的概念和基本操作。

3.4.1 文件管理中的几个概念

1. 文件的命名及文件类型

文件是存储在外存储器上的一组相关信息的集合，是计算机组织管理信息的方式。文件可以是一个程序、一批数据或其他的各种信息。每个文件都有一个确定的名字，用户以"按名存取"的方式来使用文件。

1) 文件名

文件名是存取信息的标志，Windows 正是通过文件名来识别和管理文件的。除了文件名外，每一种文件一般都有一个形象化的图标与之对应。例如，■代表 Word 文档，■代表 html 网页文件等，用户可通过图标或扩展名来识别文件类型。

在 Windows XP 中，文件名的命名规则如下：

- 文件名称由文件主名和可选的扩展名组成，扩展名和文件名之间用"."字符隔开，文件主名长度可达 255 个 ASCII 字符，扩展名最多为 3 个字符。
- 文件名可以由汉字、字母、数字等构成。文件名中不能出现的字符有"/"、"\"、"："、"*"、"?"、""""、"<"、">"、"|"等。
- 不区分大小写英文字母。

2) 文件类型

为管理和控制文件方便起见，常将系统中的文件分成若干类型，并把文件类型与文件名一起作为识别和查找文件的参数。操作系统通过文件扩展名识别文件类型。表 3-4 列出了常用的扩展名及其含义。

表 3-4 常用文件的扩展名及其含义

扩展名	文 件 类 型	扩展名	文 件 类 型
.EXE	可执行文件	.SYS	系统文件
.DOC	Word 文档	.POT	演示文稿母版文件
.TXT	文本文件	.RTF	带格式的文本文件
.HTM(L)	网页文档	.SWF	Flash 动画发布文件
.PDF	Adobe Acrobat 文档	.ZIP	压缩格式文档
.BAS	BASIC 语言源程序	.C	C 语言源程序
.CXX	C++语言源程序	.JAVA	Java 语言源程序

2. 文件的属性

文件属性是关于文件本身的说明信息或属性信息。文件属性主要包括创建日期、文件长度、访问权限等，这些信息主要被文件系统用来管理文件。不同的文件系统通常有不同种类和数量的文件属性。

用鼠标右击文件夹或文件对象,从弹出的快捷菜单中选择"属性"命令,即可在打开的属性对话框中查看该对象的具体属性信息,如图3-19所示。使用属性对话框可以查看项目的当前属性,必要时还可修改它们,同时还可得到文件夹和文件的大小、创建日期以及其他重要的统计数据。

在Windows XP中,FAT文件或文件夹的属性有只读、隐藏和存档3种,而NTFS文件或文件夹的属性还有索引、压缩、加密。"只读"属性禁止修改和删除文件;设置"隐藏"属性的文件一般不在界面中显示;"存档"属性用于标志已被修改的文件。

3. 文件夹

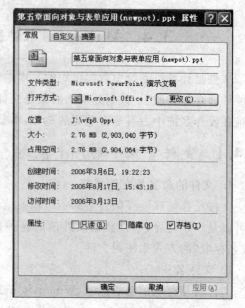

图3-19 文件属性对话框

外存储器上通常存有大量的文件,而其根目录下存放的文件目录数量有限,因此,必须将文件分门别类地组织为文件夹。一个文件夹对应一块外存储器空间,相当于DOS中的目录。在Windows XP中仍然采用树型结构的文件夹来实现对所有文件夹的组织和管理。

1) 文件夹的结构

Windows的文件夹呈现出树状结构,最高一级的文件夹只有一个,像树的根,称为根文件夹,也称为主文件夹或系统文件夹,用斜线"\"表示。根文件夹中可以包含若干个子文件夹和文件,如同一棵树的主干分枝和树叶;子文件夹中又可以包含多个子文件夹和文件。

文件夹的命名规则与文件的命名规则一样,只是文件夹的扩展名不用作类型标识。不同的文件夹中可以有相同的文件名,而同一文件夹下不能有相同的文件名。

2) 路径

路径就是要查找一个文件所必须提供的能找到该文件的有效"通道"。访问一个文件应使用下面的形式:

[盘符名:][路径]<文件主名>[.扩展名]

其中的路径是用一连串反斜线"\"分隔开的子文件夹名。

按照开始查找位置的不同,路径又分为绝对路径和相对路径。以"\"开始,表示绝对路径,即从磁盘根文件夹出发,沿着用户提供的各级子文件夹名查找指定文件;路径不以"\"开始,表示相对路径,即从当前文件夹开始去查找指定的文件。

对文件进行各种操作,如创建或者删除一个文件都必须指出该文件所在的盘符、路径、文件名及扩展名。若该文件就在当前盘的当前文件夹中,则盘符和路径可以省略。使用绝对路径可以调用任一磁盘文件。

3) 文件夹窗口

如图3-20所示是"我的文档"文件夹窗口。Windows XP的文件夹窗口与以往的版本相比有了较大的变化,如工具栏、窗口内容的显示方式等,窗口左边增加了文件和文件夹任务的快捷执行功能,以及转到其他位置的快速链接。

图 3-20 "我的文档"文件夹窗口

文件夹窗口的工具栏按钮从左到右依次是"后退"、"前进"、"向上"、"搜索"、"文件夹"和"查看",其作用分别是:
- "后退":可返回前一操作位置,"前进"是相对"后退"而言的。
- "向上":转向上一级文件夹中。
- "搜索":启动搜索程序。
- "文件夹":利用此按钮可以实现文件夹窗口和资源管理器窗口的切换。
- "查看":单击向下箭头,可以在出现的选项中进行选择,使文件夹窗口中的内容以缩略图、平铺、图标、列表、详细信息等方式显示。

3.4.2 使用资源管理器管理文件

为了查找和操作计算机系统中的文件,操作系统提供了文件管理器实用工具软件,帮助用户查找、重命名、复制、移动、删除文件或文件夹。在 Windows XP 中,管理文件和文件夹是通过"资源管理器"或"我的电脑"来完成的,用户可根据习惯和要求选择一种。

1. 资源管理器

1) 启动资源管理器

启动资源管理器的方法有下面几种:
- 用鼠标右击"开始"按钮,在弹出的快捷菜单中选择"资源管理器"命令。
- 用鼠标右击桌面上的"我的电脑"、"我的文档"或"网上邻居"图标,从弹出的快捷菜单中选择"资源管理器"命令。
- 选择"开始"→"所有程序"→"附件"→"资源管理器"命令。

2) 资源管理器的窗口组成

Windows XP 的资源管理器窗口如图 3-21 所示,除了一般的窗口元素外,还包含有功能丰富的工具栏。

图 3-21 资源管理器窗口

资源管理器窗口分为两部分,左边的小窗口称为文件夹框,它以树状结构显示出了我的电脑中的所有对象。右边的小窗口称为文件列表框,它显示左边小窗口被选中的文件夹中的内容。可以用鼠标调整左右窗格之间分界线的位置,改变左右窗口的大小。

3) 资源管理器的工具栏

资源管理器的工具栏与文件夹窗口的工具栏完全相同,由"标准按钮"、"地址栏"和"链接"组成。

地址栏中列出了用户访问的当前文件夹的路径,为用户访问计算机的资源和访问网络资源提供了很大的方便。可以在地址栏的文本框中输入一个新的路径,按 Enter 键,资源管理器会自动按新的路径定位当前文件夹。也可以单击地址栏右边的下拉箭头,从下拉列表中选择一个地址作为当前文件夹。当计算机与 Internet 相连时,在地址栏中输入一个 Web 地址或一个关键词,按 Enter 键,Windows 提供的网络功能将自动在网上搜索对应的站点。

链接中提供了与几个重要的 Web 站点链接的快捷方式。

4) 文件夹框

左侧的文件夹框窗口以树状结构显示整个计算机中的资源。在文件夹框中选定的文件夹称为当前文件夹,其标记是一个打开的图标 📂,其名称突出显示,有关信息在地址栏和状态栏中显示。

在文件夹框中可以对文件夹进行展开或折叠。

- 展开文件夹:如果文件夹左边有"十"符号,表示该文件夹中有下一级文件夹,单击"十"号、文件夹名或图标都可以展开它。
- 折叠文件夹:如果文件夹的左边有"一"符号,表示该文件夹已经展开,单击"一"号、文件夹名或图标都可以折叠它。

5）文件列表框

在文件夹框中选定了当前文件夹后，其中包括的内容会在右侧的文件列表框中显示。文件列表的显示方式有缩略图、平铺、图标、列表、详细信息等，用户可以用资源管理器的"查看"菜单或"查看"按钮设置显示方式。图 3-22 所示是"查看"菜单。

文件的排序方式有 4 种，即按名称、类型、大小或修改时间排序。设置文件的排列方式可用"查看"菜单中的"排列图标"菜单项进行。

2. 文件夹及文件的基本操作

1）新建文件

图 3-22 "查看"菜单

在资源管理器中，新建文件的操作步骤如下：

（1）在文件夹框中选择需要在其中创建新文件的磁盘或文件夹，即选定新文件所在的文件夹。

（2）选择"文件"→"新建"命令，在弹出的子菜单中选择要创建的某一类文件，如选择"文本文档"，此时，在右侧窗口中出现一个名为"新建文本文档"的图标，闪烁的文字表明等待用户输入这个新文档的名称。

（3）输入新的文件名，按 Enter 键。

2）创建文件夹

用户可以创建新的文件夹来存放具有相同类型的文件，创建新文件夹操作步骤如下：

（1）选择"文件"→"新建"→"文件夹"命令，或右击，在弹出的快捷菜单中选择"新建"→"文件夹"命令即可出现一个名叫"新建文件夹"的命名框。

（2）在新建的文件夹名称文本框中输入文件夹的名称，按 Enter 键或用鼠标单击窗口的其他地方即可。

3）文件及文件夹的选择

在我的电脑或资源管理器中，要对文件或文件夹进行复制、移动、改名或删除等操作，首先选择要操作的文件或文件夹。

（1）选择一个文件或文件夹：单击要选择的文件或文件夹即可。

（2）选择多个连续的文件或文件夹：先选择第一项，再按住 Shift 键，单击最后一项。

（3）选择多个不连续的文件或文件夹：先选择第一项，按住 Ctrl 键，用鼠标单击每一个要选的对象。

（4）选择所有文件或文件夹：选择"编辑"→"全部选定"命令，或者按 Ctrl＋A 键即可。

（5）取消选择：单击窗口的空白处，即可取消所进行的选择。

4）移动和复制文件或文件夹

在实际应用中，有时用户需要将某个文件或文件夹移动或复制到其他地方以方便使用，这时就需要用到移动或复制命令。移动文件或文件夹就是将文件或文件夹放到其他地方，执行移动命令后，原位置的文件或文件夹消失；复制文件或文件夹就是将文件或文件夹复制一份到其他地方，执行复制命令后，原位置和目标位置均有该文件或文件夹。

移动和复制文件或文件夹的操作步骤如下：

（1）用鼠标拖放进行复制、移动。

复制和移动文件或文件夹对象最简单的方法就是直接用鼠标拖放。在同一磁盘上拖放文件或文件夹是进行移动操作,若在拖放对象时按下 Ctrl 键则执行复制操作;在不同磁盘之间拖放文件或文件夹是进行复制操作,若拖放文件时按下 Shift 键则执行移动操作。

(2) 使用菜单进行复制和移动。

选择要进行移动或复制的对象;单击"编辑"→"剪切(复制)"命令,或单击右键,在弹出的快捷菜单中选择"剪切(复制)"命令;选择目标位置;选择"编辑"→"粘贴"命令,或单击右键,选择快捷菜单中的"粘贴"命令即可。

5) 文件或文件夹的发送

如果要将硬盘或光盘上的文件或文件夹复制到软盘或可移动磁盘上,除了可以用上述复制方法外,还可以使用"发送"的方法。具体操作步骤如下:

(1) 选择要复制的文件与文件夹。

(2) 选择"文件"→"发送"命令,或用鼠标右击选定的发送对象,在弹出的快捷菜单中选择"发送"命令。

(3) 在"发送"菜单的子菜单中选择目标盘。

6) 删除和恢复文件或文件夹

当有的文件或文件夹不需要时,用户可将其删除。删除文件或文件夹的操作如下:

(1) 选定要删除的文件或文件夹。

(2) 按 Del 键,或者选择"文件"→"删除"命令,或单击右键,选择快捷菜单中的"删除"命令,弹出"确认文件夹删除"对话框,如图 3-23 所示。确认删除,单击"是"按钮;若不删除,单击"否"按钮。

图 3-23 "确认文件删除"对话框

如果在删除时按住 Shift 键,则这些文件或文件夹将直接从计算机中删除而不保留在回收站中。

如果文件或文件夹设有"只读"属性,则删除时需要一个附加的确认,从而减小了因误操作而将文件删除的可能性。

要恢复刚刚被删除的文件或文件夹,则选择"编辑"→"撤销"命令;要恢复以前被删除的文件或文件夹,则要使用"回收站"。不是所有被删除的文件或文件夹都能被恢复。

7) 重命名

在资源管理器中,对文件或文件夹重新命名有以下几种方法:

(1) 选定待更名的一个文件或文件夹,然后再单击其名称(注意不要单击图标),选定的文件或文件夹的名称开始闪烁,此时直接输入新名称并按回车键即可。

(2) 选定待更名的一个文件或文件夹,选择"文件"→"重命名"命令或按 F2 键,选定的文件或文件夹的名称开始闪烁,此时直接输入新名称并按回车键即可。

(3) 右击待更名的文件或文件夹,在弹出的快捷菜单中选择"重命名"命令,选定的文件或文件夹的名称开始闪烁,此时直接输入新名称并按回车键即可。

注意:重命名文件时,不要轻易修改文件的扩展名,以便使用正确的应用程序来打开。

8) 查找文件或文件夹

计算机上的文件或文件夹分散在磁盘的各处,用户要查找需要的文件或文件夹,可以利用 Windows XP 提供的搜索工具来查找图片、音乐、视频、文档等各种文件、文件夹、计算机、用户以及 Web 站点。

在 Windows XP 中,可以按以下几种方式打开"搜索"对话框,在其中设置搜索条件,查找需要的对象:

- 选择"开始"→"搜索"命令。
- 在文件夹或资源管理器窗口中单击"搜索"命令。
- 右击任意一个文件夹图标,从快捷菜单中选择"搜索"命令。

无论采用哪种方式都会打开如图 3-24 所示的"搜索结果"窗口。左边的窗格中单击要搜索内容所属的类别后,会出现进一步的选择内容或输入框,输入要搜索的部分或全部名称,单击"搜索"按钮,搜索结果就会在对话框的右边窗格列出。

图 3-24 "搜索结果"窗口

为了方便查找,Windows XP 使用通配符星号(*)和问号(?)来控制文件名的匹配模式。星号表示多个字符,问号表示一个字符,利用它们可以使得查找文件既简单又方便。

Windows XP 的查找功能可以利用时间信息、正文内容、文件类型、文件大小等属性信息进行辅助搜索,用户即使忘了文件名称、创建日期或修改日期又不明确,仍能以该文件涉及的内容为线索,找到相关的文件。

在"您要查找什么"选项区域单击"所有文件和文件夹"选项,这时窗口会打开一个搜索条件列表,在其中根据需要进行设置。

9)创建快捷方式

快捷方式可以使用户快速启动程序和打开文档。在 Windows XP 中,快捷方式可以指向任何对象,如程序、文件、文件夹、打印机或磁盘等。快捷方式图标和应用程序图标几乎是一样的,只是在图标左下角有一个小箭头。

创建快捷方式的方法有以下几种：

（1）右击要创建快捷方式的图标，弹出如图 3-25 所示的快捷菜单，从中选择"创建快捷方式"命令，就会在对象的当前位置创建一个快捷方式；如果选择快捷菜单中的"发送到"→"桌面快捷方式"命令，则将在桌面上创建快捷方式。

（2）使用拖动鼠标的方法创建快捷方式。例如，要在桌面上创建指向某个对象的快捷方式，应先在"我的电脑"或"资源管理器"窗口找到该对象，右击该对象图标不放，拖动鼠标到桌面上再释放鼠标右键，然后在出现的快捷菜单中选择"在当前位置创建快捷方式"命令。

（3）用"创建快捷方式"向导。这种方法只能创建程序或文件的快捷方式。操作步骤如下：

① 选择要创建快捷方式的文件。

② 选择"文件"→"新建"→"快捷方式"命令，弹出如图 3-26 所示的"创建快捷方式"对话框。

③ 在"请键入项目的位置"中输入带路径的文件名，或单击"浏览"按钮，在打开的"浏览文件夹"中选择文件。

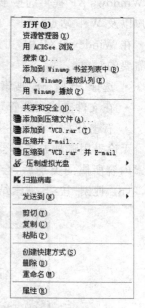

图 3-25 利用快捷菜单创建快捷方式

图 3-26 "创建快捷方式"对话框

④ 选定文件后，继续快捷方式的创建，输入快捷方式的名称，选择快捷方式的图标，单击"完成"按钮。

快捷方式和快捷键不能改变应用程序、文件、文件夹等在计算机中的位置，它是一个指向对象本身的指针，使用它可以快速地打开项目，删除、移动或重命名，但不会影响原有对象。

3. 磁盘管理

磁盘管理主要包括查看磁盘的内容和磁盘的属性、磁盘格式化、复制、扫描检查和纠正磁盘错误、磁盘碎片的整理和清理磁盘等方面的内容。

1）磁盘格式化

格式化磁盘是对磁盘的存储区域进行规划，以便计算机能够准确地在磁盘上记录或提取信息。格式化磁盘还可以发现磁盘中损坏的扇区,并标识出来,避免计算机向这些坏扇区上记录数据。通常情况下,用户格式化磁盘的操作对象是数据盘,如软盘、可移动磁盘等。磁盘使用前必须先格式化(有些磁盘出售前已被格式化了),有时在旧盘中存入文件前,也可以用格式化的方法删除其中所有不用的文件。系统盘一般不允许格式化。

格式化磁盘的操作步骤如下:

- 打开"我的电脑"或"资源管理器"窗口,右击要执行格式化操作的磁盘图标,出现快捷菜单。
- 在快捷菜单中选择"格式化"命令,弹出如图 3-27 所示的格式化磁盘对话框。
- 在对话框中设定目标磁盘的容量、卷标及是否执行"快速格式化"等,单击"开始"按钮,即执行格式化操作。

在图 3-27 中,格式化选项中的"快速格式化"表示在不对磁盘坏扇区进行扫描的情况下格式化磁盘,主要是为了加快格式化的速度,执行的操作类似于把磁盘中的文件全部删除,这种方法不能用于未被格式化过的磁盘。

2) 磁盘属性

要了解某一磁盘的有关信息,可在"我的电脑"或"资源管理器"中选中该磁盘,选择"文件"→"属性"命令,或从快捷菜单中选择"属性"命令,将打开如图 3-28 所示的磁盘属性对话框。对话框中包括 4 个选项卡,其中"常规"选项卡可以查看或修改磁盘的卷标、查看磁盘的类型、采用的文件系统以及磁盘空间的使用情况等;"工具"选项卡中可进行磁盘的诊断检查、备份文件或整理磁盘碎片,如图 3-29 所示;"硬件"选项卡中列出了磁盘驱动器的名称、类型及驱动程序等内容;"共享"选项卡可以设置磁盘在网络中的共享方式。

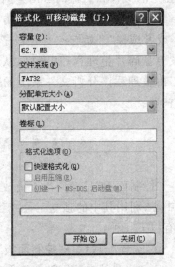

图 3-27 格式化磁盘对话框

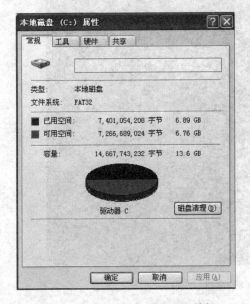

图 3-28 磁盘属性之"常规"选项卡

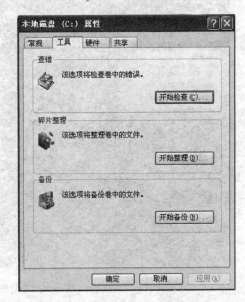

图 3-29 磁盘属性之"工具"选项卡

3) 磁盘碎片整理

在硬盘上保存文件时,内容较长的文件常常分段存放在硬盘的不同位置。当硬盘使用了很长时间后,许多文件的空间是不连续的,形成了所谓的磁盘"碎片"。大量的磁盘碎片直接影响了文件的存取速度,也使计算机的运行速度降低。通过磁盘碎片整理可以重新安排磁盘中的文件和磁盘的自由空间,使文件尽量存储在连续的空间中。

启动磁盘碎片整理程序的方法是:单击图 3-29 中的"碎片整理"栏中的"开始整理"按钮,或者选择"开始"→"所有程序"→"附件"→"系统工具"→"磁盘碎片整理程序"命令,出现"磁盘碎片整理程序"窗口,从中选择需要进行磁盘碎片整理的驱动器,单击"分析"按钮,由整理程序分析文件系统的碎片程度;单击"碎片整理"按钮,可对选定驱动器进行碎片整理。

3.5 Windows XP 的控制面板

"控制面板"是专门用于更改 Windows 外观和行为方式的工具,它是 Windows XP 的控制中心,利用其中的独立工具或程序可以调整和设置系统的各种属性。打开控制面板的方法有以下几种:

- 选择"开始"→"控制面板"命令。
- 在"我的电脑"或"资源管理器"中单击"控制面板"图标。

无论采用哪种方法都会打开图 3-30 所示的"控制面板"窗口。

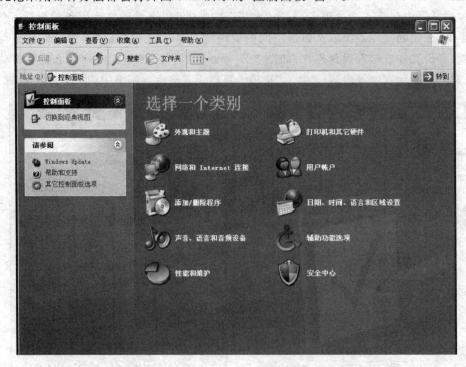

图 3-30 "控制面板"窗口

3.5.1 设置显示属性

1. 打开"显示 属性"对话框

Windows 桌面的背景、屏幕外观、屏幕保护等,都可以通过"显示 属性"进行设置。要打开"显示 属性"对话框有两种方法:

(1) 在图 3-30 中选择"外观和主题"项,再进一步选择"显示"项。

(2) 在桌面上的空白区域右击鼠标,从弹出的快捷菜单中选择"属性"项。

2. 桌面主题设置

在"显示 属性"对话框中选择"主题"选项卡,如图 3-31 所示,在"主题"下拉列表中进行选择,可以进行桌面主题的设置;利用"删除"按钮还可以从列表中删除不需要的桌面主题。

桌面主题的选择将影响桌面的整体外观,包括背景、屏幕保护程序、图标、窗口、鼠标指针和声音等。当多个用户使用同一台计算机时,每个人不仅可以有自己的用户账户,还可以选择不同的桌面主题。

3. 桌面背景设置

在"显示 属性"对话框中选择"桌面"选项卡,可以进行桌面背景的设置。

"桌面"选项卡如图 3-32 所示,主要设置 Windows 桌面的背景。在 Windows 中墙纸是用来装饰桌面的,墙纸文件可以是图像文件或 HTML 文件。从"背景"列表框中选择一种墙纸,该墙纸的预览效果立即显示在列表上面的图形预览窗口中,如果对预览效果感到满意,单击"确定"或"应用"按钮就可以把选定的墙纸设置为桌面背景。

图 3-31 "显示 属性"对话框的"主题"选项卡

图 3-32 "显示 属性"对话框的"桌面"选项卡

利用"浏览"按钮,可以指定计算机中存储的图像文件或 HTML 文件作为背景墙纸。

在"位置"下拉列表中还可以设定墙纸的显示方式。"平铺"选项将图像重复排列,"居中"选项将图像放在桌面的中央,"拉伸"选项将图片放大到与屏幕同样大小。

4. 屏幕保护程序

屏幕保护程序是当用户在指定的时间内未对计算机进行任何操作时,屏幕上出现的移动的位图或图片。屏幕保护程序的作用,一是防止显示器屏幕长期显示同一个画面,造成显像管老化;二是屏幕保护程序会显示一些运动的图像,隐藏计算机屏幕上显示的信息。当用户在一定时间没有按键盘或移动鼠标后,屏幕保护程序会自动运行。

"屏幕保护程序"选项卡如图 3-33 所示。在"屏幕保护程序"下拉列表中提供了各种风格的屏幕保护程序,选择一个屏幕保护程序后,单击"设置"按钮,可以对该程序的显示效果进行进一步设置;单击"预览"按钮,可以观看该屏幕保护程序的演示。

图 3-33　"显示 属性"对话框的"屏幕保护程序"选项卡

单击"等待"数值选择框右端的微调按钮,可以改变等待的时间。用户可以为屏幕保护程序设置密码,单击"设置"按钮,在打开的对话框中,选中"在恢复时使用密码保护"复选框时,只有输入了正确的密码才能退出屏幕保护状态。

5. 外观设置

外观设置用于设置桌面上的各种元素,如活动窗口、非活动窗口、消息栏的外观,包括颜色、字体等。

"外观"选项卡如图 3-34 所示,可以在下拉列表中选择窗口和按钮的样式、色彩方案及字体大小。单击"效果"按钮,可以在"效果"对话框中设置菜单和工具提示的淡入淡出效果或滚动效果、菜单的阴影效果等;单击"高级"按钮,可以在"高级外观"对话框中对窗口各个组成元素的颜色、字体分别进行设置。

6. 显示器设置

衡量一个显示器性能的主要技术标准有分辨率、颜色数、刷新率。在如图 3-35 所示的"设置"选项卡中可以对显示器显示的颜色质量、分辨率等进行设置。选择最高 32 位的颜色数表示每个像素点可有 2^{32} 种颜色。单击"高级"按钮,在出现的对话框中选择"监视器"选项卡,可以在"屏幕刷新频率"下拉列表中对监视器的刷新率进行设置。

 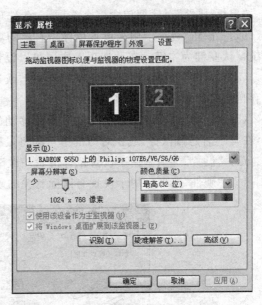

图 3-34 "显示 属性"对话框的"外观"选项卡　　图 3-35 "显示 属性"对话框的"设置"选项卡

3.5.2 鼠标设置

鼠标是用来操作 Windows 的极其重要的设备，鼠标性能的好坏会直接影响工作效率。

单击图 3-30 中的"打印机和其他硬件"，打开图 3-36 所示的"打印机和其他硬件"窗口，双击其中的"鼠标"图标，打开如图 3-37 所示的"鼠标 属性"对话框，即可对鼠标进行设置。

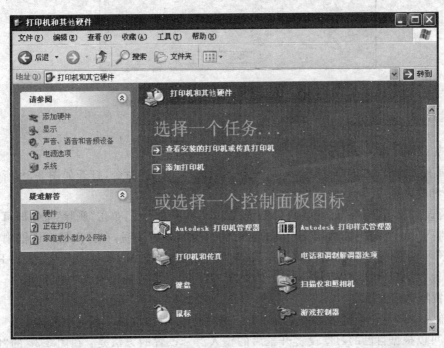

图 3-36 "打印机和其他硬件"窗口

Windows XP 操作系统

"鼠标 属性"对话框包含多个选项卡,各选项卡功能如下:

(1)"按钮"选项卡用来设置鼠标左右键的功能,以适用于左右手不同习惯的用户需要,系统默认左键为主键。在此选项卡中还可以设置鼠标的双击速度。

(2)"指针"选项卡用于改变在各种工作或运行状态时鼠标指针的大小和形状,也可以保存自定义的鼠标指针方案。

(3)"移动"选项卡用于设置鼠标指针移动的速度,也可以设置是否显示鼠标移动的踪迹,在打字时隐藏鼠标,或在对话框中自动将鼠标指针指向默认按钮等鼠标显示方式。

(4)"设置"选项卡用于设置鼠标滑轮一次滚动的行数。

(5)"硬件"选项卡用于设置与鼠标有关的硬件属性。

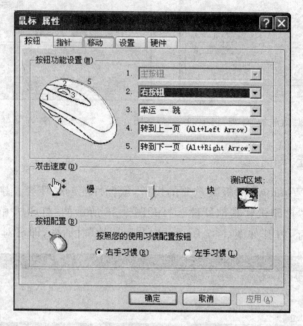

图 3-37 "鼠标 属性"对话框

3.5.3 输入法设置

1. 添加或删除输入法

在桌面右下角右击"语言"图标,从快捷菜单中选择"设置"命令,打开如图 3-38 所示的"文字服务和输入语言"对话框。

要删除某种输入法,在"已安装的服务"列表中选择该输入法,单击"删除"按钮即可。

要添加 Windows 提供的输入法,单击对话框中的"添加"按钮,在弹出的对话框中有一个"输入法"列表框,选择要添加的输入法,单击"确定"按钮,若 Windows XP 是用 CD-ROM 安装的,计算机会提示插入 Windows XP 安装盘,然后自动完成选定输入法的添加。

2. 设置默认输入语言

默认输入语言是计算机启动时使用一个已安装的输入语言,通常都选用简体中文-美式键盘,用户可以根据自己的习惯设置开机后的输入法。设置的方法是:在图 3-38 的"默认输入语言"栏中,单击输入语言的下拉按钮,从列表中选择需要的输入法即可。

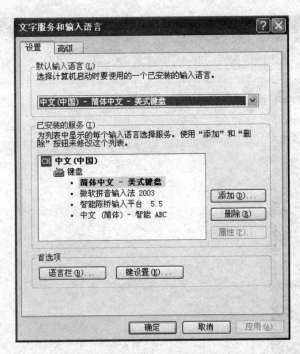

图 3-38 "文字服务和输入语言"对话框

3.5.4 打印机设置

1. 安装打印机

安装打印机前首先要确认打印机是否与计算机正确连接,同时应了解打印机的生产厂商和型号。如果要通过网络使用共享打印机,应先确认打印机的路径。安装打印机的步骤如下:

(1)关闭计算机电源,把打印机正确地连接到计算机上。

(2)启动 Windows XP,在图 3-36 所示"打印机和其他硬件"窗口中选择"打印机和传真"项,或者在"开始"菜单中选择"打印机和传真"命令,打开"打印机和传真"窗口,如图 3-39 所示。

(3)在"打印机和传真"窗口左侧的打印机任务栏中选择"添加打印机"选项,即可打开"添加打印机向导"窗口,系统自动检测新连接的打印机。

如果未能检测到即插即用的打印机,需要手动输入打印机的连接端口、生产厂商及产品型号,由系统安装适合的驱动程序,或直接安装打印机配备的驱动程序,即可完成添加工作。

2. 设置打印机

添加了打印机后,图 3-39 的左侧就会列出与当前选定的打印机有关的任务,根据需要选择相应的选项,或在对话框右侧的打印机图标上右击,在快捷菜单中选择,就可以方便地完成各种与打印有关的工作。

选择"设置打印首选项",可以在"打印首选项"对话框中设置打印方向和打印页的顺序,及每张纸打印的页数、纸张来源等内容。

选择"删除此打印机"选项,将从系统中删除不再使用的打印机的驱动程序。

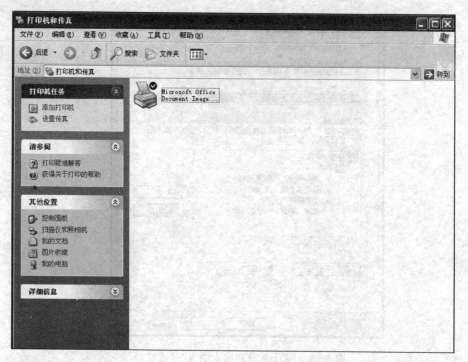

图 3-39 "打印机和传真"窗口

选择"设置打印机属性"选项,将打开"打印机属性"对话框,在不同的选项卡中可以设置打印机的共享、端口、使用时间、优先级、驱动程序、后台处理完再打印或直接打印到打印机等选项。

3.5.5 添加或删除程序

在计算机的使用过程中,经常需要安装、更新或删除某些应用程序。Windows 提供了专门添加和删除应用程序的工具,能够自动对驱动器中的安装程序进行定位,简化用户安装。对于安装后在系统中已注册的应用程序,也能彻底快捷地全部删除。

1. 安装应用程序

安装应用程序通常有 3 种方法:自动安装、运行安装文件或在控制面板中利用"添加/删除程序"安装。

对于能进行自动安装的软件,只要将安装光盘放入光盘驱动器就会自动启动安装程序,用户只需在安装向导的提示引导下作相应的选择就可以完成应用程序的安装。对于不能进行自动安装的软件,可以直接运行其安装程序进行安装,通常安装程序名为 Setup.exe 或 Install.exe。

利用"控制面板"安装应用程序的步骤如下:

(1) 在控制面板窗口双击"添加/删除程序"图标,就会弹出如图 3-40 所示的"添加或删除程序"窗口。

(2) 单击对话框左侧的"添加新程序"按钮,打开如图 3-41 所示的窗口。

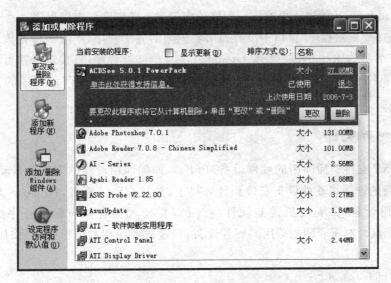

图 3-40 "添加或删除程序"窗口

图 3-41 添加新程序窗口

(3) 将含有安装程序的盘放入相应的驱动器,单击"CD 或软盘"按钮,安装程序将自动检测各个驱动器,按安装盘的要求进行定位。

(4) 如果自动定位不成功,将弹出"运行安装程序"对话框。此时,既可在"打开"文本框中输入安装程序的路径和名称,也可以单击"浏览"按钮定位安装程序。选定安装程序后单击"完成"按钮。

(5) 安装结束后,单击"关闭"按钮退出。

2. 更改或删除应用程序

删除应用程序的方法是:在图 3-40 中选中要删除的程序,单击"删除"按钮。

更改或删除应用程序时,如果在"添加或删除程序"窗口中列出了要更改或删除的应用程序,表示该应用程序已经注册,只要在程序列表框中选择该应用程序,然后单击"更改"或

"删除"按钮,Windows 开始进入更改应用程序的向导或自动删除该应用程序。

如果在"添加或删除程序"窗口中没有列出要删除的应用程序,则应该检查该程序所在的文件夹,若有名称为 Remove.exe 或 Uninstall.exe 的卸载程序,直接运行就可以删除该应用程序。如果不能确定如何删除程序,则应查看有关的文档或询问该程序的技术支持服务。

3.5.6 添加新硬件

Windows XP 支持即插即用的硬件设备(PnP)。即插即用设备的安装是自动完成的,只要根据生产商的说明将硬件设备安装到计算机上,然后启动计算机,Windows 将自动检测新的即插即用设备,并安装所需的软件,有时需要插入含有相应驱动程序的软盘或 Windows XP 光盘。对于非即插即用的硬件设备,可通过使用控制面板中的"添加新硬件"工具完成。

添加新硬件的步骤如下:

(1) 关闭电源,安装新的硬件设备。

(2) 启动 Windows XP,在"控制面板"中选择"打印机和其他硬件"项,出现图 3-36 所示的"打印机和其他硬件"窗口,在窗口左侧区域的"请参阅"栏中单击"添加硬件"选项,出现"添加硬件向导"对话框。

(3) 单击"下一步"按钮,"添加硬件向导"开始搜索最近连接到计算机的所有硬件,并显示搜索到的硬件列表。

若列表中已有要安装的硬件设备,选定该设备,单击"下一步"按钮可以了解该设备的运行情况,检查其属性或解决该硬件安装出现的问题;如果列表中没有要添加的硬件,则在列表最后选择"添加新的硬件设备",再单击"下一步"按钮。

(4) 选择"安装手动从列表中选择的硬件",向导会在对话框中列出常见的硬件类型,需要选择硬件类型、产品厂商和型号等内容,再依照向导的提示,完成硬件设备驱动程序的安装,将新的硬件添加到计算机系统中。

3.6 附 件

中文版 Windows XP 的"附件"程序为用户提供了许多使用方便且功能强大的工具,当用户要处理一些要求不是很高的工作时,可以利用附件中的工具来完成,比如使用"画图"工具可以创建和编辑图画,显示和编辑扫描获得的图片;使用"计算器"来进行基本的算术运算;使用"写字板"进行文本文档的创建和编辑工作。附件中的工具都是非常小的程序,运行速度比较快,这样用户可以节省很多的时间和系统资源,有效地提高工作效率。

1. 画图

"画图"程序是一个位图编辑器,可以对各种位图格式的图画进行编辑,用户可以自己绘制图画,也可以对扫描的图片进行编辑修改,在编辑完成后,可以 BMP、JPG、GIF 等格式存档。

单击"开始"→"所有程序"→"附件"→"画图"命令,可以进入"画图"界面,如图 3-42 所示。

工具箱在画图中有着重要的作用,它提供了许多绘图工具,如铅笔工具、直线工具等。用户可以使用这些工具绘制各种图形。

调色板是用来调整前景色和背景色的颜色的,调色板中提供了一些颜色可供选择,单击某种颜色将其选为前景色;右击可将其选为背景色;双击可打开"编辑颜色"对话框。

2. 使用 Windows XP 中的媒体播放器

Windows Media Player 是一个通用的多媒体播放器,可用于接收以最流行的格式制作的音频、视频和混合型多媒体文件。利用 Windows 媒体播放器不仅可以播放本地的多媒体类型文件,而且可以播放来自 Internet 或局域网的流式媒体文件。打开 Windows XP 媒体播放器的方法是:选择"开始"→"程序"→"附件"→"娱乐"→Windows Media Player 命令,将打开媒体播放器界面,在其中选择"文件"→"打开"命令,利用弹出的"打开"对话框找到要播放的文件,单击"打开"按钮开始播放。

图 3-42 "画图"窗口

3. 其他附件

Windows XP 中还提供了多种附件,如写字板、通信工具、系统工具、娱乐工具、计算器等。写字板是一个使用简单、功能强大的文字处理程序,用户可以利用它进行日常工作中文件的编辑。它不仅可以进行中英文文档的编辑,而且还可以图文混排,插入图片、声音、视频剪辑等多媒体资料。其他附件用户可以自行学习使用。

3.7 问 与 答

(1) 在"资源管理器"中,为什么看不到.SYS 或.DLL 等类型的文件?

答:这是因为"资源管理器"默认设置是将这类文件隐藏起来。可以在"资源管理器"窗口中选择"工具"→"文件夹选项"命令,在弹出的"文件夹选项"对话框中,选择"查看"选项卡,选取"显示所有文件和文件夹"选项,单击"确定"按钮,此时就可以通过"资源管理器"窗口浏览属性为"隐藏"的文件。

(2) 为什么每次打开某个文件夹(如收藏夹)都需要等待许久后才显示出来,但对于其他大多数的文件夹却很快就可以打开?

答:① 很有可能是因为防毒软件进行搜索检查导致该文件夹延迟打开。由于某些防毒软件太过于尽忠职守,只要打开某个文件夹或文件,都会进行扫毒工作,如果该文件夹中的文件和子文件夹很多,就需要较长时间完成扫毒工作。

② 另一种原因就是该文件夹的子文件夹层数太多。通常建议在根目录的文件夹中最多再建 3 层子文件夹即可。否则,不仅在管理上带来麻烦,而且会造成打开最上层的根目录文件夹时,需要等待一段延迟。

③ 还有可能是因为文件和文件夹的存放位置混乱,导致查找起来较为费时。建议使用

系统提供的磁盘碎片整理程序或其他类似的工具定期整理硬盘中的文件和文件夹。

(3) 哪些被删除的项目没有存储在回收站中且不能被还原？

答：以下项目没有存储在回收站中且不能被还原：

从网络中删除的项目；从可移动媒体（如软盘、U 盘）删除的项目；超过回收站存储容量的项目；在 MS-DOS 方式下被删除的文件。

(4) 有必要记住特定应用文件的扩展名吗？

答：一般来说没有必要。当读者进行文件保存操作时，使用的软件通常会在文件名后自动追加正确的文件扩展名。比如，当使用 Microsoft Word 创建文档时，只需要输入具体的文件名，Word 软件会自动追加 .doc 扩展名。

打开磁盘上的某个文件，或者从因特网上下载的某个文件时，在不知道其中内容的情况下，具备一些文件扩展名的知识会比较方便。借助扩展名，通常可以判定用于打开该文件的应用软件。

习　题　3

1. 单选题

(1) Windows XP 操作系统是_____。
　A. 分布式操作系统　　　　　　　　B. 实时操作系统
　C. 单用户多任务操作系统　　　　　D. 多用户多任务操作系统

(2) "桌面"指的是_____。
　A. 整个屏幕　　B. 全部窗口　　C. 某个窗口　　D. 活动窗口

(3) 鼠标的基本操作包括_____。
　A. 双击、单击、拖动、执行　　　　B. 单击、拖动、双击、指向
　C. 单击、拖动、执行、复制　　　　D. 单击、移动、执行、删除

(4) Windows XP 开始菜单中的"注销"命令的功能是_____。
　A. 关闭 Windows XP　　　　　　　B. 希望以其他用户的身份重新登录
　C. 重新启动 Windows XP　　　　　D. 关机

(5) 双击窗口的标题栏可以_____。
　A. 关闭该窗口　　　　　　　　　　B. 将窗口最小化
　C. 没有任何作用　　　　　　　　　D. 使窗口最大化或还原到原来的大小

(6) 在 Windows 中，选中末尾带有省略号(…)的菜单项意味着_____。
　A. 将弹出下一级菜单　　　　　　　B. 将执行该菜单命令
　C. 表明该菜单项已被选用　　　　　D. 将弹出一个对话框

(7) 在 Windows 中，能弹出子菜单的操作是_____。
　A. 选择了带省略号的菜单项　　　　B. 选择了带有三角形箭头的菜单项
　C. 选择了颜色变灰的菜单项　　　　D. 运行了与子菜单对应的应用程序

(8) Windows 的窗口和对话框比较相似，窗口可以移动和改变大小，而对话框_____。
　A. 既不能移动，也不能改变大小　　B. 仅可以移动，不能改变大小
　C. 仅可以改变大小，不能移动　　　D. 既能移动，又能改变大小

(9) Windows XP 的"开始"菜单包含了 Windows 的_____。
A. 部分功能　　　　B. 大部分功能　　C. 全部功能　　　　D. 参数设置功能

(10) 为了正常退出 Windows XP,正确的操作是_____。
A. 直接关闭计算机的电源
B. 在没有程序运行的情况下按 Alt+Ctrl+Shift 键
C. 选择"开始/关机"并进行人机对话
D. 在没有运行程序的情况下关闭计算机的电源

(11) 在同时打开的窗口中不能激活某一个窗口的方法是_____。
A. 在所要激活的窗口内任意处单击一下　　B. 反复按 Shift+Tab 键
C. 反复按 Alt+Esc 键　　　　　　　　　　D. 单击任务栏中所需的任务按钮

(12) 鼠标是 Windows 环境中的一种重要的_____工具。
A. 画图　　　　　　B. 指示　　　　　C. 输入　　　　　　D. 输出

(13) 在 Windows 中,将鼠标指向窗口"标题栏"的空白处,然后"拖动"则可以_____。
A. 改变窗口大小　　B. 移动该窗口　　C. 放大该窗口　　　D. 缩小该窗口

(14) 在 Windows XP 中,用鼠标双击一个窗口左上角的"控制菜单按钮",可以_____。
A. 放大该窗口　　　B. 关闭该窗口　　C. 缩小该窗口　　　D. 移动该窗口

(15) 在 Windows XP 资源管理器中,如果使用鼠标将已选定的对象在同一个磁盘进行复制操作,可以_____。
A. 按住 Shift 键一起操作　　　　　　　B. 按住 Alt 键一起操作
C. 按住 Ctrl 键一起操作　　　　　　　 D. 无须按住任何键进行操作

(16) 在 Windows XP 的"资源管理器"窗口中,其左部窗口中显示的是_____。
A. 当前打开的文件夹的内容　　　　　　B. 系统的文件夹树
C. 当前打开的文件夹名称及其内容　　　D. 当前打开的文件夹名称

(17) 在 Windows XP 的"资源管理器"左部窗口中,若显示的文件夹图标前带有加号(+),意味着该文件夹_____。
A. 含有下级文件夹　B. 仅含文件　　　C. 是空文件夹　　　D. 不含下级文件夹

(18) Windows 中的"剪贴板"是_____的一块区域。
A. 硬盘中　　　　　B. 软盘中　　　　C. 高速缓存中　　　D. 内存中

(19) 在 Windows 的"资源管理器"左部窗口中,若显示的文件夹图标前带有减号(-),意味着该文件夹_____。
A. 含有下级文件夹　B. 仅含文件　　　C. 是空文件夹　　　D. 该文件夹已展开

(20) 在查找文件时,可以在文件名中使用通配符"*"号,其含义是_____。
A. 一个字符　　　　B. 一串字符　　　C. 一个数字

(21) 鼠标光标移到一个窗口的边缘,光标变为一个_____时,可以改变窗口的大小。
A. 指向左上方的箭头　　　　　　　　　B. 伸出手指的手
C. 竖直的短线　　　　　　　　　　　　D. 双向的箭头

(22) 在 Windows 窗口的"标题栏"右边,用鼠标单击标有短横线的方块,可以_____。
A. 关闭该窗口　　　　　　　　　　　　B. 打开该窗口
C. 把该窗口最小化　　　　　　　　　　D. 把该窗口放大

(23) 应用程序窗口最小化后,表示该程序_____。
A. 仍在内存中运行　　　　　　　　B. 退出内存
C. 仍在硬盘中运行　　　　　　　　D. 存盘后退出内存
(24) 应用程序窗口被关闭后,表示该程序_____。
A. 仍在内存中运行　　　　　　　　B. 转入后台运行
C. 仍在硬盘中运行　　　　　　　　D. 退出内存
(25) 呈现灰色字符的菜单命令表示_____。
A. 在当前状态下,用户不能选择该命令　B. 选择该命令后出现对话框
C. 该命令被使用了三次以上　　　　D. 选择该命令后弹出一个下拉子菜单

2. 多选题

(1) 在 Windows 中,鼠标器有以下几种操作_____。
A. 移动　　　　B. 拖动　　　　C. 双击　　　　D. 释放
(2) 在 Windows 中,要把整个屏幕或当前窗口保存到剪贴板上,可按_____键。
A. PrintScreen　　　　　　　　　B. Ctrl+Alt+PrintScreen
C. Shift+PrintScreen　　　　　　D. Alt+PrintScreen
(3) 在 Windows 中,文件和文件夹可以_____来进行排序。
A. 按名称　　　B. 按类型　　　C. 按大小　　　D. 按日期
(4) 在 Windows 中,屏幕保护程序的作用是_____。
A. 防止屏幕老化　　　　　　　　B. 减少显示器的损耗
C. 使屏幕显示漂亮的图形　　　　D. 使屏幕变暗保护眼睛
(5) 在 Windows XP 中,FAT 文件或文件夹的属性有_____。
A. 系统　　　　B. 隐藏　　　　C. 存档　　　　D. 只读
(6) 要激活 Windows "开始"菜单的方法有_____。
A. 双击"开始"按钮　　　　　　　B. 单击"开始"按钮
C. 按 Ctrl+Esc 键　　　　　　　D. 按 Alt+Esc 键
(7) 要关闭 Windows 的资源管理器,正确的方法是_____。
A. 单击右上角的"✖"按钮　　　　B. 单击"文件"菜单中的"关闭"命令
C. 按 Alt+F4 键　　　　　　　　D. 单击左上角的"控制菜单"选择"关闭"命令
(8) 在 Windows 中,删除应用程序的方法是_____。
A. 在启动组中删除应用程序　　　B. 利用"开始"菜单删除应用程序
C. 利用"开始"→"控制面板"删除应用程序　D. 利用"文档"菜单删除应用程序
(9) 利用回收站,可恢复被误删除的_____。
A. 硬盘上的文件　　　　　　　　B. 硬盘上的文件夹
C. 软盘上的文件　　　　　　　　D. 软盘上的文件夹
(10) 在"开始"→"程序"→"附件"菜单中,常用的应用程序有_____。
A. 画图　　　　B. 记事本　　　C. 娱乐　　　　D. 计算器
(11) 在 Windows XP 中"格式化"磁盘时,可设置的格式化选项有_____。
A. 全面格式化　　　　　　　　　B. 启动压缩
C. 创建一个 MS-DOS 启动盘　　　D. 快速格式化

(12) 要删除已经选定的文件或文件夹,可_____。
A. 按 Shift+Delete 键　　　　　　B. 按 Delete 键
C. 按 Ctrl+X 键　　　　　　　　　D. 按 Ctrl+C 键
(13) 终止屏幕保护,恢复计算机的使用,可以_____。
A. 移动鼠标　　　　　　　　　　　B. 重新启动计算机
C. 移动计算机　　　　　　　　　　D. 按任意键
(14) 在回收站中,不可以恢复的是_____。
A. 从硬盘中删除的文件或文件夹　　B. 从软盘中删除的文件或文件夹
C. 剪切掉的文档　　　　　　　　　D. 从光盘中删除的文件或文件夹
(15) 复制文件的方法有_____。
A. 用鼠标直接拖动　　　　　　　　B. 按住 Ctrl 键的同时用鼠标拖动
C. 用"编辑"→"复制"命令　　　　D. 按 Ctrl+C 键
(16) 可以按文件的_____为文件排序。
A. 名称　　　　　B. 类型　　　　　C. 大小　　　　　D. 修改时间
(17) 文件列表的显示方式有_____。
A. 缩略图　　　　B. 平铺　　　　　C. 图标　　　　　D. 列表
(18) 在 Windows XP 中,管理文件和文件夹是通过_____来完成的。
A. 资源管理器　　B. "开始"菜单　　C. 我的电脑　　　D. 控制面板
(19) 在 Windows XP 中,文件名中不能出现的字符有_____。
A. *　　　　　　 B. _　　　　　　 C. ?　　　　　　 D. :
(20) 关闭窗口的方法有_____。
A. 单击标题栏上的关闭按钮⊠
B. 双击控制菜单按钮
C. 按 Alt+F4 键
D. 单击控制菜单按钮,在弹出的控制菜单中选择"关闭"命令

3. 填空题

(1) 在 Windows 的"对话框"中,当文字说明左边的小方框里有"√"符号时表明_____。
(2) 在"任务栏"中的任何一个按钮都代表着_____。
(3) Windows XP 的文件夹组织结构是一种_____。
(4) 在 Windows 环境中各个应用程序之间交换和共享信息是通过_____来实现的。
(5) 在"我的电脑"窗口中,按住_____键不动,再用鼠标逐个单击各文件,则可以选择多个不相邻的文件。
(6) 在 Windows 中,"回收站"是_____的一个区域。
(7) 单击鼠标_____键可以打开快捷菜单。
(8) 在中文输入中,全角和半角的切换,可用组合键_____实现。
(9) 用_____键操作,可以切换汉字的输入法。
(10) 在 Windows 中,_____中的文件被放入回收站后可以恢复。

第 4 章　Word 2003 字处理软件

学习目标：本章所介绍的 Word 2003 是微软公司推出的 Microsoft Office 办公套件中的一个组件，是世界上最流行的文字编辑软件。使用它可以编排出精美的文档，制作报表、信函以及一些简单的出版物等，并且可以在文档中插入图片、图形、表格等各种对象，还可以方便地编辑和发送电子邮件、编辑和处理网页等。本章介绍以下内容：

- Word 2003 概述；
- 文档的创建与编辑；
- 文档的排版；
- 表格和图形处理；
- 样式和模板；
- 邮件合并。

4.1　Office 2003 简介

Office 是微软公司推出的办公自动化系列套装软件。它一面世就受到各行各业用户的喜爱，随着其不断的完善和发展得到了越来越广泛的应用。Office 2003 是它在 2003 年推出的版本，具有强大的文档处理功能，同时具有充满活力、漂亮、个性化的新外观。尽管 Office 2007 是微软 Office 产品发展史上最具创新与革命性的新版本，但由于各种原因，目前大多数用户还在使用 Office 2003 套件。

Office 2003 办公套件拥有多个不同应用方面的组件，它们是：

（1）Word 2003，Microsoft Office System 的字处理程序，是当今最流行也是功能最强大的文字处理软件，适用于制作各种文档，如文件、信函、传真、报纸、简历等，也可以利用它快速制作网页和发送电子邮件。Word 为人们的办公和生活带来了很大方便。

（2）Excel 2003，Microsoft Office System 的电子表格程序。利用它可制作各种复杂的电子表格，完成烦琐的数据计算，将枯燥的数据转换为彩色的图形形象地显示出来，大大增强了数据的可视性，并且可以将各种统计报告和统计图打印出来，掌握了 Excel 可以成倍地提高工作效率。

（3）PowerPoint 2003，Microsoft Office System 的演示图形程序。主要用于制作幻灯片，可用于单独或联机创建效果。使用 PowerPoint 可以创建内容丰富、形象生动、图文并茂、层次分明的幻灯片，而且可以将制作的幻灯片在计算机上演示或发布到网站浏览。作为一个表达观点、传递信息、展示成果的强大工具，它在社会上得到了广泛应用。

（4）Access 2003，Microsoft Office System 的数据库管理程序。具有强大的交互性，用

户不用编程就能够创建实用的数据库,利用它可以将信息保存在数据库中,并可以对数据进行统计、查询及生成报告。

(5) Outlook 2003,Microsoft Office System 的个人信息管理器和通信程序。可用于组织和共享桌面信息,并可以与他人进行通信。Outlook 2003 提供了一个统一的位置来管理电子邮件、日历、联系人和任务。作为一个高度集成化的个人信息管理软件,Outlook 给人们管理个人信息带来了极大的便利。

(6) InfoPath 2003,Microsoft Office System 的信息收集和管理程序。它简化了信息收集过程。这个新程序允许用户执行 3 项主要操作:创建动态表单、完成表单、将这些表单提交给 XML 的系统和业务过程。它提供了一种高效灵活地收集信息并使单位中的每个人都可以重用这些信息的方法,InfoPath 2003 使信息工作者可以方便及时地提供和获取他们所需的信息,从而制定更加可靠的决策。

(7) Publisher 2003,Microsoft Office System 的桌面发布程序。它使得专业营销和通信资料的创建、设计和发布比以往更加简便。可以使用你在其他 Microsoft Office System 程序中熟悉的用户界面来创建用于打印、电子邮件和 Web 的资料。Publisher 2003 使得营销资料的创建和发布达到了一种新的水平。

(8) Picture Manager 2003,Microsoft Office System 的基本图片管理软件。利用它可以更灵活地查看、处理、编辑、校正和共享图片。

4.2　Word 2003 概述

1. Word 2003 的功能

Word 2003 是一种"所见即所得的"字处理软件,可以设计外观随意的字、表、图混合的文档,简单易学、灵活方便,流行至今仍深受广大用户欢迎。相比以前的 Word 版本,Word 2003 功能增加了以下的新特色:

(1) 增强的可读性:阅读编排好的文档时,以往版本的 Word 通常需要反复地调整视图比例,显得比较麻烦。Word 2003 中新增了阅读视图,该视图隐藏不必要的工具栏,可在放大字号,缩短行的长度后对文档重新分页,使页面恰好适合屏幕,更符合阅读习惯。

(2) 丰富快捷的输入方式:提供了 3 种手写输入方式,可使用鼠标或墨迹输入的设备如 Tablet 笔等将文字"写"入文档当中;提供的语音操作方式可以用声音输入文档内容或发出一些操作命令。

(3) 新增任务窗格:Word 中最常用的任务,被组织在与文档一起显示的任务窗格中,便于用户使用。如"新建文档"任务窗格为用户操作文档提供了方便;"基本文件搜索"任务窗格可以让用户不必离开 Word 就能搜索文件;"剪贴板"任务窗格使用户可以对剪贴板上最多 24 次的复制或剪切内容进行管理和使用。

(4) 并排比较文档:无须将多名用户的更改合并到文档中就能简单地判断出两篇文档间的差异。

(5) 强大的翻译功能:Office 2003 中的翻译功能得到极大增强,不仅可以英汉互译,还支持日文、朝鲜语、俄语、法语等十多种语言的翻译,还可进行上述语言的全文翻译。

(6) 完善的保护功能:文档保护功能在 Word 2003 中有了实质性的改进,除继承老版本的修订保护、批注保护等功能外,还新增了文本格式保护。

2. Word 2003 的基本操作

(1) 启动 Word 2003 应用程序的基本方式有 3 种:

① 执行"开始"→"程序"→Microsoft Office→ Microsoft Office Word 2003 命令;

② 双击一个 Word 文档的文件名;

③ 双击桌面上的 Word 2003 快捷方式图标。

(2) 退出 Word 2003 应用程序的基本方式有 4 种:

① 执行"文件"→"退出"命令;

② 按 Alt+F4 键;

③ 单击 Word 程序右上角的"关闭"按钮;

④ 双击 Word 程序左上角的控制菜单按钮或右击控制菜单后选择"关闭"命令。

注意:在退出 Word 时,如果文档没有保存,会出现如图 4-1 所示的提示对话框。选择"是"将保存文档并退出 Word 应用程序,选择"否"将不保存文档并退出 Word 应用程序,选择"取消"将回到原编辑状态下。

图 4-1 保存提示对话框

3. Word 2003 操作界面

Word 应用程序启动后,就会进入如图 4-2 所示的操作界面。

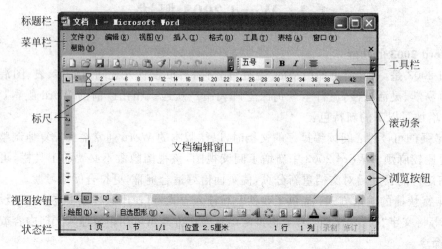

图 4-2 Word 应用程序窗口

该界面由以下部分组成:

1) 标题栏

窗口最上面是标题栏,标题栏的主要作用是显示所编辑的文档和程序名。

2) 菜单栏

菜单栏位于标题栏的下面,由 9 个菜单项组成,集合很多按功能划分的操作命令。

3) 工具栏

Word 2003 在安装后含有 22 个具有不同功能的工具栏,用户在系统中安装了其他有关软件后会有更多的工具栏出现。

4）标尺

标尺有水平标尺和垂直标尺两种，用来查看正文的宽度和高度，以及图片、图文框、文本框、表格等的宽度和高度，同时也可以进行正文的排版。

5）文档编辑区

该区域是对文档进行直接操作的区域，包括输入、插入、排版等。

6）状态栏

在文档窗口的下方是状态栏，显示了当前所在页码及章节，并显示该文档总页数。中间是光标位置显示区，上面的数字随着光标位置的变化而变化；右半部是有关设置录制宏、修订文档、扩展及改写状态的命令按钮，同时又可以显示当前的状态。

7）浏览按钮

使用垂直滚动条下端的"选择浏览对象"按钮 ，可以按条件快捷地查看文档内容。单击"选择浏览对象"按钮选定浏览方式，可按"编辑位置"、"页"、"节"、"标题"、"域"、"表格"或"图形"等对象进行查看，然后配合上下两个跳转按钮进行浏览。

4. Word 的视图方式

不同的视图方式下可以浏览到文档的不同效果，Word 2003 提供了 5 种视图方式，不同的视图方式可以通过单击视图按钮或选择"视图"菜单来切换。下面逐一介绍这些视图的特点和用途。

普通视图 ：显示基本格式化效果的文本，不显示图片、水印和文本框的复杂格式内容。

Web 版式视图 ：显示文档在 Web 浏览器中的外观，用于创建网页文档。

页面视图 ：它是 Word 默认的视图方式，所有的格式化效果都可以在页面视图中显示，真正体现了"所见即所得"的特点。

大纲视图 ：用于建立较大的文档，先列出标题再插入具体内容。

阅读版式视图 ：提供了阅读文档的最方便的方式，该视图将会隐藏除了"阅读版式"和"审阅"以外的所有工具栏。

4.3 文档的创建与编辑

1. 文档的创建

1）创建文档

Word 文档的创建方式有 3 种：

（1）使用标准文档（Normal 模板），它是 Word 2003 打开后的默认文档。

（2）使用 Word 2003 自带的模板或者是自己建立的模板，这其中包含特定文档所需要的预定义的正文、格式、样式等功能。

（3）使用 Word 2003 自带的向导，它提供了一系列的对话框，只要根据提示输入或选择即可。

2）保存文档

执行"文件"→"保存"命令或单击"常用"工具栏中的"保存"按钮，打开"另存为"对话框，即可按指定的文件名和路径保存文档。Word 文档默认的文件扩展名为 .doc。新建文档第一次执行"保存"相当于"另存为"，以后两者才有区别。

3) 关闭文档

执行"文件"→"关闭"命令。如果在上次保存文档之后又对文档进行了修改，Word 2003 会询问是否要保存所做的修改。

2. 文档的编辑

文档的编辑是对输入的文档内容进行插入、删除和修改，以确保输入内容的正确性。要想实现编辑操作，首先要选定操作范围。

1) 文档的选定

（1）鼠标拖动选定法：在选择区域的起始位置处按下鼠标左键并拖动到结束位置；要选择矩形区域则需要按下 Alt 键后再加选定操作来实现；要同时选定多块区域，可以通过按住 Ctrl 键再加选定操作来实现，如图 4-3 所示。

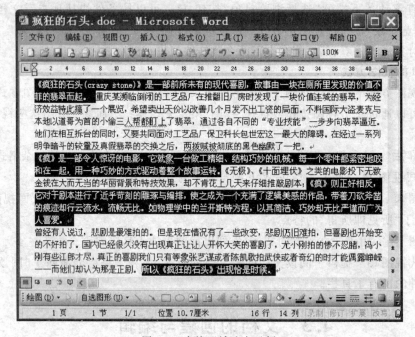

图 4-3　多块区域选定示例

（2）大范围选定法：选定连续的区域可以先单击起始位置，然后将鼠标移到结束位置处，按下 Shift 键后再单击鼠标。

（3）文本选择区选择法：将鼠标移动到文档左边，当鼠标变成一个向右的箭头时就位于文本选择区了。此时，单击鼠标就选定当前所指行，双击鼠标选定当前所指段落，三击鼠标就选定了全文。

（4）段落内选定法：在任一段落中，单击鼠标可以确定插入点，双击选定一个词，三击选定该段落。

（5）全选：要对整篇文档进行编辑，还可以通过执行菜单栏中的"编辑"→"全选"命令，或按 Ctrl+A 键来选定文档的全部内容。

2) 文档的插入

编辑文档的过程中经常会插入文本，例如，在一段文字中要加入某些内容就需要使用插入操作。最简单的方法就是用鼠标单击要插入的位置,直接输入要插入的内容即可。

文档中要插入的内容不限,可以是句子、词组、图片、表格,还可以是整个文件。

【例 4.1】 新建文档"疯狂的石头.doc",在该文档的最后插入文件"简评.doc",并将其保存在 D 盘根目录下。

操作步骤如下:

(1)启动 Word 应用程序,执行"文件"→"新建"命令,在"新建文档"任务窗格中选择"空白文档"。

(2)在"文档编辑窗口"输入文档的内容。

(3)将插入点定位在文档的最后,确定要插入文档的位置,执行菜单栏中的"插入"→"文件"命令,打开"插入文件"对话框。

(4)在对话框中选择要插入的文档(如图 4-4 所示),单击"插入"按钮,所选文件就插入到了指定位置。

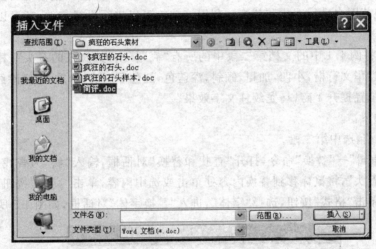

图 4-4 "插入文件"对话框

(5)执行"文件"→"保存"命令,在弹出的对话框中选择"保存位置"为"本地磁盘(D:)"、"文件名"为"疯狂的石头.doc"、"保存类型"为"Word 文档(*.doc)",单击"保存"按钮即可。

3)文本的删除

文本的删除有两种方法:

(1)选定要删除的文本,执行"编辑"→"清除"命令,或按键盘上的 Delete 键。

(2)选定要删除的文本并右击,在弹出的快捷菜单中单击"剪切"命令。

4)文本的复制(移动)

在文档的编辑中,文本的复制和移动操作是不可避免的,此类操作需要借助剪贴板来实现。在早期版本中,剪贴板只能存放最后一次复制或剪切的内容,而在 Office 2003 中可以存放最多 24 次复制或剪切的内容,通过执行"编辑"→"Office 剪贴板"命令依次显示剪贴板的内容。文本的复制(移动)一般由 4 个步骤组成:

(1)选中文本。

(2)复制(剪切)文本。

(3) 将光标移至要插入文本的位置。

(4) 粘贴文本。

其中步骤(2)和(4)都有4种实现方式：

(1) 执行"编辑"菜单中的命令。

(2) 使用"常用"工具栏上的按钮。

(3) 右击鼠标，使用快捷菜单中的命令。

(4) 使用快捷键。

5) 撤销和恢复

如果用户操作出现了失误，可以利用"撤销"按钮 恢复到原来的状态；利用"恢复"按钮 来恢复刚才被"撤销"的操作。

6) 文本查找与替换

查找与替换是字处理软件中的一个高效率的编辑功能，该功能根据输入的要查找或替换的内容在指定范围中进行查找和替换。利用该功能可以进行批量修改，还可以提高输入效率。

【例4.2】 将例4.1中的文档第二段中的所有"疯"替换为"疯狂的石头"，替换后的内容要求具有格式"华文行楷，小四，加粗，倾斜，深蓝色，红色下划线，着重号，删除线，阴影，间距加宽1.2磅，位置提升1磅，乌龙绞柱文字效果"。

操作步骤如下：

(1) 打开文档，选中第二段。

(2) 执行"编辑"→"替换"命令，打开"查找和替换"对话框，输入"疯"为查找内容，替换内容为"疯狂的石头"，将鼠标移到替换内容处单击或选中内容，单击"高级"按钮，进入高级查找替换模式，单击"格式"按钮，选择"字体"，进入"替换字体"对话框，如图4-5所示。

图4-5 "替换字体"对话框

(3)按要求选择三个选项卡分别完成设置。

(4)设置完毕后,单击"确定"按钮,回到"查找和替换"对话框,设置内容显示如图 4-6 所示。

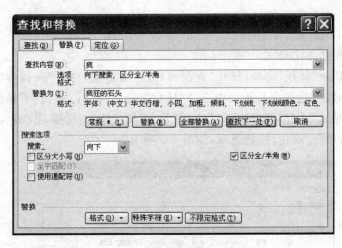

图 4-6 "查找和替换"对话框

(5)单击"全部替换"按钮,系统弹出如图 4-7 所示的提示框。

图 4-7 提示框

(6)单击"否"按钮,得到如图 4-8 所示的结果。

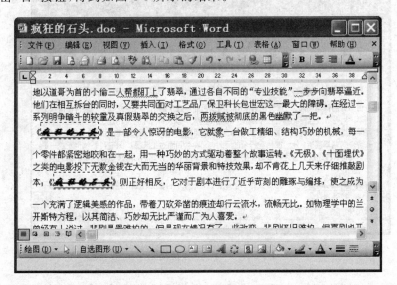

图 4-8 "查找和替换"示例结果

查找与替换还可用于特殊字符和通配符,对于一些内容不具体,但需要进行格式转换的操作具有实际意义。

【例 4.3】 将例 4.2 文档中的所有西文全部更改为 Arial Black 字体,字号为小四,颜色为红色。

操作步骤如下:

(1) 按 Ctrl+A 键选定全文。

(2) 执行"编辑"→"替换"命令,打开"查找和替换"对话框,单击"查找内容"编辑框,单击"特殊字符"按钮,在弹出的字符类型中选择"任意字母"。然后,单击"替换为"编辑框,不输入内容,再单击"格式"按钮,选择"字体"项,打开"查找字体"对话框,在"西文字体"栏选择 Arial Black,完成后单击"确定"按钮返回,如图 4-9 所示。

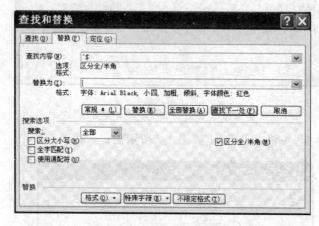

图 4-9 "查找和替换"对话框

(3) 单击"全部替换"就可以完成要求,得到如图 4-10 所示的结果。

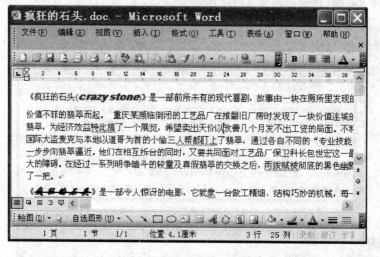

图 4-10 "字体"替换结果

其他一些不可打印的符号,如手动换行符、段落标记等不可打印的字符,不能直接输入,也可通过"特殊字符"按钮打开特殊字符列表进行选择。

注意：如果不小心将格式设置错了或在以前的操作后遗留下了格式，可以单击"不限定格式"将其取消，重新再设置。

【例 4.4】 快速将从网页上粘贴下来的文字中的软回车"↓"替换为 Word 中的段落标记"↵"。

操作步骤如下：

（1）打开已经保存好的文档资料，执行"编辑"→"替换"命令。

（2）在"查找和替换"窗口中单击"高级"按钮，下面会显示出高级选项，将光标放入"查找内容"后的文本框中，从下面选择"特殊字符"，从弹出的菜单中选择"手动换行符"，将光标移动到"替换为"后的文本框中，选择"特殊字符"，从弹出的菜单中选择"段落标记"，如图 4-11 所示。

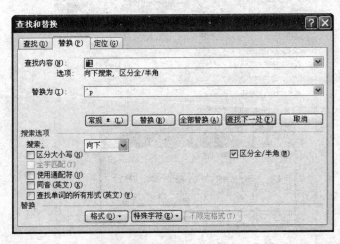

图 4-11 替换设置

（3）将查找内容和替换内容设置好后，单击"全部替换"按钮即可替换全部内容，如果不想全部替换，可以先单击"查找下一处"按钮，到了想替换的位置再单击"替换"按钮即可。替换前的软回车如图 4-12 所示，替换后的段落标记如图 4-13 所示。

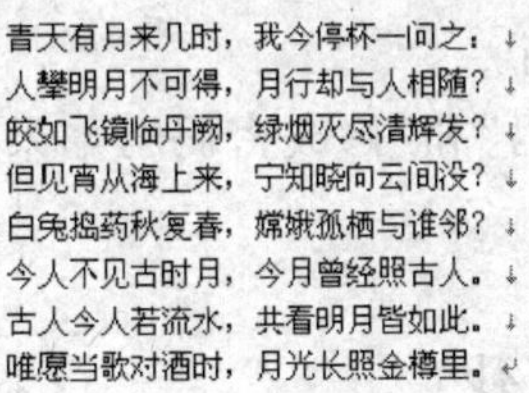

图 4-12 替换前的软回车 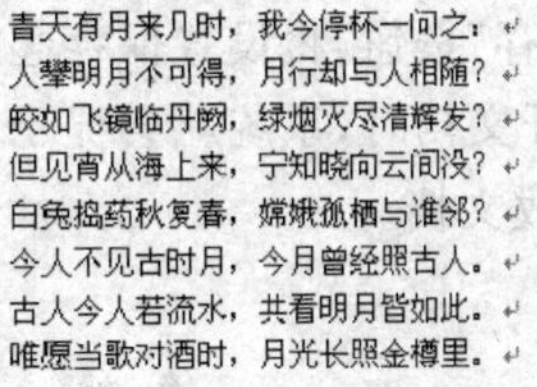　　　　图 4-13 替换后的段落标记

7）拼写和语法

无论用什么方式创建的文档，字处理软件都会进行拼写检查和语法检查，以提高文档的正确性。

拼写检查是用联机的"词典"对文档中的每个词进行拼写正确性的检查。如果该词与"词典"一致，则认为它是正确的，否则就会加上红色波浪线进行报错，并显示"词典"中相似的词供用户选择。但是对于一些专有名词和技术术语,即使是正确的也可能被报错,如果要经常使用,最好把它们添加到"词典"中去。

8) 给文档加密码

文档创建后,有些是不允许用户随便打开或修改的,这时需要给文档加密码。

【例 4.5】 给文档"疯狂的石头.doc"设置密码:打开密码为"123",修改密码为"456"。

操作步骤如下:

(1) 打开文档,执行"工具"→"选项"命令,选择"安全性"选项卡。

(2) 在"打开文件时的密码:"编辑框中输入 123,在"修改文件时的密码:"编辑框中输入 456,单击"确定"按钮,弹出"确认密码"对话框,在其中再次输入 123,如图 4-14 所示。

图 4-14 "确认密码"对话框

(3) 单击"确定"按钮,又弹出"确认修改密码"对话框,再次输入 456,单击"确定"按钮,就可完成设置。

(4) 单击"保存"按钮,将设置保存起来,关闭该文档。

(5) 再次打开文档时,系统就会提示输入"打开密码"和"修改密码",如果输入不正确,就无法打开或修改文档。

4.4 文档格式化

Word 2003 作为字处理软件,在文档的编辑和修饰方面提供了强大的功能,用户可以很方便、快捷地完成对文档的格式化,使文档具有漂亮的外观,更方便阅读,更能体现创作者的风格。

因为文档具体表现为字符、段落和页面形式,文档格式化也就分为字符格式化、段落格式化和页面格式化 3 种形式。

4.4.1 字符格式化

字符格式化的对象是字符，主要有字体、字形、字号、颜色、效果、字符间距、文字效果、字体修饰和中文版式等。

1. 设置字符格式

字符格式的设置可以通过"格式"工具栏、"格式"菜单中的"字体"命令、格式的复制等方法来实现。

【例 4.6】 用"格式"工具栏将"疯狂的石头.doc"中的第一段文字格式设置为：楷体、小四、倾斜加粗、加下划线、底纹；用"格式"菜单将"疯狂的石头.doc"中的第二段文字格式设置为：字符间距加宽 1.5 磅、字符位置降低 2 磅、字符缩放 110%、文字效果为七彩霓虹。

操作步骤如下：

（1）打开文档，选中第一段，逐个单击"格式"工具栏上的修饰按钮 **B** *I* U · A，并选择设置字体格式为"楷体_GB2312"，字号为"小四"，得到如图 4-15 所示的效果。

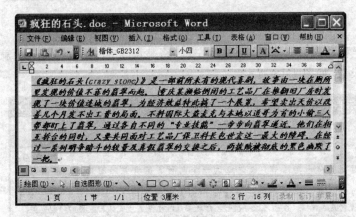

图 4-15 字体设置示例 1

（2）选中第二段，执行"格式"→"字体"命令，在弹出的"字体"对话框中选择"字符间距"选项卡，设置缩放、间距和位置格式，如图 4-16 所示。

（3）选择"文字效果"选项卡，单击"七彩霓虹"，然后单击"确定"按钮，得到如图 4-17 所示的效果。

【例 4.7】 利用格式复制操作，将"疯狂的石头.doc"的第三段文字设置为和第一段文字相同的格式。

操作步骤如下：

（1）打开文档，单击第一段中的任意位置。

（2）单击或双击"标准"工具栏上的"格式刷"按钮，这时鼠标就会变成一把小刷子，它代表了一组字符格式的设置。单击与双击"格式刷"

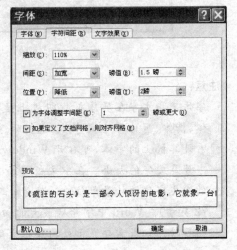

图 4-16 "字符间距"选项卡

的区别在于：单击只能用一次；双击可以用多次，直至再次单击"格式刷"使之恢复为止。

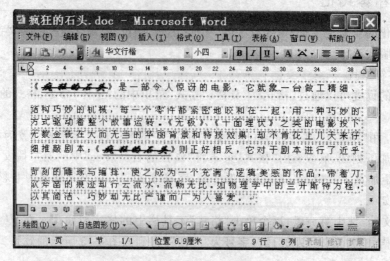

图 4-17　字体设置示例 2

（3）将小刷子移动到第三段，按下鼠标左键，将整段全部刷完，则第三段就得到了与第一段相同的格式设置，如图 4-18 所示。

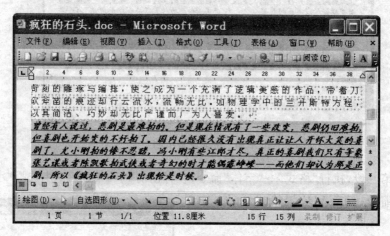

图 4-18　"格式复制"示例

注意：

- 字体是指文字在屏幕或打印机上呈现的书写形式，中文操作系统提供了常用的宋体、楷体、黑体等中文字体，也提供了 Times New Roman、Arial 等英文字体。要查看计算机上的字体，可打开 Windows 控制面板的"字体"程序。
- 字号是文字的大小。在中文版 Word 中主要有两种表示字体大小的方法：一是常用的中文字体的计量单位——字号；二是印刷业中的基本计量单位——磅（1 磅为 1/72 英寸）。Word 中字号从最大的初号到最小的八号字；磅值从最大的 72 磅到最小的 5 磅。如果需要显示或打印很大的文字，可以直接在"字体"编辑框中输入较大的磅值，如 300 磅等。

- 字符间距是文字间的距离。可以设置字符的缩放比例、加宽或紧缩字符的间距、提升或降低字符的位置。但字符位置的提升或降低不等同于上标或下标。

2. 中文版式

Word 2003 还提供了对中文的特殊修饰，如简体和繁体的转换、拼音指南、带圈字符、纵横混排、合并字符、双行合一等，如图 4-19 所示。

简体字和繁体字的转换可以通过执行"工具"→"语言"→"中文简繁转换"命令来实现；其余功能则可执行"格式"→"中文版式"命令来实现。

图 4-19 "中文版式"效果示例

4.4.2 段落格式化

段落是一个文档的基本组成单位，它包含了文本、图形、对象和其他内容。后面有一个段落标记(↵)，该标记表示前一个段落的结束，同时也标志着后一个段落的开始。

段落的格式化是指对整个段落的外观的修饰，包含常规对齐方式、缩进、段间距和行间距等，"段落"对话框如图 4-20 所示。

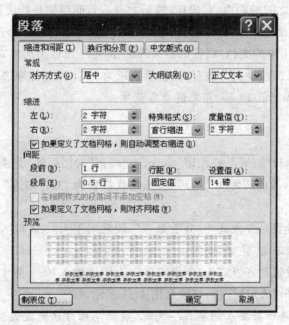

图 4-20 "段落"对话框

要对段落进行格式化，首先要选定段落，然后才可以对此段落进行格式修饰。

1. 段落的对齐方式

Word 2003 提供了 5 种对齐方式，其中有 4 种在"格式"工具栏上有按钮与之对应。它们分别是：左对齐、居中对齐、右对齐、两端对齐、分散对齐。其中，两端对齐是通过调整文字的水平间距，使其均匀分布在左右页边距间，避免出现一个英文单词跨行的情况；分散对齐可使段落两侧具有整齐的边缘。

2. 段落的缩进

段落缩进是指将选定段落的左边或右边留出一些空间,使段落能相互区别。一般有 4 种缩进方式:左/右缩进(段落左/右边界缩进的位置)、首行缩进(段落第一行第一个字的起始位置)、悬挂缩进(段落中首行以外的其他行的起始位置)。

在 Word 2003 中有 3 种方法可以实现段落缩进:

(1) 拖动标尺上的缩进标记。

▽:用于首行缩进,一般缩进两个汉字。

△:用于右缩进。

⬒:用于悬挂缩进和左缩进,上面的三角确定段落除首行外的其余各行左对齐的位置,下面的方块可以使悬挂缩进和左缩进同时移动。

(2) 使用"格式"工具栏中的"减少缩进量"按钮 ≢ 和"增加缩进量"按钮 ≢。其中"减少缩进量"将使文本向边界靠拢,而"增加缩进量"则使文本远离边界线。

(3) 使用"段落"对话框中的"缩进和间距"选项卡精确指定缩进位置。

注意:尽量不要用回车键和空格键来实现缩进,否则会妨碍软件的自动调整。

3. 段间距和行间距

段间距是指段与段之间的距离,有段前、段后之分。行间距则是指段落中行与行之间的距离,有单倍行距、1.5 倍行距、2 倍行距、固定值、最小值、多倍行距 6 个选项。

【例 4.8】 将例 4.1 中的文档"疯狂的石头.doc"的第一段设为居中对齐、段前间距为 1 行、首行缩进 2 字符;第二段设为分散对齐、段后间距为 0.5 行、悬挂缩进 1 厘米;第三段设为两端对齐、行间距为固定值 14 磅、左缩进 0.5 英寸。

操作步骤如下:

(1) 打开文档。

(2) 选中第一段,执行"格式"→"段落"命令,在"段落"对话框的"缩进和间距"选项卡中设置对齐方式为"居中",段前间距为"1 行",特殊格式设置为"首行缩进",值为"2 字符",单击"确定"按钮。

(3) 选中第二段,设置对齐方式为"分散对齐",段后间距为"0.5 行",特殊格式为"悬挂缩进",值输入"1 厘米",单击"确定"按钮。

(4) 选中第三段,设置对齐方式为"两端对齐",左缩进输入"0.5 英寸",行间距选择"固定值",值为"14 磅",单击"确定"按钮,结果如图 4-21 所示。

注意:当度量值的单位与要求的单位不同时,最简单的方法就是连同单位和值一起输入,但要注意不能写错字。

4. 项目符号和编号

项目符号和编号可以使文档有层次感。选择"格式"→"项目符号和编号"命令打开"项目符号和编号"对话框,可以进行相应设置。"项目符号"可以是字符或图片;"编号"是连续的字母或数字;"多级符号"可以清晰地表明层次之间的关系;"多级列表"则在多级格式的基础上确定层次关系。

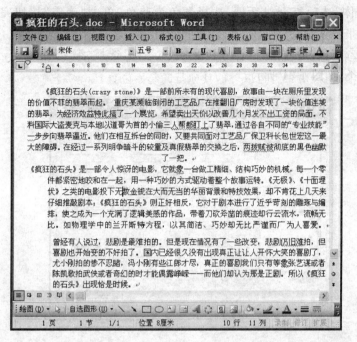

图 4-21 段落缩进与间距示例

【例 4.9】 为"疯狂的石头.doc"的第一段加上蓝色的项目符号★,第二、三段加上编号 X.和 Y.。

操作步骤如下:

(1) 选中第一段,执行"格式"→"项目符号和编号"命令,在"项目符号"选项卡中任选一种符号,单击"自定义",打开"自定义项目符号列表"对话框,如图 4-22 所示。

(2) 单击"字符",弹出"符号"对话框,如图 4-23 所示,选择"(普通文本)"字体,子集为"零杂丁贝符(示意符等)",从中选择符号"★",单击"确定"按钮回到"自定义"对话框。

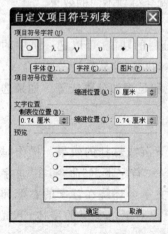

图 4-22 "自定义项目符号列表"对话框

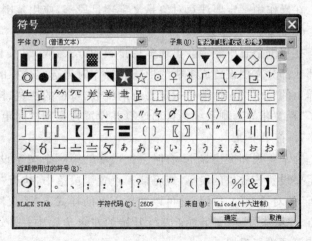

图 4-23 "符号"对话框

(3) 单击"字体"选项打开对话框,选择颜色为蓝色,单击"确定"按钮完成第一段的设置。

(4) 选中第二、三段,进入"项目符号和编号"对话框,选择"编号"选项卡,选择与 X. 和 Y. 格式类似的一类,如图 4-24 所示。

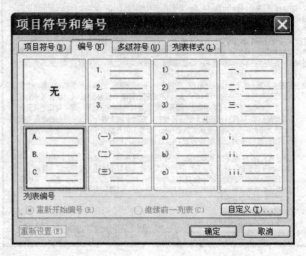

图 4-24 "编号"选项卡

(5) 单击"自定义"按钮进入"自定义编号列表",设置起始编号为 X,单击"确定"按钮就完成了要求。

5. 边框和底纹

添加边框和底纹是为了让内容更醒目,执行"格式"→"边框和底纹"命令,弹出"边框和底纹"对话框。"边框"选项卡可以对选定的文字或段落加边框,可选择线型、颜色、宽度等框线的外观效果。"底纹"选项卡可以对选定的段落加底纹,"填充"设置底纹的背景色,"样式"设置填充图案,"颜色"设置填充点的颜色。

在操作中一定要注意对象是文字还是段落,应用范围不同就会得到不同的效果。

6. 分栏

在报纸杂志中经常会出现多栏排版的方式,Word 提供了分栏的功能,可以把一页中的全部或部分文档设置成多栏的形式。操作时先选定分栏的文本,执行"格式"→"分栏"命令,在弹出的"分栏"对话框中指定要分的栏数、每栏的栏宽、栏间距和是否加分隔线等。如果选择了"栏宽相等",则系统会自动计算并设置栏宽和栏间距。

7. 首字下沉

为了美观和突出显示,有时会把段落的第一个文字设置成下沉或悬挂的效果。操作时选定要设置该效果的段落,或将插入点置于段落中,执行"格式"→"首字下沉"命令,在"首字下沉"的对话框的"位置"处可以选择下沉的样式。"下沉"选项文字会环绕在首字的右侧和下方;"悬挂"选项文字置于首行开始的左页边距中;另外还可以对下沉文字的字体、下沉行数等项进行设置。

如果需要将一个词或多个字设为首字下沉,还要注意调整文字宽度,否则效果无法显示。

【例 4.10】 将文档"疯狂的石头.doc"的第一段设置蓝色 1/2 磅的双线三维段落边框、25％的绿色文字底纹,第二段设为三栏等宽,第三段的前两个字设为华文行楷首字下沉。

操作步骤如下:

(1) 选中第一段,执行"格式"→"边框和底纹"命令,在"边框"选项卡中作如图 4-25 所示的设置,在"底纹"选项卡中作如图 4-26 所示的设置。

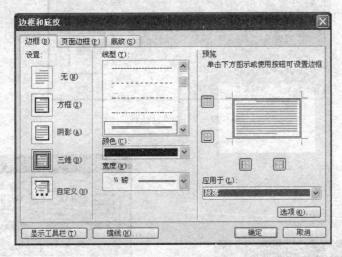

图 4-25 "边框"选项卡

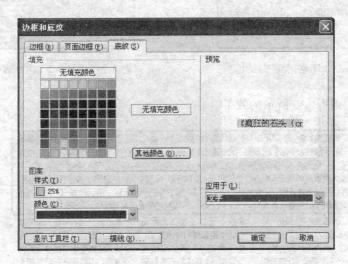

图 4-26 "底纹"选项卡

(2) 选中第二段,执行"格式"→"分栏"命令,在"分栏"对话框中作如图 4-27 所示的设置。

(3) 选中第三段的前两个字"曾经",执行"格式"→"调整宽度"命令,将"新文字宽度"设为 4 字符,为下沉做好准备,如图 4-28 所示。

(4) 选中"曾经"二字,执行"格式"→"首字下沉"命令,在对话框中作如图 4-29 所示的设置。

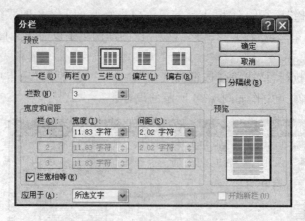

图 4-27 “分栏”对话框

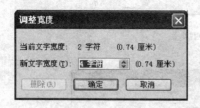

图 4-28 “调整宽度”对话框

图 4-29 “首字下沉”对话框

(5) 最后得到如图 4-30 所示的效果。

《疯狂的石头》是一部前所未有的现代喜剧，故事由一块在厕所里发现的价值不菲的翡翠而起。 重庆某濒临倒闭的工艺品厂在推翻旧厂房时发现了一块价值连城的翡翠，为经济效益特此搞了一个展览，希望卖出天价以改善几个月发不出工资的局面。不料国际大盗麦克与本地以道哥为首的小偷三人帮都盯上了翡翠，通过各自不同的“专业技能”一步步向翡翠逼近。他们在相互拆台的同时，又要共同面对工艺品厂保卫科长包世宏这一最大的障碍。在经过一系列明争暗斗的较量及真假翡翠的交换之后，两拨贼被彻底的黑色幽默了一把。

《疯狂的石头》是一部令人惊讶的电影，它就象一台做工精细、结构巧妙的机械，每一个零件都紧密地咬和在一起，用一种巧妙的方式驱动着整个故事运转。《无极》、《十面埋伏》之类的电影投下无数金钱在大而无当的华丽背景和特技效果，却不肯花上几天来仔细推敲剧本；《疯狂的石头》则正好相反，它对于剧本进行了近乎苛刻的雕琢与编排，使之成为一个充满了逻辑美感的作品，带着刀砍斧凿的痕迹却行云流水，流畅无比。如物理学中的兰开斯特方程，以其简洁、巧妙却无比严谨而广为人喜爱。

曾经有人说过，悲剧是最难拍的。但是现在情况有了一些改变，悲剧仍旧难拍，但喜剧也开始变的不好拍了。国内已经很久没有出现真正让让人开怀大笑的喜剧了，尤小刚拍的惨不忍睹，冯小刚有些江郎才尽，真正的喜剧我们只有等象张艺谋或者陈凯歌拍武侠或者奇幻的时才能偶露峥嵘——而他们却认为那是正剧。所以《疯狂的石头》出现恰是时候。

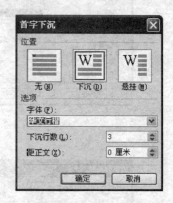

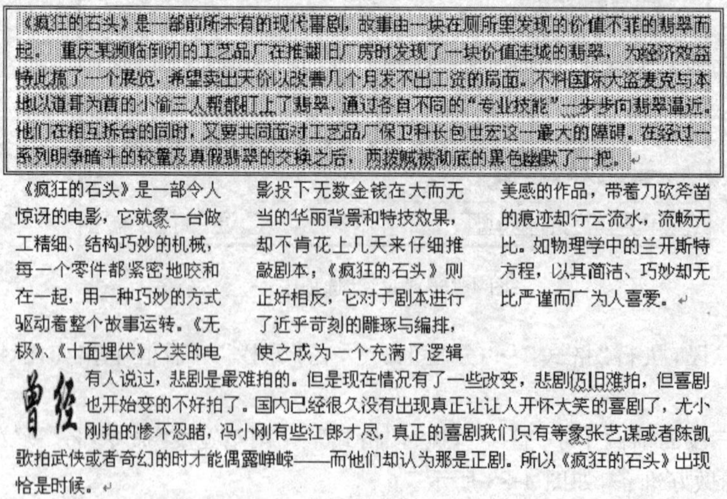

图 4-30 综合设置结果

4.4.3 页面格式化

为了整个版面的美观,还需要对整个页面的格式加以修饰,即页面格式化。页面格式化包括创建页眉和页脚、页面设置、插入页码、背景等。

1. 创建页眉和页脚

页眉和页脚指的是在书籍或杂志页面的顶部或底部的信息。页眉可以由文本或图形组成,出现在一节中每页的顶端;页脚出现在页面的底端。页眉和页脚包括页码、章节标题、日期和作者名等。选择"视图"→"页眉和页脚"命令,这时屏幕出现用虚线标明的"页眉"区和"页脚"区,同时显示"页眉和页脚"工具栏。

注意:执行"文件"→"页面设置"→"版式"命令还可以设置"奇偶页不同"和"首页不同"的页眉页脚。

2. 页面设置

在文档创建好以后,往往需要将其打印出来,此时选择"文件"→"页面设置"就可以设置文档的页面格式,设置的结果与打印出的效果是一致的。"页面设置"包含了"页边距"、"纸张"、"版式"和"文档网格"4个选项卡。"页边距"可以设置页面的上、下、左、右页边距和装订线及装订线的位置;"纸张"可以选择不同型号的打印纸和设置纸张的摆放方向;"版式"可以设置节的起始位置、页眉页脚的版式和页面内文本的对齐方式;"文档网格"可以设置文字的排列方式、每行的字符数和字符跨度等。

【例4.11】 给"疯狂的石头.doc"加上页眉"疯狂的石头",要求格式为"华文行楷,蓝色";加上页脚为"清华大学出版社 第 18 页 2007-4-1";设置上下页边距为2.54厘米,左右页边距为1英寸,装订线为左侧0.5厘米,打印方向为纵向,纸张大小为A4。

操作步骤如下:

(1) 打开文档"疯狂的石头.doc"。

(2) 执行"视图"→"页眉和页脚"命令,在页眉虚线框内输入"疯狂的石头",将其选中后设置其字体为"华文行楷",颜色为"蓝色",如图4-31所示。

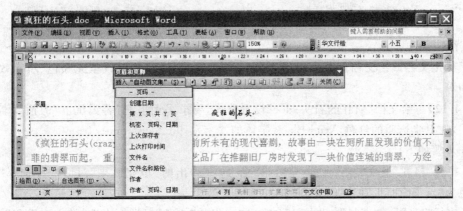

图4-31 "页眉和页脚"设置示例

(3) 单击"页眉和页脚切换"按钮 切换到页脚,在页脚处单击"插入'自动图文集'"按钮,在其中选择"作者、页码、日期",将作者设为"清华大学出版社",并设置"页码"和"日期",

单击工具栏上的"关闭"按钮就完成设置并回到了文档编辑状态下。

(4) 执行"文件"→"页面设置"命令,在弹出的对话框中选择"页边距"选项卡,在其中按要求设置页边距、装订线和打印方向,如果单位不一致就将数值和单位一起输入,如图 4-32 所示。

(5) 选择"纸张"选项卡,在其中选择纸张大小为 A4,单击"确定"按钮即可完成设置。

3. 插入页码

为了标记文档页数和前后顺序,需要为文档插入页码。操作时执行"插入"→"页码"命令,弹出"页码"对话框(如图 4-33 所示),在其中可以设置页码的位置、对齐方式和首页是否显示页码。单击对话框中的"格式"按钮会打开"页码格式"对话框(如图 4-34 所示),在其中可以设置页码的数字格式和页码的起始位置等。

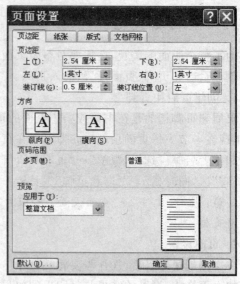

图 4-32 "页面设置"对话框

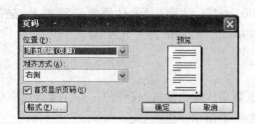

图 4-33 "页码"对话框

图 4-34 "页码格式"对话框

4. 背景

为了美化文档或给文档打上标记,需要为文档设置背景,包括设置填充颜色、填充效果和加水印等。

【例 4.12】 给文档"疯狂的石头.doc"设置背景,要求采用填充"暮霭沉沉"的预设渐变填充效果,加上半透明的红色 Arial Black 字体的文字水印 crazy stone。

操作步骤如下:

(1) 执行"格式"→"背景"→"填充效果"命令,在弹出的"填充效果"对话框中选择"预设",颜色为"暮霭沉沉",单击"确定"按钮。

(2) 执行"格式"→"背景"→"水印"命令,在弹出的"水印"对话框中选择"文字水印",文字为 crazy stone,字体为 Arial Black,颜色为"红色",版式为"斜式",并选中"半透明",然后单击"确定"按钮,就得到了如图 4-35 所示的效果。

图 4-35 "背景"设置效果示例

5．页面边框

Word 提供了对整个页面边框的修饰和美化功能，其中还包含了"艺术型"的边框设计。只需要选择"格式"→"边框和底纹"命令，在对话框中选择"页面边框"选项卡，按要求设置即可。

4.5 表　　格

表格的特点是简明扼要、信息丰富，文档中经常要用表格来组织有规律的文字和数字。特别是在处理大量信息时，使用表格显得尤为重要，因此表格在文档处理中占有很重要的位置。在 Word 中，对表格的处理包括建立、编辑、格式化、排序、计算和将表格转换成各类统计图表等功能。而实际上，Excel 对表格的处理更为丰富，功能更强，所以这里就作简单介绍。

1. 表格的创建和编辑

(1) 表格的创建有以下三种方式：

① 可以通过执行"表格"→"插入"→"表格"命令或使用"表格与边框"工具栏中的"插入表格"按钮 来建立规则的表格。

② 可以通过"表格与边框"工具栏中的"绘制表格"按钮 绘制不规则的表格。

③ 可以通过执行"表格"→"转换"命令将文本转换成表格。

表格由若干行和若干列组成，行列交叉称为"单元格"。建立表格后，可以在表格的任一单元格中输入文本和数字，也可以插入图片和图表等。在单元格中添加或删除文字及排版文字格式的方法与在其他文本段落中类似。

(2) 表格的编辑是指对表格、行、列或单元格的复制、插入、删除，以及合并、拆分单元格等。可以通过"表格"菜单、"表格和边框"工具栏、快捷菜单来实现。

注意：表格的删除不能用 Delete 键实现，必须要执行"表格"→"删除"命令才真正实现结构和内容的删除。

表格的编辑操作仍遵循"先选中，后操作"的原则。表格的选择分为单元格、行、列、表格选择。将鼠标在单元格中双击就选定了该单元格；将鼠标移到表格左边，当鼠标变成向右的箭头时单击或拖动鼠标就可以选中一行或多行；将鼠标移到表格的上端，当鼠标变成一个向下的粗黑箭头时单击或拖动鼠标就可以选中一列或多列；将鼠标移动到表格的左上角外，当鼠标变为 时，单击鼠标就可以选中整张表格。

【例 4.13】 创建如图 4-36 所示的表格。

成绩 姓名	Office 实习成绩				总成绩
姓名	Access ( )	Excel ( )	Word ( )	PowerPoint ( )	
李力	87	91	94	89	
张肖	98	95	96	92	
刘旭	93	86	83	90	
赵敏娟	80	80	78	87	

图 4-36 Word 表格示例

操作步骤如下：

① 执行"表格"→"插入"→"表格"命令，在弹出的对话框中插入 6 行 6 列的固定列宽的表格。

② 选定表格的第一行的左边第一个单元格，执行"表格"→"绘制斜线表头"命令，输入行标题为"成绩"，列标题为"姓名"。

③ 拖动鼠标选定表格第一行的剩余单元格，右击鼠标，在快捷菜单中选择"合并单元格"命令。

④ 选择各个单元格，输入文本内容和粘贴图标即可。

2. 表格的格式化

表格的格式化分为外观格式化和内容格式化。表格外观格式化包括表格相对页面水平方向的对齐方式、行高、列宽、表格的边框和底纹等,可以通过执行"表格"→"表格属性"命令(如图 4-37 所示)或"表格"工具栏相应的按钮来实现。表格内容格式化同文本类似,不再赘述。图 4-38 就是一个进行格式化设置后的表格示例。

图 4-37 "表格属性"对话框　　　　图 4-38 表格格式化示例

3. 表格的统计和排序

Word 中可以通过执行"表格"→"公式"命令,在"公式"对话框(如图 4-39 所示)中直接输入计算公式或调用函数来实现数值的计算和统计功能,但是不能进行自动计算和同步更新。Excel 的功能就要强大得多,更多功能将在 Excel 中详细介绍。

Word 可以对表格按数值、拼音、日期等方式实现排序操作,最多可以按三个关键字进行排序。可以通过执行"表格"→"排序"命令来实现,图 4-40 就是一个用公式计算出总成绩并按总成绩降序排序的结果。

图 4-39 "公式"对话框　　　　图 4-40 排序示例

4. 生成图表

Word 可将表格的部分或全部数据生成各种统计图表,从而达到图文并茂的效果。利用表格数据生成图表的步骤为:首先选中要作图表的数据(如图 4-41 所示),然后执行"插入"→"对象"命令,在弹出的对话框中选择"Microsoft Graph 图表",就可以生成图表(如图 4-42 所示)。

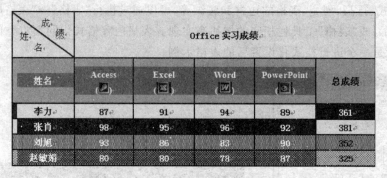

图 4-41　选中作图数据

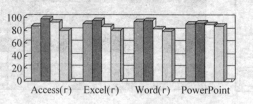

图 4-42　插入的图表

4.6　图片处理

Word 不仅能处理文字和表格，还可以插入各种图片并实现图文混排，以达到图文并茂的排版效果。

1. 插入图片

要在文档中插入图片，首先要将插入点移到文档中需要放置图片的位置，然后执行"插入"→"图片"命令，在出现的级联菜单中选择图片的来源，图片的来源可以是以下类型：

（1）"管理编辑器"中的剪贴画：执行"剪贴画"命令可插入 Microsoft 剪辑库中的图片。

（2）来自各种图形文件的图形：执行"来自文件"命令，在出现的"插入图片"对话框中对图形文件所在的磁盘、路径、类型、文件名做出选择，单击"插入"按钮即可。Word 可以识别的图形图像文件主要有 *.emf（增强性图元文件）、*.bmp（Windows 位图）、*.wmf（Windows 图元文件）、*.jpg（联合图形专家小组规范）、*.png（可移植网络图形）、*.gif（图形交换格式）、*.tiff（标志图像文件格式）、*.eps（封装的 PostScript）等格式。

（3）用"绘图"工具栏绘制的各种图形：单击"绘图"工具栏上的各种图形按钮或选择"自选图形"菜单中的图形，将鼠标移到要绘制图形的地方，按住鼠标左键并拖动鼠标就可以绘制图形。如果要绘制正方形或圆形，只要单击 □ 或 ○ 按钮，然后在绘制时先按住 Shift 键就可以完成。

（4）来自扫描仪或照相机的图形。

（5）用"艺术字"工具栏（如图 4-43 所示）建立的艺术字。

（6）组织结构图。

图 4-43　"艺术字"工具栏

（7）截取的屏幕图像或界面图标：按 PrintScreen 键或 Alt＋PrintScreen 键，可以将整个桌面或活动窗口图像截取到剪贴板中，该图像可直接粘贴到文档中，也可以用"画图"程序编辑后再使用。

【例 4.14】 在"疯狂的石头.doc"中插入艺术字标题"疯狂的石头"，要求采用艺术字库第 4 行第 4 列的样式。

操作步骤如下：

① 在文档开始处按 Enter 键在文本前插入一个新的段落，为加艺术字标题预留位置，单击新段落确定插入标题的位置。

② 执行"插入"→"图片"→"艺术字"命令或单击"艺术字"工具栏上的 按钮，在弹出的"艺术字库"选中第 4 行第 4 列的样式，单击"确定"按钮。

③ 在弹出的"编辑'艺术字'文字"对话框中输入"疯狂的石头"字样，并将其字体设为"隶书"、加粗倾斜，单击"确定"按钮就实现了插入。

④ 单击"格式"工具栏上的"居中"按钮设置艺术字标题的对齐方式，得到如图 4-44 所示的结果。

图 4-44　艺术字标题示例

注意：如果标题已经存在则直接选中后设置艺术字的格式即可。

2．编辑图形

对插入的图形可以进行编辑和格式化，包括：

（1）复制、移动、删除、缩放、裁剪、旋转等编辑操作。

（2）组合与取消组合、叠放次序、文字环绕方式等图文混排操作。

（3）填充、边框线、颜色、对比度等格式化操作。

这些操作可以通过"图片"工具栏（如图 4-45 所示）、"绘图"工具栏和对应的快捷菜单来实现。

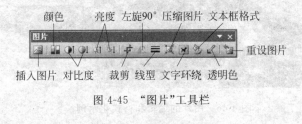

图 4-45　"图片"工具栏

【例4.15】 在"疯狂的石头.doc"第一段的左边插入"剧照.jpg"图片,环绕方式为四周型;在文档的末尾插入图片"汽车.jpg";在其右边绘制一个"云形标注"的自选图形,在其中加入文字"别摸我",并设置"碧海青天"的填充效果。

操作步骤如下:

① 单击第一段的起始位置,执行"插入"→"图片"→"来自文件"命令,在弹出的"插入图片"对话框中选择"剧照.jpg"文件,单击"插入"按钮。

② 单击插入的图片,在弹出的"图片"工具栏中单击"环绕方式"按钮,选择弹出菜单中的"四周型环绕"命令,文字就环绕在了图片周围。

③ 同样在文档的末尾插入图片"汽车.jpg"并选中,单击"图片"工具栏中的"裁剪"按钮,移动剪刀,将图片的8个句柄分别先后套在剪刀中间的方框内,按下鼠标左键,剪刀就变成了  等形状,这时就可以对图片进行裁剪了。

④ 执行"插入"→"图片"→"自选图形"→"标注"→"云形标注"命令,在汽车的右边按下鼠标左键并拖动,绘制出该自选图形。

⑤ 在光标闪烁的位置输入文字"别摸我",并单击"格式"工具栏中的"居中"按钮。

⑥ 选中该图形,右击,弹出快捷菜单,执行"设置自选图形格式"命令,选择"颜色与线条"选项卡,选择"填充"并在"填充效果"对话框中选择"渐变"选项卡,单击"预设",选择"碧海青天",单击"确定"按钮就得到如图4-46所示的效果。

图4-46 图片的编辑和格式化示例

注意：用"绘图"工具栏绘制的自绘图形和插入的艺术字都不能进行裁剪。

3. 图文混排

图形插入到文档以后，往往要进行图文混排，达到图文并茂、相得益彰的效果。图形既可以设置与文本的不同环绕方式，还可以作为文本的背景。图片的环绕方式有嵌入型、四周型、紧密型、衬于文字下方和浮于文字上方等，各种混排效果如图4-47所示。

图4-47　各种图文混排的效果

4. 插入公式

在文档处理中经常会涉及到数学公式，Word提供的"公式编辑器"可以创建并编辑数学公式。

首先确定插入点的位置，然后执行"插入"→"对象"命令，在"对象"对话框中选择"新建"选项卡，选择"对象类型"为"Microsoft 公式 3.0"，单击"确定"按钮，利用"公式编辑器"就可以编辑公式了。

【例4.16】　插入公式：$\sum_{n=1}^{\infty}\dfrac{1}{\sqrt{n(n+1)}}$

操作步骤如下：

(1) 单击"求和模板"（如图4-48所示）中的 ∑ 按钮，在下方编辑框中输入"n＝1"，单击上方编辑框，在"其他符号 ∂∞ℓ"按钮中选择输入"无穷大符号∞"。

图4-48　"求和"模板

(2) 单击右边的主编辑框，在"分式和根式模板"中选择"分式"按钮，在分式上方输入符号1。

(3) 单击分式下方的编辑框，在"分式和根式模板"中选择"根式 √"按钮，单击根式内的编辑框,在其中输入 n(n+1)。

(4) 单击整个公式编辑区以外的位置,公式的输入就完成了。

5. 插入文本框

"文本框"可以看作是特殊的图形对象,可以被置于页面中的任何位置,主要用来在文档中建立特殊文本。在 Word 中将文本框和自选图形对象一样看待,用户可以像对自选图形一样,设置它的边框、阴影、三维效果等格式。插入文本框的操作步骤如下:

(1) 执行菜单栏中的"插入"→"文本框"命令,然后在子菜单中选择"横排"或"竖排"命令。如果选择"横排"命令,那么在文本框中输入文字时,将以水平方式逐行从左至右输入文字;如果选择"竖排"命令,那么在文本框中输入文字时,将以垂直方式逐列从右向左输入文字。

(2) 将鼠标指针移动到要添加文本框的地方,按住鼠标左键,拖动鼠标,绘制文本框。

(3) 在文本框中出现的闪烁光标处,即可输入文本。

4.7 样式和模板

为了提高排版的效率,字处理软件提供了一系列的高效排版功能,包括样式、模板、宏和生成目录等。

1. 样式

所谓样式是一组已命名的字符和段落格式的组合。样式分为字符样式和段落样式。其中,字符样式保存了对字符的格式化,段落样式则保存了字符和段落的格式。如果文档中多个段落使用了某种样式,该样式一旦被修改,这些段落的格式就都会自动随之修改。Word 2003 提供了非常丰富的样式供用户选择使用,但有时还不能满足用户的需求,就需要用户自己加以创建和修改。

1) 新建样式

当用户定义了具有个性的或自己经常使用的一种格式,希望以后能很方便地加以使用,就需要将该格式设置为一种样式。

2) 使用样式

创建好样式以后,就可以将其与 Word 提供的标准样式一起进行使用。

【例 4.17】 将"疯狂的石头.doc"的第一段文字进行个性化格式设置,将该格式定义为"我的样式"并应用于文档的第三段。

操作步骤如下:

(1) 选定第一段,设置自己喜欢的个性格式。

(2) 执行"格式"→"样式和格式"命令,Word 应用程序的右部会出现"样式和格式"任务窗格,单击"新样式"按钮,在弹出的"新建样式"对话框中定义样式的名字"我的样式"(如图 4-49 所示),单击"确定"按钮就新建了该样式。

(3) 将插入点定位在第三段中,单击"样式和格式"任务窗格右下角"显示"右边的下拉式按钮,选择"自定义",在弹出的"格式设置"对话框中单击左下角的"样式"按钮,单击"确定"按钮后进入"样式"对话框,如图 4-50 所示。

(4) 从中选择"我的样式",单击"应用"按钮后第三段就拥有了与第一段相同的个性化格式设置。

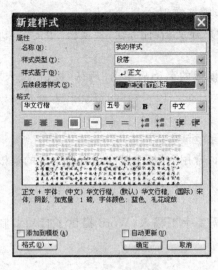

图 4-49 "新建样式"对话框

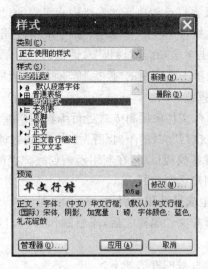

图 4-50 "样式"对话框

3) 修改和删除样式

如果要改变文本的外观,只要修改应用于该文本的样式格式,则应用了该样式的所有对象也都会随之改变。

【例 4.18】 将"我的样式"中的字体修改为"华文彩云",并自动更新到所有应用该样式的对象。

操作步骤如下:

(1) 在"样式和格式"任务窗格中选择要修改的样式名"我的样式"。

(2) 单击右边的下三角按钮,在弹出的菜单中执行"修改"命令,就进入了"修改样式"对话框,如图 4-51 所示。

(3) 在"格式"中重新选择字体为"华文彩云",同时选中"自动更新"选项,单击"确定"按钮就完成了所有使用该样式的对象的格式的修改。

要删除样式,只要在本案例的第二步中选择"删除"命令,Word 会询问是否确认要删除,单击"是"按钮就可以完成。

2. 模板

样式为不同的段落设置相同的格式提供了方便。模板决定文档的基本结构和文档设置,即文档的框架,为创建新文档提供了方便。Word 2003 提供了常用、报告、备忘录、出版物、信函和传真等几大类模板,它们以 .dot 为扩展名存放在 Template 文件夹下。在 Word 中,新建"空白文档"使用的是默认的 Normal.dot 模板。

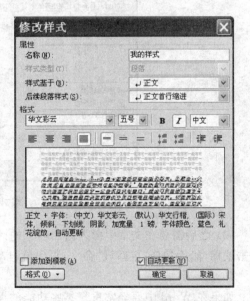

图 4-51 "修改样式"对话框

如果要自己创建新的本机模板可以通过以下步骤来实现：

(1) 执行"文件"→"新建"命令，在右边出现的"新建文档"任务窗格"模板"中的"本机上的模板"上单击，打开"模板"对话框。

(2) 单击右下角的"模板"单选按钮，选择一种模板的名称后单击"确认"按钮，进入"模板"编辑模式。

(3) 按文档的编辑方式进行编辑和修饰。

(4) 执行"文件"→"保存"命令，将建好的模板保存起来。

创建好模板以后，在利用模板创建文档的时候，"常用"模板中就会出现所创建的模板的名字供用户进行选择。

3. 生成目录和索引

书籍和文档编写完后，需要制作目录，目录不需要手工输入，Word 提供了自动编制目录的功能。

创建目录的方法如下：

(1) 切换到大纲视图，找到标题，单击它，然后在左上角的级别下拉菜单中选中属于该标题的级别，一级标题就选"1级"，二级标题就选"2级"，依此类推，直到把所有的标题都标好。

(2) 切换到页面视图，把光标移到文章前面需要插入目录的页面，执行"插入"→"引用"→"索引和目录"命令，按自己的需要设置好后单击"确定"按钮，如图 4-52 所示，就可以在指定位置添加一份目录。

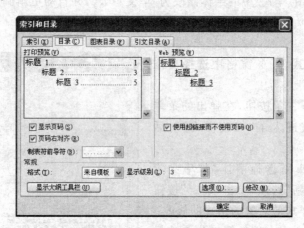

图 4-52 "索引和目录"对话框

(3) 之后需要在文章中插入新的内容的话，就算页码已经变了，但只需要在目录的页面右击鼠标，然后选择"更新域"命令，页码就自动排好了，如图 4-53 所示。

4. 宏

如果在 Word 中要经常重复某些功能的操作，可以使用"宏"来自动执行这些操作，从而提高工作效率。

"宏"就是将一系列的操作命令和指令组合在一起，形成一个命令，以实现任务执行自动化的一种方法。

创建宏的方法有两种：直接使用 Visual Basic 编辑器编写宏；让系统将操作过程像用摄像机摄像一样录制下来。

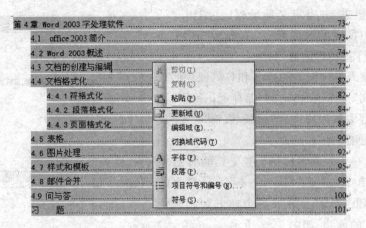

图 4-53 生成的目录及更新域选择

录制宏的操作方法是：执行“工具”→“宏”命令，打开宏录制器，指定宏名和运行方式，然后记录包含在宏内的操作，最后关闭宏录制器。

4.8 邮件合并

日常工作中经常需要将信件或报表发送给不同单位或个人，这些信件或报表的主要内容相同，只是称谓或具体数据等有所不同。为了减少重复工作、提高效率，可以使用 Word 提供的邮件合并功能。

邮件合并是在两个电子文档间进行的，一个是“主文档”，另一个是“数据源文档”。“主文档”的内容由两部分组成，一部分是相对固定的内容（如正文、签名等），另外一部分是要变化的内容（如姓名、地址等），前者在“主文档”中直接制作，后者需要从“数据源文档”中合并进来。

【例 4.19】 利用邮件合并制作成批成绩通知书。

每学期学校都要给学生发放成绩通知书。每份通知书中既有共同的文字，也含有不同的信息，如学生姓名、各门课程的成绩等，如图 4-54 所示。

操作步骤如下：

(1) 新建一个 Word 文档，输入“主文档”的基本内容，如图 4-55 所示。

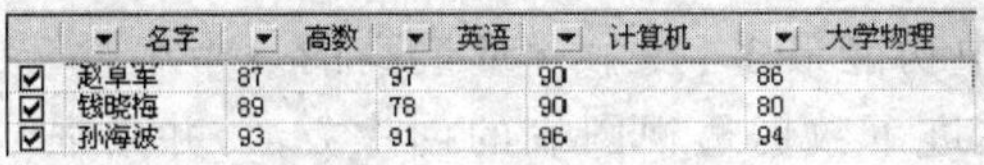

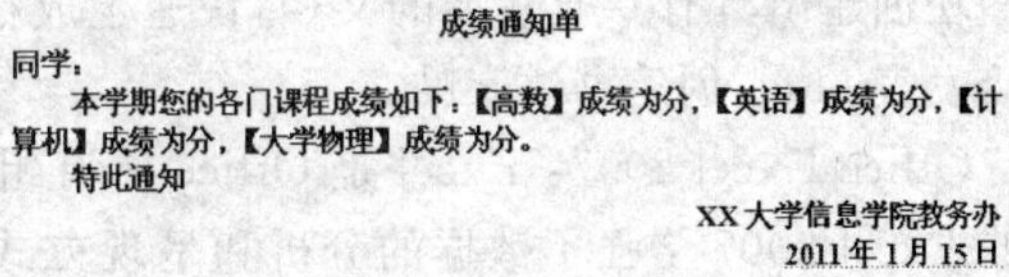

	名字	高数	英语	计算机	大学物理
☑	赵卓军	87	97	90	86
☑	钱晓梅	89	78	90	80
☑	孙海波	93	91	96	94

图 4-54 成绩信息

成绩通知单

同学：

本学期您的各门课程成绩如下：【高数】成绩为分，【英语】成绩为分，【计算机】成绩为分，【大学物理】成绩为分。

特此通知

XX 大学信息学院教务办

2011 年 1 月 15 日

图 4-55 “主文档”的初始内容

(2) 执行“工具”→“信函与邮件”→“邮件合并”命令，右边会出现“邮件合并”任务窗格，同时“邮件合并”工具栏也会显示出来。

(3) 在任务窗格中选择文档类型为“信函”，单击“下一步：正在启动文档”。

(4) 选择开始文档为“使用当前文档”，单击“下一步：选取收件人”。

(5) 选择收件人为“键入新列表”，并单击“创建”按钮，进入“新建地址列表”对话框。

单击"自定义"按钮进入"自定义地址列表"编辑对话框,创建如图 4-56 所示的地址列表,单击"确定"按钮返回到"新建地址列表"对话框。

(6) 在其中输入各位同学的姓名和各门课程的成绩,然后单击"关闭"按钮,在弹出的"保存通讯簿"对话框中将该列表保存为数据库文件"成绩表.mdb",完成"数据源文档"的创建。

(7) 单击"下一步:撰写信函"进入步骤 4,选中要插入合并域的位置,单击"邮件合并"工具栏上的"插入合并域"按钮 ▤,将合并域逐个插入到相应位置,完成"主文档"的创建,如图 4-57 所示。

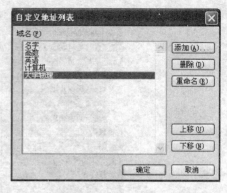

图 4-56 "自定义地址列表"对话框

(8) 单击"下一步:预览信函"进入步骤(5),预览到合并邮件的内容,如图 4-58 所示。

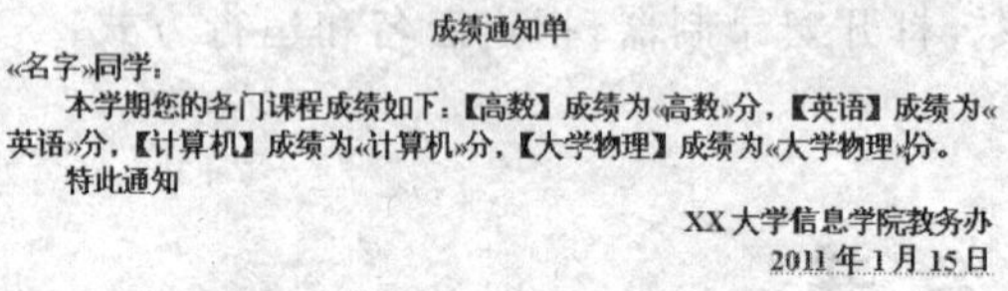

成绩通知单
«名字»同学,
　本学期您的各门课程成绩如下:【高数】成绩为«高数»分,【英语】成绩为«英语»分,【计算机】成绩为«计算机»分,【大学物理】成绩为«大学物理»分。
　特此通知
　　　　　　　　　　　XX大学信息学院教务办
　　　　　　　　　　　　　2011 年 1 月 15 日

图 4-57 创建好的"主文档"

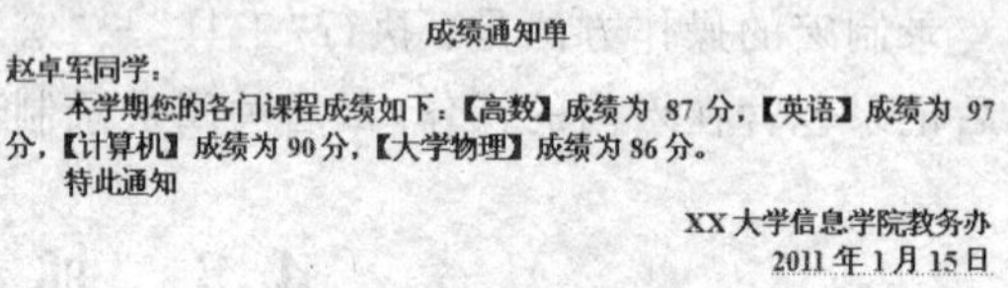

成绩通知单
赵卓军同学,
　本学期您的各门课程成绩如下:【高数】成绩为 87 分,【英语】成绩为 97 分,【计算机】成绩为 90 分,【大学物理】成绩为 86 分。
　特此通知
　　　　　　　　　　　XX大学信息学院教务办
　　　　　　　　　　　　　2011 年 1 月 15 日

图 4-58 合并邮件的预览效果

(9) 单击"下一步:完成合并"就进入了步骤(6),在其中可以将合并后的文档以电子文档方式保存或打印。

(10) 如果对前面步骤的处理有不满意的地方,还可以通过"上一步"按钮逐步返回并修改。

4.9 问　与　答

问:Office 2007 组件功能相较以前有何变化?

答:最早的基于 Windows 平台的 Office 产品是 1989 年的 Word 1.0。17 年来,Office 不断发展壮大,最新的 Office 12(即 2007)包含了 13 个桌面端应用组件和 5 个服务器端组件。

Office Word 2007:在 Word 2007 中,文档的审批、批注和对比等功能有了很大增强,可以轻松创建出具有专业水准的文档,快速生成精美的图示,快速美化图片和表格,甚至还能直接发表 blog、创建书法字帖。

Office Excel 2007:Excel 是 Office 所有组件中功能最多、技术含量最高的一个组件。新的 Excel 2007 增强了数据的分析和呈现方式,改进了数据透视图表的创建方法,并增强了公式的编辑功能。Office 2007 中新增的 Excel Services 可以将数据表格共享和呈现在 Web 页面上,它显示了 Office 在线应用的发展方向。

Office PowerPoint 2007:在幻灯片中可以设计动画效果,还可以添加背景音乐和视频。使用新的 PPT 2007,可易如反掌地实现声光绚丽的视觉效果。

Office Outlook 2007:新的 Outlook 2007 实现了日历、约会事件和工作进程安排的整合,个人日程信息可以更好地与他人共享。增强的搜索功能能够从海量邮件中快速锁定要找的邮件。

Office Access 2007：Access 2007 改进了用户界面和交互式功能，它的优势是即便你不懂深层的数据库知识，也能用简便的方式创建、跟踪、报告和共享数据信息。

Office Publisher 2007：新的 Publisher 2007 在功能上稍有扩展，对于企业的市场销售人员，可以用它来实现一些构思和运作市场活动的流程。

Office InfoPath 2007：电子表单设计工具。InfoPath 对于企业用户极具应用价值，利用它创建和发布电子表单，能高效、安全地收集信息和数据，还可把汇总信息导入 Excel 继续进行深入的数据分析和挖掘。

Office OneNote 2007：一个非常灵活的电子记事本工具。OneNote 的灵感来自于 Outlook 中的"便笺"功能，但 OneNote 的功能已经大大超越了只能记录文字信息的便笺。可用它随手画草图，插入图片，描画笔迹，记若干数字，甚至能直接录下现场的声音和图像。最重要的是，OneNote 能够将这么多各种各样的信息都收集、整合在同一个页面上，节省搜索相关信息的时间，提高工作效率。

Office Visio 2007：非常专业的图表制作工具。这个组件是微软单独销售的。使用 Visio，可以把一些复杂的信息、系统和流程转换为具有专业外观的图表，并可以实现信息的集成。该工具很专业但易掌握，因为直接套用现成的模板，就能轻松绘制出各种流程图、组织结构图、工程图、电路图、网络拓扑图、房屋布局图等。图表中的各种形状能够随意添加、移动和关联，还能导出并应用到其他 Office 组件中，很适合一些制造行业的用户，以及从事商务和 IT 方面的专业人士的需要。

Office Project 2007：企业项目管理软件。同样也是微软单独销售的一款 Office 产品。Project 主要适用于企业中的项目经理，PM 可以用它创建项目，定义任务和资源，并能在项目运作过程中随时跟踪和调整项目进度、报告和总结项目状态。

Office SharePoint Designer 2007：它是 FrontPage 的升级版，可以用来设计 SharePoint 网站。微软把它包装成全新的 SharePoint Designer，并支持了工作流的设计，你可以直接套用流程审批等常见类型的工作流模板，也能利用设计器自定义一个简单的工作流，而不用写一行代码。

Office Groove 2007：Groove 是 Office 家族的新成员，它是微软在两年前刚刚收购来的一款产品。Groove 本身是一个功能更为完善、安全性更高的协作环境，主要用于团队内部开展项目活动，实现团队成员之间的信息和资源的共享。

Office Communicator 2007：统一的通信工具，主要用于企业内部和外部环境的沟通。Communicator 的界面貌似以前的 Windows Message，它支持多种通信方式，包括即时消息 IM、语音对话 VoIP 和视频通信，用户可以在 Communicator 上随时查找和连接同事。目前，Communicator 国内用户较少，Intel、IBM、HP 等跨国外企应用较多。

习 题 4

1. 单选题

(1) 选择整个一行或一段后，_____就能删除其中的所有文本。
A. 按空格键　　　B. 单击剪切按钮　　C. 按 Delete 键　　D. B 和 C

(2) _____标记包含前面段落格式的信息。
A. 段落结束　　　B. 行结束　　　　　C. 分页符　　　　D. 分节符

(3) 目前在打印预览状态,若要打印文件_____。
　　A. 只能在打印预览状态打印　　　B. 在打印预览状态不能打印
　　C. 在打印预览状态也可以直接打印　D. 必须退出打印预览状态后才可打印
(4) Word 中,视图的作用是_____。
　　A. 对文档进行重新排版　　　　　B. 从不同的侧面展示一个文档的内容
　　C. 给文档增加不同的格式　　　　D. 改变文档的属性
(5) 当拖动表格的垂直边框线时,整个表格的宽度_____。
　　A. 保持不变　　B. 跟着变化　　C. 大小加倍　　D. 增加 1.5 倍
(6) 垂直方向的标尺只在_____中显示。
　　A. 页面视图　　B. 普通视图　　C. 大纲视图　　D. Web 版式视图
(7) 在 Word 2003 中,汉字输入功能是由_____来实现的。
　　A. Word 2003 本身　　　　　　　B. 中文 Windows XP
　　C. 中文之星　　　　　　　　　　D. Office 2003
(8) 在 Word 文档中插入图形,下列方法_____是不正确的。
　　A. 直接利用绘图工具绘制图形
　　B. 选择"文件"菜单中的"打开"命令,再选择某个图形文件名
　　C. 选择"插入"菜单中的"图片"命令,再选择某个图形文件名
　　D. 利用剪贴板将其他应用程序中的图形粘贴到所需文档中
(9) Word 中可使用_____菜单中的"选项"命令,来修改"文件"菜单中所列出的最近使用过的文件名个数。
　　A. 编辑　　　　B. 视图　　　　C. 格式　　　　D. 工具
(10) 单击绘图工具栏上的"椭圆"按钮,然后按住 Ctrl＋Shift 键并拖动则可绘制出一个_____。
　　A. 椭圆　　　　　　　　　　　　B. 以出发点为中心的椭圆
　　C. 圆　　　　　　　　　　　　　D. 以出发点为中心的圆
(11) "任务窗格"命令在_____菜单中。
　　A. 编辑　　　　B. 格式　　　　C. 视图　　　　D. 工具
(12) 如果在普通视图方式下显示一个三栏文档时,将会看到_____。
　　A. 两栏　　　　B. 分节符　　　C. 仅有一栏　　D. 空屏
(13) 有关 Word 的下列叙述中,错误的是_____。
　　A. Word 文档使用分节排列,可对不同节的文档内容设置不同的页码
　　B. Word 文档的分节符可以被删除,但不可被复制
　　C. Word 文档的分节可小至一个段落,也可大至整个文档
　　D. 当改变页的栏数时,Word 将自动在选择文本的上、下插入分节符
(14) 在普通视图方式下显示一篇图文混排的文档时,将会看到_____。
　　A. 文档的全部内容　　　　　　　B. 排版后的效果
　　C. 只有文本没有图　　　　　　　D. 有文本和图但没有表格
(15) 在打印预览状态下,单击"全屏显示"按钮后,屏幕上仅仅保留"预览"窗口中的_____。
　　A. 标题栏　　　B. 菜单栏　　　C. 状态栏　　　D. 工具栏

(16) Word 中_____视图方式使得显示效果与打印结果相同。
A. 普通　　　　　B. 大纲　　　　　C. 页面　　　　　D. Web 版式
(17) 如果选择的打印方向为"纵向",则文档将被_____打印。
A. 纵向　　　　　B. 水平　　　　　C. 横向　　　　　D. 以三维方式
(18) 下列关于文档分页的叙述,错误的是_____。
A. 分页符也能打印出来
B. Word 文档可以自动分页,也可人工分页
C. 将插入点置于硬分页符上,按 Del 键便可将其删除
D. 分页符标志前一页的结束及一个新页的开始
(19) 在 Word 中插入文本框只能在_____视图中进行。
A. 普通　　　　　B. 页面　　　　　C. 大纲　　　　　D. 打印预览
(20) 如果在查找对话框中没有选择全字匹配选项,Word 将同时查找_____。
A. new 和 knew　　B. there 和 their　C. can 和 could　 D. sew 和 su
(21) 在 Word 中,如果一个表格长至跨页,并且每页都需要有表头,_____。
A. 系统能自动生成　　　　　　B. 系统无法做到
C. 在每页复制一个表头　　　　D. 选择"表格/标题行重复"命令
(22) 下列叙述中错误的是_____。
A. 在 Word 中,能够同时编辑页眉和页脚窗口和文档窗口中的内容
B. 在 Word 中,可以使偶数页与奇数页具有不同的页眉、页脚
C. 用户设定的页眉、页脚在普通视图方式下无法显示
D. 用户设定的页眉、页脚必须在页面视图方式或打印预览中才能看到
(23) 要选定一个图形可_____。
A. 双击该图形　　B. 按 Ctrl+V 键　 C. 单击该图形　　D. 按 Ctrl+A 键
(24) _____不是格式工具栏中的对齐按钮。
A. 左对齐　　　　B. 两端对齐　　　C. 右对齐　　　　D. 居中
(25) 当插入点在表格的最后一行最后一个单元时,按 Enter 键_____。
A. 会产生一新行　　　　　　　B. 将插入点移到新产生行的第一个单元格内
C. 将插入点向左移　　　　　　D. 使该单元格的高度增加
(26) 在 Word 编辑中,可使用_____菜单中的"页眉和页脚"命令,建立页眉和页脚。
A. 编辑　　　　　B. 插入　　　　　C. 视图　　　　　D. 文件
(27) 为设定精确的页边距可用_____。
A. "格式"菜单中的"页面设置"命令　　B. "文件"菜单中的"页面设置"命令
C. 标尺上的"页边距"符号　　　　　　D. 打印预览中的"标尺"按钮
(28) 在大纲视图中要对标题进行编号,可使用_____菜单中的"项目符号和编号"命令。
A. 编辑　　　　　B. 视图　　　　　C. 格式　　　　　D. 工具
(29) Word 具有分栏功能,下列关于分栏的说法中正确的是_____。
A. 最多可以分 4 栏　　　　　　B. 各栏的宽度必须相同
C. 各栏的宽度可以不同　　　　D. 各栏之间的间距是固定的

(30) 在水平标尺左侧的按钮代表了对齐方式,Word 提供了_____种对齐方式。
A. 六　　　　　B. 三　　　　　C. 四　　　　　D. 五

2. 多选题

(1) 下列操作中,可完成保存文件工作的有_____。
A. 按 Ctrl+F 键　　　　　　　　B. 按下常用工具栏上的保存按钮
C. 按 Ctrl+S 键　　　　　　　　D. 选择文件菜单中的保存命令

(2) 在设置文本框格式对话框中,允许的环绕方式有_____等。
A. 四周型　　　B. 嵌入型　　　C. 紧密型　　　D. 衬于文字下方

(3) 段落对话框中可供用户选择的行距有_____等。
A. 1.5 倍行距　B. 2 倍行距　　C. 单倍行距　　D. 最小值

(4) 通过分栏对话框可以把文档分为_____等。
A. 1 栏　　　　B. 2 栏　　　　C. 3 栏　　　　D. 任意栏

(5) 段落对话框中可供用户选择的缩进方式有_____。
A. 左缩进　　　B. 右缩进　　　C. 首行缩进　　D. 末行缩进

(6) 利用视图菜单中的工具栏命令可以打开的工具栏有_____等。
A. 图片　　　　B. 艺术字　　　C. 打印预览　　D. 表格和边框

(7) 字体对话框中可对字符设置的效果有_____等。
A. 空心　　　　B. 阴影　　　　C. 放大　　　　D. 上标

(8) 下列操作中,可完成显示比例调整工作的有_____。
A. 改变格式工具栏上显示比例　　B. 改变常用工具栏上显示比例
C. 选择编辑菜单中的显示比例命令　D. 选择视图菜单中的显示比例命令

(9) 在查找和替换对话框中,搜索范围有_____等。
A. 向左　　　　B. 向下　　　　C. 全部　　　　D. 向上

(10) 要打开一个 Word 文件,可以采用_____。
A. 双击该文件图标
B. 进入 Word,选择"文件/打开"命令
C. 右击该文件图标,选择快捷菜单中的"打开"命令
D. 单击常用工具栏中的打开按钮

(11) 图片、文本框、艺术字与文档正文的环绕方式有_____。
A. 嵌入型　　　　　　　　　　　B. 四周型
C. 紧密型　　　　　　　　　　　D. 浮于文字上方或衬于文字下方

(12) 关于字符的字体、字号和字形设置,正确的是_____。
A. Word 默认的中文字体是宋体
B. 选中要设置的区域后,执行"格式"菜单下的"字体"命令,即可设置
C. 也可用"格式刷"进行操作
D. "格式刷"按钮只能刷一次

(13) 下面关于 Word 的叙述中正确的是_____。
A. 它是一个中文文档编辑、排版及打印软件
B. 其自带 10 种汉字库

C. 它可以插入表格、图形、图像、图表等多种对象

D. Word 具备所见即所得，即点即输的特点

(14) 下列关于 Word 文档类型的说法正确的是_____。

A. Word 可以读取 .WRI、.HTM、.DOC 等类型的文档

B. Word 文档默认的存储位置是 My Documents 文件夹

C. Word 可以创建 Web 页和电子邮件文档

D. 从"工具"菜单中的"选项"命令对话框中，可以更改默认文档的存储位置

(15) 下列操作在"格式"菜单的"字体"对话框中完成的是_____。

A. 上标、下标的设置

B. 空心字、阴影字、阳文字、阴文字的设置

C. 字体的颜色及是否加删除线、着重号等

D. 字间距和列间距

3. 填空题

(1) 在 Word 文档中，在选择单元格后，可进行的操作有插入、移动、_____、合并和删除等。

(2) 单击格式工具栏上的_____按钮，可以将文档中被选定的文字按指定的百分比放大或缩小。

(3) Word 的样式是一组已命名的字符格式和_____格式的组合。

(4) 用_____工具栏可以改变字体、字体大小及字形。

(5) 在 Word 编辑状态下，不宜用按回车键增加空行的办法加大段落间距，而应该使用"格式"菜单中_____命令的"缩进和间距"选项卡来设置。

(6) 在当前编辑的文档中要插入另一个文本文档的操作为：确定要插入文件的位置，然后选择"插入/文件"命令，在弹出的对话框中输入正确的_____，单击"插入"按钮。

(7) 在 Word 中，使用_____菜单中的"选项"和"保护文档"命令，可以为当前所编辑的文档设置一些保护性措施。

(8) 将当前正在编辑的 Word 文档以文本格式存盘应选择文件菜单下的_____命令。

(9) 在 Word 文档编辑中，可使用_____快捷键，在文档的指定位置强行分页。

(10) 将文档中某段落的字体、字号、缩进、对齐等格式设置好后，希望在其他段落也用相同格式时，应选用"格式"菜单中的_____命令。

4. 实做题

(1) 用 Word 软件录入以下文字，并按照题目要求排版。

网络故障的原因网络故障的原因

我们知道能够引起网络故障的因素有多种，但总的来说可以简单地将它们分为网络连接、软件属性配置和网络协议这三个方面：

■ **网络连接故障**——网络连接应该是发生网络故障之后首先应当考虑的问题。通常网络连接错误会涉及到网卡、网线、集线器等设备，如果其中有一个部分出现问题，必然会导致网络故障。

■ **软件属性配置故障**——计算机的配置选项、应用程序的参数设置不正确也有可能导致网络故障。

■ **网络协议故障**——没有网络协议就没有网络。如果缺少合适的网络协议，那么局域网中的网络设备和计算机之间就无法建立通信连接，网络就不能够正常运行。

要求：

① 将文章标题设置为三号、楷体、加粗、居中。

② 将文本框的线型设置为双边框，粗细设置为3磅，颜色设置为红色。

③ 将文本框中每个段落标题的字体设置为四号、蓝色、楷体，并添加文字效果（例如闪烁背景）。

④ 将文本框中的项目编号改为红色、实心正方形项目符号。

（2）用Word软件制作如图4-59所示的圆桌形会议室标识，按照题目要求完成后，用Word的保存功能直接存盘。

图4-59 圆桌会议室

要求：

① 利用自选图形工具，绘制圆桌形会议室标识。

② 将小圆填充为红色，其他图形填充为黄色。

③ 将小圆的线条颜色设置为红色，其他线条颜色设置为黄色。

④ 将"圆桌形会议室"文字字体设置为宋体、黑色、小四、加粗。

⑤ 制作完成的圆桌形会议室标识与题目中的基本一致。

（3）在Word软件中按照要求绘制如图4-60所示课程表，用Word的保存功能直接存盘。

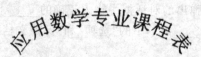

时间	课程	日期	星期一	星期二	星期三	星期四	星期五
上午	1、2节 8:00~10:00		数学分析	组合数学	数据库	离散数学	高等代数
			数学分析	组合数学	数据库	离散数学	高等代数
	3、4节 10:20~12:00		高等代数	解析几何	数学分析	C++	数学分析
			高等代数	解析几何	数学分析	C++	数学分析
下午	1、2节 14:00~16:20		体育	英语	高等代数	英语	体育
			体育	英语	高等代数	英语	体育
	3、4节 16:40~18:30		数据库	C++	解析几何	组织生活	
			数据库	C++	解析几何	组织生活	
晚上	1、2节 19:30~21:20		自习	自习	自习	自习	
			自习	自习	自习	自习	

图4-60 课程表

要求：

① 将表格外部边框线条粗细设置为3磅、酸橙色；内部线条粗细设置为0.5磅、形状与颜色保持与图示的一致；表格底纹设置为淡蓝色。

② 将"应用数学专业课程表"编辑为艺术字，并设置为细上弯弧形状、宋体、24号、红色。

③ 将课程列的文字字体设置为黑色、宋体、小五号、居中；时间列表示时间的字体设置为红色、Times New Roman、五号、居中，其他字体设置为黑色、宋体、五号、居中；日期行的文字字体设置为黑色、宋体、五号、居中。

④ 绘制完成的课程表与图示一致。

第 5 章　电子表格 Excel 2003

学习目标：在日常工作中，表格是人们经常遇到的处理对象，而电子表格软件 Excel 是处理表格的一个有利工具。用户利用 Excel 的计算功能、图表功能、数据库管理功能等，可以对大量的数据进行快捷方便地组织、分析，并将其以美观的形式展示出来，有利于商务、科学、工程等方面的交流。本章主要介绍 Excel 2003 的以下内容：

- 创建和编辑工作簿(工作表)、格式化工作表；
- Excel 的公式和函数；
- 建立数据图表；
- 数据的分析、管理及报表的打印。

5.1　Excel 2003 工作环境

Excel 是 Microsoft Office 的重要组成部分，也是目前世界上最流行的电子表格处理软件之一。通过它能够方便地制作电子表格、完成许多复杂的数据运算、进行数据分析和预测、制作图表等。到目前为止，Excel 已经广泛地应用于财务、统计及数据分析领域，为用户带来了极大的方便。

启动 Excel 2003 后，将出现如图 5-1 所示的工作窗口。其中标题栏、菜单栏、常用工具栏、格式工具栏、滚动条、状态栏、任务窗格等区域与 Word 窗口的组成部分基本相同，不同点如下。

1. 工作区

Excel 的工作区是一张大表格，称为工作表。工作表由单元格组成，每个单元格在工作表中都有一个唯一标识，称为单元格地址，由列标和行号构成，如图 5-1 所示，列标位于工作表的上端，用字母 A,B,C,…,Ⅳ编号；行号位于工作表的左侧，用数字 1,2,3,…,65 536 编号，如 C4 表示是第 C 列与第 4 行交叉位置上的单元格。

2. 单元格

工作表中的每个矩形框称为单元格，它是工作表的最小单位，用户输入的数据就保存在单元格中。每个单元格可以存放 32 000 个字符。

工作表中由黑色粗线边框包围的单元格是当前单元格，又称活动单元格，输入的内容会出现在当前单元格中。任何时候只能有一个活动单元格，如图 5-1 中的 A1 为当前活动单元格。

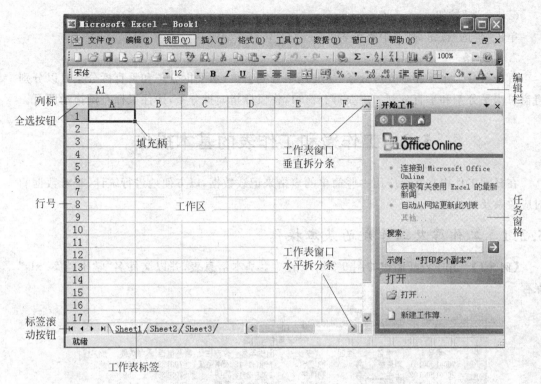

图 5-1　Excel 2003 工作窗口

3. 填充柄

当前单元格右下角的小黑块称作填充柄,将鼠标指向填充柄时,鼠标的形状变为黑色十字。根据需要用鼠标拖动填充柄,可以快速完成复制、自动填充等操作。

4. 编辑栏

编辑栏用来显示活动单元格中的数据和公式。如图 5-2 所示,编辑栏由名称框、编辑栏按钮及编辑区三部分组成。

图 5-2　编辑栏

(1) 名称框。编辑栏的左侧是一个下拉列表框,称为名称框,用于显示当前单元格的名称或对单元格命名和单元格的快速定位。

在名称框中输入名称,按 Enter 键,就可为选定的单元格或区域命名,此后如果要移动到命名的单元格或区域,只需在名称框列表中单击相应的名称即可。

(2) 编辑栏按钮。在编辑栏中有 3 个按钮,分别是"取消"按钮 ✕、"输入"按钮 ✓ 和"插入函数"按钮 ƒx。

(3) 编辑区。编辑栏的右侧是编辑区,用于输入或编辑当前单元格或图表的数据或公式,当单元格无法显示较长的数据或公式时,在编辑区中编辑数据或公式会更加方便。

5. 工作表标签

工作表标签显示的是工作表的名称,如图 5-1 所示,默认的工作表名称为 Sheet1、Sheet2、Sheet3,其中反白显示的标签是当前工作表。

单击工作表标签将激活相应的工作表,还可以通过工作表标签左侧的标签滚动按钮来显示隐藏在屏幕内的其他工作表标签。

6. "全选"按钮

单击"全选"按钮,则选中整个表。

7. 拆分条

拆分条分为水平和垂直拆分条,主要用来分割窗口,水平拆分条和垂直拆分条可以分别将窗口水平分割和垂直分割。想要拆分窗口,将鼠标指向拆分条,按住鼠标左键拖动即可。

5.2 工作簿和工作表的基本操作

在日常工作中常常会应用一些简单的表格来记载数据,以方便地进行统计、查看数据的对应关系及变化趋势。

5.2.1 工作簿及工作表的基本操作

【例 5-1】 用 Excel 制作如图 5-3 所示的学生基本信息表,并以文件名"学生档案.xls"保存。

	A	B	C	D	E	F	G	H	I
1				学生基本信息表					
2	学号	姓名	性别	专业	出生年月	家庭住址	联系电话	入学成绩	照片
3	20041300101	刘星雨	男	物理学	1987-1-12	云南丽江	5708139	510	
4	20041300102	王洋	男	物理学	1985-2-13	昆明	5708138	520	
5	20041300103	周桦红	女	物理学	1986-10-20	昆明	5708137	532	
6	20041300104	雷语	男	应用数学	1987-11-25	昆明	6654398	512	
7	20041300105	王倩	女	应用数学	1987-10-16	北京	5155031	502	
8	20041300106	周涛	男	应用数学	1985-6-27	昆明	6408137	545	
9	20041300107	丁保华	男	应用数学	1987-10-1	西安	5708138	550	
10	20041300108	张志忠	男	计算机科学	1986-1-19	天津	5708137	534	
11	20041300109	李艳	女	计算机科学	1987-1-20	大连	2233542	526	
12	20041300110	程玲	女	计算机科学	1985-3-21	云南丽江		523	
13									

图 5-3 学生基本信息表

使用 Excel 创建一个简单的表格,首先要启动 Excel 创建一个工作簿,再在生成的工作表中输入所需的数据,然后保存工作簿即可。操作步骤如下。

1. 启动 Excel

启动 Excel 常用的方法有:

(1) 从"程序"项启动。单击任务栏中的"开始"按钮,选择"程序"→Microsoft Office→Excel 2003。

(2) 通过快捷方式启动。双击桌面上 Excel 快捷图标启动 Excel。

(3) 双击已有的工作簿启动 Excel。

2. 创建工作簿

(1) 创建空白工作簿。

启动 Excel 时,系统会自动创建一个默认的工作簿文件 Book1;也可以执行"文件"→"新建"→"任务窗格"→"空白文档"命令,或单击常用工具栏上的"新建"按钮 创建新的工作簿。

(2) 利用模板新建工作簿。

执行"文件"→"新建"命令,在新建工作簿窗格中选择"本机上的模板",在弹出的对话框中选择所需的类型即可。

3. 在表格中输入数据

要在工作表中输入数据,必须先选定要输入数据的单元格或区域,输入数据可以通过手工输入,也可以利用 Excel 在单元格中自动填充数据的功能来完成。

(1) 选定单元格 A1,输入"学生基本信息表"。选择 A1～J1 区域,单击合并及居中按钮 即可完成单元格的合并和标题的居中处理。

(2) 选定单元格 A2,输入"学号"。

(3) 学号的值采用自动填充法输入,具体做法是:在 A3 单元格中输入 20041300101,在 A4 中输入 20041300102,然后选中 A3 和 A4 两个单元格,把鼠标指针移到单元格区域填充柄上,当指针变为黑十字形时,按下鼠标左键向下拖动,到达单元格 A12 后松开鼠标,数字从 20041300103～20041300110 将自动填充在 A5～A12 单元格区域内。

(4) 参照图 5-3,在其余单元格中输入相应的数据。

在输入过程中,按 Enter 键或单击 按钮可确认输入;如果输入错误,按 Esc 键或单击 按钮可取消输入。

4. 保存工作簿并退出 Excel

(1) 保存新建的工作簿可以选择"文件"→"保存"命令,或单击常用工具栏上的"保存"按钮 ,在弹出的保存文件对话框中选择保存位置、文件名、文件类型后,单击"保存"按钮,即可完成文件的保存。

注意:在初次保存一个工作簿文件时,最好给工作簿一个与内容相符合的名字,并选择存放的位置。如果不做任何设置,Excel 将把当前工作簿以默认的文件名(如 Book1、Book2 等)保存到 My Documents 文件夹中。

(2) 双击 Excel 窗口左上角的控制菜单按钮、单击右上角的"关闭"按钮、选择"文件"→"退出"命令或按 Alt+F4 键都可以退出 Excel。

5.2.2 相关的概念及操作

1. Excel 的基本概念

在 Excel 中,最基本的概念是工作簿、工作表和单元格。

(1) 工作簿。是 Excel 处理和保存工作数据的基本文件,扩展名是.xls。

(2) 工作表。工作簿中的每一张表格称为工作表,每张工作表由 65 536(行)×256(列)个单元格组成。系统默认工作簿中包含 3 张工作表,标签名分别为 Sheet1、Sheet2、Sheet3,每张工作表中的内容相互独立。每个工作簿中最多包含 255 张工作表。

2. 选定单元格或单元格区域

在输入和编辑单元格中的内容时,首先要选定单元格或单元格区域。区域是单元格的集合。当选定一个单元格或单元格区域时,其边框变成粗实线,如图 5-4 所示。

在一个工作表中选定区域有多种方法,表 5-1 为选定单元格、单元格区域、整行或整列的操作方法。如果要取消选定,只要单击工作

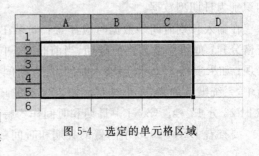

图 5-4 选定的单元格区域

区中任意一个单元格即可。

表 5-1　选定单元格、区域、行或列

选 定 对 象	执 行 操 作
单个单元格	单击相应的单元格，或用方向键移动到相应的单元格
连续单元格区域	单击选定区域的第一个单元格，然后拖动鼠标直至最后一个单元格
不相邻的单元格或区域	选定第一个单元格或单元格区域，然后按住 Ctrl 键再选定其他的单元格或区域
工作表中的所有单元格	单击"全选"按钮或按 Ctrl＋A 键
整行、整列	单击行号、单击列标
相邻的行或列	沿行号或列标拖动鼠标，或先选定第一行或第一列，然后按住 Shift 键再选定其他的行或列
不相邻的行或列	先选定第一行或第一列，然后按住 Ctrl 键再选定其他的行或列

3. Excel 的数据类型及输入

Excel 允许在工作表单元格中输入数值、文本、日期时间、批注、公式，也可以用超链接方式链接其他文件中的信息。

1）数值型数据

Excel 中的数值由数字 0～9 以及＋、－、E 或 e、＄（美元符号）、/（分数线）、％、小数点(.)、千分位符号(,)等特殊符号构成。数值型数据在单元格中默认右对齐。

在输入数值型数据时应注意：输入的数值如果太长，Excel 自动以科学记数法表示，如输入 543628347265，单元格显示为 5.43628E＋11；Excel 的数字长度为 15 位，当数字长度超过 15 位时，Excel 2003 会将多余的数字转换为 0；输入分数时，应在整数和分数之间加一个空格，如 3 5/7 相当于 $3\frac{5}{7}$，当分数小于 1 时，要在前面输入 0 和空格，否则会被当作日期数据；输入负数时，应在数字前面输入"－"号或将其置于括号"( )"中。

2）文本型数据

Excel 中的文本包括汉字、英文字母、数字、空格及其他符号。文本型数据在单元格中默认左对齐。

在输入文本型数据时应注意：对于全部由数字组成的文本数据，如电话号码、邮政编码、身份证号码等，输入时应在数字前加一个单引号(')，Excel 就将其当作文本处理；如果公式中包含有文本数据，输入时需用引号将文本部分括起来。

3）日期时间型数据

Excel 内置了日期和时间的数据格式，当输入以"/"或"－"分隔的数字时，Excel 就将它们识别为日期型数据。

在输入日期时间型数据时应注意：如果在同一单元格中输入日期和时间，应在其间用空格分开；如果想输入当前日期、当前时间，可通过组合键"Ctrl＋；"、"Ctrl＋Shift＋；"来实现；如果要按 12 小时制输入时间，应在时间后留一空格，并输入 AM 或 PM，表示上午或下午，系统默认的是 24 小时制。如 2007/02/4 12：23：12 PM 表示为 2007 年 2 月 4 日下午 12 时 23 分 12 秒。Excel 中日期和时间作为特殊数值处理。

要查看 Excel 2003 中内置的日期和时间数据格式，可执行"格式"→"单元格"命令，打开"单元格格式"对话框,在"数字"标签中选择"日期"查看格式。

4) 输入批注

批注是用来说明单元格中内容的含义或强调某些重要信息的。要为单元格输入批注,应先选择单元格,然后执行"插入"→"批注"命令,在打开的批注框中输入批注内容,输入完后单元格的右上角就出现一个红色小三角形标记,表示该单元格添加了批注。批注的内容可以是文本,也可以是图片。

4. 填充数据

向 Excel 的工作表中输入数据时,既可以用选择单元格和单元格区域的方式简单输入,也可以利用 Excel 提供的填充功能快速输入特殊的数据。填充操作可通过菜单方式实现,也可用鼠标拖动填充柄方式实现。

1) 使用填充柄

在单元格或单元格区域中输入要填充的数据并选中,然后把鼠标指针移到单元格或单元格区域的填充柄上,当鼠标指针变为黑色十字形时按下鼠标左键向需要填充数据的方向拖动,到达指定的位置后松开鼠标,就会将其中的数据填充到这些单元格或单元格区域中。

使用填充柄能填充相同的数据和填充按某种规律变化的数据。如图 5-5 所示,如在 A1 中输入 1001,拖动 A1 单元格的填充柄到 A5,则 A2~A5 中全部显示 1001;在 B1、C1 中分别输入 X1、abc,选中 B1 和 C1 区域,拖动填充柄到 B4、C4,则 B2~B4 中的数据分别为 X2、X3、X4,C2~C4 中的数据都为 abc。

由此可知,在自动填充时,当单个单元格的内容为纯字符、纯数字或是公式时,填充相当于数据复制;当单元格的内容为文字与数字的混合体时,填充时文字不变,数字递增或递减;当连续的单元格存在着等差关系(如 1,3,5)时,选中连续的单元格区域,沿相同的方向拖动填充柄,会自动填充其余的等差值。

2) 序列填充

Excel 中内置了一些自动填充序列,如星期一~星期日、一月~十二月等,当单元格中的内容为 Excel 预设的自动填充序列时,则按预设序列填充。如图 5-5 所示,A6 单元格的初始值为星期一,可自动填充为星期二、星期三、星期四……。

3) 使用填充命令填充数据

填充命令可以实现复杂的填充操作,操作步骤是:选择"编辑"→"序列"命令,打开如图 5-6 所示的"序列"对话框,在该对话框中分别指定序列产生方式、类型,再填入步长值及终止值,单击"确定"按钮即可。

图 5-5 数据自动填充结果

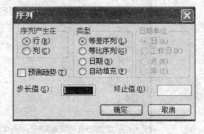

图 5-6 "序列"对话框

"序列"对话框中的"序列产生在"是指按行或列的方向填充;"类型"指示选择序列类型,如果选择"日期",还要选择"日期单位";"步长值"可以输入等差、等比序列的差值或比值,"终止值"输入一个序列终值。如果在一个序列前没有选定序列填充的区域,必须输入终止值。

4)自定义序列

除了 Excel 内置的一些填充序列外,用户还可以创建自定义序列,操作步骤是:选择"工具"→"选项"命令;在出现的对话框中单击"自定义序列"选项卡,屏幕显示如图 5-7 所示的自定义序列对话框;选择"自定义序列"列表框中的"新序列"选项;在"输入序列"编辑列表框中输入新的序列,每输入完一项后,按 Enter 键,全部输完后,单击"添加"按钮,就可把新序列加入到自定义序列中,单击"确定"按钮。

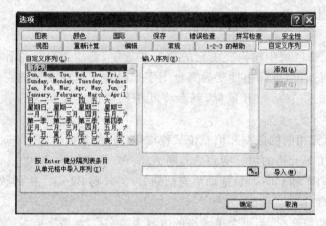

图 5-7 "自定义序列"选项卡

5.3 工作表的管理及数据计算

在 Excel 中,用户对工作表的管理操作有插入、删除、重命名、移动、复制等,而公式和函数为用户分析、处理工作表中的数据提供了很大的方便。

5.3.1 工作表的管理及表中数据的计算

【例 5-2】 在"学生档案.xls"中的学生基本信息表前插入如图 5-8 所示的学生成绩表,将相应的标签改名,并计算有关数据。

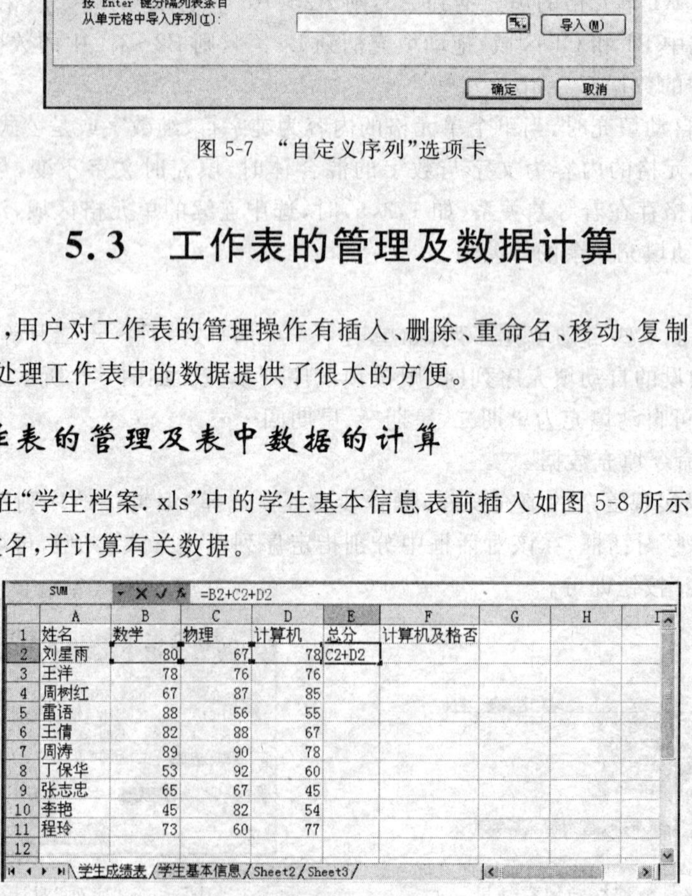

图 5-8 学生成绩表

要对工作表中的数据进行操作,首先要打开原有的工作簿,根据需要添加新的工作表,再用公式或函数进行必要的计算,然后保存即可。操作步骤如下。

1. 打开工作簿

打开工作簿的方法有以下几种:

(1) 选择"文件"→"打开"命令,或单击常用工具栏上的"打开"按钮,在"打开"对话框中选择工作簿所在的驱动器、文件夹及文件名,本例的工作簿为"学生档案.xls",然后单击"打开"按钮即可。

(2) 在"开始工作"任务窗格中有"打开"列表。如果其中列有要打开的工作簿,可直接单击其文件名;如果没有,选择"其他"也会出现"打开"对话框。

(3) 双击已有的工作簿。

2. 插入新的工作表

使用菜单或快捷菜单命令都能实现在工作簿中插入新工作表的操作。使用菜单插入新工作表的方法是:单击 Sheet1,选择"插入"→"工作表"命令,Excel 就在选定的工作表前添加了一个新的工作表 Sheet4。使用快捷菜单的方法是:用鼠标右击工作表标签,在弹出的快捷菜单中选择"插入"命令,打开"插入"对话框,在其中单击"工作表"图标,然后单击"确定"按钮。

注意:当要插入 n 张工作表时,在插入位置也要选择连续的 n 张工作表。

3. 重命名工作表

工作表的初始名称为 Sheet1,Sheet2,…,为了方便理解,工作表的名称最好能够反映工作表中的内容。因此,需要对工作表重命名。

重命名工作表的方法是:双击要重命名的工作表标签,直接输入新名字;或右击工作表标签,从快捷菜单中选择"重命名"命令,输入新名字。在本例中双击 Sheet1,输入新名称"学生基本信息",用同样的方法把 Sheet4 改为"学生成绩表"。

4. 用公式计算每个学生各门成绩的总和、查看计算机是否及格

按图 5-8 输入学生成绩表中的各项数据,并在标题栏"计算机"的右侧插入"总分"和"计算机及格否"两项。

计算学生各门成绩总和的操作步骤如下:

(1) 选中单元格 E2,输入公式"=B2+C2+D2",按 Enter 键,计算出刘星雨的总分。

(2) 选中单元格 E2,将鼠标指针移到填充柄上,按下鼠标左键向下拖动,到达 E11 后松开鼠标,计算出其余同学的总分。

查看学生计算机成绩是否及格的操作步骤如下:

(1) 选中单元格 F2,输入公式"=D2>=60",按 Enter 键,计算出刘星雨的计算机成绩情况。

(2) 选中单元格 F2,利用鼠标拖动填充柄,可计算出其余同学的计算机成绩情况,其中"TRUE"为及格,"FALSE"为不及格。

5. 用函数计算每个学生的平均成绩

操作步骤如下:

(1) 在 G1 单元格中输入"平均分",选中单元格 G2,选择"插入"→"函数"命令,或单击编辑栏上的"插入函数"按钮,打开如图 5-9 所示的"插入函数"对话框。

(2) 在"或选择类别"中选择"常用函数",在"选择函数"列表框中选择函数 AVERAGE (平均值),单击"确定"按钮,出现如图 5-10 所示的"函数参数"对话框。

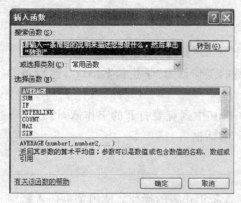
图 5-9 "插入函数"对话框

图 5-10 "函数参数"对话框

当选择了需要的函数后,该函数的语法和功能说明就会自动显示在"选择函数"列表框的下面。如果要进一步了解该函数,可单击"有关该函数的帮助"链接。

(3) 在参数框 Number1 中输入 B2:D2,单击"确定"按钮,计算结果就会显示在 G2 单元格中,结果如图 5-11 所示。

	A	B	C	D	E	F	G
1	姓名	数学	物理	计算机	总分	计算机及格否	平均分
2	刘星雨	80	67	78	225	TRUE	75
3	王洋	78	76	76	230	TRUE	
4	周树红	67	87	85	239	TRUE	
5	雷语	88	56	55	199	FALSE	
6	王倩	82	88	67	237	TRUE	
7	周涛	89	90	78	257	TRUE	
8	丁保华	53	92	60	205	FALSE	
9	张志忠	65	67	45	177	FALSE	
10	李艳	45	82	54	181	FALSE	
11	程玲	73	60	77	210	TRUE	

图 5-11 学生成绩计算结果

在输入函数参数的过程中,会看到对于每个必要的参数都输入数值后,该函数的计算结果显示在对话框中。

需要指出的是,在参数框中可以输入常量、单元格或单元格区域,当其中的单元格或区域地址不正确时,可单击参数框右侧的"折叠对话框"按钮,折叠起函数参数输入对话框,显示工作表,直接用鼠标选择单元格或区域,然后再单击还原按钮,恢复函数参数输入对话框,可以看到所选的单元格或区域出现在参数框中。

(4) 选中 G2,利用鼠标拖动填充柄,可计算出其余同学的平均分。

6. 保存工作簿并退出 Excel

执行"文件"→"保存"命令或单击保存按钮,保存工作簿并退出 Excel。

5.3.2 相关的概念及操作

在 Excel 中,不但能对数据进行修改、复制、移动、删除、插入、查找、替换,还可以对工作表、单元格、行和列进行选取、插入、删除、移动、复制等操作。

1. 数据的修改

修改单元格中数据的方法有两种：一是选定该单元格，在编辑栏中进行相应的修改；二是双击要修改的单元格，进入"修改"状态，此时可利用键盘对其中的数据进行编辑和修改。

2. 插入、清除和删除

1）插入单元格、行或列

在工作表中要增加新数据，就要先插入单元格。插入操作可对单个单元格或整行、整列进行。无论何种方式的插入，都会引起其他单元格的移动。插入单元格的步骤如下：

① 选定想插入的单元格或单元格组，选定的单元格数量应与待插入的空单元格的数量相等。

② 选择"插入"→"单元格"命令，出现如图 5-12 所示的对话框。

③ 在对话框中选定活动单元格的移动方向，单击"确定"按钮。

在工作表中插入行或列类似于插入单元格。

2）删除

删除操作的对象是单元格，执行数据删除后，单元格及其中的数据全部从工作表中消失。操作步骤如下：

① 选定要删除的单元格或单元格区域。

② 选择"编辑"→"删除"命令，就会显示如图 5-13 所示的"删除"对话框。

③ 根据需要选择相应的删除选项，单击"确定"按钮即可。选择"整行"或"整列"将删除选取区域所在的行或列，由下方的行或右侧的列自动填补。

当选定的区域为几个整行或整列，删除时将直接删除，不会出现对话框。

3）清除

清除操作的对象是单元格中的数据或格式、批注等选项，单元格本身不受影响。操作步骤如下：

① 选定要清除的单元格或单元格区域。

② 选择"编辑"→"清除"命令，出现如图 5-14 所示的级联菜单，根据需要选择相应的清除选项即可。

图 5-12　插入单元格对话框

图 5-13　删除单元格对话框

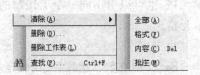
图 5-14　清除级联菜单

选定单元格或单元格区域后按 Delete 键，相当于选择清除"内容"命令。

3. 数据的移动和复制

在 Excel 中，数据的移动和复制可以利用 Windows 的剪贴板来完成，也可以利用鼠标拖动完成。剪贴板用于同一工作簿中的不同工作表或不同工作簿之间的数据移动或复制，而同一张工作表中移动或复制数据，则使用鼠标拖动的方式更加方便。

利用剪贴板移动或复制数据的方法是：选定要移动或复制的单元格或单元格区域；选择"编辑"→"剪切"或"复制"命令，或单击工具栏上的 ✂ 或 📋 按钮；再用鼠标选择目标区；选择"编辑"→"粘贴"命令，或单击 📋 按钮即可完成。

用鼠标移动或复制数据的操作方法是：选定要移动或复制的单元格或单元格区域；将鼠标指针移到选定区域的边框线上，此时鼠标形状变为箭头；按下鼠标左键并拖动鼠标到目标区域即可实现数据移动。按 Ctrl 键并拖动鼠标到目标区域，即可实现数据复制。

4. 选择性粘贴

单元格中的数据包含多种特性，如内容、格式、批注、公式等。有时只需要复制数据的部分特性，有时在复制数据时还需要进行运算等操作，这些都可以通过选择性粘贴来实现。

选择性粘贴的操作方法是：先执行复制命令，再执行"编辑"→"选择性粘贴"命令，打开如图 5-15 所示的对话框。在"粘贴"选项区中选择所需选项，然后单击"确定"按钮。

5. 查找与替换

查找与替换是编辑过程中常用的操作。在 Excel 中可以对文字、公式等进行查找或替换，批注只能查找但不能替换。查找和替换可使用如图 5-16 所示的对话框来进行。

图 5-15 "选择性粘贴"对话框

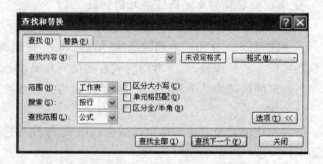
图 5-16 "查找和替换"对话框

6. 公式

公式是在工作表中对数据进行分析的式子。在 Excel 中，公式以"="开头，其后是公式表达式。公式由运算符、常量、单元格地址和函数组成。单元格可以引用同一个工作表中的单元格，也可以引用同一个工作簿的不同工作表中的单元格或者其他工作簿的工作表中的单元格。

1) 运算符

Excel 中有数学运算符、比较运算符、文本运算符和引用运算符 4 种。

（1）数学运算符包括＋（加）、－（减）、*（乘）、/（除）、%（百分号）和^（乘幂）。计算顺序为先百分号和乘方，然后乘除，最后加减。

（2）比较运算符包括＝、＞、＞＝（大于等于）、＜、＜＝（小于等于）、＜＞（不等于），比较运算符可以比较两个数值并产生逻辑值 TRUE 或 FALSE。如图 5-11 所示，判断每个学生的计算机成绩是否及格，显示的就是逻辑值。

（3）文本运算符只有一个，即 &，它能够连接两个文本串，连接的对象可以是带引号的文字，也可以是单元格地址。如在学生成绩表的某个单元格中输入"＝A2&"的总成绩是

"&D2",则结果显示为"刘星雨的总成绩是225"。

(4) 引用运算符包括,(逗号)和:(冒号)。逗号","是一种连接运算符,用于连接两个或多个单元格或单元格区域;冒号":"是区域运算符,如A1:D1是引用A1~D1之间所有的单元格。

如果公式中使用了多个运算符,则运算的优先次序从高到低为冒号(:)、逗号(,)、负号(-)、百分号(%)、乘幂(^)、乘和除(＊和/)、加和减(＋和－)、连接符(&)、比较运算符(＝、＞、＞＝、＜、＜＝、＜＞)。括号在公式中优先级最高。

2) 输入公式

使用键盘输入公式的步骤是:选定要输入公式的单元格;在单元格或编辑栏中输入"＝",然后输入计算表达式,按 Enter 键或单击编辑栏的确认按钮即可。

3) 公式的显示

Excel 的单元格中不显示公式,只显示结果,而公式本身则在编辑栏中反映。使用 Ctrl＋`键可使单元格在显示结果和公式之间切换。

7. 函数

函数是预先定义好的,可以对一个或多个值进行计算。函数由函数名及参数组成。Excel 函数的语法形式为:

函数名(参数1,参数2,…)

函数名代表该函数具有的功能;参数可以是常量、单元格地址、公式或其他函数。

Excel 预置了大量的函数,正确使用函数可以给数据的运算和分析带来很大方便。常用函数如表5-2所示。

表5-2 常用函数

函 数 名	使 用 格 式	举 例
MIN(最小值函数)	MIN(数据区域)	MIN(12,34) 结果为 12
MAX(最大值函数)	MAX(数据区域)	MAX(12,34) 结果为 34
SUM(求和函数)	SUM(数据区域)	SUM(12,34) 结果为 46
AVERAGE(求平均值函数)	AVERAGE(数据区域)	AVERAGE(12,34) 结果为 23
SIN(正弦函数)	SIN(数据)	SIN(3.1416) 结果为 0
IF(判断函数)	IF(条件,真值,假值)	IF(12＜34,1,0) 结果为 1
COUNT(记数函数)	COUNT(数据区域)	COUNT(A1:A4) 结果为 4
RIGHT(右取字符串函数)	RIGHT(字符串,截取字符个数)	RIGHT("ABC") 结果为 C
INT(小数取整函数)	INT(数据)	INT(-12.5) 结果为 -13
ROUND(取整函数)	ROUND(数据,小数位数)	ROUND(15.645,2) 结果为 15.65

求和函数 SUM 在 Excel 运算中使用率很高,因此 Excel 专门提供了自动求和按钮 Σ,用鼠标单击此按钮会自动产生 SUM 函数。

自动求和的步骤是:选择要求和的单元格;单击自动求和按钮 Σ,观察 Excel 自动为 SUM 函数设定的区域,如果该区域符合要求,可直接按 Enter 键,如果不符合要求,可用鼠标选取正确的区域,再按 Enter 键。

8. 单元格引用及公式复制

在公式中可用单元格引用来代替单元格中的数值。公式中不但可以引用本工作簿中任何一个工作表中任何单元格或单元格区域中的数据,还可以引用其他工作簿中的数据。引用单元格数据后,公式的运算值将随着被引用单元格数据的变化而变化。当被引用的单元格数据被修改后,公式中的运算值将随之自动修改。Excel 提供了 3 种不同类型的引用,即相对引用、绝对引用和混合引用。

(1) 相对引用。是当公式复制时被引用单元格的地址会随公式位置的变化而变化。在图 5-8 求学生总分的例子中,E2 单元格中的公式为"=B2+C2+D2",复制到 E3 单元格中就自动调整为"=B3+C3+D3",其中 B3、C3、D3 为单元格相对地址。

Excel 中默认的单元格引用为相对引用。

(2) 绝对引用。是当公式复制时被引用单元格的地址不随公式位置的变化而变化。

绝对引用地址的表示方法是在列标和行号前都加"$"符号,如 $D$12。

在图 5-8 的学生成绩表中,在 D12 单元格中计算出所有学生的计算机总成绩,然后求每个同学的计算机成绩占计算机总成绩的百分比,结果放在 H2～H11 当中。操作方法为:在 H2 中输入公式"=D2/$D$12*100",按 Enter 键,再用填充柄复制就会得到图 5-17 的结果。

H2 　fx =D2/$D$12*100

	A	B	C	D	E	F	G	H	I
1	姓名	数学	物理	计算机	总分	计算机及格否	平均分		
2	刘星雨	80	67	78	225	TRUE	75.0	11.55556	
3	王洋	78	76	76	230	TRUE	76.7	11.25926	
4	周树红	67	87	85	239	TRUE	79.7	12.59259	
5	雷语	88	56	55	199	FALSE	66.3	8.148148	
6	王倩	82	88	67	237	TRUE	79.0	9.925926	
7	周涛	89	90	78	257	TRUE	85.7	11.55556	
8	丁保华	53	92	60	205	FALSE	68.3		
9	张志忠	65	67	45	177	FALSE	59.0		
10	李艳	45	82	54	181	FALSE	60.3		
11	程玲	73	60	77	210	TRUE	70.0		
12				675					

学生基本信息 / 学生成绩表 / Sheet3

图 5-17　绝对引用示例

(3) 混合引用。混合引用是指在单元格地址引用中,既有绝对地址引用,同时也包含相对地址引用。混合引用的表示方法是在列标或行号前加上"$"符号,如 $B12,表示列不发生变化,但行会随复制位置发生变化;而 B$12 表示行不发生变化,但列会随复制位置发生变化。

9. 单元格和单元格区域的命名

用列标和行号来引用单元格虽然简单,但缺乏意义。为了便于使用,用户可以给单元格或单元格区域定义名称,直观反映单元格或单元格区域中的数据所代表的含义。

(1) 指定名称。为单元格指定名称的操作步骤是:选定需要命名的单元格区域;选择"插入"→"名称"→"指定"命令,打开如图 5-18 所示的对话框;在"指定名称"对话框中进行选择,单击"确定"按钮。

(2) 定义名称。定义名称的操作步骤是:选定需要命名的单元格区域;选择"插入"→"名称"→"定义"命令,打开如图 5-19 所示的对话框,在"引用位置"框内出现选定的区域;在"在当前工作簿中的名称"文本框中输入要定义的名称,如"姓名",单击"确定"按钮。如果要继续命名,可单击"添加"按钮。

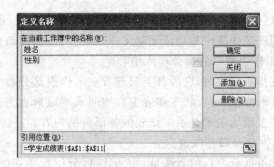

图 5-18 "指定名称"对话框　　　　图 5-19 "定义名称"对话框

删除名称的方法是：在图 5-19 的列表中选择要删除的名称，单击"删除"按钮，再单击"确定"按钮。

10. 管理工作表

1) 选取工作表

表 5-3 给出了选取工作表的方法。

表 5-3　选取工作表的方法

选 定 区 域	操 作
单张工作表	单击工作表标签
多张相邻工作表	先选定第一张工作表，按住 Shift 键再单击最后一张工作表
多张不相邻工作表	先选定第一张工作表，按住 Ctrl 键再单击其他工作表
工作簿中全部工作表	用鼠标右击工作表标签，在弹出的快捷菜单中单击"选定全部工作表"

取消工作表的选定可以单击选定内容之外任意一个工作表标签。

2) 删除工作表

删除工作表的方式是：选中要删除的工作表；选择"编辑"→"删除工作表"命令，或用鼠标右击工作表标签，在弹出的快捷菜单中选择"删除"命令；在弹出的 Excel 提示对话框中单击"确定"按钮。

3) 移动和复制工作表

在实际应用中，有时需要将工作簿中的某个工作表移动到其他的工作簿中，或者需要将同一工作簿的工作表重排顺序，这就需要移动或复制工作表。移动或复制工作表可以通过菜单命令或鼠标直接操作来实现。

使用菜单命令移动或复制工作表的操作步骤是：选定需移动或复制的工作表；右击标签，在快捷菜单中选择"编辑"→"移动或复制工作表"命令，弹出如图 5-20 所示的"移动或复制工作表"对话框；在对话框的"工作簿"下拉列表中选择用来接收工作表的工作簿，在"下列选定工作表之前"列表框中，选定插入移动或复制工作表的位置；单击"确定"按钮。

选择"移至最后"，就把移动或复制的工作表放到工作表标签最后的位置。如果复制工作表，就要选中对话框中的"建立副本"复选框。

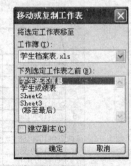

图 5-20 "移动或复制工作表"对话框

电子表格 Excel 2003

注意：要在不同的工作簿之间移动或复制工作表,这些工作簿必须是打开的。

在同一工作簿中移动或复制工作表,使用鼠标拖动更加方便。

4) 工作表窗口的拆分和冻结

当工作表很大时,在屏幕上只能看到工作表部分数据的情况。如果需要查看工作表中其他地方的数据,可以将工作表窗口按照水平或垂直方向进行分割。在每个拆分后的窗口中可以通过滚动条来显示工作表的各部分的内容。

(1) 拆分窗口和取消拆分。

用菜单拆分窗口的方法是：选定待拆分位置所在的单元格,选择"窗口"→"拆分窗口"命令,屏幕中出现了两条拆分线,将工作表分为4个独立的窗口,可以拖动水平拆分线或垂直拆分线改变各个窗口的大小。

使用鼠标拆分窗口的方法是：将鼠标指针移到垂直或水平拆分条上,如图5-1所示,拖动到满意的位置即可。

取消窗口拆分的方法是：选择"窗口"→"撤销拆分窗口"命令,或者在拆分线上双击即可。

(2) 工作表窗口的冻结和取消冻结。为了在工作表滚动时保持行、列标题或其他数据可见,可以"冻结"窗口顶部和左侧区域。被冻结的数据区域不会随工作表中其他部分的移动而移动,始终保持可见,可以通过滚动条来查看工作表其他部分的内容。

工作表窗口冻结的方法是：选中一个单元格作为冻结点,选择"窗口"→"冻结窗格"命令,出现黑色的冻结线,即可完成窗口冻结。

取消窗口冻结时只要选择"窗口"→"撤销窗口冻结"命令即可。

5.4 格式化工作表

用户建立的工作表都是默认格式,打印时效果不佳,可以利用Excel的格式化功能进行设置,制作出形态美观、符合用户需求的表格。

5.4.1 格式化工作表的基本操作

【例5-3】 对学生基本信息表进行格式编排,将学号和联系电话数据设置为文本型；"学号"、"姓名"、"性别"和"专业"字段设置为75度方向；入学成绩保留两位小数；指定入学成绩小于520分的用红色显示,大于540分的用蓝色显示；为工作表添加边框,并预览格式化后的工作表,如图5-21所示。

	A	B	C	D	E	F	G	H
1	学生基本信息表							
2	学号	姓名	性别	专业	出生年月	家庭住址	联系电话	入学成绩
3	20041300101	刘星雨	男	物理学	1987-1-12	云南丽江	5708139	510.35
4	20041300102	王洋	男	物理学	1985-2-13	昆明	5708138	520.00
5	20041300103	周树红	女	物理学	1986-10-20	昆明	5708137	532.50
6	20041300104	雷语	男	应用数学	1987-11-25	昆明	6654398	512.00
7	20041300105	王倩	女	应用数学	1987-10-16	北京	5155031	502.64
8	20041300106	周涛	男	应用数学	1985-6-27	昆明	6408137	545.00
9	20041300107	丁保华	男	应用数学	1987-10-1	西安	5708138	550.00
10	20041300108	张志忠	男	计算机科学	1986-1-19	天津	5708137	534.44
11	20041300109	李艳	女	计算机科学	1987-1-20	大连	2233542	526.00
12	20041300110	程玲	女	计算机科学	1985-3-21	云南丽江		523.56

图5-21 格式化后的学生基本信息表

要对工作表进行格式化,首先打开工作表,对部分数据进行格式化设置,调整工作表的行高、列宽,设置边框、底纹等;然后设置条件格式,使入学成绩小于 520 和大于 540 时自动套用;设置完成后进行打印预览,效果满意即可打印。操作步骤如下。

1. 对数据进行格式化

(1) 同时选中工作表中 A 列"学号"项和 G 列"联系电话"项,选择"格式"→"单元格"命令,出现"单元格格式"对话框,选择"数字"选项卡,如图 5-22 所示,在选项卡的"分类"栏中选择数据格式中的"文本",单击"确定"按钮。

(2) 选中工作表中 H 列"入学成绩",用上述方法选择"数值"类型的数据格式,此时默认小数位数为 2,单击"确定"按钮。

通常数字值不仅只是数值,还有表示货币、日期、百分数、分数等的其他形式。如果只对数据格式进行简单地设置,可直接使用格式工具栏上的数据格式快捷按钮来实现。

2. 设置字符格式和对齐方式

设置字符格式:选中工作表标题,利用单元格格式对话框中的字体选项卡将其设置为黑体、四号,将各列的列标题设置为黑体、五号、红色,单击"确定"按钮。

字体设置主要包括字的类型、形状及大小,还包括下划线、颜色、上标、下标等。在字体选项卡中可进行完整地设置,并能进行预览。同样可以像 Word 一样利用格式工具栏上的字体按钮进行字符格式的设置。

设置对齐方式:选中全部数据,将单元格格式对话框中的对齐选项卡中的"垂直对齐"选为"居中";再选中列标题"学号"、"姓名"、"性别"和"专业",在图 5-23 中,用鼠标拖动文本方向指针到 75 度,或者直接在角度框中输入 75,单击"确定"按钮即可。

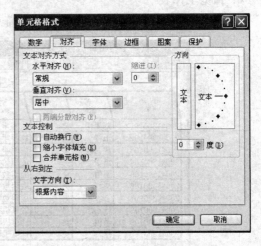

图 5-22 "单元格格式"之"数字"选项卡　　图 5-23 "单元格格式"之"对齐"选项卡

3. 为表添加边框和底纹

选中需要加边框或底纹的单元格或区域,利用单元格格式对话框中的边框和图案选项卡可以为表格添加边框和底纹。此外,也可以通过格式工具栏上的边框按钮 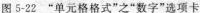 和填充颜色按钮 来完成。

4. 设置单元格保护

设置单元格保护可锁定单元格,防止对单元格进行修改、移动、删除及隐藏等操作,也可以隐藏单元格中的公式。要设置单元格保护，先选中要保护的单元格，在单元格格式的保护选项卡中进行。

5. 添加条件格式

为了使入学成绩小于 520 分或大于 540 分的能够突出显示，可以设置为条件格式。

(1) 选定入学成绩数据区域 H3：H12，选择"格式"→"条件格式"命令，出现如图 5-24 所示的"条件格式"对话框，设置的条件是"单元格数值"，在下拉列表中选择"小于"，然后直接输入条件值为 520。单击"格式"按钮，在弹出的"单元格格式"对话框的"字体"选项卡中选择颜色为红色。

图 5-24 "条件格式"对话框

(2) 单击"添加"按钮，在出现的条件 2 中用同样的方法设置单元格数值大于 540 时，单元格中字体的颜色为蓝色，单击"确定"按钮。

6. 预览工作表

单击工具栏中的"打印预览"按钮，屏幕就会显示如图 5-25 所示的打印预览状态。

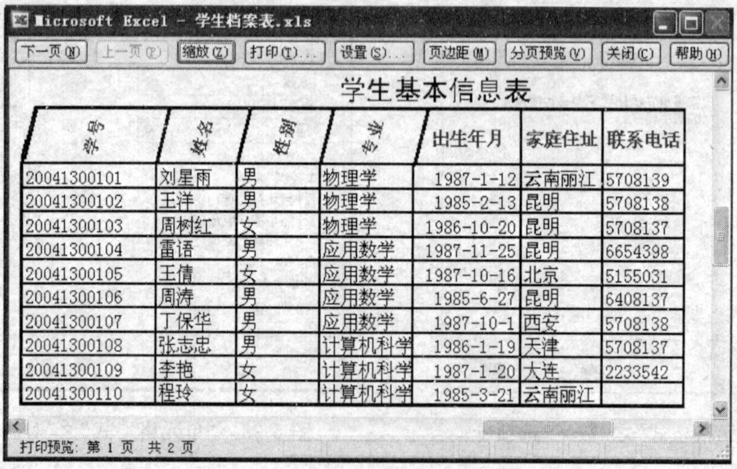

图 5-25 打印预览界面

5.4.2 相关的概念及操作

1. 调整单元格的行高和列宽

建立工作表时，所有单元格的行高和列宽都完全相同，用户可以根据需要将行高和列宽调整为不同。

利用格式菜单进行精确调整行高和列宽的方法是：选定调整的对象；选择"格式"→"行（列）"→"行高（列宽）"命令，在出现的如图 5-26 所示的对话框中输入行高（列宽）值，单击"确定"按钮。

图 5-26 "行高"及"列宽"对话框

使用鼠标调整行高（列宽）的方法是：将鼠标移到要调整的行（列）的标题下（右）侧的边线上，当鼠标指针变为双向箭头时，按住鼠标左键，向上、下、左、右拖动到所需的高度或宽度即可。

2. 自动套用格式

Excel 预先定义了 17 种工作表格式，用户可以套用这些格式快速设置表格。自动套用格式的使用方法为：选择要格式化的单元格区域；选择"格式"→"自动套用格式"命令，在出现的"自动套用格式"对话框中选择一种需要的自动套用格式，单击"确定"按钮。

3. 格式的复制和删除

如果有的区域要采用与某一个已格式化区域完全相同的格式，不必重复设置，可以通过格式复制来快速完成。

格式复制的操作步骤是：选定所需已经格式化的单元格或区域；单击常用工具栏上的格式刷按钮 ；用鼠标在目标区域拖动即可。

使用"编辑"→"清除"→"格式"命令即可删除格式。

4. 工作簿的打印

1）页面设置

在打印工作表之前，应根据需要设置纸张大小、打印方向、页边距、页眉/页脚等。选择"文件"→"页面设置"命令，出现如图 5-27 所示的"页面设置"对话框，再根据需要选择相应的选项，填入适当的数据，单击"确定"按钮即可。

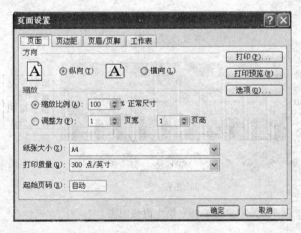

图 5-27 "页面设置"对话框

2）设置打印区域

在打印前，要对打印的区域进行设置，否则会把整个工作表作为打印区域。如果只想打印工作表中的某一部分的数据和图表，可以通过设置打印区域实现。设置方法如下：

① 选定需要打印区域。

② 选择"文件"→"打印区域"→"设置打印区域"命令，选定区域的边框上出现虚线，表示 Excel 把选定的区域作为打印的区域。

还可以在选定需要打印的区域后，选择"文件"→"打印"命令，就会出现"打印设置"对话框，在此对话框的"工作表"框内，选择"选定区域"，就可在打印时只打印指定的区域。

要取消打印区域的设置，可以选择"文件"→"打印区域"→"取消打印区域"命令即可。另外，设置的打印区域也可以在分页预览中直接修改。

3）打印

有 4 种方法可以启动打印：

① 单击常用工具栏上的打印按钮 直接打印。

② 选择"文件"→"打印"命令。

③ 在"页面设置"对话框中单击打印按钮。

④ 在"打印预览"对话框中单击打印按钮。

使用后三种方法将弹出打印对话框，可根据需要进行设置。

5.5 图表及其操作

用图表表示数据和计算结果，是一种非常形象、直观的方法。图表能够将工作表中抽象的数据直观、生动地展示出来。

5.5.1 图表的基本操作

【例 5-4】用簇状柱形图把图 5-11 学生成绩表中的数据以图表形式表现出来，图表分类（X 轴）为学生姓名，Y 轴为成绩，图表包含标题、图例等项目，完成后的图表如图 5-28 所示。

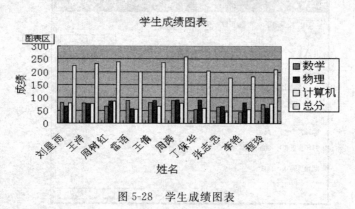

图 5-28 学生成绩图表

操作步骤如下。

1. 创建图表

（1）在图 5-11 中，选择单元格区域 A1：E11。

（2）选择"插入"→"图表"命令，或单击"常用"工具栏中的"图表向导"按钮 ，打开如图 5-29 所示的"图表向导-4 步骤之 1-图表类型"对话框。

（3）在"图表类型"列表框中选择柱形图，再在"子图表类型"栏中选择簇状柱形图。单击"下一步"按钮,显示如图 5-30 所示"图表向导-4 步骤之 2-图表源数据"对话框。

图 5-29　图表向导之 1

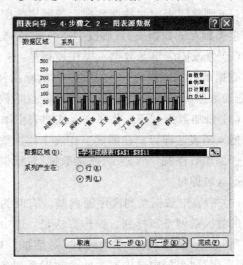

图 5-30　图表向导之 2

（4）在"系列产生在"选项中选择数据系列是在"列"上。如果数据产生在行,则图表将把工作表中的每一行数据作为一个数据系列;如果数据产生在列,则图表把工作表中的每一列数据作为一个数据系列。

（5）单击"下一步"按钮,显示如图 5-31 所示的"图表向导-4 步骤之 3-图表选项"对话框,在"图表标题"选项中输入"学生成绩图表",在"分类（X）轴"选项中输入"姓名",在"数值（Y）轴"选项中输入"成绩"。

（6）单击"下一步"按钮,显示"图表向导-4 步骤之 4-图表位置"对话框,如图 5-32 所示,选择"作为其中的对象插入",单击"完成"按钮结束。

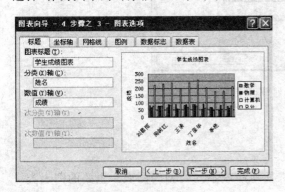

图 5-31　图表向导之 3

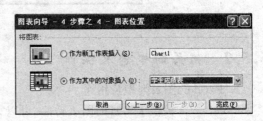

图 5-32　图表向导之 4

Excel 的图表有嵌入式图表和工作表图表两种类型。嵌入式图表与创建图表的数据源在同一张工作表中,打印时也同时打印。工作表图表是只包含图表的工作表,打印时与数据表分开打印。若在工作表中插入图表,应创建嵌入式图表,若在工作簿的其他工作表插入图表,应创建工作表图表。无论哪种图表都与创建它们的工作表数据相连接,当修改工作表数据时,图表会随之更新。

2. 编辑图表

（1）删除图表中的数据系列。若要删除图表中某一数据系列，应先激活图表，再单击任意一个要删除的数据条，然后按 Delete 键或选择"编辑"→"清除"命令即可。

（2）修改图表单元数据。操作步骤是：选择图表；选择含有要修改数据的数据系列，此时该数据条的周围出现 8 个句柄；将鼠标指针移到顶端框线中间，当指针变成上下双箭头时，拖动鼠标向上或向下移动，即可改变该项数据的值。

（3）添加数据系列。要在嵌入式图表中添加数据，只要在工作表中选中要添加的数据，将其拖入图表区即可。在图表工作表中添加数据的步骤是：单击图表工作表标签，选择"插入"→"添加数据"命令，显示"添加数据"对话框，单击其中的"折叠对话框"按钮，选中要添加的数据区域即可。

（4）图表中数据系列次序的调整。有时为了便于数据之间的对比和分析，可以把工作表中的数据系列重新排列。操作方法是：选中图表中的某一数据系列；选择"格式"→"数据系列"命令，显示"数据系列格式"对话框。选择"系列次序"选项卡，如图 5-33 所示；在"系列次序"列表框中选中要改变的数据系列名称，单击"上移"或"下移"按钮，就可以改变数据系列的次序。

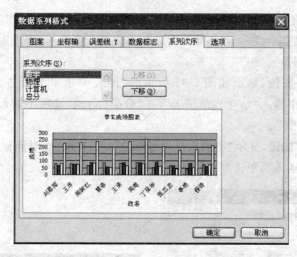

图 5-33 "数据系列格式"对话框

5.5.2 相关的概念及操作

1. Excel 的图表类型及用途

Excel 2003 提供了丰富的图表功能，可以方便地绘制不同类型的图表。主要的图表类型及特点如下。

柱形图：用于描述数据随时间变化的趋势或各项数据之间的差异。

条形图：与柱形图相似，它强调数据的变化。

折线图：显示在相等时间间隔内数据的变化趋势，它强调时间的变化率。

面积图：强调各部分与整体间的相对大小关系。

饼图：显示数据系列中每项占该系列数值总和的比例关系，只能显示一个数据系列。

利用数据生成图表时，要依照具体情况选用不同的图表，正确选用图表，可以使数据变得更加简单、清晰。

2. 图表的组成

通常的图表一般都包括图表区、图表标题、数据系列、坐标轴、坐标轴标题、网格线、图例、背景墙等基本元素,如图5-34所示。

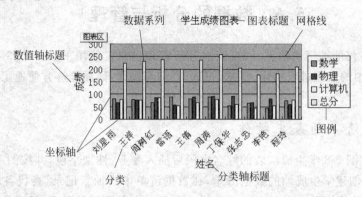

图5-34　图表的组成要素

图表区:整个图表及其包含的元素。

图表标题:关于图表内容的说明文本,与坐标轴对齐或在图表顶端居中。

数据系列:数据系列是同类数据的集合,在图表中表示绘制值的直线、矩阵或其他元素,每个数据系列以不同的颜色和图案加以区别。

分类:分类反映系列中元素的数目。

坐标轴:计量和比较的参考线,一般包括X轴、Y轴。

网格线:图表中从坐标轴刻度线延伸开来并贯穿整个绘图区的可选线条系列。

图例:用于标示图表中的数据系列。

数据表:在图表下面的网格中显示每个数据系列的值。

3. 图表工具栏

选择"视图"→"工具栏"→"图表"命令,可以激活图表工具栏,或者选择图表后,也会出现"图表"工具栏,其上的按钮及功能如图5-35所示。

图5-35　图表工具栏

4. 编辑整张图表

(1) 图表的移动、复制、缩放和删除。图表的移动、复制、缩放及删除与图形处理的操作方法完全相同。

(2) 改变图表类型。对于已经建立的图表,可以根据需要改变其类型,方法是:选定该图表,选择"图表"→"图表类型"命令,在如图5-29所示的"图表类型"对话框中选择所需的图表类型和子类型。

此外,也可以单击图表工具栏中的"图表类型"按钮的下拉箭头,从中选择所需的图表类型,但无法选择子类型。

(3) 改进图表的外观。建立图表以后,还可以根据需要在图表中添加或修改创建时未设置的图表项,这些操作可通过图表工具栏来设置。

5. 插入图片和绘制图形

在 Excel 的图表和工作表中可以像 Word 一样插入剪贴画、图片文件、艺术字和其他对象,可以绘制自选的图形,同样也可对这些对象进行编辑和设置。

5.6 数据的分析与管理

Excel 表格不仅能够记录信息,而且能够分析管理信息。使用 Excel 2003 可以按自己的方式对工作表中的数据进行排序、汇总、筛选、查询等操作,因而能够方便地了解记录数据所隐含的意义。

5.6.1 数据清单的基本操作

【例 5-5】 在图 5-8 学生成绩表的姓名字段后插入专业、性别字段,并按图 5-36 输入数据。根据图 5-36 创建学生成绩的数据清单,在数据清单中添加新记录,查找各科成绩大于 70 分的记录;使用自动筛选功能,筛选出总分大于 230 分的女生的记录,然后取消筛选;根据专业建立分类汇总表,分级显示各专业总分之和,然后取消分类汇总。

操作步骤如下。

1. 利用数据清单添加记录、查询符合条件的记录

(1) 在图 5-36 中,选中数据清单中的任意一个单元格,选择"数据"→"记录单"命令,出现如图 5-37 所示的记录编辑对话框。

(2) 在记录编辑对话框中单击"新建"按钮,出现一个空白记录,在其中输入新记录。输入完毕后,按 Enter 键添加记录,单击"关闭"按钮完成新记录的添加。

(3) 查找需要的记录,可在图 5-37 所示的对话框中单击"条件"按钮,随即会出现空白记录单,在该记录单的数学、物理、计算机的记录框中都输入">70",然后单击"上一条"或"下一条"按钮,就可以查找出符合条件的第 2,6 条记录。

图 5-36 修改后的"学生成绩表"　　　　图 5-37 记录编辑对话框

2. 数据筛选

筛选总分大于 230 分的女生记录的操作步骤为:

(1) 单击数据清单的任意一个单元格,选择"数据"→"筛选"→"自动筛选"命令,此时在数据清单的每一个字段旁都有一个下拉按钮,即筛选按钮。

(2) 单击“性别”后的筛选按钮，从中选择“女”，如图 5-38 所示。

(3) 单击“总分”后的筛选按钮，从中选择“自定义”，屏幕显示如图 5-39 所示的“自定义自动筛选方式”对话框。在第一个条件下拉列表框中选择“大于”，并在其后的下拉列表框中输入“230”，单击“确定”按钮。筛选结果如图 5-40 所示。

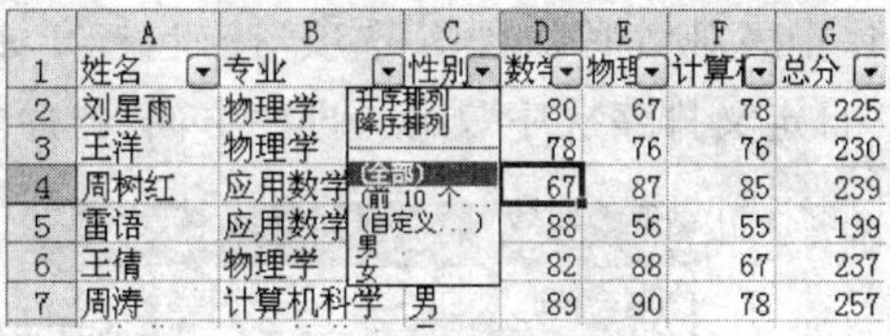

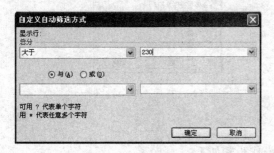

图 5-38　利用自动筛选功能筛选

图 5-39　“自定义自动筛选方式”对话框

	A	B	C	D	E	F	G
1	姓名	专业	性别	数学	物理	计算机	总分
4	周树红	应用数学	女	67	87	85	239
6	王倩	物理学	女	82	88	67	237

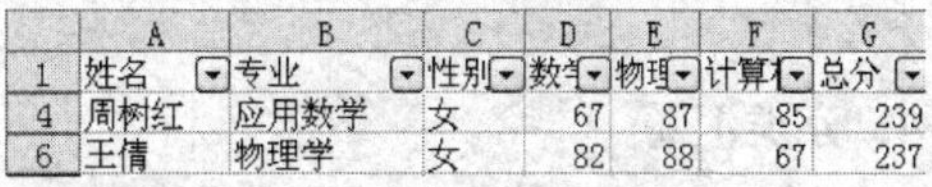

图 5-40　总分大于 230 分的女生筛选结果

(4) 选择“数据”→“筛选”→“全部显示”命令，就会取消筛选结果，显示出全部数据。

图 5-38 中的筛选条件及功能如表 5-4 所示。

表 5-4　筛选条件选项

选　项	功　　能
全部	显示本列标题的全部记录
前 10 个	显示“自动筛选前 10 个”对话框，通过指定项的百分比或项的数目，并选择从数据清单的顶端或底端显示，允许用户筛选指定数量的数据
自定义	显示“自定义自动筛选”对话框，使用户能够建立“与”或“或”关系的筛选条件
确切值	只显示数据清单中包含这个确切值的记录，如果需要选定多个确切值，可使用“自定义”选项
空白	只显示此列中含有空白单元格的数据行
非空白	只显示此列中含有数据的行

3. 数据排序

为了观察数据或查找方便，需要对数据进行排序。排序的字段通常称为关键字。Excel 允许同时最多对 3 个关键字进行排序。

(1) 按单个关键字排序。如果要按单个字段进行排序，可以利用常用工具栏上的按钮来完成。方法是：单击需要排序数据列中的任意一个单元格，再单击常用工具栏上的“升序”按钮 或“降序”按钮 即可。

(2) 按多个关键字排序。有时需要根据多条件对数据进行排序，如对学生成绩表先按“专业”排序，“专业”相同时再按“总分”排序，“总分”相同时再按“数学”进行排序，其排序方法是：单击数据区任意单元格；选择“数据”→“排序”命令，出现如图 5-41 所示的“排序”对话框。根据排序的先后次序分别确定“主要关键字”、“次要关键字”、“第三关键字”等，排序方式可选择“升序”或“降序”。单击“确定”按钮即完成复杂排序。

在排序对话框中单击"选项"按钮,打开如图5-42所示的"排序选项"对话框,其中可以设置"自定义排序次序"数据、排序方向、排序方法等。

 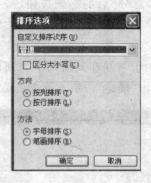

图 5-41 "排序"对话框　　　　　　　图 5-42 "排序选项"对话框

4. 分类汇总

(1) 建立分类汇总表。建立分类汇总表的操作步骤如下:

① 选中图5-36中"专业"项中的任意一个单元格,单击工具栏中的"排序"按钮,就会出现如图5-43所示的按"专业"进行自动排序的工作表。

② 选中工作表中的任一单元格,选择"数据"→"分类汇总"命令,屏幕出现如图5-44所示的对话框,在"分类字段"中选择"专业",在"汇总方式"中选择"求和",在"选定汇总项"中选择"总分",单击"确定"按钮。分类汇总后的工作表如图5-45所示。

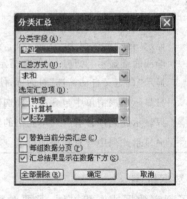

图 5-43 按"专业"排序的结果　　　　　图 5-44 "分类汇总"对话框

(2) 分类汇总数据的分级显示。如图5-45所示,分类汇总工作表的左侧出现分级显示区,在默认情况下,数据会分三级显示。在分级显示区上方有3个按钮,可以用来控制显示的数据级别。各按钮的作用如下:

"1"按钮:只显示工作表中的列标题和总计结果。

"2"按钮:显示列标题、各个分类汇总结果及总计结果。

"3"按钮:显示所有详细数据。

"+":展开数据。

"—":折叠数据。

		A	B	C	D	E	F	G
	1	姓名	专业	性别	数学	物理	计算机	总分
	2	周涛	计算机科学	男	89	90	78	257
	3	张志忠	计算机科学	男	65	67	45	177
	4	程玲	计算机科学	女	73	60	77	210
	5		计算机科学 汇总					644
	6	刘星雨	物理学	男	80	67	78	225
	7	王洋	物理学	女	78	76	76	230
	8	王倩	物理学	女	82	88	67	237
	9	李艳	物理学	女	45	82	54	181
	10		物理学 汇总					873
	11	周树红	应用数学	女	67	87	85	239
	12	雷语	应用数学	男	88	56	55	199
	13	丁保华	应用数学	男	53	92	60	205
	14		应用数学 汇总					643
	15		总计					2160

图 5-45 分类汇总结果

(3) 取消分类汇总。取消分类汇总的方法是：在图 5-44 所示的对话框中单击"全部删除"按钮，就会返回到分类汇总前的状态。

分类汇总就是选取数据清单的一部分，然后就其中的某一字段按某种分类方式进行汇总并显示出来。Excel 提供的分类汇总功能可在数据清单的基础上方便地生成分类汇总表，使数据统计简便易行。

在对某字段进行分类汇总前，必须对该字段进行排序，以便使分类字段值相同的记录排在一起。分类汇总包括对单个字段和多个字段的分类汇总，汇总方式有求和、计数、求平均值、最大值等。

如果要对同一数据表进行不同方式的分类汇总，可以再重复分类汇总的操作。例如，在图 5-45 所示的结果中还希望得到汇总的平均值，操作方法是：选择"数据"→"分类汇总"命令，在"分类汇总"对话框的"汇总方式"中选择"平均值"，在"选定汇总项"中选择要求平均值的数据项，并取消选中的"替换当前分类汇总"选项，单击"确定"按钮，即可叠加多种汇总。

5.6.2 相关的概念及操作

Excel 具有数据库管理的一些功能，借助于数据清单技术可以处理结构化的数据。在数据清单中，可以利用记录单方便地添加、删除、查找数据，也可以对数据进行排序、筛选、汇总等操作。此外，还可以利用数据透视表对大量数据快速汇总，建立交叉列表。

1. 数据清单

在 Excel 中，数据清单是包含相似数据组的带标题的一组工作表数据行。可以将数据清单看作数据库，其中行作为数据库中的记录，列对应数据库中的字段，列标题作为数据库中的字段名。借助数据清单，Excel 就能把数据库中的数据管理功能应用到数据清单中的数据上。

数据清单是一种特殊的表格，其特殊性在于此类表格至少由表结构和纯数据两个必备部分构成。表结构为数据清单中的第一行列标题，Excel 将利用这些标题名对数据进行查找、排序、筛选等操作。纯数据部分则是 Excel 实施管理功能的对象，该部分不允许有非法数据出现。

创建数据清单的方法与创建工作表的方法相同，但应遵守以下准则：

- 避免在一张工作表中建立多个数据清单,如果在工作表中还有其他数据,要与数据清单之间留出空行、空列。
- 在数据清单的第一行里创建列标题,且列标题名必须唯一。
- 单元格中数据的对齐方式可用格式工具栏上的对齐方式按钮来设置,不要用输入空格的方法来调整。

添加、删除、修改、查找记录可在记录单中进行。

2. 数据有效性检查

在 Excel 中,利用"数据有效性"中的选项,可以强制性地指定输入数据格式,以预防数据输入的错误。

例如,对学生成绩表中数学成绩单元格进行数据有效性检查,要求输入的数学成绩在 0～100 分之间。操作步骤如下:

① 选择"数学"字段列中的单元格。选择区包括已输入数据的单元格及其下面的将要输入数据的空白单元格。

② 选择"数据"→"有效性"命令,屏幕出现如图 5-46 所示的"数据有效性"对话框。选择"设置"选项卡,在"有效性条件"选项区的"允许"下拉列表中,指定数据格式为"小数",在出现的"数据"下拉列表中选择"介于",在"最小值"和"最大值"文本选项框中分别输入 0 和 100。

"允许"下拉列表中可选择"任何数据"、"整数"、"小数"、"序列"、"日期"、"时间"、"文本长度"和"自定义"数据格式。当选择了数据格式后,下面会出现另外的文本框,用以指定其他的条件或限制。

③ 单击"输入信息"选项卡,选择"选定单元格时显示输入信息"(此框是可选项,使用它能帮助用户明确输入要求,避免输入错误),以指定当一个单元格被选择时显示的信息。在"标题"、"输入信息"文本框中按如图 5-47 所示输入内容。

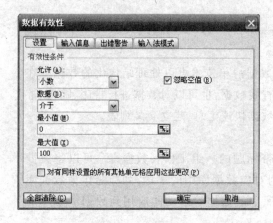

图 5-46 "设置"选项卡

图 5-47 "输入信息"选项卡

④ 选择"出错警告"选项卡,选择"输入无效数据时显示出错警告",以指定当用户输入无效数据时,显示的错误信息的类型。在"样式"中可以选择"停止"(不许再输入)、"警告"(提醒用户,但仍允许输入)或"信息"(显示某个注释,但允许继续输入)。在"标题"、"错误信息"文本框中按如图 5-48 所示输入内容。单击"确定"按钮完成设置。

当输入错误的数学成绩时,就会显示图 5-49 所示的"错误信息"对话框。

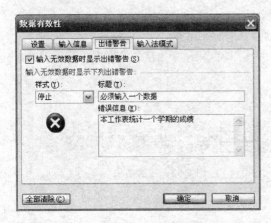

图 5-48 "出错警告"选项卡

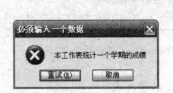

图 5-49 "错误信息"对话框

3. 高级筛选

使用筛选可以快速查找并显示满足条件的记录,而暂时隐藏不符合条件的记录。筛选包括"自动筛选"和"高级筛选"。前者是对整个数据清单操作,筛选结果将在原数据区域显示;后者则通过"高级筛选"对话框指定筛选的数据区域,筛选结果可在原区域或某一指定区域显示。

使用高级筛选功能可以对某个列或多个列应用多个筛选条件。为了使用此功能,应先在数据列表以外的区域建立条件区域,输入对应的筛选条件,而且条件区域中至少要有两行,首行为与数据列表对应列标题完全相同的标题。设置条件时,处于同一行上的条件之间是逻辑"与"关系,不同行之间则是逻辑"或"关系。

下面举例说明使用高级筛选的例子。从学生成绩表中筛选出总分小于 230 分的男生,操作步骤如下:

① 将筛选条件输入工作表中任意空白区域,如图 5-50 所示。

	A	B	C	D	E	F	G	H	I	J
1	姓名	专业	性别	数学	物理	计算机	总分			
2	周涛	计算机科学	男	89	90	78	257			
3	张志忠	计算机科学	男	65	67	45	177			
4	程玲	计算机科学	女	73	60	77	210		总分	性别
5	刘星雨	物理学	男	80	67	78	225		>230	男
6	王洋	物理学	女	78	76	76	230			
7	王倩	物理学	女	82	88	67	237			
8	李艳	物理学	女	45	82	54	181			
9	周树红	应用数学	女	67	87	85	239			
10	雷语	应用数学	男	88	56	55	199			
11	丁保华	应用数学	男	53	92	60	205			

图 5-50 设定的筛选条件

② 选择数据清单,执行"数据"→"筛选"→"高级筛选"命令,打开"高级筛选"对话框,如图 5-51 所示。

③ 在"高级筛选"对话框中单击"条件区域"的折叠按钮,选择筛选条件所在的单元格区域。如果想保留原始的数据列表,将符合条件的记录复制到其他位置,应选中"方式"选项中的"将筛选结果复制到其他位置",并在"复制到"框中输入待复制的位置。

④ 单击"确定"按钮，即可看到筛选结果如图 5-52 所示。

图 5-51 "高级筛选"对话框

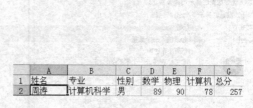

图 5-52 筛选结果

4. 数据透视表

分类汇总一次只能对具有相同汇总方式的字段进行汇总。如果要对多个汇总方式不同的字段进行统计，则采用数据透视表功能比较方便。下面以"分别统计学生成绩表中各专业的男、女生人数"为例介绍数据透视表。

建立数据透视表。操作步骤如下：

（1）单击数据清单的任意一个单元格，选择"数据"→"数据透视表和数据透视图"命令，屏幕显示"数据透视表和数据透视图向导——3 步骤之 1"对话框，在其中选择待分析的数据源类型为"Microsoft Office Excel 数据列表或数据库"，指定所创建的报表类型为"数据透视表"，单击"下一步"按钮。

（2）屏幕显示如图 5-53 所示的"数据透视表和数据透视图向导——3 步骤之 2"对话框，在"选定区域"中输入选定数据源的位置，或者使用折叠按钮在工作表中选取数据，单击"下一步"按钮。

图 5-53 数据透视表和数据透视图向导——3 步骤之 2

（3）屏幕显示如图 5-54 所示的"数据透视表和数据透视图向导——3 步骤之 3"对话框，选择数据透视表的显示位置。

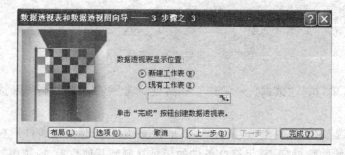

图 5-54 数据透视表和数据透视图向导——3 步骤之 3

单击"布局"按钮,打开如图 5-55 所示的"数据透视表和数据透视图向导——布局"对话框,在其中构造数据透视表。图中右侧以按钮形式列出了数据列表的所有字段,可用鼠标将要分类的字段拖入"行"或"列"的位置,成为透视表的行或列标题;将要汇总的字段拖入"数据区",拖入"页"位置的字段将成为分页的依据。

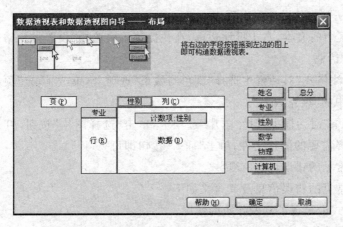

图 5-55　数据透视表和数据透视图向导——布局

Excel 中"计数"和"求和"是两种默认的汇总方式,如果拖入的是数字型,默认求和;如果拖入的是非数字型,默认计数。另外,Excel 还提供了平均值、最大值、最小值等函数,要改变汇总方式,可双击数据区中待改变的汇总项,在打开的"数据透视表字段"对话框中进行选择。

(4) 单击"确定"按钮,返回图 5-54,单击"完成"按钮,结果如图 5-56 所示。

图 5-56　各专业男、女生人数数据透视表

5.7　问　与　答

(1) 怎样在 Excel 工作簿单元格中建立超链接?

答:在 Excel 中,利用超链接可将一系列的工作簿组合在一起,能为用户提供"随叫随到"的支持文档,可访问 Web 上的资源。通过选择"插入"→"超链接"命令,在打开的"插入超链接"对话框中进行设置。设置完成后,单元格中的文本被加上了下划线。在使用时只需单击加了下划线的文本即可激活与之链接的文档。

(2) Excel 2003 单元格中怎样利用批注显示图片？

答：操作方法如下：

① 选择单元格。

② 执行"插入"→"批注"命令，该单元格右上角出现批注标志，右击该单元格，在快捷菜单中选择"编辑批注"命令，批注框出现。

③ 删除批注框中的文本，右击批注边框，在快捷菜单中选择"设置批注格式"命令，打开"设置批注格式"对话框。

④ 在"设置批注格式"对话框中选择"颜色与线条"选项卡，单击"填充"项的"颜色"后的下拉按钮，选择其中的"填充效果"。

⑤ 在"填充效果"对话框中选择"图片"选项卡，单击"选择图片"按钮，打开"选择图片"对话框，在其中选择需要的图片文件，单击"插入"按钮即可。

(3) Excel 中常见的错误信息有哪些？

答：Excel 中常见的错误信息及其含义如下：

♯Div/0!：公式中出现了 0 做除数的情况。

♯NA：没有有效值。

♯NAME?：公式中使用了工作簿中未定义的区域名。

♯NULL!：想使用两个范围的交集，但这两个范围不相交。

♯Num!：可能某函数参数在允许范围之外或是无效值，或者使用迭代函数时，因输入的运算次数太少而不能得出计算结果。

♯REF!：公式中引用了已经删除的范围。

♯VALUE!：公式中有文本作为计算参数。

♯♯♯♯♯：单元格容纳不下计算结果。

(4) 如何在多个工作表的同样单元格中输入相同的内容？

答：有两种操作方法：

① 按住 Ctrl 键，单击待输入内容的工作表标签，建立一个工作组，然后在单元格中输入内容。

② 选定单元格并输入内容；按住 Ctrl 键，单击待输入内容的工作表标签，建立一个工作组；选择"编辑"→"填充"→"至同组工作表"，在打开的"填充成组工作表"对话框中选择填充方式后，单击"确定"按钮。

习 题 5

1. 单选题

(1) Excel 处理的对象是_____。

A. 工作簿　　　　B. 文档　　　　C. 程序　　　　D. 图形

(2) Excel 的主要功能是_____。

A. 表格处理，文字处理，文件处理　　B. 表格处理，网络通信，图表处理

C. 表格处理，数据库管理，图表处理　　D. 表格处理，数据库管理，网络通信

(3) Excel 工作簿的扩展名是_____。
  A. .DOC   B. .TXT   C. .XLS   D. .XLT
(4) 函数 AVERAGE(a1:b5)相当于_____。
  A. 求(a1:b5)区域的最小值   B. 求(a1:b5)区域的平均值
  C. 求(a1:b5)区域的最大值   D. 求(a1:b5)区域的总和
(5) 一张 Excel 工作表共有_____个单元格。
  A. 265×265   B. 65 536×265   C. 65 536×256   D. 256×256
(6) 在 A2 和 B2 单元格分别输入数值 7 和 6,再选定 A2:B2 区域,将鼠标指针放在该区域的填充柄上拖动到 E2,则 E2 单元格的值是_____。
  A. 3   B. 6   C. 5   D. 7
(7) 在 Excel 工作表中,数据清单的行就是一个_____。
  A. 域   B. 记录   C. 字段   D. 表
(8) 在 Excel 的数据排序中,允许用户最多指定_____个关键字。
  A. 2   B. 3   C. 4   D. 1
(9) 在 Excel 中,产生图表的数据发生变化后,图表_____。
  A. 会发生相应的变化   B. 会发生变化,但与数据无关
  C. 不会发生变化   D. 必须进行编辑后才会发生变化
(10) 在 Excel 中,在进行分类汇总前,必须对_____字段进行排序。
  A. 字符   B. 字母   C. 分类   D. 逻辑
(11) 在 Excel 中,对数值进行求和的函数是_____。
  A. COUNT   B. IF   C. MIN   D. SUM
(12) 在 Excel 中,最适合反映单个数据在所有数据构成的总和中所占比例的一种图表类型是_____。
  A. 柱形图   B. 折线图   C. 面积图   D. 饼图
(13) 在单元格中输入分数 1/4 时,正确的输入格式是_____。
  A. 01/4   B. 0 1/4   C. 1/4   D. 1-4
(14) Excel 工作界面中的一个特有元素是_____。
  A. 标题栏   B. 菜单栏   C. 状态栏   D. 编辑栏
(15) 当要插入 N 张工作表时,在插入位置要选择连续的_____张工作表。
  A. 大于 N   B. 小于 N   C. 等于 N   D. 任意
(16) 在 Excel 中,系统默认每一个工作簿有_____张工作表。
  A. 3   B. 256   C. 255   D. 265
(17) 启动 Excel 后,系统会自动产生一个名为_____的工作簿文件。
  A. Excel   B. Book1   C. Doc1   D. Work1
(18) Excel 工作表的默认名字是_____。
  A. Book   B. Sheet   C. Paper   D. Table
(19) 在 Excel 中,要构成绝对引用,必须在构成单元格地址的字母和数字前加符号_____。
  A. $ B. ^   C. %   D. ~

(20) 没有进行"边框"设置的工作表,打印出来后,看到的是_____。
A. 有网格线　　　　　　　　　　B. 无网格线
C. 时而有、时而无网格线　　　　D. 一部分有,一部分无

(21) 在 Excel 工作表中,按住_____键可以选择不连续的单元格区域。
A. Ctrl　　　　B. Alt　　　　C. Shift　　　　D. Backspace

(22) 在 Excel 中,要在单元格中输入数字字符串 650093,应输入_____。
A. 650093　　　B. "650093"　　C. "650093　　　D. '650093

(23) 在某个单元格中输入(555),则该单元格中的内容是_____。
A. 字符串 555　　B. 字符串(555)　　C. 数值 555　　D. —555

(24) 在 Excel 中,要清除单元格的内容,可以用_____键。
A. Del　　　　B. Backspace　　C. Ctrl　　　　D. Shift

(25) 在 Excel 中,筛选结果可在原有区域或某一指定区域显示的筛选是_____键。
A. 一般筛选　　B. 自动筛选　　C. 高级筛选　　D. 自定义筛选

2. 多选题

(1) Excel 允许使用的数据类型有_____。
A. 日期型　　　B. 文本型　　　C. 数值型　　　D. 逻辑型

(2) 输入负数时,应_____。
A. 在数字前加"—"　　　　　　B. 把数字用"()"括起来
C. 在数字前加"'"　　　　　　D. 在数字前加","

(3) Excel 中可以进行自动填充的序列有_____。
A. 等差序列　　B. 等比序列　　C. 日期　　　　D. 任意序列

(4) 工作表的移动和复制可在_____进行。
A. 同一工作表中　B. 同一工作簿中　C. 不同工作簿中　D. 不同文件中

(5) 对单元格命名时,单元格的名称可以指定在_____。
A. 首行　　　　B. 最左列　　　C. 尾行　　　　D. 最右列

(6) Excel 的三要素是_____。
A. 工作簿　　　B. 工作表　　　C. 单元格　　　D. 区域

(7) 在 Excel 的输入状态下,可以用_____取消刚才的输入。
A. 单击编辑栏上的"×"按钮　　B. 单击编辑栏上的"√"按钮
C. 按 Esc 键　　　　　　　　　D. 按 Enter 键

(8) 下列关于 Excel 的基本概念,正确的是_____。
A. 一个工作簿中最多包含 255 张工作表
B. 工作表不能脱离工作簿单独存在
C. 新建工作簿中默认有 3 张工作表
D. 双击单元格,光标变为"Ⅰ"时就进入输入状态

(9) 单元格保护的使用范围是_____。
A. 防止单元格修改　　　　　　B. 防止单元格删除
C. 隐藏单元格　　　　　　　　D. 防止单元格移动

(10) Excel 规定的数字格式有_____。
A. 百分比　　　　　B. 数值　　　　　C. 会计专用　　　　D. 日期
(11) 在 Excel 中，文本可以包含_____。
A. 汉字　　　　　　　　　　　　　　B. 英文字符和数字符号
C. 空格　　　　　　　　　　　　　　D. 其他键盘可输入的字符
(12) 在 Excel 中，要改变单元格的行高，可以_____。
A. 利用"格式"→"行高"命令　　　　　B. 利用"格式"→"单元格"命令
C. 利用鼠标调整行高　　　　　　　　D. 利用"格式"→"行"→"行高"命令
(13) Excel 中常见的图表类型有_____。
A. 条形图　　　　　B. 柱形图　　　　C. 折线图　　　　　D. 面积图
(14) Excel 窗口的排列方式有_____。
A. 平铺　　　　　　B. 层叠　　　　　C. 水平并排　　　　D. 垂直并排
(15) 下列关于公式和函数，说法正确的是_____。
A. 公式和函数只能在编辑栏中编辑　　B. 公式和函数必须以"="开始
C. 公式或函数不允许复制　　　　　　D. 使用"编辑"→"填充"命令可以复制公式
(16) 在 Excel 中，可在_____两者之间建立链接。
A. 工作表　　　　　　　　　　　　　B. 工作簿
C. Excel 和其他 Windows 应用程序　　D. 单元格
(17) 关于 Excel 图表，说法正确的有_____。
A. 图表与工作表数据相互对立，不自动更新
B. 图表类型一旦确定，生成后不能再更新
C. 图表选项可以在创建时设定，也可以在创建后修改
D. 图表可以作为工作表的对象插入，也可以作为新工作表单独存在
(18) Excel 中的运算符有_____。
A. 数学运算符　　　B. 比较运算符　　C. 文本运算符　　　D. 引用运算符
(19) 在 Excel 中，单元格的引用包括_____。
A. 相对引用　　　　B. 绝对引用　　　C. 混合引用　　　　D. 自然引用
(20) 以下构成 Excel 数据库的条件中，正确的有_____。
A. 每列应包含同一类型的数据　　　　B. 一定要有标题行
C. 不存在全空的行或列　　　　　　　D. 单元格的值不能用空格开头

3. 填空题

(1) 系统默认每一个工作簿有_____张工作表。
(2) 系统的每一个工作簿最多有_____张工作表。
(3) 启动 Excel 2003 后，系统会自动产生一个名为_____的工作簿文件。
(4) 可实现 Excel 2003 中的粘贴命令的组合键是_____。
(5) 可实现 Excel 2003 中复制命令的组合键是_____。
(6) 在 Sheet1 中位于第二行第四列的单元格的单元地址为_____。
(7) 数值型数据的系统默认对齐方式是_____。
(8) 要构成绝对引用，必须在构成单元格地址的字母和数字前增加一个_____符号。

(9) 双击单元格后可对该单元格进行_____。

(10) 在选取工作表中不连续的区域时,首先按下_____键,然后单击需要的单元格区域。

4. 实做题

(1) 在同一个 Excel 工作簿中,按要求创建名字为"计算机产品销售表"的工作表(内容如表 5-5 所示)和名字为"计算机产品销售透视表"的数据透视表,用 Excel 的保存功能直接存盘。

表 5-5 计算机产品销售表

销售员	时间	销售地区	型号	单价(元)	台数	销售额(元)
李力	一季度	0	PC-1	5000	8	
李力	二季度	1	PC-1	4850	10	
李力	三季度	3	PC-2	5600	5	
陈晨	一季度	0	PC-2	5600	8	
陈晨	二季度	1	PC-1	4900	12	

要求:

① 全部单元格的行高、列宽设为最合适的高度和宽度,表格内容水平居中,表格要有可视的外边框和内边框(格式任意)。

② 计算销售额。销售额＝单价×台数,由公式计算产生。

③ 透视表结构为:行字段为型号,列字段为销售员,数据为销售额和台数。

(2) 用 Excel 创建"教师工资表"(内容如表 5-6 所示),按照题目要求完成后,用 Excel 的保存功能直接存盘。

表 5-6 教师工资表

日　期
2008-3

序号	姓名	任教年限系数	任职年限系数	学科节数系数	科目系数	职称系数	教龄系数	系数合计	津贴	工资
1	张杨杨	3	2	15	4	3.65	1		420	
2	钱蔚文	18	7	16	5	5.15	6		620	
3	贺枝俏	9	1	15	5	4.05	3		500	
4	张长勇	15	6	12	5	4.15	5		540	
5	程宇	5	4	14	4	3.85	1.6		460	
6	刘博	3	2	15	3.6	3.65	1		380	
7	青春妍	4	3	11	3.6	3.85	1.2		340	
8	廖宇媚	16	1	14	5	4.21	5.2		580	
平均工资						最高工资				

要求:

① 表格要有可视的边框,并将表中的内容设置为宋体、10.5 磅、居中。

② 为表中的列标题行设置"灰色底纹"图案格式。

③ 用公式计算表格中每人的系数合计和工资,其中"工资＝系数合计×12×4＋津贴"。

④ 在相应的单元格中用函数计算平均工资。

⑤ 在相应的单元格中用函数计算最高工资。

（3）用 Excel 创建演讲比赛评分表（内容如表 5-7 所示），按照题目要求完成后，用 Excel 的保存功能直接存盘。

表 5-7　演讲比赛评分表

编号	1号评委	2号评委	3号评委	4号评委	5号评委	6号评委	7号评委	选手得分	选手名次	获奖等级
1	9.00	8.80	8.90	8.40	8.20	9.10	8.90			
2	5.80	6.80	5.90	6.00	6.90	6.90	6.40			
3	8.00	7.50	7.30	7.40	7.90	8.20	8.00			
4	8.60	8.20	8.90	9.00	7.90	8.30	8.50			
5	8.20	8.10	8.80	8.90	8.40	9.00	8.50			
6	8.00	7.60	7.80	7.50	7.90	7.80	8.00			
7	9.00	9.00	8.50	8.70	8.90	9.50	9.10			
8	9.60	9.50	9.40	8.90	8.80	9.90	9.50			
9	9.20	9.00	8.70	8.30	9.00	8.80	9.10			
10	8.80	8.60	8.90	8.80	9.00	8.30	8.40			

要求：

① 表格要有可视的边框，并将表格中的所有线条设置为双实线、淡蓝色。

② 将表格中的内容设置为绿色、居中，大小为 12 磅。

③ 计算选手得分，其计算方法是在 7 个评委的分数中去掉一个最高分和一个最低分，然后将剩下的分数相加除以 5。

④ 计算出选手的名次，并填入相应的单元格中。

⑤ 用函数计算出选手的获奖等级，并填入相应的单元格中。其中第一名为一等奖，第二、第三名为二等奖，第四、五、六名为三等奖。

第 6 章　PowerPoint 2003 演示文稿制作软件

学习目标：PowerPoint 2003 是微软公司推出的 Microsoft Office 办公套件中的一个组件，它以幻灯片的形式清楚形象地展示演讲内容，在会议演讲、产品推介、商务交流、学校多媒体教学等各个方面和各种场合得到了广泛的应用。本章主要介绍以下内容：

- 新建演示文稿和添加对象；
- 演示文稿的修饰；
- 幻灯片的动画设置；
- 演示文稿的播放；
- 综合应用技巧。

6.1　PowerPoint 2003 概述

　　PowerPoint 2003 的中心内容是演示文稿制作、播放、打包的方法和技巧，其中涉及制作流程、修饰与模板、插入多媒体、播放技巧和异地播放等技术细节。本章以制作简单的幻灯片为引导，使初学者容易入门。随着内容的推进及深入，PowerPoint 的老用户也发现更为巧妙的操作技巧，从而能更熟练、快速地创建满意的演示文稿。

6.1.1　PowerPoint 2003 窗口

　　PowerPoint 2003 启动后，屏幕上将出现如图 6-1 所示的窗口界面，它由标题栏、菜单栏、常用工具栏、格式工具栏、绘图工具栏、状态栏、视图按钮、幻灯片窗口几个部分组成，与 Word 2003 的窗口界面非常相似，操作方法也基本相同，大部分内容前面几章已经详细介绍过，这里就不再赘述，只介绍不同的部分。

1. 幻灯片视图

　　PowerPoint 2003 有 3 种主要视图：普通视图、幻灯片浏览视图和幻灯片放映视图。每种视图能从不同的侧面展示一个演示文稿的内容。在窗口界面的左下角有 3 个按钮，依次为普通视图、幻灯片浏览视图、幻灯片放映视图，其中凹进去的按钮表示当前显示方式，单击这些按钮可以方便地改变当前的显示方式。

　　1）普通视图

　　普通视图是系统默认的视图模式，可用于撰写或设计演示文稿。该视图有 4 个工作区域：左侧为幻灯片文本大纲和幻灯片缩略图（主要用于显示、编辑演示文稿的大纲，其中列出了演示文稿中每张幻灯片的页码、主题以及相应的要点）；中间为幻灯片框（主要用于显示、编辑演示文稿中幻灯片的详细内容）；右侧是"任务窗格"（主要用于快速执行常用的任

图 6-1　PowerPoint 2003 窗口界面

务);底部为备注框(主要用于为对应的幻灯片添加提示信息,对演讲者起备忘、提示作用,在实际播放演示文稿时观众看不到备注栏中的信息)。

2) 幻灯片浏览视图

它以最小化的形式显示演示文稿中的所有幻灯片,在这种视图下可以进行幻灯片重新排列、添加或删除幻灯片、幻灯片动画设计、幻灯片放映设置和幻灯片切换设置等。

3) 幻灯片放映视图

幻灯片放映视图是以最大化方式显示文稿中的每张幻灯片,最终的文稿演示就是在这里进行的。进入幻灯片放映视图后,PowerPoint 2003 的窗口就不见了,每张幻灯片满屏显示。每按一次鼠标左键(或回车键),屏幕就显示下一张幻灯片,能看到幻灯片中给各对象添加的特殊视觉或声音效果,退出演示状态可按 Esc 键。

2. 任务窗格

任务窗格位于工作界面的右侧,用来显示设计演示文稿时经常会用到的命令,以方便处理很多经常要执行的任务。例如,设置幻灯片版式、对幻灯片中的对象进行自定义动画、进行幻灯片设计以及设置幻灯片切换效果等。如果没有显示任务窗格,可以执行"视图"→"任务窗格"命令来打开它。

3. 工具栏上的"新幻灯片"按钮

其功能是建立一个演示文稿并在"幻灯片版式"对话框中选择一种幻灯片版式创建新幻灯片。

6.1.2　PowerPoint 2003 相关概念介绍

1. 演示文稿

所谓"演示文稿",就是指人们在介绍自身或组织情况、阐述计划及观点时,向大家展示的一系列材料。它由一张或若干张幻灯片组成,每张幻灯片一般至少包括两部分内容:幻灯片标题和若干文本条目,通常在第一张幻灯片上单独显示演示文稿的主标题,在其余幻灯片上分别列出与主标题有关的子标题和文本条目。

"演示文稿"在存储时被视为一个文件,称为演示文件,其扩展名为.PPT。演示文件中除包括若干张幻灯片外,还包括演讲者备注、讲义、大纲和格式信息。制作一个演示文稿的过程实际上就是依次制作一张张幻灯片的过程。

制作演示文稿的最终目的是给观众演示,能否给观众留下深刻印象是评定演示文稿效果的主要标准。为此,在进行演示文稿设计时应遵循重点突出、简洁明了、形象直观的设计原则。在演示文稿中要尽量少用文字,尽可能地使用其他能吸引人的表达方式,如图形、图表、声音、动画等,以加强演示文稿的表达效果。

2. 幻灯片

"幻灯片"是演示文稿的基本构成单位,它与传统的"幻灯片"不同,是用计算机软件制作的一个"视觉形象页",通常只通过屏幕显示出来,并不是实际上的幻灯片。PowerPoint 2003 可以制作多媒体的幻灯片,即每张幻灯片中不仅包含文字和图表,还能包含声音、视频、图片和动画效果。

3. 幻灯片版式

幻灯片版式是一些对象标志符的集合。每当插入一个新幻灯片时,PowerPoint 会自动显示"幻灯片版式"任务窗格,允许用户选择一种"自动版式"用于新幻灯片的制作。自动版式包含标题、文本、剪贴画、图表和组织结构图等对象的占位符(用虚线框表示,相当于文本框)。占位符可以移动位置、改变大小和删除,但前提是要先选取需要进行处理的占位符。

"幻灯片版式"对话框中包括 4 类(文字版式、内容版式、文字和内容版式、其他版式)共 31 个内置的幻灯片版式,每种版式有不同的对象标志和排列位置,如图 6-2 所示。利用"幻灯片版式"对话框可以根据需要选择一种幻灯片布局。例如,文字版式中的第一个"标题幻灯片"版式包括两个文字对象标志符,一个用于标题,一个用于副标题。再如文字和内容版式中第一个版式,其中包括了标题、文本与剪贴画对象标志符。当选择一种幻灯片版式后,就可以在对象区内插入实际的演示文稿内容、文字、图片、图表等。

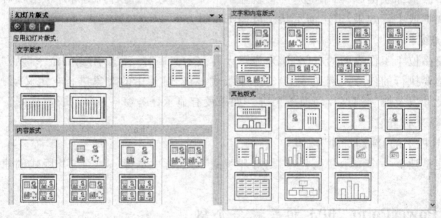

图 6-2 "幻灯片版式"任务窗格

4. 对象

对象就是具有相同或相似属性的物体的集合,它是一个实体,同时具有内在属性和外在表现。凡是由 PowerPoint 创建的东西都是 PowerPoint 的对象。对象是组成幻灯片的基本元素,所有插入到幻灯片上的元素都可以叫对象,比如文字、声音、图片、图形、动画等。

对象的操作遵循"先选定对象,再选择操作项"的规范。对象的操作主要是添加或修改内容;移动、复制或删除对象;修饰对象,还可以改变对象的属性,如边框、颜色、阴影等。因此,制作一张幻灯片的过程实际上就是制作一个个被指定对象的过程。

5. 设计模板

设计模板是一种特殊文件,扩展名为.POT,它有一套预先定义好的颜色和文字特征,利用它可以快速制作幻灯片。PowerPoint 提供了上百种模板,每个模板都表达了某种风格和寓意,适用于某方面的讲演内容。一个演示文稿中的幻灯片可以采用不同的模板,用户可以根据演示文稿选择适合的模板。

6.2 幻灯片制作流程

本节主要介绍制作普通图文混排演示文稿的基本制作流程,包括在幻灯片中的文本、艺术字、图片、自绘图形插入等。并通过一个实例制作过程帮助大家快速上手做出自己的演示文稿。

6.2.1 创建演示文稿和插入对象

1. 创建演示文稿

PowerPoint 2003 提供了 3 种创建演示文稿的方法,如图 6-3 所示。在默认情况下,启动 PowerPoint 2003 后,可以执行"文件"→"新建"命令或按 Ctrl+N 键,在"任务窗格"中选择某一种方法来创建幻灯片。

(1) 创建空演示文稿:从空白幻灯片开始创建演示文稿。

(2) 用设计模板创建演示文稿:从设计模板中选择某些模板来创建演示文稿,这些模板决定演示文稿的设计格式但不包含具体内容。

图 6-3 新建幻灯片的方法

(3) 用内容提示向导创建演示文稿:可直接采用包含建议内容和版式设计的演示文稿。内容提示向导包含各种不同主题的演示文稿示例,如常规、企业、项目、销售等。读者可以从中选择符合自己需要的演示文稿模型作为编制文稿的出发点,在向导的提示下,完成演示文稿的整体设计。

无论采用何种工作方式制作演示文稿,只要建立一张新幻灯片,系统就会出现如图 6-2 所示的"幻灯片版式"任务窗格。读者可以从中选择一种幻灯片的布局,然后开始一张幻灯片的制作。

2. 幻灯片的制作

幻灯片制作的一个重要环节是版式设计,也就是幻灯片的"布局",它涉及组成对象的种类与相对位置的问题,一个好的布局自然会有良好的演示效果。通过在幻灯片中巧妙地安排各个对象的位置,能够更好地达到吸引观众注意力的目的。

下面以生日贺卡为例,介绍幻灯片的操作过程。

【例 6-1】 每逢节日或生日,众朋友纷纷相互发送五彩缤纷的贺卡。下例是用 PowerPoint 制作的一张生日贺卡,制作过程是:收集相关的图片、音乐资料后,启动 PowerPoint 2003 后就可以开工制作了。制作步骤其实也比较简单:输入祝福字符→添加个性图片→设置贺卡背景→设置背景音乐。下面是制作如图 6-4 所示贺卡的操作步骤：

图 6-4　生日贺卡案例

（1）收集两张背景图片、一张生日蛋糕图片和一首生日歌曲的素材。
（2）从"幻灯片版式"对话框的"内容版式"中选择"空白幻灯片"版式，创建一个演示文稿。
（3）执行"插入"→"文本框"→"水平"命令，然后在页面上拖曳出一个文本框，并输入相应的祝福字符。
（4）设置好字体、字号、字符颜色等（本例使用艺术字）。
（5）执行"插入"→"图片"→"来自文件"命令，在幻灯片上插入生日蛋糕图片，采用"复制"→"粘贴"命令将生日蛋糕图片增加到 4 张并且移动到理想的位置。
（6）选择"绘图"工具栏中"基本形状"的"椭圆"图形，如图 6-5 所示，在幻灯片中拖曳出一个大小适中的椭圆。
（7）调整好椭圆图形的大小，并且复制成 4 个椭圆，将其定位在贺卡合适的位置上。
（8）在 4 个"椭圆"中分别输入"生日快乐"4 个字，如图 6-6 所示。

图 6-5　选择图形

图 6-6　插入"对象"后的生日贺卡

6.2.2 与插入对象有关的知识

1. 插入文本框

通常情况下,在演示文稿的幻灯片中添加文本字符时,需要通过文本框来实现:

(1) 执行"插入"→"文本框"→"水平(或垂直)"命令,然后在幻灯片中拖拽出一个文本框来。

(2) 将相应的字符输入到文本框中。

(3) 设置好字体、字号和字符颜色等。

(4) 调整好文本框的大小,并将其定位在幻灯片的合适位置上即可。

注意:也可以用"绘图"工具栏上的文本框按钮来插入文本框,并输入字符。

2. 直接输入文字

如果演示文稿中需要编辑大量文本,可以使用下面直接输入文本的方法:

在"普通视图"下,将鼠标定在左侧的窗格中,切换到"大纲"视图下,然后直接输入文本字符。每输入完一个内容后,按 Enter 键,新建一张幻灯片,输入后面的内容。

注意:如果按下 Enter 键,仍然希望在原幻灯片中输入文本,只要按一下 Tab 键即可。此时,如果想新增一张幻灯片,按下 Enter 键后,再按一下 Shift+Tab 键就可以了。

3. 插入图片

为了增强文稿的可视性,向演示文稿中添加图片是一项基本的操作。

(1) 执行"插入"→"图片"→"来自文件"命令,打开"插入图片"对话框。

(2) 定位到需要插入图片所在的文件夹,选中相应的图片文件,然后单击"插入"按钮,将图片插入到幻灯片中。

(3) 用拖拽的方法调整好图片的大小,并将其定位在幻灯片的合适位置上即可。

注意:在定位图片位置时,按住 Ctrl 键,再按动方向键,可以实现图片的微量移动,达到精确定位图片的目的。

4. 插入 Flash 动画

要想将 Flash 动画添加到演示文稿中,操作稍微麻烦一些:

(1) 执行"视图"→"工具栏"→"控件工具箱"命令,展开"控件工具箱"工具栏。

(2) 单击工具栏上的"其他控件"按钮,在随后弹出的下拉列表中选 Shockwave Flash Object 选项,然后在幻灯片中拖拽出一个矩形框(此为播放窗口)。

(3) 选中上述播放窗口,按工具栏上的"属性"按钮,打开"属性"对话框,在 Movie 选项后面的方框中输入需要插入的 Flash 动画文件名及完整路径,然后关闭属性窗口。

(4) 调整好播放窗口的大小,将其定位到幻灯片合适位置上,即可播放 Flash 动画了。

注意:最好将 Flash 动画文件和演示文稿保存在同一文件夹中,这样只需要输入 Flash 动画文件名称,而不需要输入路径。

5. 插入艺术字

Office 多个组件中都有插入艺术字的功能,在演示文稿中插入艺术字可以大大提高演示文稿的放映效果。

(1) 执行"插入"→"图片"→"艺术字"命令,打开"艺术字库"对话框。

(2) 选中一种样式后,单击"确定"按钮,打开"编辑艺术字"对话框。

（3）输入艺术字字符后，设置好字体、字号等要素，确定返回。
（4）调整好艺术字大小，并将其定位在合适位置上即可。

注意：选中插入的艺术字，在其周围将显示黄色的控制句柄，拖动控制柄，可以调整艺术字的外形。

6. 插入视频

可以将视频文件添加到演示文稿中，来增加演示文稿的播放效果。操作步骤如下：
（1）执行"插入"→"影片和声音"→"文件中的影片"命令，打开"插入影片"对话框。
（2）定位到需要插入视频文件所在的文件夹，选中相应的视频文件，然后单击"确定"按钮。
（3）在随后弹出的快捷菜单中，根据需要选择"是"或"否"选项返回，即可将声音文件插入到当前幻灯片中。
（4）调整视频播放窗口的大小，将其定位在幻灯片的合适位置上即可。

注意：演示文稿主要支持 avi、wmv、mpg 等格式的视频文件。

7. 插入声音

为演示文稿配上声音，可以大大增强演示文稿的播放效果。操作步骤如下：
（1）执行"插入"→"影片和声音"→"文件中的声音"命令，打开"插入声音"对话框。
（2）定位到需要插入声音文件所在的文件夹，选中相应的声音文件，然后单击"确定"按钮。
（3）在随后弹出的快捷菜单中，根据需要选择"是"或"否"选项返回，即可将声音文件插入到当前幻灯片中。

注意：演示文稿主要支持 mp3、wma、wav、mid 等格式的声音文件。插入声音文件后，会在幻灯片中显示出一个小喇叭图片，在幻灯片放映时，通常会显示在画面上，为了不影响播放效果，可通过属性设置显示小喇叭图片。

8. 向 PowerPoint 演示文档中插入批注

审查他人的演示文稿时，可以利用批注功能提出自己的修改意见。批注内容并不会在放映过程中显示出来。
（1）选中需要添加意见的幻灯片，执行"插入批注"命令，进入批注编辑状态。
（2）输入批注内容。
（3）当使用者将鼠标指向批注标识时，批注内容即刻显示出来。
（4）右击批注标识，利用弹出的快捷菜单，可以对批注进行相应的编辑处理。

9. 插入其他演示文稿

如果在编辑某个演示文稿时，需要引用其他演示文稿中的部分幻灯片，可以通过下面的方法快速插入：
（1）将光标定位在需要插入的幻灯片前面。
（2）执行"插入"→"幻灯片（从文件）"命令，打开"幻灯片搜索器"对话框。
（3）单击其中的"浏览"按钮，打开"浏览"对话框，定位到被引用演示文稿所在的文件夹中，选中相应的演示文稿，单击"确定"按钮返回。
（4）选中需要引用的幻灯片，然后单击"插入"按钮，再单击"关闭"按钮退出即可。

注意：①如果需要引用演示文稿中的所有幻灯片，直接单击"全部插入"按钮就行了。

②按住 Ctrl 键或 Shift 键不放,用鼠标单击不同的幻灯片或单击某幻灯片,可以同时选中不连续的或连续的多幅幻灯片,然后将其插入。③如果经常需要引用某些演示文稿中的幻灯片,在打开相应的演示文稿后,单击"添加到收藏夹"按钮,以后可以通过"收藏夹选项卡"进行快速调用。

10. 在 PowerPoint 演示文稿中插入 Excel 表格

由于 PowerPoint 的表格功能不太强,如果需要添加表格时,可以先在 Excel 中制作好,然后将其插入到幻灯片中:

(1) 执行"插入"→"对象"命令,打开"插入对象"对话框。

(2) 选中"由文件创建"选项,然后单击"浏览"按钮,定位到 Excel 表格文件所在的文件夹,选中相应的文件,单击"确定"按钮返回,即可将表格插入到幻灯片中。

(3) 调整好表格的大小,并将其定位在合适位置上即可。

注意:①为了使插入的表格能够正常显示,需要在 Excel 中调整好行、列的数目及宽(高)度。②如果在"插入对象"对话框,选中"链接"选项,以后在 Excel 中修改了插入表格的数据,打开演示文稿时,相应的表格会自动随之修改。

11. 保存演示文稿

与其他工具软件中保存文件的方法类似,PowerPoint 提供了 3 种保存演示文稿的方法,可将当前正在编辑和修改的文件存盘。3 种方法为:执行"文件"→"保存"命令、按 Ctrl+S 键、单击工具栏中的"保存"按钮。

如果执行"文件"→"另存为"命令,可以将演示文稿以另外的文件名保存,还可以存为.PPS 和.PPA 文件(PowerPoint 加载宏)。

6.3 美化演示文稿

对于演示文稿,除了要求它表达的内容正确,画面美观外,还希望它能够形象生动,并且具有统一的外观。控制幻灯片外观的方法有 3 种:配色方案、母版和设计模板。

6.3.1 使用配色方案

配色方案作为一套的 8 种谐调色,这些颜色可应用于幻灯片、备注页或听众讲义。配色方案包含背景色、线条和文本颜色及其他 6 种使幻灯片更加鲜明易读的颜色,如图 6-7 所示。

PowerPoint 中的"配色方案"是一种特殊的模板,用来确定幻灯片上的文字、背景、填充、强调文字等所用的颜色。方案中的每种颜色都会自动用于幻灯片上的不同组件,可以挑选一种配色方案用于某张幻灯片或将某个配色方案应用于多张幻灯片。

【例 6-2】 在例 6-1 的幻灯片中,为整张幻灯片增加背景图片,4 个椭圆用另一张图片作背景。操作步骤如下:

(1) 执行"格式"→"背景"命令,打开"背景"对话框。

(2) 单击其中的下拉按钮,在随后弹出的下拉列表中,选择"填充效果"选项,打开"填充效果"对话框,如图 6-8 所示。

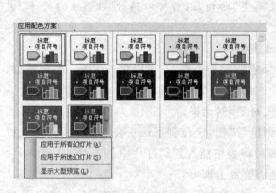
图 6-7 配色方案

图 6-8 "填充效果"对话框

(3) 切换到"图片"选项卡下,单击"选择图片"按钮,打开"选择图片"对话框,选择事先准备好的图片,确定后返回"背景"对话框。

(4) 单击"应用"(或"全部"应用)按钮返回。

(5) 选中刚才画出的"椭圆",执行"格式"→"自选图形"命令或右击已经画好的椭圆,打开"设置自选图形格式"对话框,如图 6-9 所示。

(6) 在"颜色和线条"选项卡中,单击"填充"→"颜色"右侧的下拉按钮,在随后出现的下拉列表中,选择"填充效果"选项,打开"填充效果"对话框。

(7) 单击"选择图片"按钮,打开"选择图片"对话框,选择事先准备好的图片,确定后返回"设置自选图形格式"对话框,将"线条"选项区域中的"颜色"设置为"无线条颜色",确定后退出。插入了背景的生日贺卡如图 6-10 所示。

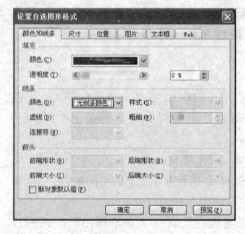
图 6-9 "设置自选图形格式"对话框

图 6-10 插入了背景的生日贺卡

6.3.2 使用母版

母版又叫主控,是所有幻灯片的底板,用于设置每张幻灯片的预设格式,包括:每张幻灯片要出现的文字或图形;标题文字的大小、位置及文字颜色;正文文字的大小、位置以及各个项目符号的样式；背景颜色、填充图片等。母版分为 4 种类型：

（1）幻灯片母版：控制在幻灯片上输入的标题和文本的格式与类型。

（2）标题母版：控制标题幻灯片的格式和位置，还能控制指定为标题幻灯片的幻灯片。

（3）讲义母版：用于添加或修改在每页讲义中出现的页眉或页脚信息。

（4）备注母版：备注母版用来控制备注页的版式以及备注文字的格式。

任何一个模板中都包含母版的信息，如果对所选的模板风格不够满意，可以修改母版。修改母版会改变当前演示文稿的风格，但不会对原模板产生影响。

在幻灯片视图中，先按住 Shift 键不放，再用鼠标单击原来的"幻灯片视图"按钮就进入了幻灯片母版视图。可以重新设计、修改幻灯片母版，修改完毕后单击图 6-11 所示工具栏上的"关闭"按钮或单击"幻灯片视图"按钮返回。

如果想制作自己的标题母版，可在幻灯片母版视图中插入标题母版，如图 6-11 所示。其插入过程和插入新幻灯片类似，选择"插入"→"新标题母版"命令即可。标题母版默认的格式为当前幻灯片母版的格式。

图 6-11　插入标题母版

6.3.3　使用设计模板

模板是通用于各种演示文稿的模型，其扩展名为 .POT，可直接应用于演示文稿。PowerPoint 中提供的模板是由一些专业人员精心设计的，适应大多数情况的幻灯片设计，如图 6-12 所示。

图 6-12　"应用设计模板"任务窗格

PowerPoint 2003 之前的版本调用模板很死板，演示文稿中所有幻灯片只能应用同一种模板。PowerPoint 2003 对此作了很大的改进，可以给演示文稿中的幻灯片选用不同的模板：首先选中"视图"菜单下的"任务窗格"，打开"幻灯片设计"任务窗格。并在"普通"视图下选中要应用模板的幻灯片（如果有多个幻灯片要应用同一模板，可以按住 Ctrl 键逐个选择），最后再将鼠标指向任务窗格中显示的某个模板，单击右侧的下拉按钮打开菜单，选择其中的"应用于选定幻灯片"命令即可。

只要巧妙地利用模板，就可以在制作幻灯片时带来极大的方便。在 PowerPoint 中也有很多模板,平时加以注意,可以提高工作效率。

6.3.4 与美化演示文稿有关的知识

1. 修改配色方案

如果对当前的配色方案不满意,可以选择其内置的配色方案来进行调整,并可以修改其背景颜色。

(1) 执行"视图"→"任务窗格"命令,展开"任务窗格"。

(2) 单击任务窗格顶部的下拉按钮,在随后弹出的下拉列表中,选择"幻灯片设计"→"配色方案"选项,展开"幻灯片设计"→"配色方案"任务窗格。

(3) 单击下方的"编辑配色方案"后,选择"自定义"选项卡,在该选项卡选择一种配色方案进行修改即可。

(4) 如果还要对其他项目进行修改,可以重复(3)。

(5) 如果希望将修改和完善后的配色方案保存下来以备后用,可单击"添加为标准配色方案"按钮,该方案将出现在"标准"选项卡中。

(6) 如果需要修改其背景颜色可以这样设置:执行"格式"→"背景"命令,打开"背景"对话框,按需要设置,确定后返回即可。

注意:配色方案也可以通过母版来修改。

2. 在 PowerPoint 演示文稿中设置彩色公式

默认情况下,插入的公式都是黑白的,影响演示效果,如何将其设置为彩色的呢?

(1) 执行"视图"→"工具栏"→"图片"命令,展开"图片"工具栏。

(2) 选中插入的公式,然后单击"图片重新着色"按钮,打开"图片重新着色"对话框。

(3) 为公式设置一种颜色,确定返回即可。

注意:此处重新着色的公式,如果直接复制、粘贴到其他组件(如 Word)中,则恢复原来的黑白色。

3. 在 PowerPoint 演示文稿中设置幻灯片版式

在标题幻灯片下面新建的幻灯片,默认情况下给出的是"标题和文本"版式,用户可以根据需要重新设置其版式。

(1) 执行"视图"→"任务窗格"命令,展开"任务窗格"。

(2) 单击任务窗格顶部的下拉按钮,在随后弹出的下拉列表中,选择"幻灯片版式"选项,展开"幻灯片版式"任务窗格。

(3) 选择一种版式,然后单击其右侧的下拉按钮,在弹出的下拉列表中,根据需要应用版式即可。

4. 在 PowerPoint 演示文稿中使用设计方案

通常情况下,新建的演示文稿使用的是黑白幻灯片方案,如果需要使用其他方案,一般可以通过应用其内置的设计方案来快速添加:

(1) 执行"视图"→"任务窗格"命令,展开"任务窗格"。

(2) 单击任务窗格顶部的下拉按钮,在随后弹出的下拉列表中,选择"幻灯片设计"选项,展开"幻灯片设计"任务窗格。

(3) 选择一种设计方案,然后单击其右侧的下拉按钮,在弹出的下拉列表中,根据需要应用即可。

5. 套用更多的网络模板

PowerPoint 2003 自身携带的模板总是有限的,可从微软公司的站点免费下载更多的网络模板,单击图 6-11 中任务窗格下方的"Microsoft.com 上的模板"按钮,即可打开该站点上的中文模板库,该模板库包括了"出版和教育"、"办公"、"简报"等 14 大类共 200 多个模板。

6. 在 PowerPoint 演示文稿中隐藏幻灯片

对于制作好的 PowerPoint 演示文稿,如果希望某些幻灯片在放映时不显示出来,可以将其隐藏起来:

(1) 在"普通视图"界面下,定位到左侧的窗口中,按住 Ctrl 键,分别单击需要隐藏的幻灯片,同时选中多张不连续的幻灯片。

(2) 右击鼠标,在随后弹出的快捷菜单中,选择"隐藏幻灯片"命令即可。

注意:①进行隐藏操作后,相应的幻灯片编辑上有一条删除斜线。②如果需要取消隐藏,只要选中相应的幻灯片,再进行一次上述操作即可。

7. 在 PowerPoint 演示文稿中设置页眉和页脚

在编辑 PowerPoint 演示文稿时,也可以为每张幻灯片添加类似 Word 文档的页眉或页脚。以添加系统日期为例,看看具体的操作过程:

(1) 执行"视图"→"页眉和页脚"命令,打开"页眉和页脚"对话框。

(2) 选中"日期和时间"及下面的"自动更新"选项,然后单击其右侧的下拉按钮,选择一种日期格式。

(3) 再单击"全部应用"或"应用"按钮返回即可。

注意:在"页眉和页脚"对话框中,选中"幻灯片编号"选项,即可为每张幻灯片添加上编号(类似页码)。

8. 在 PowerPoint 演示文稿中修改幻灯片母版

如果希望为每一张幻灯片添加上一项固定的内容(如公司的 LOGO),可以通过修改"母版"来实现:

(1) 执行"视图母版幻灯片母版"命令,进入"幻灯片母版"编辑状态。

(2) 仿照前面插入图片的操作,将公司 LOGO 图片插入到幻灯片中,调整好大小、定位到合适的位置上,再单击"关闭母版视图"按钮退出"幻灯片母版"编辑状态。

(3) 以后添加幻灯片时,该幻灯片上自动添加上公司 LOGO 图片。

6.4 幻灯片的动画设置

通过添加动画效果,可以动态显示幻灯片上的文本、图形、图像、声音等对象,以突出重点、控制信息的流程,提高演示文稿的趣味性;可以让每个项目符号单独出现,或者让对象逐个出现;可以设置每个项目符号或对象在幻灯片上的出现方式,以及添加新组件时是否让其他项目符号改变颜色;可以让图表元素呈现动态效果等。

6.4.1 使用自定义动画

【例 6-3】 在例 6-1 的幻灯片中,为幻灯片中的对象设置动画效果,包括进入方式、声音等。

操作步骤如下：
（1）选择幻灯片中的某个对象，如艺术字，如图6-12所示。
（2）执行"幻灯片放映"→"自定义动画"命令。
（3）执行"添加效果"→"进入"→"其他效果"命令，展开"自定义动画"任务窗格，如图6-13所示。
（4）选择一种合适的动画方案（如"扇形展开"），确定后退出。
（5）在"自定义动画"任务窗格中，将"开始"选项设置为"之前"。
（6）在"自定义动画"任务窗格中，将"速度"选项设置为"中速"。
（7）单击自定义动画列表中所选项目上右边的 ▼ 按钮，再单击"效果选项"命令，如图6-13所示。

图6-13 自定义动画

（8）为该对象设置"鼓掌"声音，如图6-14所示。

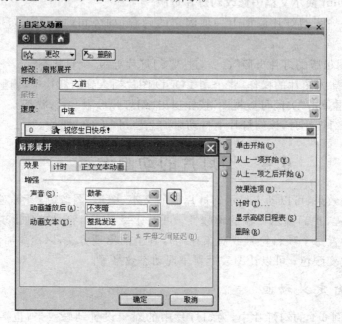

图6-14 设置声音

(9) 分别为其他对象设置动画效果和声音(如果需要)。选择"其他声音"命令,可以使用用户自己收集的声音文件。

(10) 执行"插入"→"影片和声音"命令,选择"文件中的声音",将已准备好的"生日歌曲"插入到幻灯片中,并将喇叭缩到最小。

6.4.2 自定义动画的其他功能

1. 在 PowerPoint 演示文稿中设置"进入"动画

动画是演示文稿的精华,在动画中尤其以"进入"动画最为常用。下面以设置"渐变式缩放"的进入动画为例,看看具体的设置过程:

(1) 选中需要设置动画的对象,执行"幻灯片放映"→"自定义动画"命令,展开"自定义动画"任务窗格。

(2) 单击任务窗格中的"添加动画"按钮,在随后弹出的下拉列表中,依次选择"进入"→"其他效果"选项,打开"添加进入效果"对话框。

(3) 选中"渐变式缩放"动画选项,确定返回即可。

注意:如果需要设置一些常见的进入动画,可以在"进入"菜单下面直接选择就可以了。

2. 在 PowerPoint 演示文稿中调整动画顺序

在演示文稿中设置好动画后,如果发现播放的顺序不理想,该怎样快速调整呢? 以将第三个动画对象调整到第二个顺序播放为例,看看具体的操作过程:

选中需要调整的对象,右击鼠标,在随后出现的快捷菜单中选择"自定义动画"选项,展开"自定义动画"任务窗格,选中第三个动画方案,按住鼠标左键,将其拖拽到第二个动画方案上方,松开鼠标即可。也可以使用"自定义动画"任务窗格下面的"重排顺序"来调整动画顺序。

3. 在 PowerPoint 演示文稿中设置字幕式动画

人们经常看到一些课件在播放过程中,一些字符从左向右(从下向上)滚动出现,这种效果在 PowerPoint 中可以用"字幕式"动画来实现:

(1) 将字符输入到一个文本框中。

(2) 选中文本框,单击"自定义动画"任务窗格中的"添加动画"按钮,在随后弹出的快捷菜单中,展开"进入"下面的级联菜单,选中"字幕式"动画选项就可以了。

注意:如果"字幕式"动画选项不在"进入"下面的级联菜单中,可以选择其中的"其他动画"选项来设置。

4. 在 PowerPoint 演示文稿中设置动画播放方式

如果一张幻灯片中的多个对象都设置了动画,就需要确定其播放方式(是"自动播放"还是"手动播放")。例如将第二个动画设置在上一个动画之后自动播放:

展开"自定义动画"任务窗格;双击第二个动画方案;单击"开始"右侧的下拉按钮;在随后弹出的快捷菜单中;选择"之后"选项即可。

5. 在 PowerPoint 演示文稿中设置背景音乐

为 PowerPoint 演示文稿设置背景音乐,这是增强演示效果的重要手段。方法如下:

(1) 仿照前面的操作,选择一首合适的音乐文件,将其插入到第一张幻灯片中。

(2) 展开"自定义动画"任务窗格。

（3）选中声音播放方案（其实就是一种动画方案），双击打开"播放声音"对话框。

（4）在"效果"选项卡下，选中"在××幻灯片之后"选项，并输入一个数值（假定演示文稿共有28张幻灯片，现在输入数值28），确定返回。

注意：这样的设置，就相当于让声音播放在28张幻灯片之后停止，替代背景音乐的效果。

6. 在PowerPoint演示文稿中设置超链接

在PowerPoint演示文稿的放映过程中，希望从某张幻灯片中快速切换到另外一张不连续的幻灯片中，可以通过"超链接"来实现。

下面以"超链接"到第10张幻灯片为例，看看具体的设置过程：

（1）在幻灯片中，用文本、图形（片）制作一个"超链接"按钮，并添加相关的提示文本（如"陀螺旋"）。

（2）选中相应的按钮，执行"插入"→"超链接"命令，打开"插入超链接"对话框。

（3）在左侧"链接到"下面，选中"本文档中的位置"选项，然后在右侧选中第10张幻灯片，确定返回即可。

注意：仿照上面的操作，可以超链接到其他文档、程序、网页上。

7. 在PowerPoint演示文稿中设置退出动画

既然有进入动画，对应的就有退出动画——即动画放映结束后对象如何退出。

（1）选中相应的对象，展开"自定义动画"任务窗格。

（2）单击"添加动画"按钮，在随后弹出的下拉列表中，依次选择"退出"→"消失"选项，即可为对象设置"消失"的退出动画。

（3）双击设置的动画方案，打开"消失"对话框，切换到"计时"选项卡下，把"开始"选项设置为"之后"，并设置一个"延迟"时间（如2秒），确定后返回，让"退出"动画在"进入"动画之后2秒自动播放。

8. 在PowerPoint演示文稿中设置动作按钮

在演示文稿中经常要用到链接功能，这种功能也可以用"动作按钮"功能来实现。下面建立一个"课堂练习"按钮，链接到第17张幻灯片上：

（1）执行"幻灯片放映"→"动作按钮"命令。

（2）在幻灯片中拖拽出一个按钮来，此时系统自动弹出"动作设置"对话框。

（3）选中"超链接到"选项，然后单击其右侧的下拉按钮，在随后弹出的下拉列表中选择"幻灯片"选项，打开"超链接到幻灯片"对话框，选中第17张幻灯片，确定后返回。

（4）右击按钮，在随后弹出的快捷菜单中选择"添加文本"命令，并输入文本"课堂练习"。

（5）设置好文本的字号、字体等，调整好按钮大小，并将其定位在合适的位置上即可。

9. 在演示文稿中设置强调动画

PowerPoint 2002之后的版本添加了一个"强调"动画设置功能。所谓"强调动画"就是在放映过程中引起观众注意的一类动画，设置方法与设置"进入"动画相似。这样可以为一种元素设置多种动画效果：

（1）选中需要设置强调动画的对象，执行"幻灯片放映"→"自定义动画"命令，展开"自定义动画"任务窗格。

(2) 单击其中的"添加动画"按钮,在随后弹出的快捷菜单中,展开"强调"下面的级联菜单,选择一种"强调"动画(如"陀螺旋")即可。

注意:选择其中的"其他效果"选项,打开"添加强调效果"对话框,可以设置多种强调动画。

10. 在演示文稿中自定义动画路径

如果对 PowerPoint 演示文稿中内置的动画路径不满意,可以自定义动画路径。下面以演示"布朗运动"为例,看看具体的实现过程:

(1) 用"绘图"工具栏上的"椭圆"按钮,在幻灯片中画出一个(或多个)小"质点"。

(2) 分别选中相应的"质点",单击"自定义动画"任务窗格中的"添加效果"按钮,选择"动作路径"→"绘制自定义路径"→"自由曲线"命令(此时鼠标变成一支笔)。

(3) 自"质点"处开始,随意绘制曲线。

(4) 然后在"计时"选项卡中,将"重复"项设置为"直到幻灯片末尾"。

6.5 播放演示文稿

制作好的演示文稿最终需要输出,可以将幻灯片在屏幕或投影仪上播放出来,也可以将幻灯片、讲义、文档大纲、备注等打印输出。

6.5.1 播放演示文稿

1. 设置放映方式

执行"幻灯片放映"→"设置放映方式"命令,打开"设置放映方式"对话框,如图 6-15 所示。

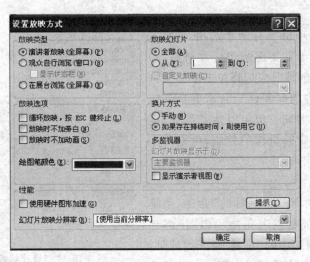

图 6-15 "设置放映方式"对话框

对于已经设计好的演示文稿在展台上播放时,为了避免现场人员破坏画面,应选择"在展台浏览(全屏幕)"方式。此时只能通过幻灯片上设置的按钮来控制换片。

对于需要查看、打印,甚至 Web 浏览幻灯片的场合,应选择"观众自行浏览(窗口)"方式,此时幻灯片不整屏显示,屏幕上还显示控制菜单条,观众可以通过单击鼠标来人工换片,还可对幻灯片设定时间来定时自动换片。

作为演讲者,在讲解演示内容时,希望能对幻灯片的演示过程有更多、更灵活的控制,还需要将观众的言论保留下来,"演讲者放映(全屏幕)"方式能够充分满足这些需要。

在此方式下可以使用人工按键换片或设定时间间隔自动换片或人工按键与设定时间两者的组合换片,还可以通过排练时间控制换片。为方便演示者讲解或与观众讨论,利用绘图笔,用鼠标在幻灯片上做标记、圈点要点、勾画图案等,这些涂画只在屏幕上显示,并不保存到演示文稿中。使用画笔的方法是放映幻灯片时右击,在弹出的快捷菜单中选择"指针选项"→"毡尖笔",鼠标指针就变成了一支毡尖笔形状,此时可以按住鼠标左键在幻灯片上拖动画图。还可以为绘图笔挑选颜色,使绘的图案在幻灯片上更醒目。在使用画笔时,单击鼠标不会换片,必须右击,从快捷菜单中选择"箭头",当恢复到正常放映状态时单击鼠标才会换片。

2. 自动放映与人工放映

对于自动放映,有两种常用的设置方式,一种是通过幻灯片切换对话框设置,另一种是使用排练计时设定。

1) 切换定时

选择"幻灯片放映"→"幻灯片切换"命令,打开"幻灯片切换"任务窗格,如图 6-16 所示。

可以在"幻灯片切换"列表框中为幻灯片的出现或消失选择一种动画效果。这种效果就应用到了选定的幻灯片上,用此方法可以给每一张幻灯片设置不同的换片方式。若单击"应用于所有幻灯片"按钮,则该设置将应用于当前文稿中的所有幻灯片。

在"换片方式"选项框中有两个选项:"单击鼠标时"、"每隔"。对于需要逐张幻灯片讲解,幻灯片停留时间不确定的情况应选择单击鼠标换页(人工方式),幻灯片停留时间已定且需要自动放映时应选择输入停留时间。也可以两者都选,换片同时受鼠标按键及定时机构的控制,由先发生的动作触发换片。

2) 排练计时

选择"幻灯片放映"→"排练计时"命令,系统进入放映排练状态,屏幕左上角显示出"排练计时"控制窗口。单击窗口中的"重复"键开始计时,在计时值合适的时候单击鼠标进入下一个动画动作,当放映结束或中途退出时单击"暂停"按钮。

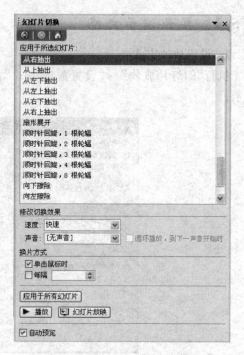

图 6-16 "幻灯片切换"任务窗格

无论原先动画定时和切换定时如何设置,都可以在排练计时过程中重新设置,最终效果以排练计时为准。使用了排练计时后,动画效果的引入不能使用"单击鼠标",整个放映过程将持续地进行,但切换动画的方式仍可使用单击鼠标换页。

3. 播放幻灯片

演示文稿有多种播放方式，在 PowerPoint 2003 系统中打开演示文稿后，选择"幻灯片放映"→"观看放映"命令或单击"幻灯片放映"按钮或按 F5 键演示文稿就可播放演示文稿。若将演示文稿另存为"PowerPoint 放映"类型（文件扩展名为.PPS），则无论从 PowerPoint 还是从 Windows 桌面上打开这类文件时，它都会自动播放。

4. 幻灯片的备注和录制旁白

演示过程中可以查看幻灯片的备注以帮助讲解。放映该幻灯片时右击，在弹出的快捷菜单中选择"屏幕"命令，出现演讲者备注对话框，此框中显示出备注文本。单击对话框中备注文本位置可自由编辑备注文本，单击"关闭"按钮可返回放映状态。联网演示时，该对话框仅出现在演讲者屏幕上，观众屏幕不受影响。

放映过程中还可以选择"幻灯片放映"→"录制旁白"命令，利用话筒将现场讲话保存起来。

6.5.2 打印演示文稿

演示文稿的主要表现形式是排练好的幻灯片序列，也可以以文稿大纲形式给出演示提纲，此外，演示文稿的内容还可以包括备注、会议记录、讲义等。除了可以在显示器、投影仪上观看到幻灯片之外，还可以将幻灯片的输出结果用磁盘保存，将备注、讲义等资料打印出来，如果要为演讲者及观众提供更详细的资料，就要用到 PowerPoint 2003 的打印演示文稿功能，利用其打印功能还可以制作出精美的报告封面、书刊插图、数字图表等材料。

1. 页面设置

在打印文稿前，需要对输出的页面进行设置。执行"文件"→"页面设置"命令，在打开的"页面设置"对话框中，可对幻灯片大小、方向、起始编号等进行设置，还可对备注、讲义的输出方向作设置。

2. 打印设置

执行"文件"→"打印"命令，打开"打印设置"对话框，可以设置打印范围、打印份数、打印内容。对打印机的设置主要包括选择打印机（当只安装有一种打印机时不需选择，使用 Windows 系统安装并设置的打印机）、纸张大小及方向、图形打印质量的选择。在"打印内容"列表框里有幻灯片、讲义、备注页、大纲视图等选项。其中"讲义"实质上是幻灯片的缩图卡片，每页上可以选择打印 2，3，4，6，9 张幻灯片。"备注页"将幻灯片以及它对应的备注文本一起打印在一页上。"大纲视图"是一种纯文本内容的输出，可作为演示提纲。

6.5.3 播放演示文稿的其他功能

1. 在 PowerPoint 演示文稿中自定义播放方式

一个 PPT 演示文稿，如果需要根据观众的不同有选择地放映，可以通过"自定义放映"方式来设置：

（1）执行"幻灯片放映"→"自定义放映"命令，打开"自定义放映"对话框。

（2）单击其中的"新建"按钮，打开"定义自定义放映"对话框。

（3）输入一个放映方案名称（如"高级"），然后在 Ctrl 键的协助下，选择需要放映的幻灯片，然后单击"添加"按钮，再单击"确定"按钮返回。

(4) 以后需要放映某种方案时,再次打开"自定义放映"对话框,选择一种放映方案,单击"放映"按钮就可以了。

2. 在 PowerPoint 演示文稿中自动播放演示文稿

用以下操作步骤可以将 PPT 演示文稿保存成一个自动播放的 PPS 演示文稿:

(1) 启动 PowerPoint,打开相应的演示文稿。

(2) 执行"文件"→"另存为"命令,打开"另存为"对话框。

(3) 将"保存类型"设置为"PowerPoint 放映(*.pps)",然后单击"保存"按钮。

(4) 以后放映者只要直接双击上述保存的文件,即可快速进入放映状态。

3. 在 PowerPoint 演示文稿中记录放映感受

在 PPT 演示文稿放映过程中,随时记录下自己的感受或者观众的意见,对进一步完善演示文稿大有益处。

在放映过程中,右击鼠标,在随后出现的快捷菜单中选择"屏幕"→"演讲者备注"选项,打开"演讲者备注"对话框,输入自己的感受或者观众的意见,然后关闭对话框,返回继续播放。

注意:记录下来的内容会保存在幻灯片的备注窗口中。

4. 在 PowerPoint 演示文稿中在播放时随意勾画重点

演示文稿在放映过程中,如果想临时标记一下幻灯片中的重点内容,即在屏幕上画出相应的重点内容,如何实现呢?

方法是在放映过程中,右击鼠标,在随后出现的快捷菜单中选择"指针选项"→"毡尖笔"选项,此时,鼠标变成一支"笔",可以在屏幕上随意绘画。

注意:①右击鼠标,在随后弹出的快捷菜单中选择"指针选项"→"墨迹颜色"选项,即可修改"笔"的颜色。②在退出播放状态时,系统会提示是否保留墨迹的提示,根据需要做出选择就可以了。

6.6 演示文稿的其他应用

1. 将 PowerPoint 演示文稿打包

将制作好的演示文稿复制到其他计算机中进行播放时,如果其他计算机没有安装 PowerPoint 软件,则无法正常播放。如要正常播放,可以利用打包的方法来实现:

(1) 启动 PowerPoint,打开相应的演示文稿文档。

(2) 执行"文件"→"打包成 CD"命令,打开"打包成 CD"对话框。

(3) 给定一个名称,单击"复制到文件夹"命令,打开"复制到文件夹"对话框。设置好保存名称及位置,单击"确定"按钮。

(4) 在随后弹出的对话框中,均单击"确定"按钮,系统即可将演示文稿和播放器等文件复制到上述文件夹中。

(5) 将其文件夹整体复制到其他计算机中,通过运行其中的 pptview.exe 文件,即可正常播放相应的演示文稿了。

注意:如果在"打包成 CD"对话框中选择"复制到 CD",即可将演示文稿和播放器等文件记录刻录到 CD 上,制作成一张能自动播放的光盘。

2. 在 PowerPoint 演示文稿中利用网格线定位对象

当在 PPT 幻灯片中添加了多个对象后,可以通过网格线来精确定位对象的位置:

(1) 执行"视图"→"网格和参考线"命令,打开"网格和参考线"对话框。

(2) 单击"间距"右侧的下拉按钮,在随后弹出的下拉列表中选择一种网格样式(如"每厘米 8 个网格"),再选中"屏幕上显示网格"选项,确定返回即可。

(3) 有了网格线,就可以轻松定位对象位置了。

3. 在 PowerPoint 中加密演示文稿

如果不希望别人打开自己制作的 PowerPoint 演示文稿,可以通过设置打开密码来限制。

执行"工具选项"命令,打开"选项"对话框,切换到"安全性"选项卡下,设置一个"打开权限密码"后,单击"确定"按钮,在随后弹出的对话框中,重复输入一遍上述密码,确定后返回,再保存一下演示文稿即可。

注意:① 这是 PowerPoint 2002 及其后续版本一个新增加的功能。

② 如果设置了"修改权限密码",在没有密码时,对打开的演示文稿所作的修改,不能保存到原文档中。

4. 将演示文稿中的文稿转换为 Word 文档

如果想把 PowerPoint 演示文稿中的字符转换到 Word 文档中进行编辑处理,可以用"发送"功能来快速实现。

打开需要转换的演示文稿,执行"文件发送 Microsoft Office Word"命令,打开"发送到 Microsoft Office Word"对话框,选中其中的"只使用大纲"选项,单击"确定"按钮,系统自动启动 Word,并将演示文稿中的字符转换到 Word 文档中,编辑保存即可。

注意:要转换的演示文稿必须是用 PowerPoint 内置的"幻灯片版式"制作的幻灯片。如果是通过插入文本框等方法输入的字符,是不能实现转换的。

5. 在 PowerPoint 中把 Word 文档转换为 PPT 演示文稿

如果有现成合适的 Word 文档,可以将 Word 文档中的字符转换到 PPT 演示文稿中来,方法如下:

(1) 启动 Word,打开需要转换的 Word 文档。

(2) 将作为每张幻灯片标题的字符设置为"标题1"样式,将作为小标题和幻灯片内容的字符分别设置为"标题 2"和"标题 3"样式。

(3) 执行"文件"→"发送"→Microsoft Office PowerPoint 命令,系统自动启动 PowerPoint,并将上述字符转换到幻灯片中。

6. 从 PowerPoint 演示文稿中提取图片

如果需要将某个 PowerPoint 演示文稿中的图片单独提取出来,只要将其另存为网页格式即可。

(1) 启动 PowerPoint,打开相应的演示文稿文档。

(2) 执行"文件"→"另存为网页"命令,打开"另存为网页"对话框。

(3) 将"保存类型"设置为"网页(*.htm*.html)",然后取名(如 tp)保存返回。

(4) 在上述网页文件保存的文件夹中,会找到一个名为 tp.files 的文件夹,其中单独保存了演示文稿中的所有图片。

7. 在 PowerPoint 演示文稿中宏的应用

在 PowerPoint 中，也可以通过录制宏，来帮助用户自动完成一系列操作：

(1) 执行"工具"→"宏"→"录制新宏"命令，打开"录制新宏"对话框，输入一个名称，单击"确定"按钮进行录制。

(2) 根据需要，将要录制的过程操作一遍，然后单击"停止录制"按钮，退出录制状态。

(3) 执行"工具"→"宏"→"宏"命令，打开"宏"对话框，双击其中的宏，即可运行该宏。

8. 用 PowerPoint 制作电子相册

随着数码相机的快速普及，需要制作电子相册的人越来越多。虽然这方面的专业软件不少，但是，仍然可以采用 PowerPoint 来制作。

(1) 执行"插入"→"图片"→"新建相册"命令，打开"相册"对话框。

(2) 单击其中的"文件"→"磁盘"命令，打开"插入新图片"对话框。

(3) 定位到照片所在的文件夹，在 Shift 键或 Ctrl 键的辅助下，选中需要制作成相册的图片，单击"插入"按钮后返回。

(4) 根据需要调整好相应的设置，单击"创建"按钮。

(5) 再对相册修饰一下即可。

9. 在 PowerPoint 演示文稿中嵌入字体格式

将制作的演示文稿复制到其他计算机中进行播放时，由于其他计算机没有相应的字体，必然会影响文稿的演示效果。这时可以将字体嵌入到演示文稿中带走：

(1) 执行"工具"→"选项"命令，打开"选项"对话框。

(2) 切换到"保存"选项卡中，选中"嵌入 TrueType 字体"选项，确定后返回。

(3) 再保存一下演示文稿即可。

6.7 问 与 答

(1) PowerPoint 中常用的超链接有几种？

答：有 7 种超链接方式：①创建指向自定义放映或当前演示文稿中某个位置的超链接；②链接到自定义放映；③链接到当前演示文稿的某个位置；④创建指向其他演示文稿中特定幻灯片的超链接；⑤创建电子邮件的超链接；⑥创建指向文件或网页的超链接；⑦创建指向新文件的超链接。

(2) 列出在演示文稿中引入声音的几种方法，各自的特点是什么？

答：引入声音的方法有：①执行"插入"→"影片和声音"命令，选择相应的声音文件；②选择文本或对象超链接，执行"幻灯片放映"→"动作设置"命令，选中"播放声音"复选框，再指定所需的声音；③执行"幻灯片放映"→"自定义动画"命令，在"效果"选项卡的"增强"对话框中，单击声音列表中的箭头，并执行下列操作之一：

- 若要从列表中添加声音，请单击一个选项。
- 若要从文件中添加声音，请单击"其他声音"，再找到该文件。

特点是：第一种是用播放器播放；第二种是用声音强调超链接；第三种是为动画配置声音。

习 题 6

1. 单选题

(1) 在 PowerPoint 中,能自动播放演示文稿的文件,其扩展名是_____。
A. .POT B. .PPT C. .PPS D. PPA

(2) 保存演示文稿时的默认扩展名是_____。
A. .POT B. .PPT C. .PPS D. PPA

(3) "幻灯片版式"任务窗格中包含了_____类幻灯片版式。
A. 4 B. 5 C. 6 D. 3

(4) "幻灯片版式"任务窗格的对话框中包含了_____个可供选择的幻灯片版式。
A. 28 B. 29 C. 30 D. 31

(5) 在 PowerPoint 中,模板是一种特殊文件,扩展名是_____。
A. .POT B. .PPT C. .PPS D. PPA

(6) 幻灯片布局中的虚线框是_____。
A. 占位符 B. 图文框 C. 特殊字符 D. 显示符

(7) 保存演示文稿的快捷键是_____。
A. Ctrl+O B. Ctrl+S C. Ctrl+A D. Ctrl+D

(8) _____是制作幻灯片的主要场所。
A. 浏览视图 B. 备注页视图 C. 普通视图 D. 大纲视图

(9) 对于 PowerPoint 来说,以下说法中正确的是_____。
A. 启动 PowerPoint 后只能建立或编辑一个演示文稿文件
B. 启动 PowerPoint 后只能建立或编辑多个演示文稿文件
C. 启动 PowerPoint 后,不能编辑多个演示文稿文件
D. 在新建一个演示文稿之前,必须关闭当前正在编辑的演示文稿文件

(10) 关于 PowerPoint 幻灯片母版的使用,以下说法中不正确的是_____。
A. 通过对母版的设置,可以控制幻灯片中不同部分的表现形式
B. 通过对母版的设置,可以预定义幻灯片的前景、背景颜色和字体的大小
C. 修改母版不会对演示文稿中任何一张幻灯片带来影响
D. 标题母版为使用标题版式的幻灯片设置了默认格式

(11) 关于自定义动画,说法正确的是_____。
A. 可以调整顺序 B. 有些可设置参数
C. 可设置声音 D. 以上都对

(12) 幻灯片的配色方案可以通过_____更改。
A. 设计模板 B. 母版 C. 版式 D. 格式

(13) 可以为一种对象设置_____动画效果。
A. 一种 B. 不多于两种 C. 多种 D. 以上都不对

(14) _____对象可以设置动画效果。
A. 自绘图形 B. 图片 C. 文本框 D. 以上都可以

(15) 插入或编辑幻灯片背景的是_____。
A. 图案　　　　　B. 图片　　　　　C. 纹理　　　　　D. 以上都可以
(16) 下列各项可以作为输入或编辑幻灯片标题和正文应在_____视图模式下进行。
A. "普通"　　　　B. "浏览"　　　　C. "放映"　　　　D. "页面"
(17) 在演示文稿中。插入一张新幻灯片的快捷键是_____。
A. Ctrl+H　　　　B. Ctrl+N　　　　C. Ctrl+M　　　　D. Ctrl+O
(18) 在下列_____菜单中可以找到母版命令。
A. "文件"　　　　B. "编辑"　　　　C. "视图"　　　　D. "插入"
(19) 在一个幻灯片中插入的演示文稿_____。
A. 可以同时播放　B. 不能播放　　　C. 只能分别播放　D. 以上都不对
(20) 执行"文件"→"打印"命令，打开"打印设置"对话框，在"打印内容"列表框里_____选项可以在一页中打印多张幻灯片。
A. 幻灯片　　　　B. 讲义　　　　　C. 备注页　　　　D. 大纲视图

2. 多选题

(1) 幻灯片中可以包含的对象是_____。
A. 文字　　　　　B. 声音　　　　　C. 图片　　　　　D. 图表
(2) PowerPoint 2003 的视图有_____。
A. 幻灯片页面视图　　　　　　　　B. 幻灯片浏览视图
C. 幻灯片视图　　　　　　　　　　D. 幻灯片放映视图
(3) 控制幻灯片外观的方法有_____。
A. 母版　　　　　B. 配色方案　　　C. 设计模板　　　D. 绘制、修饰图形
(4) _____是 PowerPoint 中提供的母版。
A. 讲义母版　　　B. 配色母版　　　C. 大纲母版　　　D. 备注母版
(5) _____可以退出幻灯片的演示状态。
A. 按 Del 键　　　　　　　　　　　B. 按 Esc 键
C. 按 Break 键　　　　　　　　　　D. 右击，选择快捷菜单的结束放映
(6) 插入文本框并在其中输入文字之后，还可以增加_____等效果。
A. 填充背景颜色　　　　　　　　　B. 修饰线条
C. 文本的内部边界　　　　　　　　D. 改变大小和位置
(7) 新建演示文稿的方法有_____。
A. 应用 Word 建立　B. 内容提示向导　C. 设计模板　　　D. 空演示文稿
(8) 在幻灯片的对象中，下列_____可以进行超链接设置。
A. 文本内容　　　B. 按钮对象　　　C. 声音对象　　　D. 图片对象
(9) 在幻灯片的_____下，可以进行幻灯片的移动、复制和删除操作。
A. 普通视图　　　B. 浏览视图　　　C. 页面视图　　　D. 放映视图
(10) 播放演示文稿的方法有_____。
A. 按 F5 键　　　　　　　　　　　B. 单击 🖵 图标
C. 单击 🎴 图标　　　　　　　　　D. 执行"幻灯片放映"→"观看放映"命令

3. 填空题

(1) 在 PowerPoint 中，占位符实质上是版式中预先设定的_____。

（2）在 PowerPoint 中，控制幻灯片外观的方法有_____、配色方案、设计模板。

（3）常用工具栏上"新幻灯片"按钮的功能是建立_____。

（4）"幻灯片版式"对话框中包括文字版式、内容版式、文字和内容版式和_____版式。

（5）设计模板表达了幻灯片的某种风格和寓意，一个演示文稿中可以采用_____。

（6）在 PowerPoint 2003 中，有幻灯片母版、_____、讲义母版、备注母版 4 种类型。

（7）要改变幻灯片中对象的动画顺序，可以使用"自定义动画"任务窗格下面的_____调整动画顺序。

（8）无论从 PowerPoint 还是从 Windows 桌面上打开_____文件时，它都会自动播放。

（9）在"打印内容"列表框里，选择_____选项，可以在每页上打印多张幻灯片。

（10）将 PowerPoint 演示文稿中的字符转换到 Word 文档中，可以_____命令来快速实现。

4．实做题

（1）用如图 6-17 所示的图片制作一张主题为动物世界介绍的幻灯片，要求：

① 标题放在幻灯片中间，文字用艺术字处理。

② 介绍的说明文字自己编写，字体用宋体 26 磅格式。

③ 为各个对象设置 PowerPoint 中提供的动画效果。

④ 每张幻灯片选择一种设计模板，并设置放映时幻灯片的切换方式。

⑤ 制作完成的演示文稿美观、大方。

图 6-17　动物

（2）用 PowerPoint 创意制作演示文稿，按照题目要求完成后，用 PowerPoint 的保存功能直接存盘。

资料一：改革开放。

资料二：改革开放是党在新的时代条件下带领人民进行的新的伟大革命，目的就是要解放和发展社会生产力，实现国家现代化，让中国人民富裕起来，振兴伟大的中华民族；就是要推动我国社会主义制度自我完善和发展，赋予社会主义新的生机活力，建设和发展中国特色社会主义；就是要在引领当代中国发展进步中加强和改进党的建设，保持和发展党的先进性，确保党始终走在时代前列。

要求：

① 第一页演示文稿：用资料一内容。

② 第二页演示文稿：用资料二内容。

③ 演示文稿的模板、版式、图片、配色方案、动画方案等自行选择。

④ 制作完成的演示文稿美观、大方。

第 7 章　网 页 制 作

学习目标：发布到 WWW 中的信息资源主要由一篇篇的 Web 文档构成，这些 Web 页采用超文本的格式，即可以包含有指向其他 Web 页或本身内部特定位置的链接，于是就产生了 HTML（超文本标记语言）。HTML 对 Web 页中的连接进行描述，最终用户通过浏览器读取这些网页。Web 浏览器的作用在于读取 Web 站点上的 HTML 文档，再根据文档中的描述组织显示该 Web 页面。本章介绍制作静态网页的工具使用技巧，了解动态网页的制作过程。其中涉及：

- 网页制作语言和工具介绍；
- 网站概念与创建网站步骤；
- 网页的布局与链接；
- 信息交互——表单应用；
- 网站的发布与维护。

7.1　网页制作语言和工具

7.1.1　网页制作语言

制作网页，通常需要网页制作软件、图形处理软件和网页动画软件的配合使用来完成，在介绍以上内容之前，有必要了解一些网页制作的语言知识。

1. HTML 语言

HTML（Hyper Text Markup Language）即超级文本标志语言的缩写，是专门在 Internet 上进行传输，可以让设计者建立能让所有使用 Web 的人相当有把握地读出页面，是人们在网上获取、发布信息的最主要手段。简单地说，就是人们上网通过浏览器能够显示的各种含有信息的页面。它是一种描述性的标识符号的集合，称为"标记"语言。之所以称为标记语言，主要是因为这种语言的元素是由若干"标记"组成的，它们扮演了语言中保留字和控制代码的角色，通常以 .html 或 .htm 为后缀。

HTML 不是一种"所见即所得"的文本标志语言，它只是标记了一个对象如何显示，剩余的全部工作包括翻译、显示等都留给了浏览器。任何人都可以用纯文本编辑器（如记事本、写字板）创建网页文件，也可采用"所见即所得"的编辑工具来创建，但要保存为 .htm 格式，最终用户通过浏览器来读取这些网页文件。

【例 7-1】用 HTML 语言设计一个网页，该网页包含文字和图形，文字分别用 24 磅"黑体"和正常的"宋体"修饰。程序如下：

```
<html>
<head>
<meta http-equiv="Content-Language" content="zh-cn">
<meta http-equiv="Content-Type" content="text/html; charset=gb2312">
<meta name="GENERATOR" content="Microsoft FrontPage 4.0">
<meta name="ProgId" content="FrontPage.Editor.Document">
<title>欢迎使用HTML语言来设计网页</title>
</head>
<body>
<p><font size="6" face="黑体">欢迎使用HTML语言来设计网页!</font></p>
<p><img border="0" src="示例图1.JPG" width="63" height="76">这是猪年的吉祥物。</p>
</body>
</html>
```

该程序在浏览器中显示的结果如图7-1所示。

图7-1　例7-1在浏览器中的显示结果

制作网页可以使用HTML语言,也可以使用各种各样的网页编辑器,但是,在让孩子使用计算器计算乘法前,得先让他们学习乘法表。同样的原因,在使用专业网页编辑器创作网页之前,理解基本的HTML是很有帮助的。这样才知道可以做什么,怎么做和怎么处理遇到的问题,如果知道了怎么编写HTML,就很容易打开HTML文件,手工添加额外的标记——包括在站点创作网页发布后开发的新标记。

1) HTML的元素与标记

HTML语言中的＜　＞(尖括号)之间的内容就称为元素或标记。标记分为两大类:一类用于确定超文本在浏览器中显示的方式;另一类用于确定超文本在浏览器中显示的内容。

HTML标记就是用来安排文字、图像、链接,例如在页面左边显示一幅图像,粗体显示一个词或者是链接到其他资源上,就要用HTML标记,HTML标记遵循以下基本原则:

① 标记总是用尖括号包围,例如＜HEAD＞或＜I＞。并且是成对出现的,包围它们影响的内容。就像一个电灯开关,第二个标记打开,第一个标记关上。

② 结束标记总是用反斜线"/"开头。例如,开始粗体用＜B＞,返回正常字体用＜/B＞。

③ 标记开始越早,关闭越晚。标记是嵌入的,不能交叉。例如,如果使用:

＜HEAD＞＜TITLE＞你的文本 ＜/HEAD＞＜/TITLE＞

这样是不起作用的,正确的顺序应该是:

<HEAD><TITLE>你的文本</TITLE></HEAD>

④ 有一些标记具有参数,这些参数一般能精确地确定这种标记的显示方式,称为该标记的属性。标记参数的取值一般用双引号引起来,其位置不受限制。例如例 7-1 程序中的 face="黑体"语句。

⑤ 另外还有一种元素,不对文档中的某个部分起作用,只是用来提供给浏览器一种显示方式,如<HR>就显示一条同栏分隔线。

⑥ 标记不区分大小写,因此<HTML>、<Html>、<htmL>、<HtMl>和<html>对浏览器来说没有区别,但在编写网页时最好保持元素的大小写一致,要么全部大写,要么全部小写,这样便于辨认,有利于减少编制网页中的错误。

2) HTML 文档的结构

HTML 语言定义了 4 种标记,用于描述页面的整体结构及浏览器和 HTML 工具对页面的确认,页面结构标记不影响页面的显示效果,它们帮助 HTML 工具对 HTML 文件进行解释和过滤,这些标记是可选的,如果页面中不包含它们,浏览器通常也能读取页面。但是对于一个程序设计者来说,程序的可读性和通用性是非常重要的,因此,要有在 HTML 文档中写上页面结构标记的习惯。HTML 4 个页面的结构标记是:

(1) 文档标识(HTML)。

全部文档放在<HTML>…</HTML>之间,<HTML>标记放在 HTML 文件的最开头,意思是告诉浏览器这个文件是 HTML 文件,而在文件的最后,当然是以</HTML>作为结束标记了。虽然这个标记可以省略不用,但希望你还是养成使用该标记的习惯。

(2) 文档首部(HEAD)。

文档首部是框在<HEAD>…</HEAD>中的部分。<HEAD>标记放在<HTML>标记的后面,是用来标明文件的题目或定义部分,它们通常不会显示在页面上。

(3) 文档标题(TITLE)。

文档标题是框在<TITLE>…</TITLE>中的部分。这个标记是用来设定文件的标题,一般用来注释这个文件的内容,通常<TITLE>…</TITLE>中间的文字会显示在浏览器的标题栏上,它相当于 Windows 窗口中的标题栏。

(4) 文档主体(BODY)。

文档主体则是位于<BODY>…</BODY>之间的部分。这个标记一般都是用来指明 HTML 文档里主要的对象,如标题、文字、图片、超链接、背景图案及对象的修饰等。

3) 几个常用的标记

(1) 换行和分段。

HTML 忽略源代码里面的回车换行符,如果要换行或分段,就必须用专门的标记安排段落格式,即用
 和<P>这两个标签:

- 换行
:该标记用于一段文本中的强制换行,无论该段文本是否超出了浏览器窗口的边界,
 都要强迫产生一个换行,并且没有垂直空白。
标记除了用来标识一个换行动作外,在 HTML 文件中还可以用它来调整行间距。
- 分段<P>:该标记打断行并插入一个空行,把段落区分开,其后的文本另起一个段落。

(2) 超链接的设置。

HTML 超文本的功能体现在链接功能上。使用超文本链接可以使顺序存放的文件具有一定程度上随机访问的能力，这更加符合人类的思维方式。特色就是随时按一个键就可以链接到世界的任何一个角落，这样的功能其实只要<A>和 </A>一行指令就可以做到了。超文本链接在网页的表现形式为：当鼠标移到链接对象时，光标会从箭头转变成手指，表示可以在这儿用鼠标单击一下，它就跳转到链接所指的地方。

① 链接到某一个目标。

在文件中用到这样一条指令：<A HREF="services.html">服务 </A>

<A>标记告诉浏览器建立了一个链接并将"服务"两个字显示为蓝字带下划线，用鼠标单击"服务"，浏览器就会显示 services.html 的内容。

② 链接到某一个网站的主页。

如果将指令写成：<a href="http://www.sina.com.cn">新浪网</a>

在浏览器中单击"新浪网"，就会显示新浪网的主页。

③ 链接电子邮件。

< A HREF = "mailto:wjh@163.com"> 发邮件</A>

单击"发邮件"时，电子邮件程序就会自动启动，并准备发送一个信件到 wjh@163.com 邮箱中。

④ 用图片作链接指针。

<a href=" http://www.sina.com.cn">新浪网 或 < img src="图像文件.gif"></a>

在浏览器上单击"新浪网"字符串或单击显示出来的图像，都能链接到新浪网的主页上。

常用的 HTML 标记符号及简要说明见表 7-1。

表 7-1 常用的 HTML 标记符号

分 类	标 记 符 号	功 能
文件标记	<HTML> … </HTML>	<HTML>文档开始和结束
	<HEAD> … </HEAD>	<HTML>文档头部标记
	<TITLE> … </TITLE>	设置文档标题，该标题显示在浏览器标题栏中
	<BODY> … </BODY>	设置文档各种信息，可以有多个
控制标记	<B> … </B>	标记包含的文本以粗体显示
	 	换行，多个 可以创建多个空行
	<CENTER> … </ CENTER>	该标记包含的内容水平居中对齐
	<DIV> … </DIV>	设置块区域
	<EM> … </EM>	强调标记，字体出现斜体效果
	<FONT> … </FONT>	设置所包含文本的字体、大小、颜色等
	<HR>	插入水平分隔线
	<Hi> … </Hi>	定义标题字的大小，i=1,2,3,4,5,6
	<I> … </I>	标记包含的文本以斜体显示
	<P> … </P>	设置段落，用于网页分段，</P>结束标记可省略
	<PRE> … </PRE>	设置显示预格式化的文本，内容以所设置的格式显示
	<U> … </U>	标记包含的文本加下划线显示
	<SCRIPT> … </SCRIPT>	文档包含一段客户端脚本程序（如 JavaScript)等

续表

分 类	标 记 符 号	功 能
表格标记	<TABLE> … </TABLE>	定义表格
	<CAPTION> … </CAPTION>	定义表格标题,位于表格的上方
	<TH> … </TH>	定义表头,占表格的一行,相当于标题栏
	<TR> … </TR>	定义表格行信息
	<TD> … </TD>	定义表格中的单元格信息
框架标记	<FRAMESET>…</FRAMESET>	定义一个框架
	<FRAMESET COLS=#> … </FRAMESET>	纵向排列多个子框架
	<FRAMESET ROWS=#> … </FRAMESET>	横向排列多个子框架
表单标记	<FORM> … </FORM>	定义一个表单,实现交互式信息处理,表单控件参见有关书籍
超链接	<A HREF="URL"> … </A>	定义超链接
插入多媒体	<embed src="声音文件名">	插入音乐,如<embed src="canyon.mid">
	<img src="图像文件名">	插入包括.bmp、gif 等图片,如<img src="banner6[1].gif">
	<img dynsrc="视频剪辑文件名">	插入视频剪辑,如<img dynsrc="crab.avi">

2. XML 语言

随着因特网的发展,越来越多的信息进入互联网,信息的交换、检索、保存及再利用等迫切的需求,使 HTML 这种最常用的标记语言越来越捉襟见肘。HTML 将数据内容与表现融为一体,数据的可修改性和可检索性差,而 XML(可扩展的标记语言)借鉴了 HTML 与数据库、程序语言的优点,将内容与表现分开,不仅使检索更为方便。更主要的是用户之间数据的交换更加方便,数据可重用性更强。

但 XML 在更多的时候只是一种数据文件,要把它变成日常所看到的 HTML 格式那样的文件,还需要借助 XSL 模式化查询语言,转换过程如图 7-2 所示。

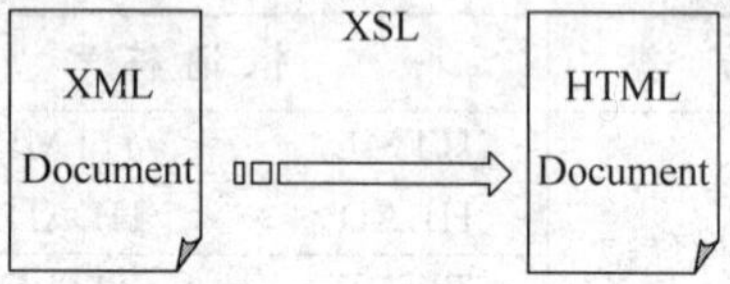

图 7-2 XML→HTML 格式

3. 脚本语言

脚本语言是介于 HTML 和 Java、C++和 Visual Basic 等编程语言之间的语言。HTML 通常用于格式化文本和链接网页。编程语言通常用于向计算机发送一系列复杂指令。脚本语言也可用来向计算机发送指令,但它们的语法和规则不像可编译的编程语言那样严格和复杂。脚本语言主要用于格式化文本和使用以编程语言编写的已编译好的组件。

脚本语言弥补了 HTML 不能解决动态和交互的缺点,是一种面向对象的解释性程序语言,有客户端脚本和服务器端脚本两种。

1) 客户端脚本语言

客户端的脚本语言是在客户端执行的脚本,通过<script>和</script>标记无缝地嵌入在 HTML 代码中,可以实现网页元素的动态效果和控制网页元素的外观。常用客户端的脚本语言有两种:JavaScript 与 VBScript,微软公司的 Internet Explorer 和网景公司的 Netscape 两种浏览器都支持,但是 JavaScript 的效果比 VBScript 要好。

2) 服务器端脚本语言

服务器端的脚本语言是在服务器端执行的脚本,通过执行服务器端的脚本和后台数据库的查询可完成与客户的交互功能。服务器端常用的脚本有 ASP、JSP、PHP、Perl 和. Net 等,这几种脚本语言广泛应用于网站建设及网页设计中。而数据库系统则根据网站的规模大小、功能来确定,常采用 SQL Server、Access 等数据库系统。

7.1.2 网页制作工具

制作网页的工具很多,且各有特点,一般都能生成 HTML 代码。从原理上来讲,虽然直接用记事本也能写出网页,但是网页制作者需要熟悉 HTML 语言且效率也很低,不适合初学者。用 Office 的组件 Word、Excel 和 PowerPoint 也能做出网页,但有许多效果做不出来,产生的垃圾代码太多,也是不可取的。

现在制作网页就像 Word 排版一样方便,因为有很多"所见即所得"的编辑工具,尤其是被称为网页制作三剑客的 Flash、Fireworks 和 Dreamweaver,使用最为广泛。下面简单介绍几种常用的网页编辑工具。

1. FrontPage

FrontPage 目前是随同 Office 软件包捆绑在一起的,使用如同字处理软件中的 Word,界面继承微软 Office 产品的特点,引导过程易学易用,开发效率高,适合于网页设计的初学者。该软件 2003 版以后已经作为一个专用工具独立存在。

2. Dreamweaver 8.0

Dreamweaver 8.0 是 Macromedia 公司继 Dreamweaver MX 后推出的。Dreamweaver 8.0 支持编写的网页文件非常多,尤其是增加了对 ASP、JSP、ASP. NET、PHP 这些动态网页文件的支持,这说明 Dreamweaver 8.0 已经不仅仅只局限于一个网页编辑软件的范畴,它已经可以实现完整的数据库文件的编写,也是一个"所见即所得"的可视化网站开发工具,众多专业网站和个人主页将其作为建站的首选工具。

3. Adobe Pagemill

Adobe Pagemill 是 Adobe 公司推出的一个网页制作工具。适用于主页需要用到很多框架、表单和图像地图的网页制作。虽然该工具的功能不算强大,但使用起来很方便,非常适合初学者。Pagemill、GoLive 和 LiveMotion 是 Adobe 公司推出的网页设计组合。

4. HotDog

HotDog 是初学者较容易上手的网页制作工具。借助该软件提供的大量模板,网页制作者甚至连设计都不用考虑,直接填入内容即可。

制作网页,除需要网页制作软件外,通常还需要图像处理软件、动画制作软件和数据库系统(交互式网页)配合使用。下面主要介绍用 Dreamweaver 8.0 制作网页的过程和步骤。

7.2 网站的概念与网站设计步骤

网站设计的内容非常多。大体分两个方面:一方面是纯网站本身的设计,如文字排版、图片制作、平面设计、三维立体设计、静态无声图文和动态有声影像等;另一方面是网站的延伸设计,包括网站的主题定位、浏览群的定位、智能交互、制作策划、形象包装和宣传营销等。

这两方面相辅相成,加之网络技术的飞速发展,要提出一个绝对正确和权威的设计思路是不可能的。根据建设一个网站的思路,应该明确两个前提:

(1) 网站设计与网站制作。网站"设计"与网站"制作"的区别在于:设计是一个思考的过程,而制作只是将思考的结果表现出来。一个成功的网站首先需要一个优秀的设计,然后辅之优秀的制作。所以,设计是网站的核心和灵魂,一个相同的设计可以有多种制作表现的方式。

(2) "网站"是指有确定主题和明确目的的实用性站点,不包括纯表现类或者纯文字类网站。

7.2.1 网站与网页

Web 站点是一组具有共享属性(如相关主题、类似的设计或共同目的)、经过组织和管理的网页组成。丰富多彩的万维网资源正是由成千上万的网站组成的,它们存放在与因特网相连接的计算机中,这种计算机叫 Web 服务器。访问者通过因特网,使用浏览器阅读网站中的每一个网页内容。站点可以用域名或 IP 地址表示,如 www.tsinghua.edu.cn 或 166.111.4.100,都表示清华大学的网站。

网页通常成组出现,每一个网页存放在一个单独的文本文件中,通过浏览器窗口的滚动条可以浏览各种尺寸的网页。当进入某个站点的第一个页面,该页面称"主页"(homepage),主页通常用 index.html 或 index.htm 命名。其他页面称"详细页"(minute page),扩展名为.html 或.htm。

Web 站点遵循文件管理原则,对网页文件进行相应的组织与管理。图 7-3 给出了一个企业普通 Web 网站的网页组织与管理的简单示例,网页之间以超链接为纽带,组成一个整体。

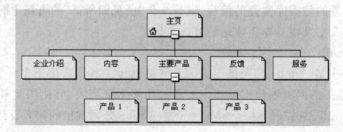

图 7-3 某企业普通 Web 网站的网页组织与管理结构图

7.2.2 网站设计步骤

建立一个网站是具有鲜明周期性的过程,但由于建立网站的目的不同,在设计不同的网站时要分析考虑的问题也有不同之处,设计商业网站着重考虑的是网页对客户的吸引力、是否方便、如何提高访问量和网络的安全性等问题,并且网页比较新颖、美观。校园网主要考虑的是发布自己所拥有的信息及远程教育,但页面显得刻板和较为整齐。不管是什么类型的网站,建立网站大体都可分为以下几个步骤。

1. 定位网站主题

设计一个站点,首先遇到的问题就是定位网站主题。所谓主题就是网站的题材,因特网上的网站题材千奇百怪,琳琅满目,如网上社区/网上聊天/家庭/教育/生活/时尚/娱乐/网上求职/网上购物等,只要能想到的,就可以把它制作出来。

网站的最大特点是浏览快和内容更新及时,因此主题的定位要突出小而精,即定位要小,内容要精。主题突出,容易给人留下深刻印象。如果制作一个包罗万象的站点,把所有精彩的东西都放在上面,那么往往会事与愿违,给人的感觉是没有主题,没有特色,维护工作量也很庞大。

2. 规划网站

规划就如写一篇文章,首先要确定文章题目,然后根据题目构思出一个框架。设计网站同样要先确定网站的设置目的和主题,根据主题来构造网站的层次结构图,确定网站的栏目和版块、网站的目录结构(目录的层次最好不要超过 4 层)和链接结构(导航图)、网站的整体风格和创意设计等。

3. 组织素材

网页由各种各样的素材组成,如文字、图像、动画、视频和背景音乐等。有目的地收集、整理、筛选、加工和制作素材,是制作网页的一项重要工作。由于素材很多,应该将素材文件分门别类地存储在网站根目录的素材文件夹里。

4. 布局

布局就是以最适合浏览的方式将图片、文字等对象排放在页面的不同位置。在网页制作中,通常用表格、框架和图层来布局页面。网页的外观要协调统一、风格独特,包括网站标志、色彩、文字字体、版面布局、浏览方式、一致性的导航结构、交互性等诸多因素。导航链接结构的设计原则是:用最少的链接实现最有效的浏览。

5. 制作网页

在全面考虑好网站的栏目、链接结构和整体风格之后,就可以正式动手制作首页了。俗话说:"良好的开端是成功的一半"。网站设计也是如此,首页的设计是一个网站成功与否的关键。人们往往看到首页就已经对站点有一个整体的感觉,是不是能够促使浏览者继续点击进入,是否能够吸引浏览者留在站点上,全凭首页设计的"功力"了。所以,首页的设计和制作是绝对要重视和花心思的。

6. 测试与发布网站信息

在发布网站之前必须先测试,把本地站点的文件夹复制到另外一台计算机中,然后测试网站中的超链接是否有掉链、断链,能否正常跳转,图片和动画等对象是否能正常显示,声音能否正常播放等。经测试没有问题,就可以进行网站的发布工作了。网站的发布要经过申请主页空间和上传网站两个步骤。

7.3 Dreamweaver 8.0 窗口和站点管理

Dreamweaver 8.0 是一个专业的可视化网页制作工具,用于 Web 站点、Web 页、网页应用程序设计和开发。利用 Dreamweaver 8.0 中的可视化编辑功能,可以快速地创建站点和制作网页代码,无需编写任何代码(代码能自动生成)。

7.3.1 Dreamweaver 8.0 工作界面

启动 Dreamweaver 8.0 后,进入如图 7-4 所示的工作界面,主要功能是:

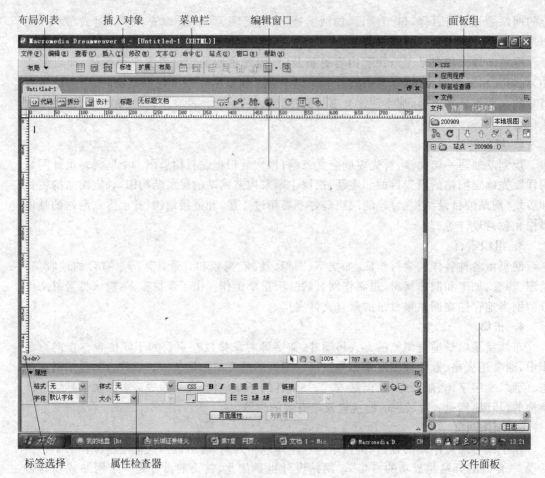

图 7-4 Dreamweaver 8.0 窗口

（1）"插入列表"栏用于插入各种类型的对象（如表单、文本和应用程序等）。每个对象都是一段 HTML 代码，允许在插入时设置不同的属性。例如，可以在"插入对象"栏中单击"图像"图标插入一个图像，也可以不使用"插入"栏而使用"插入"菜单插入对象。

（2）"文档工具栏"包含按钮和弹出式菜单，它提供各种"文档"窗口视图（如"设计"视图和"代码"视图）、各种查看选项和一些普通操作（如在浏览器中预览）。

（3）"编辑窗口"显示当前创建和编辑的网页。

（4）属性检查器用于查看和更改所选对象或文本的各种属性。每种对象都具有不同的属性，用户可以根据需要设置相关参数。

（5）面板组是一组定位在某个标题下面的相关面板的集合。若要展开一个面板组，请单击组名称左侧的展开箭头；若要取消一个面板组，请拖动该组标题条左边缘的手柄。

（6）"站点"面板可以管理组成站点的文件和文件夹。有关更多信息，请参见设置本地站点的"帮助"。"站点"面板还提供了本地磁盘上全部文件的视图，非常类似于 Windows 的资源管理器或 Finder（Macintosh）。

Dreamweaver 8.0 提供了许多此处未说明的其他面板、检查器和窗口，如"历史记录"面板和代码检查器。若要打开其他的 Dreamweaver 8.0 面板、检查器和窗口，请在"窗口"菜单中选择。

7.3.2 设置站点

所谓站点，就是一组相关主题的网页通过各种链接关联起来的集合。在使用 Dreamweaver 8.0 制作网页之前，应建立一个本地站点，用来管理创建的网页。

Dreamweaver 8.0 既可以导入一个站点进行修改，也可以创建一个新站点。导入站点和创建站点的过程基本上是一样的。

创建 Web 站点最常见的方法就是在本地磁盘上创建并编辑网页，然后将这些网页拷贝并上传到一个远程 Web 服务器上，使公众可以访问它。在 Dreamweaver 8.0 中，站点是下列任意一项的简称：

(1) Web 站点：一组位于服务器上的网页，使用 Web 浏览器访问该站点的访问者可以对其进行浏览。

(2) 远程站点：服务器上组成 Web 站点的文件，这是从创作者的角度而不是访问者的角度来看的。

(3) 本地站点：与远程站点上的文件对应的本地磁盘上的文件。创作者在本地磁盘上编辑文件，然后将它们上传到远程站点。

【例 7-2】 创建一个如图 7-3 所示的某企业普通静态网站，该站点建在本地 D 盘的根目录上，站点名称为 Kmlygs，创建过程如下：

(1) 站点规划：通常，创建 Web 站点是从对其进行规划开始的，决定要创建多少网页、每页上显示什么内容以及网页是如何互相链接起来的。在本例中，所创建的是一个非常简单的站点，因此不需要太多的规划，它只包含 8 个 Web 页，其间有链接。因此，对于此站点，可以跳过规划，进入创建站点定义阶段。

(2) 站点定义：执行"站点"→"管理站点"命令，打开"管理站点"窗口，单击"新建"按钮，从打开的下拉菜单中选择"站点"命令，打开"站点定义"对话框后单击"基本"标签，根据提示输入或设置相关信息（参见表 7-2）一步一步地完成站点设置。

表 7-2 创建新站点要设置的信息

设置信息	参考图示
定义站点名称	您打算为您的站点起什么名字？ Kmlygs
设置是否使用服务器技术	您是否打算使用服务器技术，如 ColdFusion、ASP.NET、ASP、JSP 或 PHP？ ⊙否，我不想使用服务器技术。(O) ○是，我想使用服务器技术。(Y) 如果新站点要使用服务器技术，请选择"是"，本例选择"否"，表示目前该站点是一个静态站点
设置文件使用方式	在开发过程中，您打算如何使用您的文件？ ⊙编辑我的计算机上的本地副本，完成后再上传到服务器（推荐）(E) ○使用本地网络直接在服务器上进行编辑(D) 常用的方法是先在本地硬盘中编辑，网站制作完成并测试通过后再上传给远程的 Web 服务器

设置信息	参考图示
确定新站点的存放位置	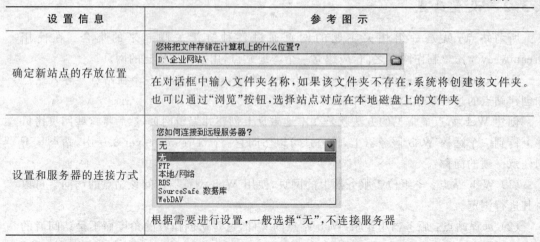 在对话框中输入文件夹名称,如果该文件夹不存在,系统将创建该文件夹。也可以通过"浏览"按钮,选择站点对应在本地磁盘上的文件夹
设置和服务器的连接方式	根据需要进行设置,一般选择"无",不连接服务器

最后进入如图 7-5 所示的"站点总结"窗口,该窗口列出了新站点的详细情况,可通过"上一步"按钮返回修改,如单击"完成"按钮,一个本地的网站就建立好了,但它目前还是一个空壳,接下来的工作就是创建新的网页文件。

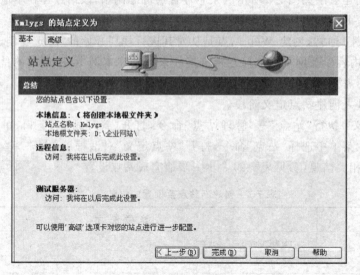

图 7-5 "站点总结"窗口

站点创建完毕后,可通过"文件"面板查看本地站点中的所有文件和文件之间的链接关系,执行"窗口"→"文件"命令,可以打开如图 7-6 所示的"文件"面板窗口。该窗口显示某企业的站点名称为"Kmlygs",网站的信息存放在"D:\企业网站"文件夹中。

图 7-6 "文件"面板窗口

在 Dreamweaver 8.0 中可同时编辑多个站点,站点之间的切换可通过单击"显示"下拉列表中的网站名称实现,在"显示"下拉列表中选择某一个站点,"文件"面板就显示该站点的内容。

7.3.3 管理站点

管理站点是通过"文件"面板实现的,如果是新建的站点,文件面板中的站点内容为空,若采用导入一个已有的站点,"文件"面板中将显示出该站点的文件和文件夹。

1. 使用"文件"面板管理站点中的文件

为方便文件管理操作,可单击"展开/折叠"按钮,把"文件"面板展开为一个独立的编辑窗口,在此窗口中,可以对当前站点中的所有文件和文件夹进行新建、复制、删除、重命名等操作。

"文件"面板窗口分左右两个子窗口,默认情况下左窗口是远程站点窗口,右窗口是本地站点的窗口,分别显示文件列表,由于很少在线编辑网站文件,所以远程站点窗口多数情况下为空。

2. 使用站点地图创建和查看网站结构

单击"站点地图"按钮,"文件"面板的左侧窗口调整为"站点导航"窗口,在该窗口可以查看和编辑站点结构,即网页之间的链接关系。如选择了一个文件,右击,在快捷菜单中选择"设成首页"命令,可将当前文件设置成站点的首页。默认情况下,首页的文件名为 index.html,单击左窗口的 index.html 图标,执行"链接到已有文件"命令,依次将右窗口的网页文件 page1.html、page2.html 等文件链接起来,这样就制作了该站点的导航结构图,如图 7-7 所示。

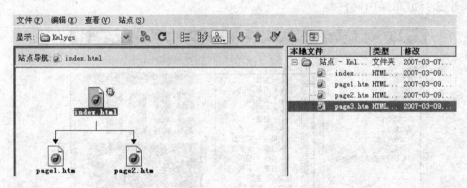

图 7-7 使用"站点地图"创建站点导航图

3. 主页的命名规则

在创建一个网站主页的时候,需要固定使用同一个文件名。因为一般的网页与主页是两个不同的概念,一个 HTML 文件就是一个网页,而主页是指一个网站中所有网页的首页。通常将首页命名为 index.htm、index.html、default.htm 或 default.html 的其中之一,首页的名字不能随便乱起,必须根据远程服务器的要求来定。这样做的好处是:当使用浏览器访问一个 URL(网址)时,例如 http://www.yahoo.com,它仅指出了服务器主机的地址,并没有具体说明是要访问主机上哪个文件,这是因为主机在解释地址时如果发现地址没有指明具体文件,将自动去访问默认的首页,因此在主机上默认的首页名称是固定的。

例如：http://www.sohoo.com.cn 是主机地址，它的默认首页名称为 index.htm，那么在浏览器的地址栏中输入 http://www.sohoo.com.cn 实际上就等于输入了：http://www.sohoo.com.cn/index.htm。

注意：可以在图 7-7 中"网站管理"窗口的右边栏单击鼠标右键，在弹出的菜单中选择"新建文件"或"新建文件夹"命令，便能够在本地的目录结构里边增加一个新网页或新文件夹。

7.4 Dreamweaver 8.0 的基本操作

7.4.1 新建和打开网页

1. 新建网页文档

创建网页文件有 3 种方法：即创建一个空白的新网页、创建以模块为基础的新网页和将现成的网页打开并进行修改。下面介绍怎样创建一个新网页，利用模板来创建新网页的方法将在后面介绍。

执行"文件"→"新建"命令，即可调出如图 7-8 所示的"新建文档"对话框，该对话框提供了创建多种网页类型文件的选项，如基本页、动态页、模板页等，每一种类型中还有多种类型供选择，例如从"类别"列表框中选择"基本页"选项，然后选择"基本页"列表框中的 HTML 选项，单击"创建"按钮，就可新建一个空白的 HTML 网页文档。如果选择"类别"列表框中的"页面设计"选项，对话框内中间的列表更新为"页面设计"类，在列出的一组预先设计好的页面中，选择一个满意的页面，在右侧显示该页面的预览效果，单击"创建"按钮，文档窗口中将出现一个选择好布局的网页。

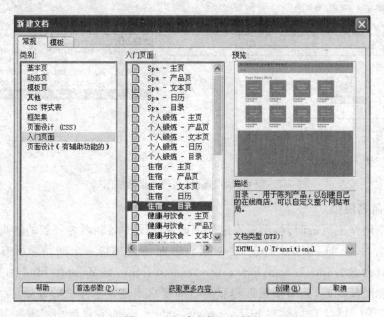

图 7-8 "新建文档"对话框

2. 打开和保存网页

（1）打开网页的方法有两种，即打开当前站点中的网页和打开其他站点中的网页。前者只需在"文件"面板中双击该网页的图标或文件名即可打开网页；后者则通过执行"文件"→"打开"命令，在对话框中选择具体的文件，然后单击"打开"按钮即可。

（2）执行"文件"→"保存"命令保存网页文件。如果网页此前未曾保存过，系统将显示"另存为"对话框，设置该网页文件的具体保存信息，如文件名、存放位置和保存类型。

例如，网站主页的保存信息为：

文件名：index.htm 或 index.html。

存放位置：站点根文件夹中。

注意：Dreamweaver 8.0 对中文文件名的兼容性不好，建议网页文件名采用西文字符命名。

7.4.2 网页中的文本操作

文本是网页的内容主体，是网页中运用最广泛的元素之一，网页中文本的处理是网页制作的主要内容。Dreamweaver 8.0 中有关文本的操作与 Word 文字处理有很多类似的地方。

1. 创建文字内容

创建文字内容的方法有两种：直接输入和从其他文本素材粘贴。前者就是将光标定位到编辑窗口中要输入文字的地方，直接输入文字即可。后者则采用"粘贴"操作插入文本，如果要过滤掉原有的文本格式，可执行"编辑"→"粘贴文本"命令完成。若要插入外部文件，可执行"文件"→"导入"命令，将 Word 或 Excel 文档内容导入当前网页中。

2. 插入其他文本元素

其他文本元素可通过执行"插入"→HTML 命令向网页中添加多种文本元素，如图 7-9 所示，也可以通过"属性"面板的相关按钮来实现某些文本对象的插入，如"项目列表"、"编号列表"等。

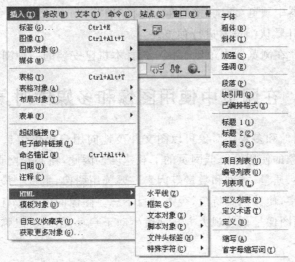

图 7-9 插入文本元素

注意:"空格"不能直接输入,可执行"插入"→HTML 命令,选择"特殊字符"中的"不换行空格"或按 Ctrl+Shift+Space 键实现。"换行"则执行"插入"→HTML 命令,选择"特殊字符"中的"换行符"或按 Shift+Enter 键实现。

3. 修饰文本

文本格式有字符格式和段落格式两种。修饰文本的方法是先在文档编辑窗口中选中要修饰的对象,然后在如图 7-10 所示的"属性"面板中完成。

图 7-10 字符的"属性"面板

1) 字符格式

字符格式包括字体、大小、颜色、风格等。通过"属性"面板中的"字体"、"大小"、"颜色"、"B"按钮、"I"按钮完成,操作方法与 Word 类似,这里就不再赘述。

2) 段落格式

段落格式有段落对齐方式、段落缩进等。设置的方法是将光标定位到要设置段落格式的段,在属性面板上直接选择相应的按钮设置,如"居中对齐"、"文本缩进"等。

4. 网页属性设置

新建一个网页后,首先要定义页面属性,其内容有文本的字体、颜色、背景色或背景图像、页面边距、超链接的字体和颜色、网页标题等,设置网页属性的目的是使网页更加规范。可单击属性面板上的"网页属性"按钮或执行"修改"→"网页属性"命令,打开"网页属性"对话框进行设置。该对话框包含"外观"、"链接"、"标题"、"标题/编码"和"跟踪图像"5 个分类和与之对应的"外观"选项。

5. 网页预览

在网页制作过程中,可随时进行实际效果的预览。预览网页有以下 3 种方法:

(1) 单击"在浏览器中预览/调试"按钮 ,选择"预览在 iexplore"命令。

(2) 按 F12 键,打开默认浏览器进行预览。

(3) 执行"文件"→"在浏览器中预览"命令,选择本机已安装的一种浏览器进行预览。

7.5 在网页中使用图像和多媒体对象

网页中适当加入图像和多媒体对象可以图文并茂地向用户提供信息,但也可能带来副作用,图像和多媒体对象的使用会降低网页的下载速度。因此,在制作网页时一定要考虑图像和多媒体对象的大小、质量、类型和数量等因素。要善用图像,主页上最好有醒目的图像、新颖的画面、美观的文字,使其别具特色,令人过目不忘。图像的内容应有一定的实际作用,切忌虚饰浮夸。最佳的图像是集美观大方与活泼生动于一身,图画可以弥补文字之不足,但并不能够完全取代文字。

7.5.1 网页中常用文件格式

计算机中使用到的文件格式有很多种,但由于受到网络带宽和浏览器的限制,在 Web 上常用的文件类型有:

声音文件:.wav .mid .wma .mp3(该文件比较大,常用超链接调用)
图形文件:.jpeg .jpg .png .gif(动画文件)
文本文件:.html .htm .txt
影像文件:.mpeg .mpg .mpe .qt .mov .avi
压缩文件:.zip .z .gz .bz

以上文件类型在网页制作中可以从某个超链接直接链接到该文件或将该文件直接插入网页。

7.5.2 绝对路径与相对路径

网页中插入的对象并没有真正嵌入到网页中成为网页的一部分,这与 Word 中插入图像和多媒体对象是不同的。网页中插入的对象只是在标记中定义了对象的存放位置而不是对象本身,浏览器在解释这段代码时要到标记指定的路径下查找该对象,找到就显示该对象,没有找到就在应显示该对象的位置显示对象的占位符,以提示访问者此处原有对象,目前找不到,暂不能显示,原因是查找的路径有问题。

1. 绝对路径

绝对路径是文件在硬盘上的真正路径,如 D:/企业网站/images/tx1.jpg,表示 tx1.jpg 存储在当前计算机 D 盘下"企业网站"文件夹的 images 子文件夹中。网站存储在哪台计算机上,图像的绝对路径就是指该台计算机的磁盘路径,如果发布到 Web 服务器上,是指从 Web 服务器的根目录开始的路径,其代码为:

< img src = "file:///D|/企业网站/images/tx1.jpg" >

其中 file:///D| 表示使用绝对路径,指向当前服务器的 D 盘。如果网站上传到服务器不是存储在 D 盘,该图像文件将找不到。

2. 相对路径

相对路径是指插入的对象相对当前网页所在的文件夹位置,如在网页文件 Page1.html 中插入 tx1.jpg 图像,它们在当前计算机中各自存储的位置是:D:/企业网站/Page1.html 和 D:/企业网站/images/tx1.jpg,上传到服务器中和本机的代码均为

< img src = "images/tx1.jpg" >

注意:网页中的对象存放位置应该采用相对路径描述,以保证网站的发布和移植正确。

7.5.3 插入和设置图像属性

1. 插入图像

将插入点放在要插入图像的地方后,执行"插入"→"图像"命令或单击常用工具栏中的图像图标,打开如图 7-11 所示的"选择图像源文件"对话框,按需要插入图像文件。如果

选择的图像是站点外的文件,系统将提示是否将该图像文件存储在本站点,这时应将该文件存放在本站点。

图 7-11 "选择图像源文件"对话框

如果执行"插入"→"图像对象"命令,可以在下拉列表框中选择"图像占位符"、"鼠标经过图像"、"导航条"和 Fireworks HTML 中的某一选项,在弹出的对话框中设置相应的参数,将实现更多的功能。

注意:在"选择图像源文件"对话框的"相对于"下拉列表框中选择"文档"项,用的是相对路径,选择"站点根目录"项,用的是绝对路径。

2. 设置图像属性

图像插入到网页中后,可通过如图 7-12 所示的"属性"面板设置图像属性。主要包括以下几方面:

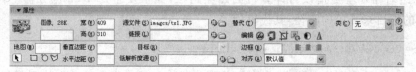

图 7-12 图像属性面板

1) 调整图像大小

选中网页中的图像,图像四周会出现 8 个实心小方块(控制点),可通过鼠标直接拖曳控制点调整图像的大小,为保证纵横比例,最好拖曳四角的控制点。也可以在"属性"面板中直接输入图像的宽和高,做到精确设置。

2) 添加图像的说明文字

在"属性"面板的"替代"文本框中直接输入说明文字,可实现:

- 在浏览网页时,鼠标指向图像,出现说明文字。
- 当图像丢失或浏览器关闭图形显示功能时,在原图像位置显示说明文字。

3) 剪裁图像

使用"属性"面板中的"剪裁"按钮 ,可剪去图像中不需要的部分,操作方法与 Word 相同。

4) 调整图像的亮度和对比度

使用"属性"面板中的"亮度和对比度"按钮 ,调整图像的显示效果。

5) 设置图像和周围文本的对齐方式

使用"属性"面板中的左对齐 ≡、居中对齐 ≡、右对齐 ≡ 按钮，实现图像与同段落的文本水平对齐方式。通过使用"属性"面板右下角的"对齐"下拉列表，可以设置图像与同一行的文本或其他对象元素在垂直方向上的对齐方式。

6) 设置图像周围的边距

使用"属性"面板中的"垂直边距"和"水平边距"可以为图像增加空白边距，单位是"像素"。

7.5.4 插入 Flash 动态元素

Dreamweaver 8.0 提供了 Flash 文本和 Flash 按钮的处理功能，可以在网页制作时随时调用。

1. 插入 Flash 动画

插入 Flash 动画之前，应首先在 Flash 制作软件中完成 Flash 动画的设计，并且将其保存在站点内的相应文件夹中，然后，执行以下操作：

(1) 在文档窗口的设计视图中，将插入点放置在要插入影片的地方，然后执行以下操作之一：

- 在插入栏中，选择"媒体"，然后单击"插入 Flash"图标 或将该图标拖到文档窗口中。
- 执行"插入"→"媒体"→Flash 命令。

(2) 在显示的对话框中，选择 Flash 影片文件（.swf）。

(3) 单击插入的 Flash 动画，在"属性"面板中单击 ▶ 播放 按钮，插入的 Flash 动画即在设计视图中播放，这时按钮变成 ■ 停止 ，单击该按钮即可停止播放。

2. 插入 Flash 按钮

在"设计"视图或"代码"视图中工作时，可以在文档中创建和插入 Flash 按钮。操作步骤如下：

(1) 在"文档"窗口中，将插入点放置在要插入 Flash 按钮的位置。然后执行以下操作之一：

- 在插入栏的"常用"类别中，选择"媒体"，然后单击"Flash 按钮"图标 或将该图标拖到文档窗口中。
- 执行"插入"→"媒体"→"Flash 按钮"命令。

(2) 在"插入 Flash 按钮"对话框中，从"样式"列表中选择所需的按钮样式（如 Blue Warper）。

(3) 在"按钮文本"域中（可选），输入要显示的文本（如"返回主页"）。

(4) 在"字体"域的（可选）弹出式菜单中，选择要使用的字体（如"黑体"）。

(5) 在"大小"域中，输入字体大小的数字值（如 15）。

(6) 在"链接"域中（可选），输入该按钮的文档相对或绝对链接对象（如 index.html）。

(7) 在"目标"域中（可选），指定链接文档的打开位置（如_blank）。

(8) 在"背景颜色"域中（可选），设置 Flash 按钮的背景颜色（如 #FFFFFF）。

(9) 在"另存为"域中，输入用来保存此新 SWF 文件的文件名。可使用默认文件名（如 button1.swf）或输入新文件名。如果该文件包含文档相对链接，则必须将该文件保存到与当前 HTML 文档相同的目录中，以保持文档相对链接的有效性。

(10) 单击"获取更多样式"可以转到 Macromedia Exchange 站点并下载更多按钮样式。

(11) 单击"应用"或"确定"按钮将 Flash 按钮插入到文档窗口中。

注意：选择"应用"可以在设计视图中看到更改，同时令对话框仍处于打开状态；这样就可以继续对按钮进行更改。在插入 Flash 按钮或文本对象前，必须保存文档。

插入 Flash 文本与插入 Flash 按钮的操作相同，在此不再赘述。

7.5.5 插入播放媒体

Dreamweaver 8.0 可以迅速、方便地向 Web 站点添加声音和影片，如 Shockwave 影片、Java applets、QuickTime、Active X 和音频文件等。

1. 插入 Shockwave 影片

Shockwave 作为 Web 上用于交互式多媒体的 Macromedia 标准，是一种经过压缩的格式，使得在 Macromedia Director 中创建的多媒体文件能够被快速下载，而且可以在大多数常用浏览器中进行播放。扩展名为.dcr、.dir 和 .dxr，可以从相关的网站上下载。要插入 Shockwave 影片，操作步骤如下：

(1) 在文档窗口中，将插入点放置在要插入 Shockwave 影片的地方，然后执行以下操作之一：

- 在插入栏中，选择"媒体"，然后单击 Shockwave 按钮 或将该按钮拖到文档窗口中。
- 执行"插入"→"媒体"→Shockwave 命令。

(2) 在显示的对话框中，选择一个影片文件。

(3) 在"属性"面板中，分别输入影片的宽度和高度并"播放"。

2. 添加视频和声音

可以通过不同方式和使用不同格式将视频添加到 Web 页面。视频可以下载给用户，或者对视频进行流式处理后以便在下载它的同时播放它。如果要包括可被下载而不是被流式处理的简短剪辑，则可以链接到该剪辑或将该剪辑嵌入到页面中。这些剪辑通常采用 AVI 或 MPEG 文件格式。

嵌入音频将声音播放器直接插入页面中，但只有在访问站点的访问者具有所选声音文件的适当插件后，声音才可以播放。如果要将声音用作背景音乐，或者想要对声音演示本身进行更多控制，则可以在嵌入文件后，设置音量、播放器在页面上显示的方式以及声音文件的开始点和结束点等。

添加视频和声音的操作是通过执行"插入"→"媒体"→"插件"命令或"插件"按钮 实现的，操作方法与插入动态元素基本相同，这里就不再详述。

7.6 创建超链接

通过不断努力，已经在不同的网页中加入了文本与图片，但怎样将这些网页连在一起呢？为了让网站中的众多网页构成一个整体，必须使各网页通过超链接的方式联系起来。创建链接之前，一定要清楚文档相对路径、站点根目录相对路径以及绝对路径的工作方式。

7.6.1 超链接的类型

超链接是从一个网页指向另一个目的地的链接，这个目的地通常是另一个网页或同一网页中的其他位置，可以是一幅图片、一个电子邮件地址或浏览器能显示的文件。根据跳转目的地的不同，网页中的超链接可分为：

（1）绝对链接：实现直接跳转到其他网站中的某一页或链接本站点外的文件（如图形、影片、PDF 或声音文件）。链接目的地的 URL 是：

http://www.sina.com.cn 链接到新浪网。

http://www.tsinghua.edu.cn/cindex.html 链接到清华大学的中文主页上。

mailto:ynkm_wjh@163.com 链接到空白电子邮件 ynkm_wjh@163.com 中。

（2）相对链接：与本网站内的网页或其他对象链接。

（3）书签式超链接：直接跳转至本网页文档内的特定位置。

7.6.2 创建超链接

1. 创建绝对链接或相对链接

按照以下步骤可在 Dreamweaver 8.0 中创建绝对链接或相对链接：

（1）打开要建立超链接的网页，选择文本或页面元素（超链接源）。

（2）在如图 7-13 所示的"属性"面板中设置超链接的目的文件，根据超链接类型进行设置。

图 7-13 超链接属性面板

- 绝对链接：直接在"链接"对话框中输入绝对路径（包括适当的协议），如 http://www.sina.com.cn。
- 相对链接：直接将"文件面板"上要链接的目标文件拖曳到"链接"对话框中，或拖曳 按钮标记到"文件面板"中相应的文件上，把超链接源与目标文件关联起来。也可通过"单击"右侧的"文件夹"图标或单击 按钮，打开"选择文件"对话框，从中选择要链接的目标文件。

无论使用哪种方法创建的超链接，都可以在"目标"下拉列表框中选择打开超链接的方式，方式有：

- _blank 将链接的文档载入一个新的、未命名的浏览器窗口。
- _parent 将链接的文档载入父框架页或包含链接的框架窗口。如果包含链接的框架没有嵌套，则相当于 _top；链接的文档载入整个浏览器窗口。
- _self 将链接的文档载入链接所在的同一框架或窗口。此目标是默认的，所以通常不需要指定它。
- _top 将链接的文档载入整个浏览器窗口，从而删除所有框架。

对于未采用框架布局的网页，常用_self 和_blank 目标值来设置超链接显示窗口。

2. 书签超链接

当一个网页的内容比较长，内容相对独立，为了方便浏览，应在网页的起始位置处设置网页内部的导航超链接（书签超链接），单击不同的导航超链接，跳转到页面的相应位置处。

Dreamweaver 8.0 中书签超链接的设置是通过定义"锚记"和链接"锚记"两部分实现的,操作步骤如下:

1) 定义"锚记"
- 将插入光标放置在网页中要定义为"锚记"的位置处。
- 在"插入栏"中选择"常用"标签,单击"命名锚记"按钮 ,在"锚记名称"文本框中键入书签名(书签名必须唯一)。
- 单击"确定"按钮,完成锚记的定义操作。

2) 创建指向"锚记"的超链接

选择网页中要定义书签超链接的文本字串或导航图像等元素后在"属性"面板中设置指向"锚记"的超链接,设置方法有:
- 在"链接"文本框中直接输入链接的锚记名称,并在锚记名称的前面加上"#"号。
- 单击"链接"文本框右侧的下拉箭头,从中选择本页面中定义的"锚记"。
- 拖动"指向文件"按钮 标记到页面中的"锚记"处。

3. 电子邮件超链接

在网页上创建电子邮件链接,用于方便用户意见反馈。当访问者单击电子邮件链接时,可立即打开浏览器默认的电子邮件处理程序并打开"新邮件"窗口,使访问者能方便地撰写电子邮件。

创建电子邮件超链接的步骤如下:

（1）将插入光标定位在网页中要插入电子邮件链接的位置。
（2）在"插入栏"中选择"常用"标签,单击"电子邮件链接"按钮 。
（3）在弹出的"电子邮件链接"对话框中,输入用于超链接的文本和电子邮件地址。

4. 创建图像地图

图像地图属于另一种形式的超链接,允许将不同的 URL 指定给一幅图像的不同部分,使访问者根据不同的图像区域跳转到不同的位置。这些区域称作"热点",一幅图像上可以设置多个"热点",每一个"热点"与一个超链接相对应。例如创建图 7-14 的图像地图。

图 7-14　创建图像地图

创建图像地图的步骤如下：

(1) 选中要作图像地图的图像，如"中国地图"。

(2) 在"属性"面板中选择一种热点形式（矩形、椭圆形或多边形），如选择圆形。

(3) 鼠标移到图像上，绘制一个区域，区域绘制完后，"属性"面板就会出现"热点"属性，用于设置"热点"区域的超链接，例如把"北京市"作为"热点"区域。

(4) 设置"热点"区域的超链接，方法和普通超链接一样。本例链接到一幅大的"北京市"地图上。

7.7 在网页中使用表单

表单是实现交互功能的主要方式。用户通过表单可以进行高级的人机对话、进行数据查询和收发 E-mail 等。它通过一些基本的控件，如文本框、下拉列表及按钮等，收集用户的请求信息，然后把这些信息传给服务器相应的处理程序（ASP、PHP 等），由这些程序对用户的请求做出回应。所以，表单使用户不仅仅是信息的被动接收者，还是信息的主动发布者。

7.7.1 表单对象

在 Dreamweaver 8.0 中，表单输入类型称为表单对象。表单对象允许用户输入信息或选择设置参数，可在网页中添加以下表单对象（图 7-15 示例包含了 5 种表单对象）。

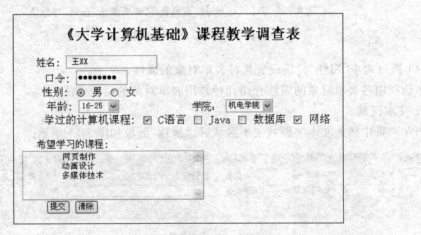

图 7-15 表单示例

(1) 文本域：接受任何类型的字符、数字等文本输入内容。文本可以是单行或多行显示，也可以以密码域的方式显示，在这种情况下，输入的文本被替换为星号或项目符号，以避免旁观者看到密码。

(2) 单选按钮：表示互相排斥的选择，由两个或多个共享同一名称的按钮组成。如果选中某一个按钮，该组中的其他按钮将被取消。

(3) 复选框：允许在一组选项中选择多个选项。用户可以选择任意多个适用的选项。

(4) 列表/菜单："列表"是在一个滚动列表中显示选项值，用户可以从该滚动列表中选择多个选项。而"菜单"选项是在一个菜单中显示选项值，用户只能从中选择单个选项。

(5) 跳转菜单：是可导航的列表或打开的菜单，用户可以插入一种菜单，而菜单中的每个选项都链接到某个文件对象。

(6) 图像域：可以在表单中插入一个图像。图像域可用于生成图形化按钮。

(7) 按钮：在单击时执行操作。通常这些操作包括"提交"或"重置"表单。

7.7.2 创建表单

【例 7-3】 创建一个如图 7-15 所示的调查表。

需要说明的是：这一交互式是由客户端的浏览页面和 Web 服务器上的程序共同完成的。网页通过表单工具提供交互界面，服务器通过相应程序来处理接收到的数据。

在网页上创建表单的步骤如下：

(1) 将插入点定位到要创建表单的位置。

(2) 执行"插入"→"表单"→"表单"命令，或选择"插入表单"栏上的"表单"按钮 ▭，创建一个空表单。

(3) 执行"插入"→"表单"菜单中对应的表单对象命令，或选择"插入表单"栏上的"表单"对象按钮，如图 7-16 所示。

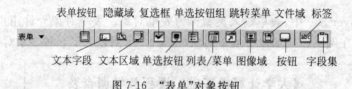

图 7-16 "表单"对象按钮

(4) 通过表单"属性"面板设置各种表单对象的属性。

下面利用各表单对象的属性介绍几种常用表单对象的设置方法。

1. 文本区域

当在网页中插入文本字段或文本区域后，"属性"面板如图 7-17 所示。

图 7-17 表单"属性"面板

(1) 文本域：定义名称，一个表单中的每一个文本域都必须有一个唯一名称，该名称是存储该域的值的变量名，通过该名称与 Web 服务器进行交流。

(2) 字符宽度：设置文本域中最多可显示的字符数。

(3) 最多字符数：设置文本域中最多可输入的字符数（单行文本）；对文本域而言是设置"行数"。

(4) 类型：指定文本域为单行、多行或密码域。

- 单行：文本域中只能输入单行，不能换行。
- 多行：文本域中可以输入多行，能换行。

- 密码：文本域中的信息作保密处理，由"＊"号或项目符号替换真实内容。

（5）初始值：在首次载入表单时，该表单对象中显示的值。

2. 单选按钮与复选框

单选按钮和复选框都可以逐一插入，但是对于单选按钮来说，还可以用插入一组单选按钮实现。单击图 7-16 中的"单选按钮组"图标后，对图 7-18 所示的对话框进行相应的设置，就得到一组选择学院的单选按钮组。

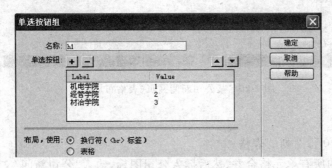

图 7-18 "单选按钮组"对话框设置单选按钮

3. 表单中的菜单

单击图 7-16 中的"列表/菜单"或"跳转菜单"图标可以在网页中插入下拉菜单、列表菜单和跳转菜单，如图 7-19 所示。

在"属性"面板中，选择"类型"后，单击"列表值"，打开与图 7-17 所示相似的对话框，在其中添加菜单项，输入每个菜单项的标签文本和可选值就完成了对菜单的设置。

注意：跳转菜单的可选值是 HTML 文件，单击菜单中的任意一个选项，可跳转到相应的网页。

(a) 下拉菜单　　(b) 列表菜单　　(c) 跳转菜单

图 7-19 表单菜单示例

7.8　网页中的布局

网页设计除了考虑网页中的各种内容之外，还要考虑视觉效果因素，如文字的变化、色彩的搭配、图片的处理等，还有一个非常重要的因素就是网页的布局。网页的布局是将各种对象放置在网页的不同位置，使网页的浏览效果和视觉效果都达到最佳。

7.8.1　表格布局

表格除了可以用来将一些数据对齐，给人们一个清爽的界面之外，还可以利用它定位网页中的对象，尤其是在使用图层无法完成的情况下，可以利用表格来完成对整个页面的编排。事实上 Web 中许多漂亮的网页都是利用表格实现的，所以说，表格是网页布局中最常用的手段之一。Dreamweaver 8.0 对表格的处理与 Word 一样方便灵活，它不仅支持有序地排列数据，还可将文本、图像及其他元素直接插入到表格的单元格中，能精确定位到指定的位置。

【例7-4】 制作一个公司新闻的网页,页面如图7-20所示。用表格布局。

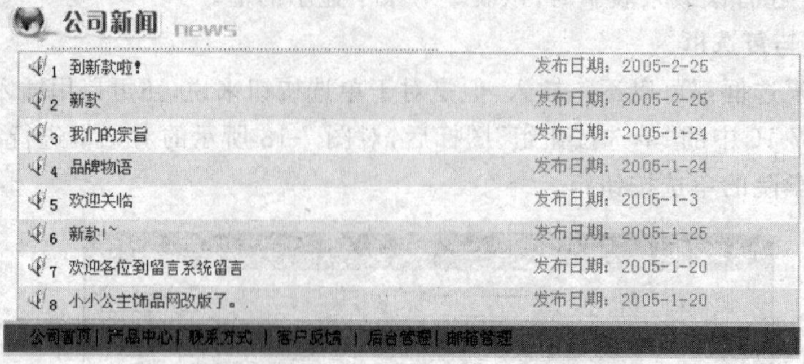

图7-20 某公司新闻网页(表格布局)

操作步骤如下:
(1) 插入一个10行2列的表格。
(2) 将第一行的所有单元格合并,然后插入公司图标,输入"公司新闻"文本。
(3) 逐一在表格中输入1~8项的内容。
(4) 将最后一行的单元格"拆分"为6个单元格,然后输入相应的文本。
(5) 在表格"属性"面板的"边框"文本框中输入0,将网页设置成不可见边框的表格布局。

表格的操作是在Dreamweaver 8.0中执行"插入"→"表格"命令或选择"常用插入"栏中的"表格"按钮,打开"表格"对话框,然后设置表格的大小和其他有用的属性就完成了表格的创建。

表格创建好后,还可以根据需要插入新的行和列,合并和拆分单元格,删除不需要的行和列等,这些操作与Word中的表格操作相似,在此就不介绍了。如果要设置表格的颜色、改变边框的粗细、单元格边距与间距及对象在单元格中水平和垂直对齐方式等,则可在表格"属性"面板和单元格"属性"面板中设置。

7.8.2 框架布局

框架也是一种网页页面布局方法,它与表格不同之处在于表格是把页面分割成小的单元格,而框架是把浏览器的显示空间分割为几个部分,每个部分都可以独立显示不同的网页,增加了信息量,几个框架组合在一起就构成了框架集。

【例7-5】 制作一个如图7-21所示的网站界面,该界面由顶部、左面和右面3个框架的网页构成,其中顶部框架显示网站标题网页,左侧框架放置网站导航目录网页,右侧框架为显示内容网页,由导航目录决定网页的数量。

创建这样的框架网页需要4个网页文件实现:

- 框架集文件:用于定义框架区域,为每个框架定义位置、名称和框架源。该文件并不显示可见内容,只记载每个框架显示什么网页以及如何显示。
- 每个框架对应一个网页文件。顶部框架用来显示网站标题;左侧框架导航目录条包含链接,内容固定不变,单击某一导航条,右框架中的内容将被链接的文件内容更改。

图 7-21　框架布局案例

操作步骤如下：

（1）首先制作好 top.htm（顶部）、left.htm（左侧）和 right.htm（右侧）3 个初始网页和导航超链接指向的 7 个目标文件。

（2）创建框架集网页：执行"文件"→"新建"命令，打开"新建文档"对话框，选择"常规"选项卡中的"框架集"，弹出选择对话框。

（3）选择如图 7-22 所示的框架集，单击"创建"按钮。也可单击"布局插入"栏中的 按钮，从中选择一种框架集应用到当前网页中。

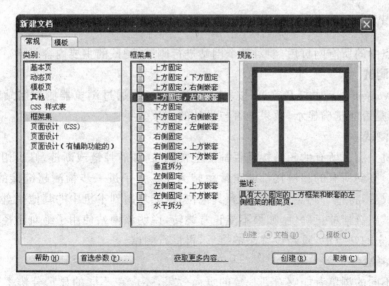

图 7-22　预先构造好的框架集

(4)为每一个框架设置初始网页:将插入点定义在顶部框架,执行"文件"→"在框架中打开"命令,在打开的"选择 HTML 文件"对话框中选择事先做好的 top.htm 文件,其内容将显示在顶部。依次将事先做好的网页指定到相应的框架中。

(5)指定超链接文件的显示位置:逐一选定左框架中的导航条,在如图 7-23 所示的框架"属性"面板中,选择"目标"列表框中的 mainFrame 选项。

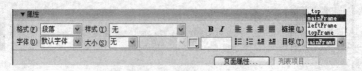

图 7-23　框架属性面板

(6)保存框架:若要保存某一框架中显示的网页,单击该框架,然后执行"文件"→"保存框架"或执行"文件"→"框架另存为"命令;若要保存在框架集中打开的所有网页文件和框架集文件,就执行"文件"→"保存全部"命令。本例中组成框架的 3 个网页已事先制作好,所以只需要保存框架集网页本身即可。

注意:"目标"下拉列表框中的_blank、_parent、_self 和_top 选项已经在 7.6.2 节介绍过,mainFrame 表示超链接的文件在右框架中显示,leftFrame 表示超链接的文件在左框架中显示,topFrame 表示超链接的文件在顶部框架中显示。

7.9　网站的发布与维护

网站设计完成后,如果只将它保存在自己的计算机上,那就只有自己欣赏了。用户用浏览器看到丰富多彩的网页,都是存储在 Web 服务器上的,这是一种安装有 Web Server 服务器程序的计算机,并连接到 Internet 上,通过它人们才能访问已经设计好的网站。

7.9.1　测试站点

制作完站点中的所有网页后,要对整个网站进行测试,测试的主要内容如下。

1. 正确性测试

在 Dreamweaver 8.0 中打开首页,按 F12 键预览页面,通过浏览器测试网站中的每一个网页,看内容是否能正确显示,效果是否与设计的一致。

2. 超链接测试

首先在本机上测试所有的超链接是否都能正常跳转,如有掉链或断链,修改相应的链接后,再进行测试,直到所有的超链接都能正常跳转为止。为了进一步检测超链接的正确性,在本机测试完成后,将整个站点目录复制到其他位置(如复制到本机中的其他硬盘或其他计算机中),再测试超链接的正确性,如果不能正常跳转,说明该网站使用了绝对路径创建的超链接,应回到原来的站点中,重新设置超链接后,再进行测试。

3. 一致性测试

为了保证不同的浏览者能够看到一致的页面效果,还应在不同的显示分辨率下测试网站中的所有网页,如在 800×600 像素和 1024×768 像素两种分辨率下测试。另外,还需要在不同字体显示大小情况下进行测试。

测试完成并且无错误后,就可以将网站发布到远程站点上。

7.9.2 网站的发布

经测试完全正确的网站,就可以将它上传到 Internet 的服务器端,这样人们就能够访问它了,一般可以用 FTP 软件上传站点,也可以直接使用 Dreamweaver 8.0 来上传网站。

1. 申请网站空间

要上传网站,首先应向提供网页服务的 ISP 申请发布,远程站点上的空间必须通过特定的方式获得,最常见的方式是到大型网站上申请网站空间。以下列出一些国内提供的免费个人主页空间申请服务站点:

中华网:http://home4u.china.com
中联网络:http://free.icpcn.com
学子网盟:http://www.56321.com/
天虎网:http://city2000.tyfo.com
虎翼网:http://www.51.net
IK8.0:http://www.ik8.0.com/

在申请网站空间时,ISP 会用电子邮件给用户提供上传站点时的信息,主要包括 FTP 主机地址、用户名、用户密码以及域名等。

2. 设置远程站点

申请到网站空间后,就可以使用 Dreamweaver 8.0 设置远程网站,操作步骤如下:

(1) 执行"站点"菜单中的"管理站点"命令,打开"管理站点"对话框。

(2) 在对话框中选择要发布的站点名称(如 ww1111),单击右侧的"编辑"按钮,并选择"高级"选项卡,在如图 7-24 所示的窗口中,选择"分类"列表框中的"远程信息"项。

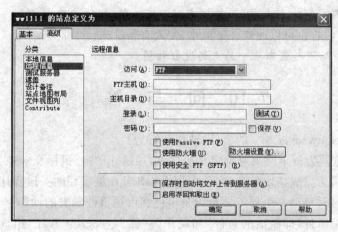

图 7-24 远程站点定义对话框

(3) 在"访问"下拉列表框中选择 FTP。

(4) 在"FTP 主机"对话框内输入所申请的主页空间的地址;在"主机目录"对话框内输入在远程站点上存储可见文档的主机目录;再分别在"登录"和"密码"文本框中输入用户名称、密码;然后单击"测试"按钮。

(5) 如果防火墙配置要求使用被动式 FTP,选择"使用 Passive FTP";如果从防火墙后面连接到远程服务器,则选择"使用防火墙"并单击"防火墙设置"按钮编辑防火墙主机或端口。

(6) 选取"使用安全 FTP(SFTP)"复选框。

(7) 单击"确定"按钮,返回到"站点管理"对话框后,单击"完成"按钮。

注意:被动式 FTP 使用户的本地软件能够建立 FTP 连接,而不是请求远程服务器建立连接。

3. 上传站点

设置好远程站点之后,就可以将本地网站上传,操作步骤如下:

(1) 连接到 Internet 上。

(2) 在"站点面板"中,单击"展开/折叠"按钮 ,展开站点窗口。单击"连接到远程主机"按钮( ),开始连接到远程 FTP 站点。

(3) 如果设置正确,并且 Internet 连接正常,那么很快就可以连接到远程服务器,在站点面板中出现远程站点文件夹,选择要上传的文件夹,单击"上传"按钮 ,文件夹中所有站点文件和子文件夹将被上传到远程站点。

(4) 站点上传完毕后,在浏览器的地址栏中输入 ISP 提供的域名,按 Enter 键就可以看到自己在 Internet 上的网页作品了。

7.9.3 网站的维护

站点上传后,如果不时常更新,就不会再有人光顾了,网页的维护和管理是要经常做的工作。站点的性质不同,站点内容更新的频率也不同,新闻站点应该随时更新,有许多新闻站点的更新速度比报纸、电台、电视台还快。公司的站点应紧跟公司的发展,随时公布新产品;而个人网站因内容变化不大,更新的频率可以慢一些,可以一个月更新一次,增加一些新内容,如果没有新内容也可以改变一下风格,使人有新鲜感。

注意:更新一个站点与发布一个站点的过程相同。

7.10 问 与 答

(1) 什么是 Dreamweaver 8.0 的事件、动作和行为?

答:事件是浏览器为每个网页对象定义的任务,如鼠标单击、鼠标在对象上移动到一个超链接等。动作是指为完成指定的功能,预先用 JavaScript 编写好的一段程序,如打开一个新窗口、播放一段音乐、移动一个层等。行为是事件和由该事件触发的动作组合。如果把网页中某种元素的一个事件(即激活的条件)和动作(一段 JavaScript 程序)组成一个行为,然后将这个行为赋予网页上的某个元素,那么,当这个元素的事件发生时,将执行该事件内的一个或多个动作,而各动作执行的顺序是由设计者控制的。

(2) 什么是网页特效?

答:所谓"特效"是指用某种编辑语言编写,或用特效软件编制的,用于实现某种网页特殊效果的一段程序代码。网页特效技术有 JavaScript、CSS、Dhtml 和 Java 等多种。也可通过相关的网站,下载现成的特效程序源代码,并按要求将其插入到自己的网页代码中。

习 题 7

1. 单选题

(1) HTML 文档由<head>及<body>段组成,有些元素只能出现在<head>段中,_____不能出现在<body>段中。
　　A. <title>　　　　B. <table>　　　　C. <img>　　　　D. <ul>

(2) 在站点中建立一个网页文件,它的扩展名应是_____。
　　A. DOC　　　　B. PPT　　　　C. XLS　　　　D. HTM

(3) 在表单的_____文本框中输入数据后,数据以＊号显示。
　　A. 单行文本框　　B. 多行文本框　　C. 数值文本框　　D. 密码文本框

(4) 如果文本网页太长,一般应在网页中使用_____。
　　A. 超链接　　　　B. 书签　　　　C. 水平滑块　　　　D. 垂直滑块

(5) 导航条是指一组分别指向不同_____的按钮,用于在一系列具有相同级别的网页间进行跳转。
　　A. 图片　　　　B. 链接地址　　　　C. 文本　　　　D. 热区

(6) 在 Dreamweaver 8.0 中,可以为链接设立目标,表示在新窗口打开网页的是_____。
　　A. _blank　　　　B. _parent　　　　C. _self　　　　D. _top

(7) 在 Dreamweaver 8.0 中,需要输入换行时,应该采用_____。
　　A. 在代码中输入<P>、</P>标签　　　　B. 按 Shift＋Enter 键
　　C. 在代码中输入
标签　　　　D. 以上都对

(8) 若要打开 Dreamweaver 8.0 面板、检查器等显示窗口,应该执行_____命令。
　　A. 文件　　　　B. 插入　　　　C. 窗口　　　　D. 查看

(9) 创建网页文件的方法有_____种。
　　A. 3　　　　B. 4　　　　C. 1　　　　D. 2

(10) 在设置图像超链接时,可以在替换文本框中填入注释的文字,下面错误的是_____。
　　A. 当浏览器不支持图像时,使用文字替换图像
　　B. 在浏览者关闭图像显示功能时,使用文字替换图像
　　C. 每过一段时间图像上都会定时显示注释的文字
　　D. 当鼠标移到图像并停留一段时间后,这些注释文字将显示出来

(11) 在框架布局中,要将链接文件显示在右框架中,应该在框架"属性"面板中,选择"目标"列表框中的_____选项。
　　A. _parent　　　　B. mainFrame　　　　C. leftFrame　　　　D. topFrame

(12) 在 Dreamweaver 8.0 中,关于定义站点说法错误的是_____。
　　A. 在站点设置窗口中,可以设置本地网站的保存路径,而不可以设置图片的保存路径
　　B. 首先定义新站点,然后打开站点定义设置窗口

C. 在站点定义设置窗口的站点名称中填写网站的名称

D. 本地站点的定义比较简单，基本上选择好目录就可以了

(13) 在 Dreamweaver 8.0 中，下面可以用做代码编辑器的是_____。

A. Photoshop   B. 记事本程序   C. Flash   D. 以上都不可以

(14) 服务器端常采用的数据库系统是_____。

A. SQL Server   B. Access   C. FoxPro   D. A 和 B

(15) 网页中的对象存放位置应该采用_____描述，以保证网站的发布和移植正确。

A. 绝对路径   B. 相对路径   C. 混合路径   D. 以上都不对

(16) 在"选择图像源文件"对话框的"相对于"下拉列表框中选择"文档"项，用的是_____。

A. 绝对路径   B. 相对路径   C. 混合路径   D. 当前路径

(17) 在"选择图像源文件"对话框的"相对于"下拉列表框中选择"站点根目录"项，用的是_____。

A. 绝对路径   B. 相对路径   C. 混合路径   D. 当前路径

(18) 如网页的超链接 URL 为 mailto:ynkm_wjh@163.com，则表示_____。

A. 书签链接   B. 相对链接   C. 绝对链接   D. 以上都不对

(19) 在网页布局中，常用表格和框架布局，以下选项中说法错误的是_____。

A. 表格可以定位网页中的对象

B. 框架是把浏览器的显示空间分割为几个部分

C. 框架可以独立显示不同的网页

D. 存储 3 个框架时只有 3 个文件被存储

(20) 在本机上测试网站一切正常，但是将网站复制到另一台计算机后出现链接错误，说明该网站采用了_____链接。

A. 当前路径   B. 相对路径   C. 混合路径   D. 绝对路径

2. 多选题

(1) 在 Dreamweaver 8.0 中，站点是_____任意一项的简称。

A. Web 站点   B. 远程站点   C. 本地站点   D. 混合站点

(2) 下列的网页文件名称，符合首页命名规则的是_____。

A. index.htm   B. default.htm   C. index.html D. default.html

(3) 在 Dreamweaver 8.0 中，能对下面_____对象设置超链接。

A. 任何文字   B. 图像   C. 图像的一部分 D. Flash 影片

(4) 在 Dreamweaver 8.0 中，行为由_____构成。

A. 事件   B. 动作   C. 初级行为   D. 最终动作

(5) 在文本区域的"属性"面板中，可以选择的类型有_____。

A. 单行   B. 多行   C. 段   D. 密码

(6) 在 Dreamweaver 8.0 中，网页的布局方式有_____。

A. 表格布局   B. 图片布局   C. 框架布局   D. 图层布局

(7) 下面选项中，通过 JavaScript 的应用，可以实现的功能是_____。

A. 交互式导航   B. 简单的数据搜寻 C. 表单验证   D. 网页特效

(8) 下面可以用来编辑服务器端程序的是_____。
A. FoxPro　　　　B. ASP　　　　C. PHP　　　　D. Turbo C
(9) 在 Dreamweaver 8.0 中,表单中的菜单有_____。
A. 下拉菜单　　　B. 弹出菜单　　C. 列表菜单　　D. 跳转菜单
(10) 申请网站空间时,ISP 会用电子邮件给用户提供上传站点的_____等信息。
A. FTP 主机地址　B. 用户名　　　C. 用户密码　　D. 域名

3. 填空题

(1) 一般采用文本编辑器来编辑 HTML 文档,如 Windows 中的_____或写字板等。

(2) 在包含框架的页面中,每个框架都显示一个_____。

(3) 保存包含框架的页面时,如果页面中包含 4 个框架,要保存全部页面信息,共需要保存_____个文件。

(4) 在制作文本超链接时,建立了超链接的文本_____发生了变化,并且多了一条下划线。

(5) 制作完站点中的所有网页后,要对整个网站进行_____,无错误后,才可以将网站发布到远程站点上。

第 8 章 数据库应用——Access 2003

学习目标：数据库技术是计算机数据管理的最高技术。本章首先介绍数据库管理系统的基本概念，接着通过实例介绍 Access 数据库管理系统及其应用。通过本章的学习，要求掌握以下的内容及相应的技能：

- 数据库基础知识；
- Access 数据库；
- 建立数据库、建立数据表；
- 窗体的应用；
- 报表、查询、宏的应用；
- 数据查询语句 SQL。

8.1 数据库系统基本知识

从 20 世纪 50 年代开始，计算机数据管理技术的发展经历了 3 个基本阶段：50 年代中期以前的人工管理阶段，50 年代后期到 60 年代中期的文件系统阶段和自 60 年代后期以来的数据库系统阶段。20 世纪 60 年代出现的网状数据库和层次数据库，20 世纪 70 年代关系数据库的问世，使数据库技术发展突飞猛进，关系数据库早已成为最流行的商业数据库系统。随着计算机技术、数据库技术和网络通信技术、人工智能技术以及面向对象程序设计技术的发展，数据库系统又出现了以面向对象为主要特征的、与网络连接的数据库系统。

8.1.1 基本概念

1. 数据和信息

在日常生活中数据无处不在：一个学生的基本情况由一组数据来表征，各种文字、图形、图像、声音都有可能成为某种数据。数据(data)是对客观事物属性的一种符号化、抽象化的描述与记载。信息(information)来源于数据，信息是经过处理的、对决策有价值的数据的集合。

2. 数据库

所谓的数据库(Database，DB)就是长期保存在计算机外存储器中的有序的、可供共享的数据的集合。数据库按一定的数据模型组织、描述和存储数据。数据库具有较小的数据冗余度，较高的数据独立性、完整性、安全性、保密性、易扩展性和共享性。

3. 数据库管理系统

数据库管理系统(Database Management System，DBMS)是数据库系统的核心，用于数据库的建立、维护和使用。它的功能是：定义数据库，管理数据，建立和维护数据库，实现数据的通信。

4. 数据库系统

数据库系统(Database System,DBS)是指引进了数据库后的计算机系统,它实现了有组织地、动态地存储大量相关数据,提供数据处理技术和信息资源共享的便利手段。

5. 数据库应用系统

数据库应用系统是指软件开发人员利用数据库技术开发出来的面向某一对象的应用软件系统,如学籍管理系统、财务管理系统、银行管理系统等。这些应用系统无论是面向内部的信息管理系统,还是面向外部提供信息服务的开放式信息系统,都是以数据库为基础的计算机应用系统。

8.1.2 数据库的三要素

数据库是某个企业、某个部门内部所涉及的数据的综合描述,它不仅要反映数据本身的内容,而且还要反映数据之间的联系。由于计算机不能直接处理现实世界中的具体事物,所以人们必须事先把具体事物转换成计算机能够处理的数据。数据库是根据数据模型来抽象、表示和处理现实世界中的数据和信息。主要包括网状模型、层次模型和关系模型。它是按计算机的特点对数据建立的模型,数据模型是由数据结构、数据操作和数据完整约束性3个要素组成。

1. 数据结构

数据结构用于描述系统的静态特性。数据结构是研究对象类型(Object Type)的集合。这些对象是数据库的组成成分。

2. 数据操作

数据操作用于描述系统的动态特性。数据操作是指对数据库中各种实例(值)允许执行操作的集合和规则。

3. 数据的约束性

数据的约束性是一组完整性规则的集合。完整性规则是数据模型中数据及其联系所具有的约束和存储规则,用于限定符合数据模型的数据库状态和变化,以保证数据的正确性、有效性和相容性。

8.1.3 数据模型

不同的数据模型有不同的数据结构。目前最常用的数据模型有3种,它们是层次模型(Hierarchical Model)、网状模型(Network Model)和关系模型(Relational Model)。

1. 层次模型

层次模型使用树形结构描述数据间的联系,如图8-1所示。

树形结构有严密的层次关系,除根节点外,每个节点仅有一个父节点,节点之间是单线联系。

2. 网状模型

网状模型用网状结构来描述数据间的联系,如图8-2所示。

网状模型节点之间的联系不受层次的限制,节点之间可以有多个联系。层次模型实际上是网状模型的一个特例。

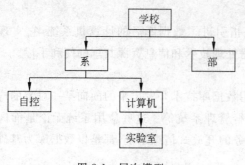
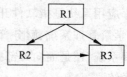

图 8-1 层次模型　　　　　　　　图 8-2 网状模型

3. 关系模型

建立在关系数据模型上的数据库就是关系数据库。现在主流数据库系统大多是基于关系模型的数据库系统。

关系模型的数据结构：一个关系模型的逻辑结构就是一张二维表，它由行和列组成。表 8-1 "学生档案表"就是一个关系模型的例子。以下是关系模型中常用到的几个术语：

表 8-1　学生档案表

学　号	姓　名	性别	专　业	综合考评
2000430101	张蕾	女	市场营销	87.5
2000460102	赵欣	男	工商管理	86
2000470103	王小明	男	自动控制	79

（1）字段：表中的列通常称为字段，它代表数据表中存储对象的共有属性。如表 8-1 有 5 列，对应着 5 个属性（学号，姓名，性别，专业，综合考评）。

（2）记录：表中的行通常称为记录或元组，记录是字段的有序集合。如表 8-1 有 3 行，也就有 3 条记录。

（3）表：是由行和列组成的二维表，每一个数据表分别说明数据库中某一特定的内容的对象及属性。记录是字段的集合，表则是记录的集合。

（4）域：字段的取值范围，如性别只能是"男"或"女"。

（5）关键字：能够唯一确定记录的字段或字段的集合。在表 8-1 中，哪一个字段可以充当关键字呢？唯有学号。关键字是表中不出现重复值的字段。

4. 关系运算

在数据库的关系运算中，有下面 3 种运算方式：

选择：从关系中选取满足给定条件的记录，即从水平方向选取某些记录。

投影：从关系中选取关系的某些属性，即从垂直方向选取某些列。

连接：将两个关系拼接成一个更宽的关系模式，生成的新关系中包含满足链接条件的记录。

8.2　Access 2003 数据库管理系统的应用

Access 2003 是由微软公司开发的关系数据库管理系统，是 Microsoft Office 系列应用软件中的一个实用软件。它界面友好，操作简单，功能全面，使用方便。它不仅具有众多传统数据库管理软件所具有的功能,同时还进一步增强了网络功能,成为了桌面数据库领域的佼佼者,得到越来越广泛的应用。

Access 2003 的操作一般可以通过向导、菜单、命令按钮、联机帮助等轻松完成。本章以制作一个学籍管理系统为例,全面讲解如何应用 Access 2003 建立数据库、数据表,如何使用查询、窗体、报表以及宏的功能等。

Access 数据库中的数据、查询、窗体、报表以及相应的程序设计,综合起来就构成一个完整的数据库应用系统。

8.2.1 建立数据库

应用 Access 的第一步是建立数据库。本章首先建立一个"学籍管理数据库",也就是建立一个学籍管理数据库的框架。第二步,在已建的学籍管理数据库的基础上,再建立数据表,并且确定表和表之间的关系。

注意:在建立数据库和数据表之前要进行认真仔细的系统分析,确定数据库中要构造哪几个表,表和表之间要建立什么样的对应关系。

Access 数据库是一个独立的大文件,所有的数据、查询、窗体、报表、程序等都存放在一个数据库中。因此,随着数据库数据的增加,数据库文件会变得非常大,从而导致读写速度下降、不易于移动,并且容易受到计算机突然断电的影响。因此,建议将 Access 数据库文件保存在一个空间足够大、没有经过压缩的硬盘上,以尽量减少出错的可能。

在 Access 中建立数据库的步骤如下:

(1) 打开 Access 2003,执行"文件"→"新建"命令,弹出"新建文件"对话框,如图 8-3 所示。

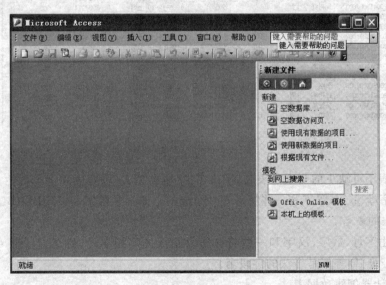

图 8-3 新建数据库

(2) 选择"空数据库"选项,打开"文件新建数据库"对话框。

(3) 在"文件名"列表框中输入"学籍管理数据库",单击"创建"按钮,弹出"学籍管理数据库"窗口,如图 8-4 所示。Access 中建立的数据库扩展名是 .mdb。

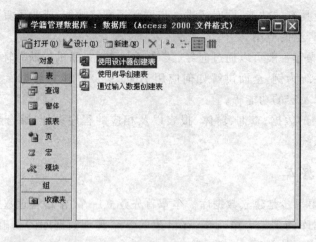

图 8-4 学籍管理数据库

8.2.2 建立数据表

建立数据表是数据库管理系统中非常重要的工作，数据表建立得是否完整、正确，将影响整个系统的运行效力。在 Access 中主要处理的是关系数据表，关系数据表由行和列组成，每行代表一条记录，每列代表一个字段。图 8-5 所示的是"学生档案表"，图 8-6 所示的是"学生成绩表"，这两个表将贯穿在以后各章节中。

图 8-5 学生档案表

一个数据表不可缺少的要素是表名、字段名、字段类型、字段宽度和字段属性。

表名是由字母、数字、汉字和一些特殊符号组成的。如学生档案表、XSJBXXB、成绩表-1、CJB-1 都是合法的表名。

字段名是由字母、数字、汉字和一些特殊符号组成的。如学号、姓名、性别、专业、XH、XM、XB、ZY、班级 ID 等都是合法的字段名。

1. 使用设计器创建数据表

在图 8-4 中，创建数据表有 3 种方法，即"使用设计器创建表"、"使用向导创建表"、"通过输入数据创建表"，在这里主要介绍"使用设计器创建表"。

双击"使用设计器创建表"进入数据表设计器，如图 8-7 所示，第一次默认表的名字为表 1。

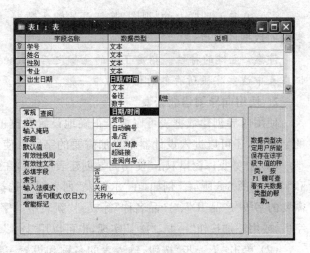

图 8-6　学生成绩表　　　　　　　　　图 8-7　表设计器窗口

"使用设计器创建表"是从原始数据表开始建表的方法,它是建数据表重要的方法之一。设计器上的每一个字段占一行,通过这一行来为字段命名、设计字段类型和相关属性。设计器创建表的方法如下:

(1) 输入字段名。在 Access 2003 中,字段名的最大长度为 64 个字符。

(2) 选择数据类型以确保存放数据的要求。Access 提供了 10 种数据类型,表 8-2 列出了 Access 的数据类型及用途。

表 8-2　Access 2003 的数据类型

数据类型	用　　途	字段大小
文本	文本主要是用于文字和一些特殊的数字,是最常用的数据类型,被设置为默认类型	默认长度为 50
数字	用于数值计算的数据类型	有整型、长整型、单精度型等
日期/时间	从 100 到 9999 年的日期和时间值	有常规日期、长日期、短日期等
货币	货币值或数值数据	有标准、常规数字、百分比等
备注	长文本数据,用于存储说明性文字	可存储 65 535 个字符
自动编号	Access 自动产生的随机号	长整型和同步复制 ID
是/否	逻辑数值,Yes 或 No	Yes、No、True
OLE 对象	Access 中嵌入的对象(如图形、声音、Excel 电子表格、Word 文档等)	最多为 1GB 的磁盘文件
超链接	以文本形式存储并用作超链接的地址	
查阅向导	主要用来创建 LookUp 字段,以保证数据的准确性	

(3) 设置属性。对于每一个字段,还可以进一步设置属性,例如有效性规则、默认值、必填字段等。

(4) 按 Enter 键,到下一空白行进行下一字段的输入。

(5) 输完所有字段后,选择一个或几个字段作主键设置。单击工具栏上的"主键"按钮或右击鼠标,从下拉菜单中选择"主键"选项。建立了主键的字段在字段名左边有钥匙图标。

(6) 执行"文件"→"保存"命令,在提示框中输入数据表名,如"学生档案表"。

(7) 单击工具栏上的"视图"按钮开始输入数据,如果不准备马上输入数据,可以关闭该表返回数据库窗口。

注意:主键的特性。指定了表的主键之后,Access 将阻止在主键字段中输入重复值,保证在表中这些字段所存储的信息的唯一性。

2. 使用向导创建数据表

使用向导创建数据表可以快速正确地设置数据的类型和属性,如果向导中没有所需要的字段时,还可以进入设计器中添加需要的字段。使用向导创建数据表的步骤如下:

(1) 在数据库窗口双击"使用向导创建表"选项,在弹出的"表向导"对话框中选择需要的表和字段,如图 8-8 所示。例如,在"示例表"列表框中选择"产品",在"示例字段"列表框中,选取需要的字段"产品 ID"、"产品名称"等放到"新表中的字段"列表框中,选取的方法可以双击该字段,或用添加按钮" > "、" >> "实现,也可以用" < "、" << "按钮删除表中不需要的字段。

(2) 单击"下一步"按钮,输入表的名称和设置主键,如图 8-9 所示。可以指定表的名称和设置主键,如果选择"是,帮我设置一个主键",则由系统选择一个主键,Access 将值是唯一的字段设置为主键。选择"不,让我自己设置主键",用户可以自己设置主键。

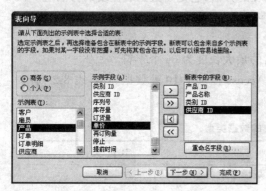

图 8-8 表向导-1

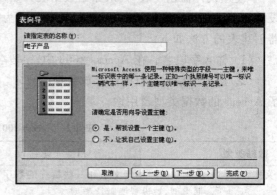

图 8-9 表向导-2

(3) 单击"下一步"按钮,确定哪个字段在表中没有重复的数据作为主键,如图 8-10 所示。选择"产品 ID"选项作为主键,"产品 ID"是具有唯一数据的字段。

(4) 单击"下一步"按钮,选择创建表后的动作,如图 8-11 所示。这里选择"直接向表中输入数据"选项的操作。

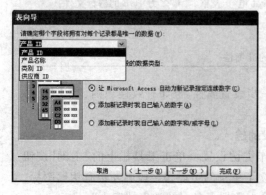

图 8-10 表向导-3

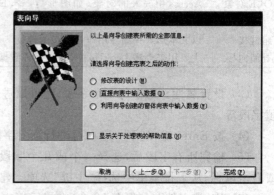

图 8-11 表向导-4

(5)单击"完成"按钮,则进入数据输入的窗口,如图 8-12 所示。在电子产品表中,将需要的数据输入到表中。

导航器是自动生成的命令按钮组,可以实现方便的操作,能将记录移到第一条、上一条、下一条、最后一条和插入新记录操作,如图 8-13 所示。

图 8-12 表向导-5

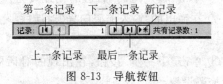

图 8-13 导航按钮

以上介绍的是建立数据表的两种方法,第三种方法就不再赘述。

3. 数据表字段属性的设置

前面介绍了快速建立数据表的方法,下面要对表中字段的主要属性作进一步介绍,如图 8-14 中的"常规"和"查阅"就是字段属性列表框。

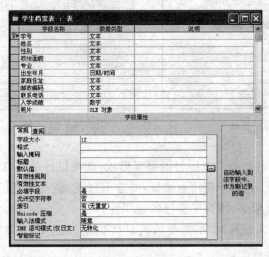

图 8-14 数据表属性设置

设置字段属性是对表的进一步操作,合理的字段属性将会使数据表的操作更加方便,字段属性如表 8-3 所示。

表 8-3 数据属性表

属　　性	说　　明
字段大小	设置字段允许输入的最大字符数
输入掩码	定义输入数据的格式
标题	该字段在窗体和报表上显示的标签
默认值	输入数据时的默认值,例如性别设为"男"
有效性规则	输入数据的有效范围,例如成绩$>=0$ and 成绩$<=100$
有效性文本	状态栏显示的帮助信息
必填字段	说明该字段是否必须输入
允许空字符串	说明该字段是否为空值
索引	是否建立字段索引,建立索引可以加快查询的速度

（1）字段大小：默认的文本型字段大小为50个字符长度，但一般的字段长度都不需要50，因此要以实际需要来修改。例如，"姓名"取长度为8，"性别"取字段长度为2。

（2）输入掩码：设定数据的输入格式称输入掩码。例如输入密码时要求显示"******"就是掩码设置。"输入掩码"的操作步骤如下：

① 单击"输入掩码"右边的创建按钮 启动输入掩码对话框。

② 在弹出的"输入掩码向导"对话框中的"输入掩码"列表框中选择"密码"选项，如图8-15所示。

③ 单击"下一步"按钮，在出现的对话框中单击"完成"按钮，如图8-16所示就实现了密码的掩码设置。

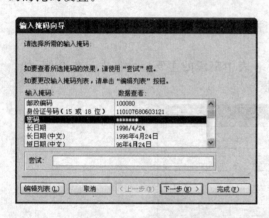

图8-15　输入掩码向导-1

图8-16　输入掩码向导-2

（3）标题：如果字段名是英文或拼音的缩写形式，则在以后的操作中，字段名都是以英文或拼音的缩写形式出现，这对于使用者来说，非常不直观，输入"标题"后，在后面的应用中就以"标题"的名字代替字段名，增强了程序的通用性。

（4）默认值：是在输入数据时，不需要输入具体数据，该字段就以"默认值"显示出来，减少了输入数据的工作量。

（5）有效性规则：对某些字段，为提高数据的准确性，用"有效性规则"来控制非常方便。例如，学生成绩大于等于0并且小于等于100。操作步骤如下：

① 单击"有效性规则"右边的创建按钮 ，启动有效性规则对话框。

② 在弹出的"表达式生成器"对话框中输入"[入学成绩]>=0 And [入学成绩]<=100"，单击"确定"按钮，就完成有效性规则设置，如图8-17所示。

（6）必填字段：当字段的必填属性设置为"是"时，在保存记录前必须输入该字段的值，否则将出现相关的提示信息。这个属性对于主键是必需的。比如"学生档案表"中的"学号"字段。

（7）索引：索引是数据库管理的重要概念之一，若要在数据表中实现快速查找，就要建立"索引"。在Access中可建立单字段索引和多字段索引。

（8）建立单字段索引：在"设计"视图中打开数据表，选择要建立"索引"的字段，例如"学号"，在"常规"选项卡选择"索引"，然后在下拉列表中选择"有（有重复值）"或"有（无重复值）"项，关闭该视图，单字段索引就建立好了，如图8-18所示。

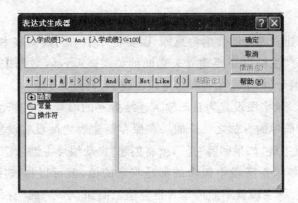

图 8-17　有效性设置

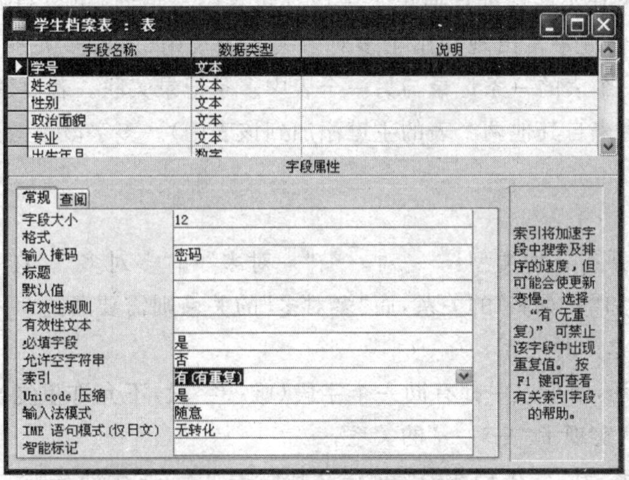

图 8-18　建立单字段索引

(9) 建立多字段索引：多字段索引也是一种常用的方式，比如，先以"专业"建立索引，再以"性别"建立索引。

创建多字段索引的方法是：在"设计"视图中打开数据表，单击"设计"视图的工具栏中的"索引"按钮，在弹出的对话框中建立索引，如图 8-19 所示。该窗口中，以"专业"建立第一索引，以"性别"建立第二索引，它们的"排序次序"分别是"升序"和"降序"。在建立多字段索引窗口中，最多可以有 10 个字段的索引。另外，在该窗口还可以重新设置主索引等操作。

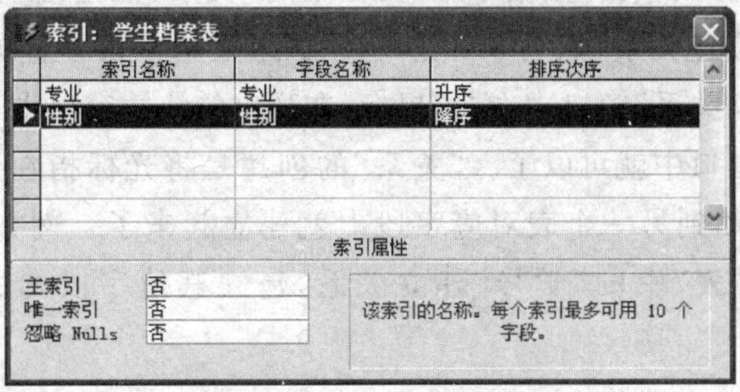

图 8-19　建立多字段索引

4. 主键操作

在 Access 中,可以建立庞大的数据信息库,而要将库中不同数据表中的数据连接起来操作,就需要为主表建立"主键",还要建立表之间的关系。Access 数据表允许建立 3 种类型的主键,它们是自动编号、单字段主键和多字段主键,其特点如下:

(1) 自动编号主键:该字段设置为自动输入连续数字的编号。将自动编号字段指定为表的主键是创建主键最简单的方法之一。如果在保存新建表之前没有设置任何主键,那么 Access 将询问是否创建主键,如果回答"是",就将创建"自动编号主键"。

(2) 单字段主键:如果某字段中包含的都是唯一的值,就可以将该字段设置为主键。只要该字段设置了主键,该字段就不能再输入重复值。例如"学号"或"身份证号"设置为主键,该字段中就不允许出现重复值。

(3) 多字段主键:在不能保证任何单个字段都包含唯一值时,可以将两个或更多的字段指定为主键。这种情况最常出现在用于多对多关系的表中(多对多关系:两个表之间的一种关联,其中任意一个表的一条记录与另一个表中多条记录关联。若要建立多对多关系,应创建第三个表,并将来自其他两个表的主键添加到该表中)。多字段主键是解决复杂问题的应用方法。

5. 表间关系

数据库的表间关系有 3 种类型:"一对一"、"一对多"和"多对多"。在 Access 中,可在两表间建立"一对一"和"一对多"的关系,而"多对多"的关系则需要通过"一对多"的关系来实现。下面分别介绍这 3 种关系。

(1) "一对一"关系,两个表中都有同一个字段(唯一字段,不允许重复),将这两个表的这个字段联系起来,就实现了"一对一"的关系。

(2) "一对多"关系,在"学生档案表"和"学生成绩表"中,"学生档案表"中的"学号"是唯一的、不重复的。而"学生成绩表"中的"学号"是重复的,每个学生有多少门课程,"学生成绩表"中就有多少个重复的学号。将"学生档案表"中的"学号"和"学生成绩表"中的"学号"联系起来,就实现了"一对多"的关系。"学生档案表"中的一条记录对应"学生成绩表"中的多条记录。"一对多"的关系是数据库管理系统中应用最多的关系。

(3) "多对多"关系,例如,书店里有许多书,同一种书又可以在许多书店找到,这时,书和书店的关系就是"多对多"的关系。

在 Access 中要建立数据库中的表间关系,按下面的操作步骤就可以实现:

打开"学籍管理数据库",单击"数据库"工具栏中的"关系"按钮 或选择"工具"→"关系",在打开的对话框中设置关系,如图 8-20 所示。如果是第一次设置关系,关系窗口中没有任何表,可将光标指在"关系"窗口中,右击鼠标,在弹出的快捷窗口中选择"显示表",再将需要的表添加到"关系"窗口中就可以了。"关系"的创建是将光标指在要建立关系的字段名上,按住鼠标左键,拖动到另一个表对应字段上就建立起来了。例如,将"学生档案表"中的"学号"和"学生成绩表"中的"学号"建立关系,建立其他字段的关系也使用同样的方法。

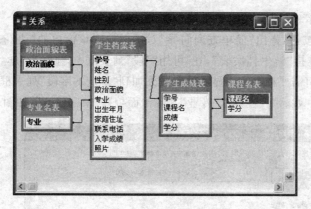

图 8-20　设置表间关系

8.3　查　询

查询就是从不同的角度查看表中的记录，Access 把查找数据的方式定义为"查询"。查询显示的数据可以是来自一个表或多个表中符合指定条件的记录和字段，查询像过滤器一样，非常灵活。当建立查询时，可以选择从一个或多个数据表中获取数据，也可以从一个或多个数据表中选取需要的字段，还可以设置查询条件。

Access 的查询种类分为选择查询、参数查询、交叉表查询、操作查询（追加、更新、删除）和 SQL(Structured Query Language)查询(SQL 查询是目前数据库管理系统通用的标准查询语句)。

建立查询有两种方法，一种方法是使用查询向导建立查询，另一种方法是使用设计视图建立查询。可以先用查询向导建立一个初步的查询，然后再用设计视图对其进行修改，最终达到符合要求的查询。

8.3.1　简单查询向导

建立简单查询的步骤如下：

(1) 打开"学籍管理数据库"，在"数据库"窗口中，单击"查询"选项，如图 8-21 所示，然后单击数据库窗口工具栏上的"新建"按钮，弹出"新建查询"对话框，如图 8-22 所示。

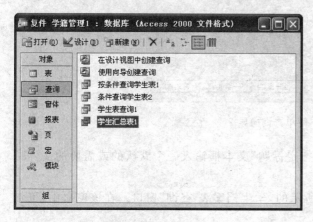

图 8-21　数据库窗口——查询

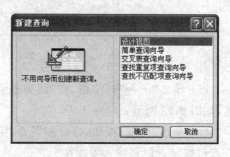

图 8-22　"新建查询"对话框

(2) 在"新建查询"对话框中选择"简单查询向导"。

　　(3) 单击"确定"按钮,弹出"简单查询向导"对话框。在该窗口的"表/查询"下拉列表中选择要查询的表,如选择"学生档案表",在"可用字段"列表框中,显示出"学生档案表"所有字段,用添加按钮" > "将需要在查询中显示的字段添加到"选定的字段"列表框中。目前该框中添加的字段有"学号"、"姓名"、"性别"、"专业"、"政治面貌"、"家庭住址",如图8-23所示。

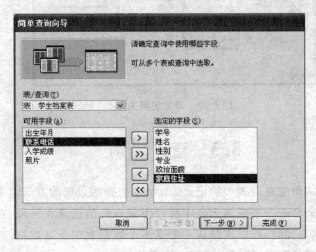

图8-23　简单查询向导-1

　　注意:"选定的字段"可以是一个表的字段,也可以是多个表的字段,还可以是查询中的字段(查询作为数据源)。

　　(4) 单击"下一步"按钮,选择"明细(显示每个记录的每个字段)"选项,如图8-24所示。

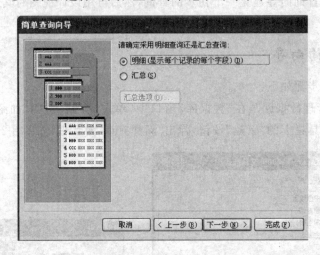

图8-24　简单查询向导-2

　　(5) 单击"下一步"按钮,在"请为查询指定标题"文本框输入一个默认的或需要的文件名,如图8-25所示。

　　(6) 单击"完成"按钮,打开如图8-26所示的"学生档案表　查询"窗口。在该窗口中,可以进行数据查询和输入等操作。

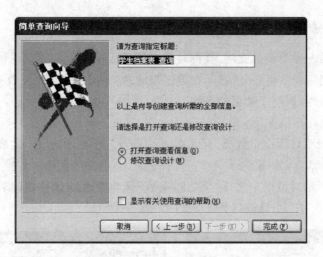

图 8-25 简单查询向导-3

学号	姓名	性别	专业	政治面貌	家庭住址
200413001001	刘星雨	女	物理学	团员	北京
200413001002	王洋	男	物理学	党员	昆明
200413001003	周树红	女	物理学		上海
200413001004	雷语	男	物理学	团员	湖北
200513001001	王倩	女	应用数学	党员	北京
200513001002	周涛	男	应用数学	团员	天津
200513001004	丁保华	男	应用数学	团员	云南
200513001005	姜佩棋	女	应用数学	团员	重庆
200514002001	张志忠	男	计算机科学		西安
200514002002	程铃	女	计算机科学	团员	天津
200514002003	李艳	女	计算机科学	团员	大连
200514002004	郑陪明	男	计算机科学	团员	北京
200514002008	杨智星	男	计算机科学		广州
200514002009	扬扬	男	计算机科学	团员	上海

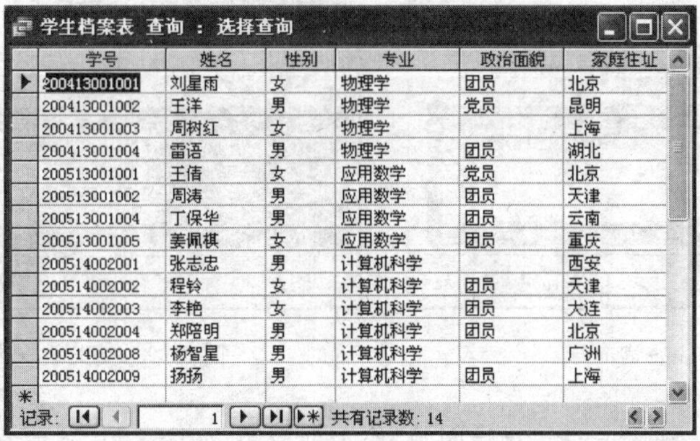

图 8-26 “学生档案表 查询”窗口

（7）如果查询文件是基于两个表中字段的组合，则得到如图 8-27 所示的“学生档案表 查询 1”窗口。在该表中“学号”、“姓名”、“性别”、“专业”是来自于“学生档案表”中的字段，“课程名”、“成绩“、“学分”是“学生成绩表”中的字段。这两个表中的相关字段组成了一个新的查询。

学号	姓名	性别	专业	课程名	成绩	学分
200413001001	刘星雨	女	物理学	英语2	84	6
200413001001	刘星雨	女	物理学	C程序设计	70	4
200413001001	刘星雨	女	物理学	线性代数	78	6
200413001001	刘星雨	女	物理学	数据结构	50	8
200513001001	王倩	女	应用数学	高等数学	82	8
200513001001	王倩	女	应用数学	英语	72	6
200513001001	王倩	女	应用数学	物理	84	4
200513001001	王倩	女	应用数学	计算机基础	83	4
200513001002	周涛	男	应用数学	英语	80	6
200513001002	周涛	男	应用数学	高等数学	88	8
200513001002	周涛	男	应用数学	计算机基础	75	4
200513001002	周涛	男	应用数学	物理	79	4
200514002001	张志忠	男	计算机科学	高等数学	88	8

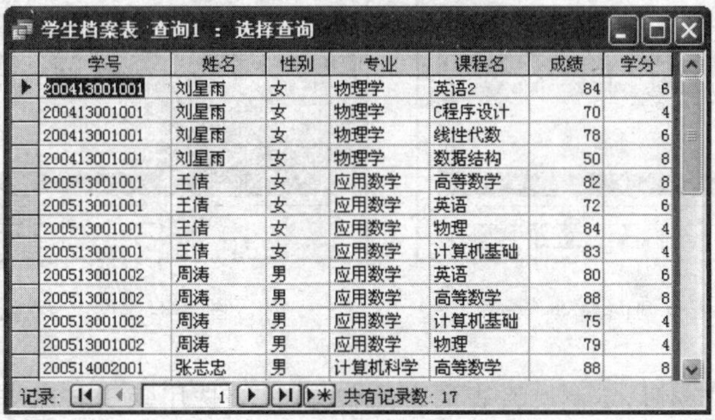

图 8-27 “学生档案表 查询 1”窗口

8.3.2 交叉表查询

交叉表查询是另一种类型的查询,查询显示来源于表中某个字段的总结值(合计、计算以及平均值等),并把它们分组,一组显示在数据表的左侧,另一组显示在数据表的上部。这样增强了数据的可视性,更便于数据的查询。

交叉表查询的操作步骤如下:

(1) 在图 8-22 所示对话框中选择"交叉表查询向导"选项,然后单击"确定"按钮,进入"交叉表查询向导"对话框,如图 8-28 所示。

(2) 在图 8-28 所示对话框中选择"学生档案表"作为交叉查询使用的表,然后单击"下一步"按钮,选择"专业"作为行标题,如图 8-29 所示。

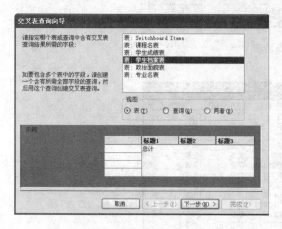

图 8-28 交叉表查询向导-1

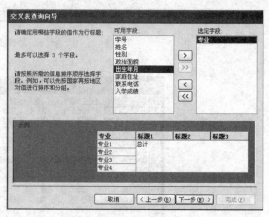

图 8-29 交叉表查询向导-2

(3) 单击"下一步"按钮,选择"政治面貌"作为列标题,如图 8-30 所示。

(4) 单击"下一步"按钮,选择"学号"作为计数的字段,如图 8-31 所示。

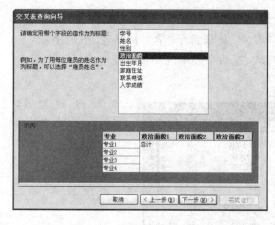

图 8-30 交叉表查询向导-3

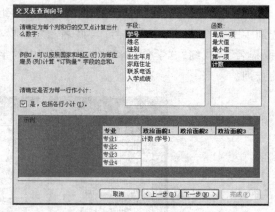

图 8-31 交叉表查询向导-4

(5) 单击"下一步"按钮,定制交叉查询表的名称,该表选用默认名称"学生档案表_交叉表",如图 8-32 所示。

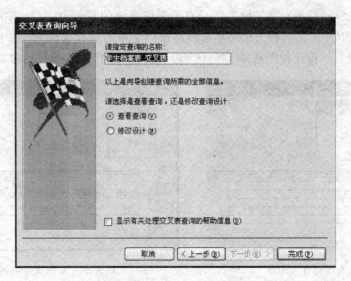

图 8-32 交叉表查询向导-5

(6) 单击"完成"按钮,建立了"学生档案表_交叉表"查询。该查询统计各专业的党员、团员的人数和总计数,如图 8-33 所示。

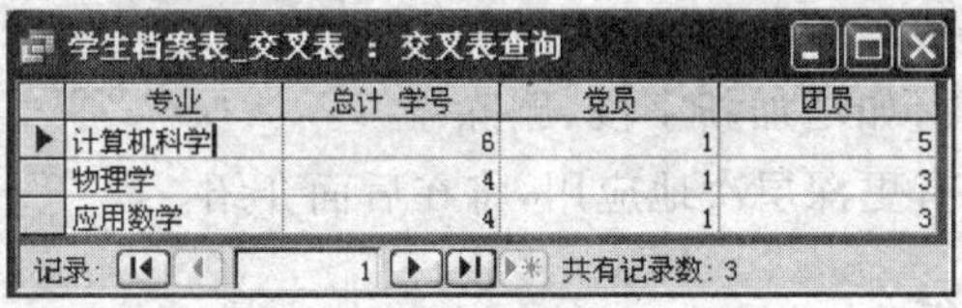

图 8-33 学生档案表_交叉表

8.3.3 用设计视图创建查询

利用查询向导可以快速地创建查询,但对于复杂的查询,用向导建立的查询往往满足不了要求,就需要用设计视图来创建查询,也可以用设计视图修改用向导建立的查询。

使用"设计视图"建立简单查询的步骤如下:

参照前面的操作,在"数据库"窗口选择"查询",然后单击"新建"按钮,在弹出的图 8-22 所示的对话框中选择"设计视图"选项,再单击"确定"按钮,也可以在图 8-21 中双击"在设计视图中创建查询"命令。

打开"显示表"对话框列出可供查询的内容,选择要建查询的表或查询,单击"添加"按钮,如图 8-34 所示。

在"查询设计"视图窗口,添加的表或查询显示在该窗口的上半部分,这里选择了"学生档案表"和"学生成绩表",如图 8-35 所示。

从表或查询中将要查询的字段添加到设计网格窗口中,有 3 种方法:第一种方法是将需要的字

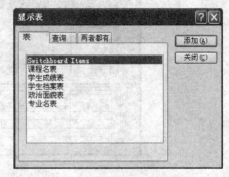

图 8-34 "显示表"对话框

数据库应用——Access 2003

段拖到网格中的"字段"行里；第二种方法是双击表或查询的某一个字段,该字段就会自动添加到网格的"字段"里；第三种方法是单击网格窗口字段的选择按钮 ∨,在下拉列表框中选择要查询的字段。该设计视图选择了 5 个字段,得到了如图 8-36 所示的窗口。

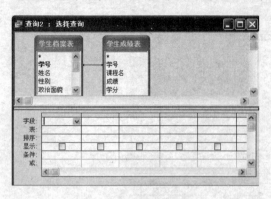 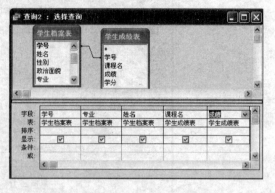

图 8-35　查询设计视图-1　　　　　　图 8-36　查询设计视图-2

关闭"查询设计"视图窗口,在提示保存对话框中,输入查询的名称,单击"确定"按钮,就建立了新的查询,如图 8-37 所示。

"查询设计视图"除了可以新建查询外,还可以对已经建立的查询进行修改,如增加新字段、删除字段等操作。除此之外,它还有更深层次地应用,将在后面介绍。

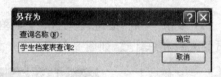

图 8-37　保存查询名称

8.3.4　设置查询条件

当一个查询建好之后,如果希望查看符合一定条件的记录,就应该在查询中设置条件,其方法是在查询设计视图窗口的"条件"行输入条件,输入的条件可以是固定条件,也可以是选择性条件。

1. 固定条件的查询

要在"学生档案表 查询"中查询"男"同学的信息,操作步骤如下:

(1) 在"查询设计视图"窗口,打开"学生档案表 查询",进入修改状态,在"设计视图"的"条件"行,输入"性别"的条件为"男",如图 8-38 所示。

图 8-38　设置查询条件

（2）关闭、保存视图,再运行"学生档案表 查询",就得到只有男同学的信息了,如图 8-39 所示。

在固定条件的查询中,除了可以设置一个条件外,还可以设置多个条件。

2. 选择条件的查询

在打开的"学生档案表 查询"窗口,在条件行输入"[性别:]"(性别后的冒号不能丢掉),关闭、保存视图,再运行"学生档案表 查询",就出现如图 8-40 所示的提示框,输入"男",得到如图 8-39 所示的结果,如果输入"女",就得到只有女同学的记录。选择性查询的条件可以设置一个条件,还可以设置多个条件。多个条件运行时将出现多个提示框。

图 8-39　条件查询结果　　　　　　　　图 8-40　输入参数值

8.3.5　SQL 查询

前面用查询向导和查询设计器设计出来的查询,实际上它们都是用 SQL 命令实现的,Access 执行的是 SQL 的查询命令。例如,在"学生档案表 查询"设计视图窗口中,执行菜单中的"视图"→"SQL 视图"命令或右击设计视图窗口,在弹出的快捷菜单中选"SQL 视图",将弹出"学生档案表 查询"的 SQL 命令语句的窗口,如图 8-41 所示。

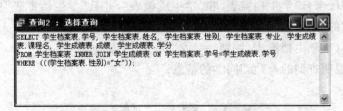

图 8-41　SQL 命令语句窗口

从该窗口中可以看到,"学生档案表 查询"完全是由 SQL 命令语句组成的。SQL 语句的功能非常强大,它是目前数据库应用中最强大的查询语句,并被国际标准协会 ISO 正式采纳为国际标准。

SQL 的基本语句如下:

SELECT [ALL|DISTINCT][TOP nexpr[PERCENT]]
FROM[FORCE][databasename!]TABLE[[AS]local_alias]
　　[[INNER|LEFT[OUTER]|RIGER[OUTER]|FULL[OUTER]JOIN
　　databasename!]table[[AS]local_alias]
　　[ON jioncondition …]

```
[WHERE jioncondition[AND jioncondition…]
[AND|OR filtercondition [AND|OR filtercondition…]]]
[GROUP BY groupcolumn[,groupcolumn…]]
    [HAVING filtercondition]
[ORDER BY order_item[ASC|DESC][,order_item[ASC|DESC]…]]
```

在 SQL 语句中,使用最多的是 SELECT 语句,SELECT 语句构成了 SQL 语句的核心。

从 SELECT 的命令格式来看似乎非常复杂,但实际上只要理解了命令中的各个短语的含义,SQL SELECT 还是容易掌握的,其中主要语句如下:

SELECT 说明要查询的数据。

FROM 说明要查询的数据来自哪个或哪几个表,可以对单个表或多个表进行查询。

WHERE 说明查询条件。

GROUP BY 短语用于对查询结果进行分组,可以利用它进行分组汇总。

HAVING 短语必须跟随 GROUP BY 之后使用,它用来限定分组必须满足的条件。

ORDER BY 短语用于对查询结果进行排序。

INNER JOIN …ON 是多表链接语句,如果要从多个表中查询数据,就要用到 INNER JOIN …ON 语句,ON 后面是两个表的链接条件。

从图 8-41 中可以看到:

(1) SELECT 学生档案表.学号,学生档案表.姓名,学生档案表.性别,学生档案表.专业,学生成绩表.课程名,学生成绩表.成绩,学生成绩表.学分

是从"学生档案表"和"学生成绩表"中查找"学号"、"姓名"、"性别"、"专业"、"课程名"、"成绩"、"学分"等字段。

(2) FROM 学生档案表 INNER JOIN 学生成绩表 ON 学生档案表.学号=学生成绩表.学号

说明查询的字段来自"学生档案表"和"学生成绩表",并且"学生档案表"中的"学号"等于"学生成绩表"中的"学号"。

(3) WHERE (((学生档案表.性别)="女"))

是条件语句,说明查询的是"女"同学的信息。

8.4 窗 体

窗体(Form)是用户用来处理数据的工作界面,用户可以通过窗体按自己习惯的工作方式处理数据。从数据库的角度来说,用户通过窗体可以增加、修改、删除、编辑、查询和打印数据表中的记录,控制系统的运行。用户还可以使用控件来提高窗体操作的灵活性、方便性,可以对数据作更加复杂的有效性检验。窗体设计是 Access 开发工作中最耗时最费力的工作,是整个开发工作的核心,希望大家用心学习。

创建窗体有 3 种方法:自动窗体、窗体向导和窗体设计视图,除此之外,还提供了图表和数据透视表两个专用向导。比较实用的创建窗体的方法是:先用窗体向导或自动窗体快速生成窗体的原型,然后再用窗体设计视图作进一步的修改,以达到非常方便、实用的效果。也可以直接用"设计视图"来创建窗体。

【例 8-1】 设计如图 8-42 所示的窗体。该窗体先用"窗体向导"快速生成学生档案表原型，再用"窗体设计视图"对学生档案表作进一步的加工，窗体中有照片、命令按钮、列表框、组合框等控件。下面逐步介绍。

图 8-42 学生档案表窗体

8.4.1 窗体向导

用窗体向导创建窗体的操作步骤如下：

（1）在"数据库"窗口中，单击"窗体"对象，然后单击"数据库"窗口上的"新建"按钮，打开"新建窗体"对话框，如图 8-43 所示。

（2）在"新建窗体"对话框中，选择"窗体向导"选项，单击"确定"按钮，弹出"窗体向导"对话框，如图 8-44 所示。

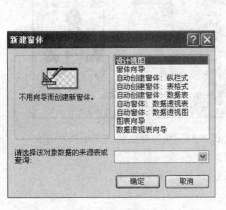

图 8-43 "新建窗体"对话框

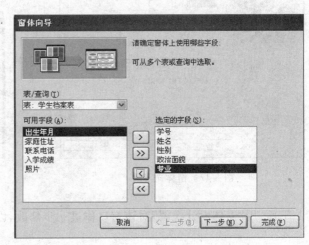

图 8-44 窗体向导-1

（3）在"窗体向导"对话框的"表/查询"列表框中选择"学生档案表"作为数据源，将"可用字段"框中需要的字段添加到"选定的字段"框中，该窗口是将所有字段都添加到"选定的字段"框中。

(4) 单击"下一步"按钮,确定窗体的布局格式,窗体布局格式有 6 种:纵栏表、表格、数据表、两端对齐、数据透视表、数据透视图。当前选用纵栏表格式,如图 8-45 所示。

(5) 单击"下一步"按钮,为窗体确定样式,窗体样式有 10 种:国际、宣纸、工业、标准、水墨画、沙岩、混合、石头、蓝图、远征。当前选用默认值"标准"样式,如图 8-46 所示。

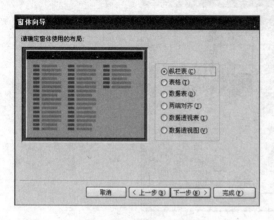
图 8-45 窗体向导-2

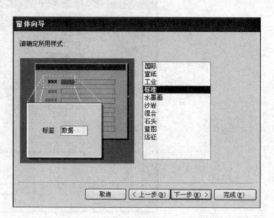
图 8-46 窗体向导-3

(6) 单击"下一步"按钮,指定窗体标题,输入窗体的标题"学生档案表",如图 8-47 所示。

(7) 单击"完成"按钮,即可出现"学生档案表"窗体,如图 8-48 所示。到此为止,用"窗体向导"建立的窗体就完成了。

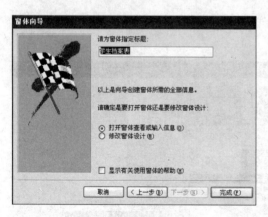
图 8-47 窗体向导-4

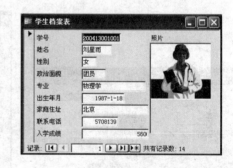
图 8-48 用向导生成的学生档案表

下面,用"窗体设计视图"对该窗口作进一步修改,以达到较完美的效果。

8.4.2 窗体设计视图

进入窗体设计视图有两种方法:新建窗体和修改窗体。

新建窗体的步骤为:在数据库窗口选择"窗体",单击"新建"按钮,出现"新建窗体"对话框,选择"设计视图"选项,再选择数据来源(表或查询),单击"确定"按钮,就进入新建窗体窗口。在 Access 中,直接新建窗体并不实用,而设计视图应用最多的是用来修改已建立的窗体。

修改原有窗体步骤为:选择要修改的窗体,单击"设计"按钮,就进入到设计视图窗口,例如:修改用向导生成的"学生档案表"窗体,弹出如图 8-49 所示的窗口。

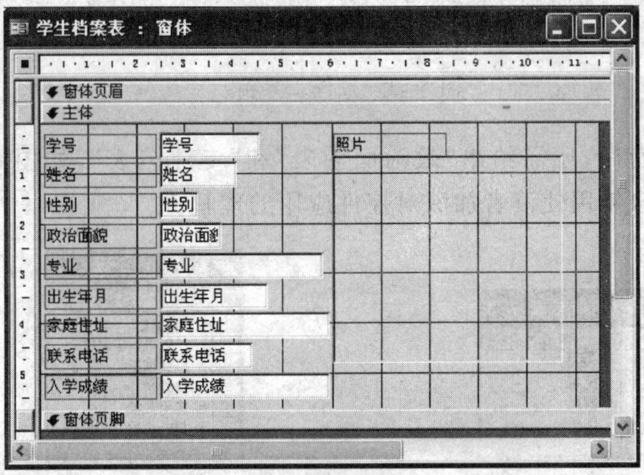

图 8-49　设计视图窗口

要对窗体作修改,常常要使用"工具箱"和"属性"窗口,右击图 8-49"学生档案表"窗体,调出"工具箱"和"属性"窗口,如图 8-50 所示。

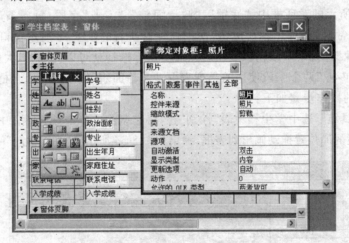

图 8-50　带有工具箱、属性的设计视图窗口

工具箱、属性都是对原有窗体进行进一步修改的常用工具,因此,需要了解它们所包含的内容。

8.4.3　工具箱

工具箱中有许多控制件,Access 称之为控件,正确的使用控件,能提高窗体的灵活性和操作性。各控件的说明如图 8-51 所示。控件是窗体设计的核心,下面介绍工具箱中控件的功能。

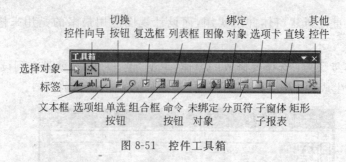

图 8-51　控件工具箱

为了说明控件的使用，还需给出"政治面貌表"和"专业名表"，如图 8-52 和图 8-53 所示。通过表和控件结合使用使读者加深对控件应用的理解。

图 8-52　政治面貌表　　　　图 8-53　专业名表

1. 列表框

列表框是工具箱中最常用的控件之一，灵活地使用列表框，对输入数据非常方便。用向导生成的图 8-48 所示的对话框中，"性别"、"政治面貌"、"专业"字段，每一条记录都需要手工输入，工作量非常大，而且还容易出错，使用控件修改后的图 8-42 所示窗口中的"性别"、"政治面貌"、"专业"这几个字段输入数据时只需要鼠标选择就可以完成了，大大减少了出错率。在"性别"和"专业"两个字段使用的是列表框，"政治面貌"使用的是组合框。

建立列表框的操作步骤如下：

（1）打开"工具箱"，选中学生档案表"性别"栏，将它删除。单击"工具箱"中的"列表框"，用鼠标在"性别"栏的原位置拖动画出列表框，弹出如图 8-54 所示的"列表框向导"对话框。

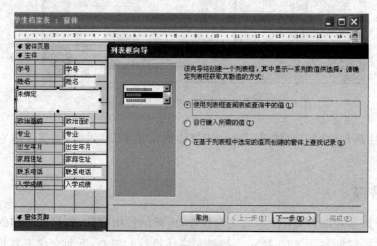

图 8-54　列表框向导-1

(2)选择"自行键入所需的值"选项,单击"下一步"按钮,在第 1 列输入"男"和"女",如图 8-55 所示。

(3)单击"下一步"按钮,选择"将该数值保存在这个字段中",并在该项右边的下拉列表框中选择"学生档案表"中的"性别"字段,如图 8-56 所示。

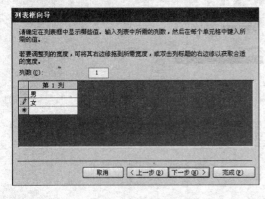

图 8-55 列表框向导-2　　　　　　　　　图 8-56 列表框向导-3

(4)单击"下一步"按钮,在"请为列表框指定标签"文本框中输入"性别",如图 8-57 所示。

(5)单击"完成"按钮,弹出如图 8-58 所示的窗口,在"修改后的学生档案窗体"中,把性别列表框调整到最佳位置,则性别列表框就设置好了。

 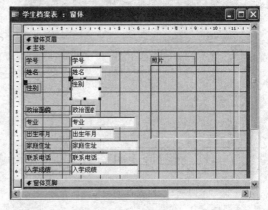

图 8-57 列表框向导-4　　　　　　　　　图 8-58 修改后的学生档案窗体

2. 设置专业列表框

专业列表框是数据表和列表框的组合,它的优点是,对于"性别"这样的固定值,用手工输入具体的值就能达到目的。而"专业"一但发生变化,就要修改,如果还是采用设置性别字段的操作方法,用手工输入固定值,则非常不方便。如果"专业"列表框中使用的是数据表,只要数据表发生变化,列表框中的数据也随着发生变化,这就充分显示出它的实用性和优越性。设置专业列表框的操作步骤如下:

(1)在图 8-54 所示的对话框中,选择"使用列表框查阅表或查询中的值",单击"下一步"按钮。

(2)在图 8-59 所示的"列表框向导"对话框中,选择"专业名表",单击"下一步"按钮。

(3) 在图 8-60 所示的"列表框向导"对话框中,将"可用字段"的"专业"添加到"选定字段"框中,单击"下一步"按钮。

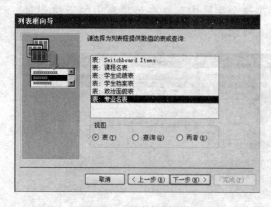

图 8-59 列表框向导-5

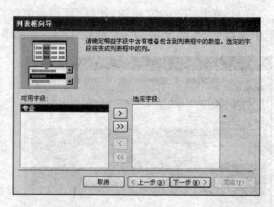

图 8-60 列表框向导-6

(4) 在图 8-61 所示的"列表框向导"对话框中,确定列表使用的排列次序,最多可对 4 个字段排序。单击"下一步"按钮。

(5) 在图 8-62 所示的"列表框向导"对话框中,指定列表框中列的宽度。其余的操作步骤和设置"性别"列表框完全一样。到此为止,"专业"列表框就设置完成了。

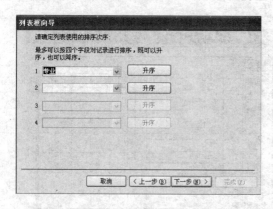

图 8-61 列表框向导-7

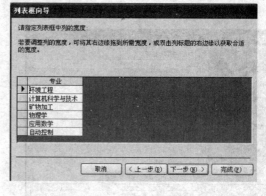

图 8-62 列表框向导-8

3. 组合框

组合框是另外一种控件,它的操作和使用方法和列表框的使用方法几乎完全一样。图 8-42 中的"政治面貌"就是用组合框实现的控件。读者可以自己动手来实现。

4. 命令按钮

使用命令按钮可以完成许多操作,例如在图 8-42 中,命令按钮完成了记录定位、添加、删除、保存记录的操作,命令按钮还可以设计主控制界面,打开相关的窗体、查询、报表等。在命令按钮中还可以编写命令(宏命令、VAB 命令)。

下面介绍图 8-42 所示的命令按钮的建立方法。

(1) "添加新记录"按钮的操作步骤是:打开工具箱,单击命令按钮,在"学生档案表"窗体中用鼠标画出命令按钮的矩形框,弹出"命令按钮向导"对话框,在该窗口的"类别"框中有

6种选项：分别是记录导航、记录操作、窗体操作、报表操作、应用程序和杂项。在这6种选项里包含了许多的内容,可以完成比较复杂的操作,应该认真学习。在"命令按钮向导"对话框中,选择"类别"中的"记录操作"和"操作"中的"添加新记录",如图8-63所示。

（2）单击"下一步"按钮,确定按钮是以文本显示还是以图片显示,这里选择"文本",如图8-64所示。

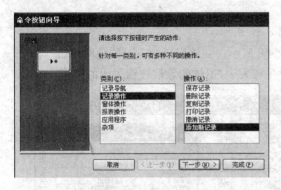

图8-63　命令按钮向导-1　　　　　　图8-64　命令按钮向导-2

（3）单击"下一步"按钮,指定命令按钮的名称,输入名称"添加新记录",如图8-65所示。

（4）单击"下一步"按钮,"添加新记录"命令按钮就建立完成了,如图8-66所示。

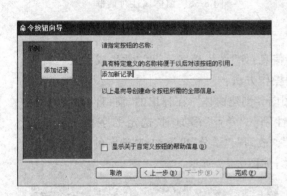 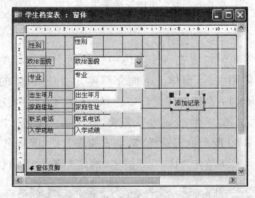

图8-65　命令按钮向导-3　　　　　　图8-66　添加新记录命令按钮

对于图8-42中其他的命令按钮,可用同样的方法完成。

5. 其他控件

标签：用于显示固定的文本提示信息。

文本框：用来显示和输入文本、数字、货币、时间/日期、备注和超链接数据的控件。

选项组：用来建立含有一组开关按钮或单选按钮的控件。

切换按钮：单选按钮和复选按钮,用来处理"是/否"类型数据的控件。

图表按钮：使用该工具可以向窗体中添加图表对象。

选项卡：用于创建一个多页的对话框。可以在选项卡中添加其他控件。

子窗体/子报表：使用该控件可以在当前的窗体中嵌入另一个窗体。

未绑定对象：使用该控件可以在窗体中添加一个来自支持 OLE（对象链接与嵌入）的应用程序的对象。

6. 窗体属性的设置

窗体建立之后，还需要在窗体"属性"窗口进一步对属性作设置。属性设置有格式、数据、事件等，如背景、特殊效果、鼠标操作、记录源、导航按钮的设置等。下面以隐藏"学生档案表"的导航按钮来说明。

（1）右击窗体视图，弹出窗体快捷菜单，如图 8-67 所示。

（2）选择"属性"，弹出窗体属性对话框，如图 8-68 所示。在该窗口中，选择"导航按钮"，再设置导航按钮属性为"否"，关闭并保存，就完成"学生档案表"窗体的导航按钮关闭的操作。

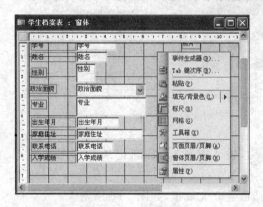

图 8-67 窗体快捷菜单

图 8-68 窗体属性对话框

7. 主/子窗体设计

有时需要在一个窗体中处理两个表的相关信息，如"学生档案表"和"学生成绩表"，就需要使用主/子窗体。下面介绍建立主/子窗体的操作方法：

（1）在数据库窗口中选择"窗体"，双击"使用向导创建窗体"，在弹出的"窗口向导"对话框中，选择"学生档案表"，先将"学号"、"姓名"、"性别"、"专业"添加到"选定的字段"框中，如图 8-69 所示。再选择"学生成绩表"，把"课程名"、"成绩"、"学分"也添加到"选定的字段"框中。

（2）单击"下一步"按钮，确定带有的子窗体，如图 8-70 所示。

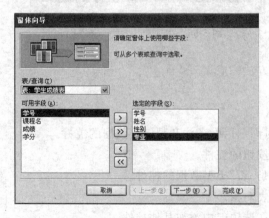

图 8-69 选定两个表字段

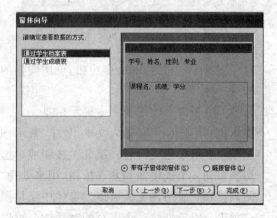

图 8-70 确定带有的子窗体

(3) 单击"下一步"按钮,确定子窗体的布局,如图8-71所示。
(4) 单击"下一步"按钮,确定样式,如图8-72所示。

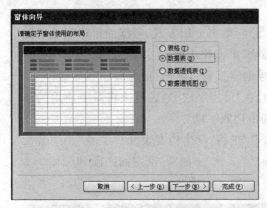

图8-71 确定子窗体的布局

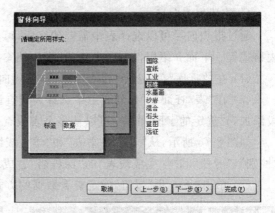

图8-72 确定样式

(5) 单击"下一步"按钮,为窗体指定标题,如图8-73所示。
(6) 单击"完成"按钮,得到带有主子窗体的"学生档案表1"窗体,如图8-74所示。该窗体有两个导航按钮,可以完成对"学生档案表"和"学生成绩表"中给定字段的操作。

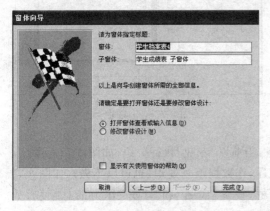

图8-73 为主、子窗体指定标题

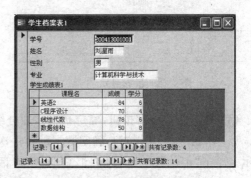

图8-74 学生档案表1

8.5 报　　表

报表是Access的重要对象之一,前面介绍的数据表、查询、窗体是对数据的操作,而许多数据最终都需要以报表的形式表示出来,因此,掌握好报表的使用也很重要。报表中的数据可以来源于表,也可以来源于查询。

新建报表的方法有报表向导、报表设计视图、自动创建报表、图表向导和标签向导。下面主要介绍报表向导和报表设计视图。

【例8-2】 设计如图8-75所示的报表。该报表要求按专业打印出学生的基本信息。先用"报表向导"快速生成学生档案表报表原型,再

图8-75 带统计人数的报表

用"报表设计视图"对学生档案表作进一步的加工,报表以"专业"进行分组,并在"报表设计视图"中设计了统计人数的控件,下面逐步介绍。

1. 使用报表向导

通过报表向导可以选择表中需要的字段,可以设定数据分组方式、数据的排序和设定报表格式等。下面介绍用报表向导生成"学生档案报表"的操作步骤:

(1) 在数据库窗口选择"报表",双击"使用向导创建报表",弹出"报表向导"对话框。

(2) 在"表/查询"下拉列表框中选择表或查询,在"可用字段"列表框中将需要使用的字段添加到"选定的字段"框中,可以从多个表或查询中选取字段。

如图 8-76 所示,从"学生档案表"和"学生成绩表"中将"学生档案表"的"学号"、"姓名"、"性别"、"专业"和"学生成绩表"的"课程名"、"成绩"、"学分"添加到"选定的字段"框中。

(3) 单击"下一步"按钮,确定查看数据的方式,如图 8-77 所示。

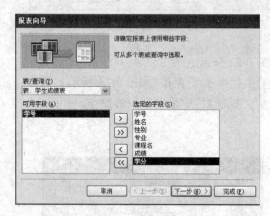

图 8-76　报表向导-1

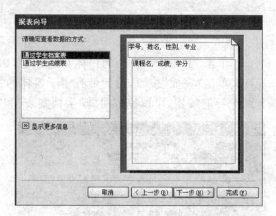

图 8-77　报表向导-2

(4) 单击"下一步"按钮,确定是否添加分组,当前以"专业"执行分组,如图 8-78 所示。

(5) 单击"下一步"按钮,确定数据的排序次序,作数据汇总处理(也可以不做),如图 8-79 所示。单击"汇总选项",弹出"汇总选项"对话框,设置"成绩"和"学分"作为汇总字段,如图 8-80 所示。

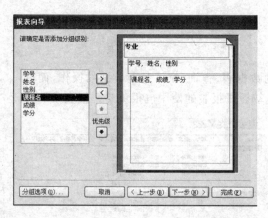

图 8-78　报表向导-3

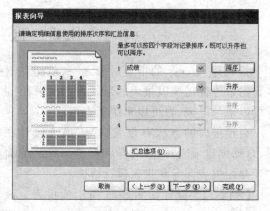

图 8-79　报表向导-4

(6)单击"确定"按钮,确定报表的布局方式,如图8-81所示。

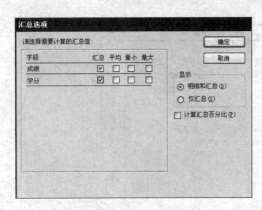

图8-80 选择汇总字段

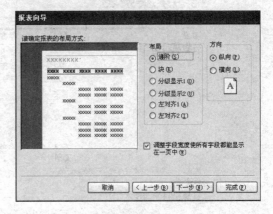

图8-81 报表向导-5

(7)单击"下一步"按钮,确定报表样式,当前采用了"组织"样式,如图8-82所示。

(8)单击"下一步"按钮,指定报表标题,标题设定为"学生档案报表",如图8-83所示。

(9)单击"完成"按钮,弹出"学生档案报表",到此为止,一张"学生档案报表"就建立完成了,如图8-84所示。

图8-82 报表向导-6

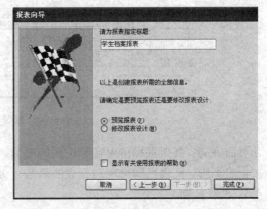

图8-83 报表向导-7

2. 报表设计视图

除了使用"报表向导"创建报表之外,还可以使用"设计视图"来创建报表,而且,使用"设计视图"创建报表没有任何报表格式的限制。当然,如果没有特殊要求,报表还是应该先用"报表向导"创建,再用"设计视图"来修改,达到最终的设计目的。

在使用"设计视图"之前,要介绍一下报表的基本结构。报表的基本结构(如图8-85所示)由以下5个部分组成:

报表页眉:出现在报表的最上边,包含有标题和其他报表信息。

页面页眉:它是作为页的标题,每页只出现一次。

主体:它包含数据表或查询中的数据,每条记录显示一次,它是报表的主要内容。

图 8-85　报表基本结构

页面页脚：页面页脚出现在每一页的底部，每页只出现一次。

报表页脚：报表页脚出现在报表的最后一页。

3. 设置日期

在"设计视图"中，在页面页脚处一般有两个控件：一个是当前日期，另一个是当前页码，如图 8-86 所示，在这两个文本框中，以等号开头，输入日期函数 Now()，得到当前的日期，在属性对话框中，可以修改日期格式，如设为长日期、短日期、长时间、短时间等格式。在页面页脚中的日期和页码是默认值，如果要在报表的其他位置添加日期，可以执行"插入"→"日期和时间"命令，打开如图 8-87 所示的对话框，选择样式后，拖动到目标位置就可以了。

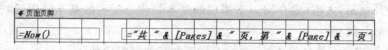

图 8-86　页面页脚的设置

4. 设置页码

页码控件的设置，以等号开头，输入"＝"共"&[Pages]&"页，第"&[Page]&"页""，得到显示的结果是"共 N 页，第 N 页"，如果给出的页码格式满足不了需要，那么改变页码的格式比较快的方法是先删除该控件，然后执行"插入"→"页码"命令，打开如图 8-88 所示的对话框，在该对话框设置格式、位置、对齐方式等，就可显示新页码了。

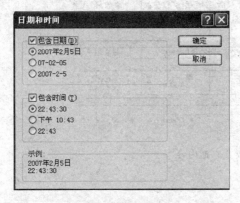

图 8-87　设置日期时间

图 8-88　设置页码

5. 在报表中使用函数

图 8-84 是用向导生成的报表，该报表中还完成了"成绩"和"学分"的汇总。但有时还要用到其他的函数（在向导中无法实现的），就需要在设计视图中来完成。例如，在"学生档案表 2"中，以"专业"分组，求每个专业的人数，就要用到 Count() 函数。设置 Count() 函数具体的操作方法是：在"学生档案表 2"视图设计窗口中，打开工具箱，选择"文本框"，在专业页脚中用鼠标拖动画出矩形文本框，如图 8-89 所示。将"Text29"改为"人数："，在"未绑定"框中输入"＝Count(学号)"，如图 8-90 所示，并在报表属性窗口中把表名改为"学生档案报表 2"，关闭、保存窗口，运行该窗口，就得到有统计人数的报表，如图 8-75 所示。实现了例 8-2 的设计。

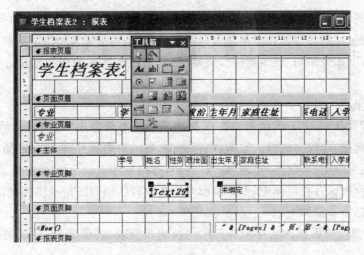

图 8-89　设置文本框

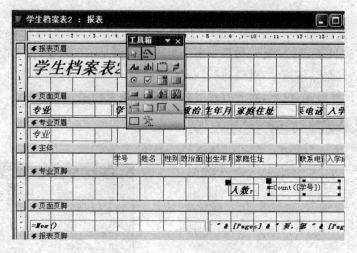

图 8-90　修改文本框内容

6. 常用函数表

Access 常用函数如表 8-4 所示。

表 8-4　常用函数

常用函数	描　述	常用函数	描　述
AVG(列名)	计算某一列的平均值	SUM(列名)	计算某一列的总和
COUNT(*)	统计记录的个数	MAX(列名)	计算某一列的最大值
COUNT(列名)	统计某一列的个数	MIN(列名)	计算某一列的最小值

8.6　建立系统主控制面板

前面介绍了建立数据库和建立数据表,对数据的操作介绍了查询、窗体和报表,怎样把它们组织起来,通过控制界面或控制菜单来调用它们,就是目前需要解决的问题。解决这个问题的方法很多,下面介绍用"切换面板管理器"建立的控制面板和用命令集合建立的主控窗体。

1. 建立切换面板

【例 8-3】　设计如图 8-91 所示的切换面板。该切换面板是用"切换面板管理器"建立的。通过主切换面板,可以完成输入数据,执行查询,显示报表和退出 Access 的操作。单击任何选项,将弹出下级窗口,例如,单击"输入"按钮,弹出如图 8-92 所示的窗口。

建好的切换面板保存在窗体中,但用前面介绍新建窗体的方法是不能建立切换面板的。建立切换面板的操作步骤如下:

(1) 执行"工具"→"数据库实用工具"→"切换面板管理器"命令,可进入切换面板管理器,如图 8-93 所示。

(2) 进入切换面板管理器,Access 给出了第一层"主切换面板",如图 8-94 所示。

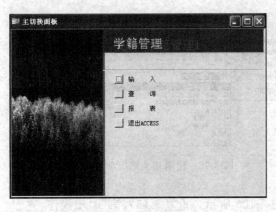
图 8-91 主切换面板

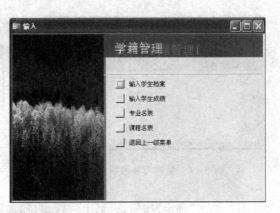
图 8-92 输入切换面板

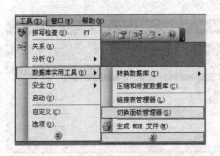
图 8-93 选择切换面板管理器

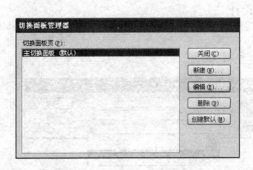
图 8-94 切换面板管理器-1

(3) 单击"新建"按钮,弹出"新建"对话框,在"切换面板页名"文本框中输入"输入",单击"确定"按钮,建立了"主切换面板"的第一个选项,如图 8-95 所示。

(4) 重复(3)的操作,再建立"查询"、"报表"选项,最终完成"主切换面板"的制作,如图 8-96 所示。

图 8-95 切换面板新建对话框

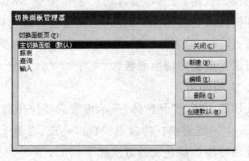
图 8-96 切换面板管理器-2

(5) 设置第二层控制面板,控制面板可以有多层,系统越大层数越多。选择图 8-96 所示的"主切换面板",单击"编辑"按钮,进入"编辑切换面板页"对话框,如图 8-97 所示。

(6) 单击"新建"按钮,弹出"编辑切换面板项目"对话框,在文本行输入"输入",在命令行选择"转至'切换面板'",如图 8-98 所示;在"切换面板"行选择"输入",如图 8-99 所示。

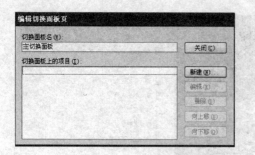
图 8-97　编辑切换面板页-1

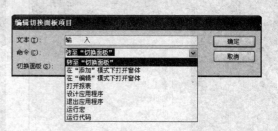
图 8-98　编辑切换面板项目-1

(7) 单击"确定"按钮,返回上一级窗口,如图 8-100 所示。重复第(5)、第(6)步操作,完成"输入"、"查询"、"报表"和"退出 ACCESS"的设计,就完成"主切换面板"的第二层控制面板的设计。

图 8-99　编辑切换面板项目-2

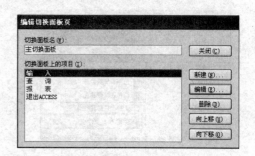
图 8-100　编辑切换面板页-2

图 8-96 中的"报表"、"查询"、"输入"也按上面的方法完成。整个学籍管理控制面板就全部完成了。

2. 修改和删除切换面板

切换面板建立之后,会自动产生一个表 Switchboard Items,要修改切换面板只要重新进入切换面板管理器即可,进入切换面板管理器后可以增加、修改或删除菜单项。要删除切换面板,首先删除表 Switchboard Items,然后再删除切换面板窗体,重新进入切换面板管理器又可以生成新的切换面板。

3. 宏的使用

在切换面板,打开窗体,显示报表只要按步骤的要求去做就可以实现,而执行查询或退出 Access,不能直接在控制面板窗口完成,需要采用其他的方法才能实现,使用宏是一种简单快捷的方法。建立宏的方法如下:

(1) 在数据库窗体选择"宏",单击"新建"按钮,弹出"建立宏"对话框,宏有许多操作命令,选择 OpenQuery 是打开查询命令,如图 8-101 所示。

(2) 在"查询名称"列表框选择"学生档案表 查询"选项,如图 8-102 所示,关闭窗口。

(3) 在宏的"另存为"窗口输入宏名,单击"确定"按钮,完成宏的建立,如图 8-103 所示。

在切换面板中使用宏,如图 8-104 所示,在命令行选择"运行宏"选项,在"宏"列表框中选择"学生档案查询宏 1"项,单击"确定"按钮保存即可。

图 8-101 建立宏-1

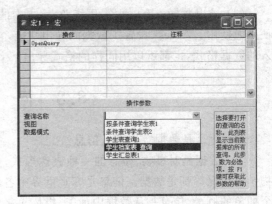
图 8-102 建立宏-2

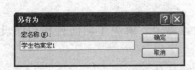
图 8-103 输入宏名

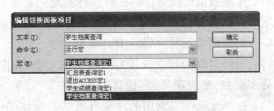
图 8-104 切换面板运行宏

4. 用命令按钮制作菜单

除了用切换面板来调度管理系统的操作之外，还可以在窗体用命令按钮来制作菜单，图 8-42 使用了多个命令按钮，命令按钮调用查询、窗体、报表等操作也是非常容易做到的，只要把这些命令按钮集成在一个窗体中就可以实现。

8.7 数据的导入、导出与链接

在 Access 中，可以方便地从外部数据库获取数据。例如，从 Oracle、SQL Server、FoxPro、Excel 等数据库中获取数据。如果需要的数据是在其他数据库中，并且数据量很大，而在 Access 中又要使用这些数据，此时就可以用数据导入的方法获取数据。假如要将 Access 里的数据送到其他数据库，可以用数据导出的方法。

数据导入的方法：选择"文件"→"获取外部数据"命令，弹出子菜单，上面有"导入"和"链接表"两个选项，单击其中一个选项就可以实现导入或链接一个外部的数据库。虽然这两种命令的功能都是打开一个外部数据库，但在使用上，它们是有差别的。

(1) 导入数据。打开"学籍管理数据库"，执行"文件"→"获取外部数据"→"导入"命令，就可以选择需要的数据表完成数据导入。

(2) 链接数据。如果导入的数据库在网络中，而且其中的数据又需要经常修改，那么，一但修改了数据库中的数据，两个数据库中的数据就不能保证数据的一致性。而采用"链接表"的方式，就能很好地解决这个问题，但是如果链接的是一个很大的数据库，就比较浪费时间。

(3) 导出数据。有时也需要将 Access 中的数据导出,成为其他数据文件中的数据,以便别人使用。Access 设置了数据的导出功能,它与导入的功能正好相反,凡是 Access 能导入的数据格式,也都可以用同样的格式导出。

8.8 问 与 答

(1) 什么是数据?什么是信息?

答:数据是对事物、概念的一种表达形式,如数字、文字、图形、图像、学生档案记录、货物销售情况等都是数据。信息是客观世界中各种事物的变化、相互作用、特征的反映,是一个抽象的概念,信息是从数据中加工、提炼出来的。

(2) 数据库功能是什么?

答:所谓数据库就是长期存储在计算机内有序的、可共享的数据集合。数据库中的数据按一定的数据模型组织、描述和存储,具有较小的冗余度,较高的独立性、一致性和可扩展性。

(3) 面向对象的程序设计有什么特点?

答:面向对象的程序设计有自动生成功能,如向导、设计器等。解决了面向过程程序设计的许多弱点,所见即所得,提高工作效率。

(4) 在 Access 中,常用的对象有哪些?窗体的主要功能是什么?

答:在 Access 中,常用的对象有表、查询、窗体、报表、页、宏和模块。窗体是用户用来处理数据的界面,通过窗体可以显示、增加、编辑、删除、查询、打印表的数据记录,窗体是 Access 中最复杂的操作对象。

习 题 8

1. 单选题

(1) 在 Access 中,对数据表进行统计的是_____。
A. 选择查询　　　　B. 汇总查询　　　　C. 条件查询　　　　D. 删除查询

(2) 如果在创建表中建立"出生年月"字段,数据类型应选择_____。
A. 文本　　　　　　B. 数字　　　　　　C. 日期　　　　　　D. 备注

(3) Access 数据库是_____。
A. 层次数据库　　　B. 关系数据库　　　C. 网状数据库　　　D. 树状数据库

(4) 数据表中"列标题的名称"称为_____。
A. 字段名　　　　　B. 记录　　　　　　C. 数据　　　　　　D. 表名

(5) SQL 的条件语句"WHERE 性别="男""在查询中的意思是_____。
A. 将"性别"字段中的"男"性记录显示出来
B. 将"性别"字段中的"男"性记录删除
C. 将"性别"字段中的"男"性记录进行替换
D. 复制"性别"字段中的"男"性记录

(6) 在 Access 下列数据类型中,不能建立索引的数据类型是_____。
A. 文本型　　　　　B. 数据型　　　　　C. 日期时间型　　　D. 备注型

(7) 在 Access 中,将"职工信息表"中的"姓名"与"工资表"中的"姓名"建立关系,且两个表中的记录都是唯一的,则这两个表之间的关系是_____。
　　A. 一对多　　　　B. 一对一　　　　C. 多对一　　　　D. 多对多
(8) 筛选的结果是_____。
　　A. 不满足条件的记录　　　　　　　B. 满足条件的字段
　　C. 不满足条件的字段　　　　　　　D. 满足条件的记录
(9) Access 提供了多种视图模式,其中_____模式下可以删除数据表中的记录。
　　A. 设计视图　　B. 数据表视图　　C. 索引视图　　D. 数据透视表视图
(10) 下面查询方式不能在 Access 中创建和使用的是_____。
　　A. 更新查询　　B. 交叉表查询　　C. 关系表查询　　D. 动态查询
(11) 为了加快数据库的访问速度,可以对数据库建立并使用_____,它在数据库的整个生命期都是有效的。
　　A. 数据表　　　B. 主键　　　　C. 索引　　　　D. 外键
(12) 在 Access 中使用参数查询时,应将条件栏中的参数文本写在_____。
　　A. ( )　　　　B. { }　　　　C. < >　　　　D. [ ]
(13) 在数据库中,可以唯一标识一条记录的叫_____。
　　A. 主键　　　　B. 外键　　　　C. 索引　　　　D. 记录编号
(14) 在 Access 中可以定义 3 种主键,其中_____不属于主键的设置方法。
　　A. 自动编号主键　　　　　　　　　B. 手动编号主键
　　C. 单字段主键　　　　　　　　　　D. 多字段主键
(15) 数据库系统提供了一套有效的管理手段,以保证数据的完整性、_____、安全性、使数据具有充分的共享性。
　　A. 操作性　　　B. 一致性　　　C. 兼容性　　　D. 可维护性
(16) 在 Access 中,提供给最终用户进行数据输入的对象是_____。
　　A. 数据表　　　B. 查询　　　　C. 窗体　　　　D. 报表
(17) 在 Access 中专用于数据打印的是_____。
　　A. 数据表　　　B. 查询　　　　C. 窗体　　　　D. 报表
(18) 计算函数 SUM 是求数值的_____。
　　A. 和　　　　　B. 平均值　　　C. 最大值　　　D. 最小值
(19) 计算函数 AVERAGE 是求数值的_____。
　　A. 和　　　　　B. 平均值　　　C. 最大值　　　D. 最小值
(20) 如果在数据表中含有照片,那么"照片"这一字段的数据类型通常是_____。
　　A. 备注　　　　B. 超链接　　　C. OLE 对象　　D. 文本
(21) "切换面板"属于_____。
　　A. 查询　　　　B. 窗体　　　　C. 宏　　　　　D. 页
(22) 以下数据库,属于小型数据库管理系统的是_____。
　　A. Oracle　　　B. Word　　　　C. Access　　　D. SQL Server
(23) Access 数据库文件使用_____作为扩展名。
　　A. acc　　　　　B. mdb　　　　C. db　　　　　D. dbf

(24) SQL 语句中的 GROUP BY 子句是用于_____。
    A. 选择条件   B. 对查询进行排序
    C. 分组条件   D. 限定条件

(25) 某关系表定义了"教师编号"、"姓名"、"性别"、"出生年月"4 个字段，其中_____字段作为主键是正确的。
    A. 教师编号   B. 姓名   C. 性别   D. 出生年月

2. 多选题

(1) 数据表中字段的三要素有_____。
    A. 字段名   B. 字段类型   C. 字段宽度   D. 字段属性

(2) 以下数据库属于小型数据库的是_____。
    A. Oracle   B. SQL Server   C. FoxPro   D. Access

(3) 以下模型中属于数据库模型的有_____。
    A. 关系模型   B. 星型模型   C. 网状模型   D. 层次模型

(4) 在 Access 的数据类型中，可以建立索引的有_____。
    A. 文本型   B. 数字型   C. 备注型   D. 日期时间型

(5) 对条件表达式"BETWEEN 80 AND 90"描述不正确的是_____。
    A. 数值 80 到 90 之间的数据
    B. 数值 80 和 90 这两个数据
    C. 数值 80 到 90 之外的数据
    D. 数值大于等于 80 小于等于 90 之间的数据

(6) 查看"立新分公司"实发工资大于 2000 元人员的记录，表达式正确的是_____。
    A. 部门="立新分公司"AND 实发工资＞2000
    B. 部门="立新分公司"和实发工资＞2000
    C. 部门=立新分公司 AND 实发工资＞2000
    D. 实发工资＞2000 AND 部门="立新分公司"

(7) Access 中表和数据库的关系，错误的是_____。
    A. 一个数据表只能包含两个数据库   B. 一个数据库可以包含多张数据表
    C. 一个数据表可以包含多个数据库   D. 一个数据库只能包含一个数据表

(8) Access 中常用的函数有_____。
    A. SQL   B. SUM   C. MIN   D. MAX

(9) 在数据表视图设计窗口中，可以_____。
    A. 修改字段的类型   B. 修改字段的名称
    C. 删除一个字段   D. 删除一条记录

(10) 查看工资表中"实发工资大于等于 2000 元并且小于等于 3000 元"之间的记录，表达式正确的是_____。
    A. 实发工资＞2000 AND 实发工资＜3000
    B. 实发工资＞=2000 AND 实发工资＜=3000
    C. 实发工资＞2000 OR 实发工资＜3000
    D. 实发工资（BETWEEN 2000 AND 3000）

3. 填空题

(1) 建立数据表时,是不是所有的数据表都必须建立主键_____。

(2) 人口普查表中主要的字段有"身份证号"、"姓名"、"性别"、"出生日期"……,其中作为主键最符合要求的是_____。

(3) Access 表达式中出现的"&"运算符的含义是_____。

(4) 在"学生成绩表"中,有查询、筛选、连接等操作,要显示"英语≥80"的记录,可以使用_____。

(5) 用于记录基本数据的对象是_____。

(6) 如果不将 Microsoft FoxPro 中"工资表"的数据复制到 Access 的工资管理数据库中,要在 Access 系统下操作这些数据,最正确的方法是_____。

(7) 在数据查询表达式中包含有 LIKE 子句,则实现的是_____查询。

(8) 在"宏"中,调用查询的命令是_____。

(9) Access 数据表中存储图片的数据类型是_____。

(10) 如果要存储较长的文本内容,应采用的数据类型是_____。

4. 实做题

按照如下要求完成后,用 Access 的保存功能直接存盘。

要求:

① 用 Access 创建"姓名表"(内容如表 8-5 所示)。

表 8-5　姓名表

ID	姓　名	ID	姓　名
1	周新	4	吴文燕
2	李里	5	罗心梅
3	王海		

② 用 Access 创建"地址表"(内容如表 8-6 所示)。

表 8-6　地址表

ID	城市	地址	邮政编码	ID	城市	地址	邮政编码
1	北京	中关村大街	100000	4	广州	工业大道	500000
2	上海	南京路	200000	5	沈阳	白山路	110000
3	天津	越秀路	300000				

③ 用 Access 创建"通信表"(内容如表 8-7 所示)。

表 8-7　通信表

ID	联系电话	ID	联系电话
1	010-87654321	4	020-74185236
2	021-98765432	5	024-68527421
3	022-65432198		

④ 通过 Access 的查询功能生成"联系人汇总表"(内容如表 8-8 所示)。

表 8-8　联系人汇总表

ID	姓　名	城　市	地　址	邮政编码	联系电话
1	周新	北京	中关村大街	100000	010-87654321
2	李里	上海	南京路	200000	021-98765432
3	王海	天津	越秀路	300000	022-65432198
4	吴文燕	广州	工业大道	500000	020-74185236
5	罗心梅	沈阳	白山路	110000	024-68527421

第 9 章　多媒体基础知识

学习目标：多媒体技术及其产品是当今世界计算机和通信产业发展的新领域，它是继活字印刷技术、无线电-电视技术、计算机技术之后的又一次新的技术革命，多媒体技术的应用已普及国民经济与社会生活的各个角落，它给人类的生产方式、工作方式、学习以及生活方式带来了巨大的变革。本章将回答：

- 什么是多媒体技术、多媒体技术的特点；
- 什么是多媒体计算机系统；
- 多媒体信息的数字化和压缩技术；
- 多媒体信息处理工具介绍。

9.1　多媒体技术的基本概念

9.1.1　什么是多媒体

1. 媒体

媒体(media)在计算机领域中有两种含义：一是指存储信息的物理实体，如磁盘、光盘等；另一种含义是指信息的表现形式或载体，如文字、图形、图像、声音、动画和视频等。多媒体技术中的"多媒体"通常是指后者。

2. 多媒体和多媒体技术

多媒体(multimedia)就是文字、图形、图像、声音、动画和视频等"多种媒体信息的集合"。多媒体信息从时效上可分为两大类：

- 静态媒体，包括文字、图形、图像。
- 动态媒体，包括声音、动画、视频。

一般情况下，多媒体并不指多媒体本身，而是指多媒体技术，所以多媒体和多媒体技术通常是同义词。

多媒体技术是利用计算机技术把多种媒体信息综合成一体化，建立逻辑联系，并能够进行加工处理的技术。即用计算机技术将各种媒体以数字化的方式集成在一起，使计算机具有表现、处理、存储多种媒体信息的综合能力和交互能力，它涉及媒体信息的录入、媒体信息的压缩和解压缩、存储、显示、传输等设计，是一门跨学科的综合技术。

9.1.2 多媒体信息类型

1. 文本

文本(text)是计算机中基本的信息表示方式，多媒体系统不仅能用字处理软件对文本进行输入、存储、编辑、格式化、输出等，还可以用人工智能对文本进行识别、理解、翻译、发音等。相对于其他媒体，文本对存储空间、传输能力的要求都比较小。

2. 图形

图形(graphics)是指由直线、圆、圆弧、任意曲线等组成的画面，以矢量形式存储。计算机辅助设计系统中的机械零件、房屋结构等都是图形。

3. 图像

图像(image)是通过扫描仪、数字照相机等设备捕捉的真实场景画面，数字化后以位图格式存储。要用图像处理软件(如 Adobe Photoshop)对其进行编辑和处理。

4. 动画

当一系列画面按一定的时间在人的视线中经过时，人脑就会产生物体运动的印象。动画(animation)就是利用人眼的这种视觉特性得到的画面印象。计算机动画通常用动画软件制作，如 Flash、3DS MAX 等。动画软件不仅用来制作网页、广告、建筑效果、游戏软件等，还可以用来制作电影特技等。

5. 视频

视频(video)图像是来自视频信号源的影像，视频信号源有录像带、摄像机、影碟机等。视频信息是对自然景物的捕捉，数字化后以视频文件格式存储的信息。视频处理技术有视频信号的导入、数字化、压缩和解压缩、视频和音频编辑、特效处理、输出存储等操作。

6. 音频

音频(audio)是话语、音乐以及各种动物和自然界发出的各种声音。音频和视频同步才能使视频影像具有真实的效果。音频处理技术有声音的采集、数字化、压缩和解压缩、播放等。

9.1.3 多媒体信息及多媒体技术的特点

1. 多媒体信息的特点

多媒体信息的基本特征归纳成以下3个方面：

1) 综合性

多媒体信息是多种信息综合在一起的信息，多媒体中的"多"就表示了这一特征。如果没有多种信息类型结合在一起，也就谈不上多媒体了。

2) 相关性

多媒体信息中的多种信息类型通常具有一定的关系，并通过一定的方式组合在一起，以表示事物的特性。例如，警察如果仅仅掌握一个罪犯的文字资料，逮捕起来就会比较困难，但如果有这个罪犯的照片、录像甚至声音记录，情况就大不一样了。在这种情况下，文字资料、图像与声音记录就具有相关性，它们三者脱离开来，就发挥不了太大的作用。

3) 动态性

主要是指多媒体信息中的声音、图像信息通常是随着时间的变化而变化的，即是在一个动态的工程中表示和反映事物的特点，如一段影片或一段电视节目。动态性正是多媒体具有的最大吸引力的地方之一,如果没有了动态性,恐怕也不会有多媒体繁荣的今天。

2. 多媒体技术的特点

多媒体技术有以下特点:多样性、集成性、交互性和数字化等。

1) 多样性

多媒体信息是多种形式信息综合在一起的信息,因此多媒体技术就要提供多维信息空间下的视频和音频信息的获取和表示方法,使计算机中的信息表达方式不再只是文字和数字,而广泛采用图形、图像、视频、音频等多种形式。

2) 集成性

以计算机为中心的集成性,能综合表现多种媒体的相关性。它包括信息媒体、设备与软件的集成。信息媒体的集成包括信息的多通道统一获取、存储、组织和合成等方面;设备集成是指媒体设备的集成,计算机能和各种外部设备联合工作;软件集成是指集成为一体的多媒体操作系统、多媒体信息管理软件、创作工具及各类应用软件等。

3) 交互性

交互性向用户提供了更加有效的控制、使用信息的手段,使人们获取信息和使用信息的方式由被动转为主动,不再像电视方式那样,只能"看",不能参与。

4) 数字化

虽然多媒体信息要比单一的文字信息、声音信息和图像信息复杂得多,也丰富得多,但在计算机和通信系统中,同样是利用"0"和"1"的组合来表示所有的多媒体信息。媒体信息以数字的方式存储和处理,不仅易于进行加密、压缩等数值运算,提高了信息安全与处理速度,而且因为只有两种状态,所以具有很强的抗干扰能力。

9.1.4 多媒体技术的应用领域

多媒体技术为人类提供了多种交流表达信息的方式,正在逐渐或已经进入政府部门、军队、学校、科研机构、公司企业以至于家庭,并将广泛应用于管理、教育、培训、公共服务、广告、文艺、出版等领域。

1. 传统教育变鲜活

教育领域应用多媒体技术最早、发展最快。首先是利用多媒体技术使教科书耳目一新。目前的教科书出版商已经开始转入基于 CD-ROM 的教科书出版,如图 9-1 所示。人们可以通过计算机辅助,得到伴随"交互式指导"的形象化教材。其次多媒体技术使课堂变成让人耳目一新的课堂。计算机辅助教学 CAI,是指利用计算机帮助教师进行教学或用计算机进行教学的广阔应用领域,它是计算机科学、教育学、心理学等多门学科交叉形成的一门综合性的新兴学科。它既是计算机的一个应用领域,又代表一种新的教育技术和教育方式。

多媒体计算机辅助教学 MMCAI,是 20 世纪 90 年代多媒体技术发展起来后与计算机辅助教学技术相结合的产物。因为多媒体的数据类型不仅包

图 9-1 多媒体形式的图书

括数字和文本,还包括仿真图形、立体声音响、运动视频图像等人类最习惯的视听媒体信息,所以多媒体技术为教育的发展开辟了新天地。多媒体使学生的感官和想象力相互结合,产生前所未有的思想空间和创造资源。教育软件的多媒体化能进一步满足学生心理上的不同要求。

2. 大众生活更便捷

多媒体技术给图书的编辑和出版带来了巨大的影响。其中,电子图书和电子报刊就是应用多媒体技术的产物。电子图书具有方便易带、功能多样、检索方便、形象生动、交互式等优点。世界上最大的百科全书出版商已经以光盘的形式出版了 20 余卷的《美国学术百科全书》。成立于 1992 年的国内第一家电子图书开发研制专业公司——北京金盘有限公司已经开发完成了《能动英语》、《邮票上的中国——历史和文化》等电子图书。

在机场、车站、旅游胜地、各大百货商店、旅馆、商场和娱乐中心等公共场所,原来的信息服务需要有人值班,耗资较多。利用多媒体技术建立起来的各种"信息指南亭"、"无人询问服务站"等,帮助人们通过"看和听",立即得到各项传统手段无法得到的效果。

在商业经营中,广告和销售服务是成功的重要条件,形象、生动的多媒体技术在这方面可以大有作为,如应用于商品展示、产品操作手册、销售演示等。

多媒体技术在家庭中的应用将使人们在家上班变为现实,例如用多媒体计算机便可以收看电视、录像,可打电话、发传真。人们足不出户便能够在多媒体计算机前办公、上学、就医、购物、订旅馆、登记旅行、观看电影,还可以开电视会议或与同事进行演讲、讨论等。

3. 虚拟现实

虚拟现实(Virtual Reality,VR),是一种基于可计算信息的沉浸式交互环境,具体地说,就是采用以计算机技术为核心的现代高科技生成逼真的视、听、触觉一体化的特定范围的虚拟环境,用户借助必要的设备以自然的方式与虚拟环境中的对象进行交互作用、相互影响,从而产生亲临等同真实环境的感受和体验,如图 9-2 所示。

人类在许多领域面临着越来越多前所未有而又必须解决和突破的问题,例如,载人航天、核试验、核反应堆维护、包括新武器系统在内的大型产品的设计研究、气象及自然灾害预报、医疗手术的模拟与训练以及前面谈到的多兵种军事联合训练与演练等,如果按传统的方法解决这些问题,必然要花费巨额资金,投入巨大的人力,消耗过长的时间,甚至要承担人员伤亡的风险。VR 技术的产生和发展,为解决和处理这些问题提供了新方法和新途径,必将对社会、对人们的生活产生巨大影响。

图 9-3 是在虚拟环境中制作的"作战"多媒体。

图 9-2 虚拟的设计环境

图 9-3 在虚拟环境中"作战"

目前 VR 技术的应用除了军事领域外，主要集中在以下几个方面：首先是用于产品设计与性能评价。波音 777 飞机的设计是虚拟原型机的应用典型实例，这是飞机设计史上第一次在设计过程中没有采用实物模型。波音 777 由 300 万个零件组成，所有的设计在一个由数百台计算机工作站组成的虚拟环境中进行。设计师们戴上头盔显示器后，可以穿行于设计中的虚拟"飞机"，审视"飞机"的各项设计指标。

VR 还可以应用于高难度和危险环境下的作业训练。如医疗手术训练的 VR 系统，用已经掌握的人体数据在计算机中重构人体或某一器官的几何模型，并赋予一定的物理特征（例如密度、韧度、组织比例等），通过机械手或数据手套等高精度的交互工具在计算机中模拟手术过程，以达到训练、研究的目的。美国宇航局和欧洲空间局曾成功地将 VR 技术应用于航天运载器的空间活动、空间站的操作和对哈勃太空望远镜维修方面的地面训练。

9.2 多媒体计算机系统组成

多媒体个人计算机（Multimedia PC, MPC）是在个人计算机的基础上增加各种多媒体设备及相应的软件，使其具有综合处理声音、图像、文字等信息的能力。通常有 5 个层次结构，如图 9-4 所示。

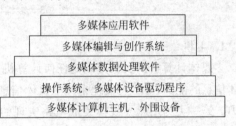

图 9-4 多媒体计算机系统

与普通计算机系统一样，最底层为硬件，即多媒体计算机主机、各种多媒体外围设备及控制接口。第二层为能对多媒体计算机硬软件资源进行管理和控制的多媒体操作系统，设备驱动程序，该层的软件除了驱动、控制多媒体设备外，还要提供输入输出控制界面。第三层为多媒体数据处理软件，为多媒体应用程序进行数据处理准备的软件，主要是多媒体数据的采集软件，用于编辑与创作多媒体数据。第四层是多媒体制作平台和多媒体制作工具软件，用于生成多媒体应用软件，提供将多媒体对象合成到多媒体产品的功能。第五层为多媒体应用软件，直接面向用户，应有较强的交互功能和良好的人机界面。

最早的多媒体计算机是 1987 年美国 Commodore 公司推出的 Amiga 计算机，它采用了该公司自行设计的用于动画制作、音响处理和图形处理的专用芯片，可以方便地处理视频和音频信号。随后，Apple 公司的 Macintosh 计算机加入到多媒体计算机的行列。

为促进多媒体计算机的标准化，Microsoft、IBM 等公司组成了多媒体 PC 工作组，先后发布了 4 个 MPC 标准，按照该联盟规定，多媒体计算机系统由 5 个基本部分组成：主机、CD-ROM 驱动器、声卡、音箱和 Windows 操作系统。特别是 MPC 4.0 标准为普通 PC 升级为 MPC 提供了指导原则，MPC 4.0 要求在普通微机基础上增加 4 类软硬件设备，即声/像输入设备：光驱、话筒、扫描仪、摄像机。

今天几乎任何一台计算机都可以满足大多数家庭和一般商业团体应用多媒体设计的要求，MPC 标准已成为一种历史。当然多媒体开发者使用的硬件设备应该比普通多媒体应用程序用户的设备速度更快、功能更强、外设更多。

9.2.1 多媒体计算机硬件系统

多媒体计算机硬件系统是在一般计算机硬件的基础上,增加各种多媒体设备及其接口卡,如图 9-5 所示。

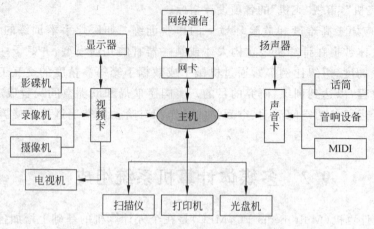

图 9-5 多媒体计算机硬件系统

1. 主机

多媒体计算机的主机可以是任何计算机(大、中、小型计算机),但为了提高计算机处理多媒体信息的能力,应尽可能地采用多媒体信息处理器。目前,有三类芯片具有多媒体信息处理能力。第一类为用超大规模集成电路实现的通用和专用的数字信号处理芯片(Digital Signal Processor);第二类是在现有的 CPU 芯片中增加多媒体数据处理指令和数据类型,像 Pentium 4 微处理器就包括了 144 条多媒体及图形处理指令;第三类是媒体处理器(Media Processor),有可编程性,通过软件可增加新的功能,是现有通用处理器的强有力的支持芯片。

2. 多媒体接口卡

多媒体接口卡将计算机与各种多媒体设备连接起来,构成一个方便的制作和播放多媒体信息的工作环境。常用的接口卡如下:

1) 声卡(音频卡)

声卡是处理音频信号的硬件。主要功能有:录制与播放波形音频文件;编辑与合成波形音频文件;MIDI 音乐录制和合成;文语转换和语音识别。市场上常见的声卡有声音处理芯片、功率放大器、总线连接端口、输入输出端口、MIDI 及游戏杆接口(通常是共用一个)、CD 音频连接器等主要结构组件。不同的声卡布置虽不尽相同,但是即便是最简单的声卡也具有这些结构组件。声卡由声源获取声音,并进行模拟/数字转换后压缩,而后存入计算机中进行处理。声卡还可以把经过计算机处理的数字化声音通过解压缩、数字/模拟转换后,送到输出设备进行播放或录制。声卡功能示意图如图 9-6 所示。

2) 图形加速卡

拥有图形函数加速器和显存,专门用来执行图形加速任务,可以减少 CPU 处理图形的负担。工作在 CPU 和显示器之间,控制计算机的图形输出。现在的显示卡上都集成有图形处理芯片组,成为图形加速卡。

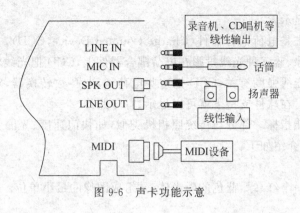

图 9-6 声卡功能示意

3) 视频卡

视频卡通过插入到主板扩展槽中与主机相连。卡上的输入输出接口可以与摄像机、影碟机、录像机和电视机等设备相连。视频卡采集来自输入设备的视频信号,并完成由模拟量到数字量的转换、压缩,以数字化形式存入计算机中,数字视频可在计算机中进行播放,提供许多特殊效果,如冻结、淡出、旋转、镜像以及透明色,很多视频卡能在捕捉视频信息的同时捕获伴音,使音频和视频信号同步保存、同步播放。视频系统功能如图 9-7 所示。

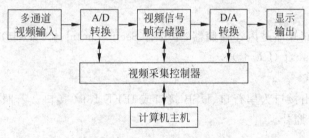

图 9-7 视频系统功能

4) IEEE 1394 卡

标准的 IEEE 1394 接口可以同时传送数字视频信号以及数字音频信号,相对于模拟视频接口,IEEE 1394 技术在采集和回录过程中没有任何信号的损失。现在的 IEEE 1394 卡多为 PCI 接口,只要插入到计算机主板相应的 PCI 插槽上就可以提供视频采集功能。

3. 信息获取设备

1) 数码照相机

这是一种在普通摄影技术基础上,用数字扫描等技术把获取的静态图像信号转换成编码数字信号的特殊照相机。因此,用数字照相机摄入的图像可以直接送入计算机和计算机网络。数码照相机(如图 9-8 所示)所拍摄到的照片是以文件形式存储在相机内的存储卡中,要将数码照相机中的照片存储到计算机中,应先用连接线将数码照相机与计算机连接起来,数码照相机的驱动程序就会将相机的存储卡视为计算机的一个可移动磁盘,存储卡中的

图 9-8 数码照相机

图像会以缩略图方式显示。

数码照相机的心脏是电荷耦合器件(Charge Coupled Device,CCD)。用数码照相机拍摄时,图像被分成红、绿、蓝三种光线投影在电荷耦合器件上,CCD把光线转换成电荷,其强度与被摄景象反射的光线强度有关,CCD把这些电荷送到模/数转换器,对光线数据编码,再储存到存储装置中。在软件支持下就可以显示、打印照片。

数码照相机的性能指标一部分与传统照相机类似,如快门速度、光圈大小等,另一部分是数码照相机特有的,介绍如下:

(1) 像素。

每一个像素包含一个红、绿、蓝色的磷光体,是组成图像的最小单位。

(2) 分辨率。

与显示器的分辨率类似,指使用图像的绝对像素。分辨率越高,所拍摄的图像质量也越高。分辨率以乘法形式表现,比如 800×600,其中"800"表示屏幕上水平方向显示的点数,"600"表示垂直方向显示的点数。因此所谓的分辨率就是指画面的解析度,由多少像素构成,显然其数值越大,图像也就越清晰。

(3) 颜色深度。

描述对色彩的分辨能力。一般的数码照相机都达到了 24 位。

(4) 存储介质。

数码照相机的存储媒体是闪速存储器,主要有 SecureDigtal 卡(SD 卡)、SmartMedia 卡(SM 卡)、CompactFlash 卡(CF 卡)。

(5) 数据输出方式。

数码照相机的输出接口为串行口、USB 接口或 IEEE 1394 接口。若照相机提供 TV 接口,可在电视机上观看照片。

2) 数码摄像机

数码摄像机的优点是动态拍摄效果好,数码摄像机因使用的小尺寸电荷耦合器件 CCD 与其镜头的不匹配,在拍摄静止图像时的效果不如数码照相机。数码摄像机上通常有 S-Video、AV、DV In/Out 等接口。其中 DV In/Out 接口是标准的数码输入输出接口,是一种小型的 4 针 IEEE 1394 接口。

3) 扫描仪

扫描仪可以将印刷件、书面文稿、照片等媒介信息输入到计算机里,然后可通过软件随心所欲地加以处理,以适合不同的应用,如图 9-9 所示。从技术角度上说,扫描仪是把传统的模拟影像转化为数字影像的设备之一。它把原始稿件的模拟光信号转换为一组像素信息,最终以数字化的方式存储于数字文件中,实现影像的数字化。

扫描仪常见的接口方式(即扫描仪与计算机之间的连接方式)有 SCSI、EPP、USB 三种。

下面简要介绍扫描仪常见的指标:

(1) 扫描精度。

就是人们常说的扫描分辨率,是衡量一台扫描仪档次高低的重要参数,它所体现的是扫描仪在扫描时所能达到的精细程度。扫描

图 9-9　扫描仪

精度通常用每英寸多少点(Dots Per Inch,DPI)表示。如果用 300 DPI 来扫描一幅"8×10"的彩色图像,就得到一幅 2400×3000 像素的图像。分辨率越高,像素就越多。和喷墨打印机的技术指标类似,DPI 值越大,则扫描仪扫描的图像越精细。扫描分辨率分为光学分辨率(真实分辨率)和插值分辨率(最大分辨率)两类,前者是硬件形式的,后者是软件形式的。

(2) 色彩位数。

色彩位数表明了扫描仪在识别色彩方面的能力和能够描述的颜色范围,它决定了颜色还原的真实程度,色彩位数越大,扫描的效果越好、越逼真,扫描过程中的失真就越少。

(3) 灰度级。

扫描仪的灰度级水平反映了扫描时提供由暗到亮层次范围的能力,具体说就是扫描仪从纯黑到纯白之间平滑过渡的能力。灰度级位数越大,相对来说扫描结果的层次就越丰富、效果越好。

(4) 扫描幅面。

扫描幅面是指扫描仪所能扫描的范围,也就是纸张的大小,一般有 A4、A4+、A3 等。

(5) 可选配件。

通常是指送纸器(ADF)和透扫适配器(TMA),并非所有的扫描仪都支持外加配件,有些扫描仪把 TMA 做进去了。

9.2.2 多媒体计算机软件系统

多媒体计算机软件系统也分为系统软件和应用软件两部分,如图 9-10 所示,简述如下。

1. 系统软件

系统软件有多媒体驱动软件和接口程序、多媒体操作系统、多媒体数据处理软件、多媒体创作工具(Director、Authorware 等)。

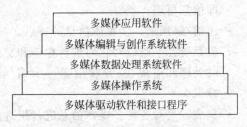

图 9-10 多媒体计算机软件系统

1) 多媒体驱动软件和接口程序

这是最底层硬件的支撑环境,直接与计算机硬件打交道,完成设备初始化、设备打开和关闭等操作。通常驱动软件有视频子系统、音频子系统及视频/音频获取子系统。该层主要为高层软件建立虚拟设备。

2) 多媒体操作系统

多媒体操作系统也是管理计算机硬、软件的程序,与普通操作系统不同的是多媒体操作系统要实现多媒体环境下多任务调度,保证音频、视频同步控制及信息处理的实时性,提供多媒体信息的各种基本操作和管理等。

3) 多媒体数据处理软件

该类软件就是多媒体素材制作工具及多媒体库函数,是为多媒体应用程序进行数据处理准备的软件,主要是多媒体数据的采集软件,作为开发环境的工具库,供开发者调用。多媒体数据处理软件是专业人员在多媒体操作系统之上开发的。在多媒体应用软件制作过程中,对多媒体信息进行编辑和处理是十分重要的,多媒体素材制作得好坏,直接影响到整个多媒体应用系统的质量。这类软件种类繁多,在本章最后一节介绍。

4) 多媒体创作工具

用于生成多媒体应用软件,提供将多媒体对象集成到多媒体产品中的功能,并支持各种媒体对象之间的超链接以及多媒体对象呈现时的过渡效果。多媒体创作软件是帮助开发者制作多媒体应用软件的工具,如 Authorware、Director 等。能够对文本、声音、图像、视频等多种媒体信息进行控制和管理,并按要求连接成完整的多媒体应用软件。

2. 应用软件

多媒体应用软件是在多媒体创作平台上设计开发的面向应用的软件系统。多媒体应用软件的开发不仅要应用计算机技术将多媒体信息有机地融合,还要精心地创意和组织。它是由各种应用领域的专家或开发人员利用多媒体开发工具软件或计算机语言,组织编排大量的多媒体数据而成为最终多媒体产品,是直接面向用户的。多媒体应用系统所涉及的应用领域主要有文化教育教学软件、信息系统、电子出版、音像影视特技、动画等。

9.3 多媒体信息处理技术基础

从计算机信息处理角度看,对多媒体信息的处理一般有采样转换、压缩/解压缩、集成、管理和控制以及传输等方面的任务。

- 转换。分为信息采集和信息回放两个阶段。采集是指将媒体信息转换成计算机能识别的数字信号,而回放是把计算机中的数字信号还原成人们能接受的媒体信息,即信息再现。
- 压缩/解压缩。多媒体信息的特点之一是数据量很大,如果不采取压缩的措施,计算机系统几乎难以对它们进行存储和交换处理,可以说,数据不压缩,计算机就不能实时处理和播放视、音频信息。压缩/解压缩技术是多媒体信息处理技术中的关键技术。
- 集成。是对各种多媒体信息进行组合。
- 管理和控制。是对各种多媒体素材进行编辑、剪裁和重组等操作。
- 传输。是将处理后的多媒体信息以各种方式传递给其他用户。

9.3.1 音频信息

1. 基本概念

声音是由空气中分子振动产生的波,这种波传到人的耳朵,引起耳膜震动,这就是人们听到的声音。声波在时间上和幅度上都是连续变化的模拟信号,可用模拟波形表示,单一频率的声波可用一条正弦波表示,如图 9-11 所示。声波的振幅表示声音信号的强弱程度。声波的频率反映出声音的音调,声音尖细表示频率高,声音粗低表示频率低。也就是说,声音的强弱体现在声波压力的大小上,音调的高低体现在声音的频率上。振幅和频率不变的声音信号,称为单音。单音一般只能由专用电子设备产生,在日常生活中,人们听到的自然界的声音一般都属于复音,其声音信号由不同的振幅与频率合成而得到。复

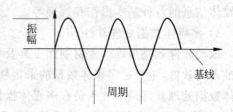

图 9-11 单一频率的模拟声波

音中的最低频率称为复音的基频(基音),是决定声调的基本要素,它通常是个常数。复音中还存在一些其他频率,是复音中的次要成分,通常称为谐音。基频和谐音合成复音,决定了特定的声音音质和音色。

2. 模拟信号的数字化过程

将模拟信号转换为数字信号,称为模拟信号的数字化过程。音频信息数字化,就是将声音模拟信号(语音、音乐等)转化成数字信号,这一过程包括采样、量化和编码。

1) 采样(sampling)
- 采样:每隔一定时间间隔在模拟波形上取一个幅度值,把时间上的连续信号变成时间上的离散信号,称为采样,如图 9-12 所示。
- 采样频率:采样的时间间隔为采样周期,其倒数为采样频率。采样频率是每秒钟的采样次数,采样频率越高,数字化的音频质量也越高,但数据量大。根据奈奎斯特(Harry Nyquist)采样定律,采样频率高于输入的声音信号中最高频率的两倍就可从采样中恢复原始波形,因此在实际采样中通常采用三种采样频率:11.025kHz(语音效果)、22.05kHz(音乐效果)、44.1kHz(高保真效果)。常见的 CD 唱盘的采样频率即为 44.1kHz。

2) 量化

将每个采样点得到的幅度值以数字存储称量化,如图 9-13 所示。量化位数(采样精度)是存放采样点振幅值的二进制数,它反映度量声音波形幅度的精度,它决定了模拟信号数字化后的动态范围。通常量化位数有 8 位、16 位,分别表示 2^8、2^{16} 个等级。在相同的采样频率下,量化位数越多,则采样精度越高,声音的质量也越好,当然信息的存储量也越大。

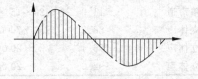

图 9-12 声音的采样

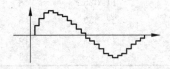

图 9-13 采样信号的量化

声音数字化需要回答两个问题:其一,每秒钟需要采集多少个声音样本,也就是采样频率(fs)是多少;其二,每个声音样本的位数(Bit Per Sample,BPS)应该是多少,也就是量化精度(采样精度)。

3) 编码

将采样和量化后的数字数据以一定格式记录下来就是编码。数字波形文件数据量大,数字音频的编码必须采用高效的数据压缩编码技术。音频信号能够被压缩编码的依据有两个,一是声音信号存在着数据冗余,二是利用人的听觉特性来降低编码率,人的听觉具有一个强音能抑制一个同时存在的弱音现象,这样就可以抑制与信号同时存在的量化噪声,另外人耳对低频端比较敏感,而对高频端不太敏感,由此引出了"子带编码技术"。音频信号的压缩编码方式可分为波形编码、参数编码和混合编码三种。常用的波形编码方式是脉冲编码调制(Pulse Code Modulation,PCM),其主要优点是抗干扰能力强,失真小,传输稳定。

采样和量化过程所用的主要硬件是 A/D 转换器(模拟信号转换为数字信号),采样和量化后的声音信号再经编码后成为数字音频信号,就可以以数字声波文件形式保存在计算机的存储介质中了。若要输出数字声音(回放),再由 D/A 转换器将数字音频信号转换为原始的模拟信号。

3. 数字音频的技术指标和文件格式

1) 数字音频的技术指标

数字化音频质量的指标有三项,前两项是前面介绍的采样频率、量化位数,第三项是声道数。声道数是声音通道的个数,单声道只记录和产生一个波形,立体声为双声道,即产生两个波形,其存储空间是单声道的两倍。音频文件的存储量(假定未经压缩)为:

$$存储量 = 采样频率 \times 量化位数/8 \times 声道数 \times 时间$$

例如,用 44.1kHz 的采样频率进行采样,量化位数选用 16 位,则录制 1 秒的立体声节目,其波形文件所需的存储量为:44 100×16/8×2×1=176 400(字节),因此,声音质量高,音频文件较大,反之,音频文件较小。

2) 声音质量与数据率

根据声音的频带,通常把声音的质量分成 5 个等级,由低到高分别是电话(Telephone)、调幅(Amplitude Modulation,AM)广播、调频(Frequency Modulation,FM)广播、激光唱盘(CD-Audio)和数字录音带(Digital Audio Tape,DAT)的声音。在这 5 个等级中,使用的采样频率、样本精度、通道数和数据率列于表 9-1 所示。

表 9-1 声音质量和数据率

质量	采样频率(kHz)	样本精度(bit/s)	单声道/立体声	数据率(kB/s)(未压缩)	频率范围
电话	8	8	单声道	8	200~3400Hz
AM	11.025	8	单声道	11.0	20~15 000Hz
FM	22.050	16	立体声	88.2	50~7000Hz
CD	44.1	16	立体声	176.4	20~20 000Hz
DAT	48	16	立体声	192.0	20~20 000Hz

3) 数字音频的文件格式

存储音频信息的文件格式主要有 3 种:

- WAVE(.wav)格式文件:记录了真实声音的二进制采样数据,通常文件较大。多用于存储简短的声音片段;也叫波形声音文件,是最早的数字音频格式,被 Windows 平台及其应用程序广泛支持。WAV 格式支持许多压缩算法,支持多种音频位数、采样频率和声道,采用 44.1kHz 的采样频率,16 位量化位数,跟 CD 一样,对存储空间需求太大不便于交流和传播。
- MIDI(.mid)格式文件:MIDI 是乐器数字接口(Musical Instrument Digital Interface)的英文缩写,是数字音乐的国际标准,记录的是音符、音长、音量和击键力度等信息,在 MIDI 文件中存储的是一些指令。把这些指令发送给声卡,由声卡按照指令将声音合成出来。占用的存储空间比 WAVE 文件小很多。
- MPEG(.mp1/.mp2/.mp3)格式文件:是采用 MPEG 音频压缩标准进行压缩的音频文件。根据压缩质量和编码复杂程度分为 mp1、mp2、mp3。mp3 文件压缩比较高,音质接近 CD,是目前使用最多的音频格式文件。

9.3.2 图像信息

1. 基本概念

1) 图形和图像

(1) 图形(graphics)。

图形由一个或多个矩形、圆、直线、曲线等组成,是用计算机绘图软件生成的矢量图形,矢量图形文件存储的是描述生成图形的指令,因此不必对图形中的每一点进行数字化处理。矢量图的最大优点是对图形中的各个图元进行缩放、移动、旋转不会失真,它占用的存储空间较小。

(2) 图像(image)。

图像是通过扫描仪、数字照相机等设备捕捉的真实场景画面,现实中的图像是一种模拟信号,图像数字化是指将一幅真实的图像转变成为计算机能够接受的数字形式,数字化后,以位映像图形式存储,经常简称为位图格式。位图文件中存储的是构成图像的每个像素点的亮度、颜色,位图文件的大小与分辨率和色彩的颜色种类有关,放大和缩小都会失真,占用的空间较大,如图9-14所示。

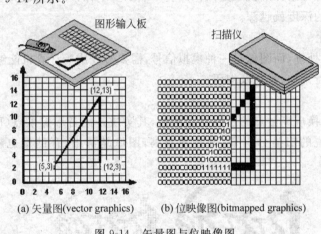

(a) 矢量图(vector graphics)　　(b) 位映像图(bitmapped graphics)

图 9-14　矢量图与位映像图

2) 分辨率

经常遇到的分辨率有两种:显示分辨率和图像分辨率(扫描分辨率)。

(1) 显示分辨率。

显示分辨率是指显示屏上能够显示出的像素数目。例如,显示分辨率为640×480表示显示屏分成480行,每行显示640个像素,整个显示屏就含有307 200个显像点。屏幕能够显示的像素越多,说明显示设备的分辨率越高,显示的图像质量也就越好,计算机用的 CRT 和家用电视机用的 CRT 之间的主要差别是显像管玻璃面上的孔眼和所涂的荧光物不同。孔眼之间的距离称为点距(Dot Pitch)。因此常用点距来衡量一个显示屏的分辨率。电视机用的 CRT 的平均分辨率为0.76mm,而标准 SVGA 显示器的分辨率为0.28mm。孔眼越小,分辨率就越高,这就需要更小更精细的荧光点。这也就是同样尺寸的计算机显示器比电视机的价格贵得多的原因。显示器的价格主要集中体现在分辨率上,因此在购买显示器时应在性价比上综合考虑。

(2) 图像分辨率。

图像分辨率是指组成一幅图像的像素密度的度量方法。用每英寸多少点(Dots Per Inch,DPI)表示,对同样大小的一幅图,组成该图的图像像素数目越多,则说明图像的分辨率越高,看起来就越逼真;相反,图像显得越粗糙。图像分辨率与前面介绍的扫描分辨率相同。

图像分辨率与显示分辨率是两个不同的概念。图像分辨率是确定组成一幅图像的像素数目,而显示分辨率是确定显示图像的区域大小。如果显示屏的分辨率为 640×480,那么一幅 320×240 的图像只占显示屏的 1/4;相反,2400×3000 的图像在这个显示屏上就不能显示一个完整的画面。

3) 像素深度

像素深度是指存储每个像素所用的位数,它也是用来度量图像的分辨率。像素深度决定彩色图像的每个像素可能有的颜色数,或者确定灰度图像的每个像素可能有的灰度级数。例如,一幅彩色图像的每个像素用 R,G,B 三个分量表示,若每个分量用 8 位,那么一个像素共用 24 位表示,就说像素的深度为 24,每个像素可以是 $2^{24}=16\,777\,216$ 种颜色中的一种。在这个意义上,往往把像素深度说成是图像深度。表示一个像素的位数越多,它能表达的颜色数目就越多,而它的深度就越深。

2. 图像的数字化

图形不必数字化处理,而图像是一种模拟信号,需要转变成为计算机能够接受的数字形式,此过程也需要进行采样、量化及编码。

1) 采样

将连续的图像转换成离散点的过程就是采样,其实质是用若干像素点(Pixel)来描述图像,结果就是前面所说的扫描分辨率,分辨率越高,图像越清晰,存储量也越大,如图 9-15 所示。

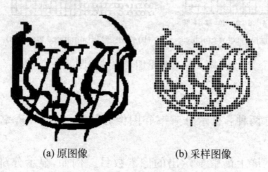

(a) 原图像　　　　(b) 采样图像

图 9-15　图像采样和分辨率示意图

2) 量化

图像离散化后,将表示图像色彩浓淡的连续变化值离散化为整数值的过程称为量化。多媒体计算机中,图像的色彩值称为图像的颜色深度,有多种表示色彩的方式,如黑白图、灰度图、RGB24 位真彩色。

- 黑白图:图像的颜色深度为 1 位,即用一个二进制位表示纯白、纯黑两种颜色,如图 9-16 所示。

- 灰度图：图像的颜色深度为 8 位，按照灰度等级的数目来划分，灰度级别为 256 级。通过调整黑白两色的程度（称颜色灰度）来有效地显示单色图，如图 9-17 所示。
- RGB 24 位真彩色：由红、绿、蓝三种基本颜色通过不同的强度混合而成，当三种颜色的强度都分成 256 级（0～255）时，就需要 $3\times8=24$ 位，就构成 2^{24} 种颜色的"真彩色"图像。

图 9-16　标准单色图

图 9-17　标准灰度图

3) 编码

图像数字化后的存储量很大，必须采用高效的压缩编码技术进行处理。

3. 图形图像文件格式

常用图像图形文件格式如下：

- BMP 和 DIB 格式文件。它们是与设备无关的位图格式文件，Windows 环境中经常使用，占用空间较大。其结构简单，未经过压缩，一般图像文件会比较大。它最大的好处就是能被大多数软件"接受"，可称为通用格式。
- GIF 格式文件。图形交换格式（Graphics Interchange Format，GIF）是 Internet 上的重要文件格式之一，最大不超过 64KB，256 色以内，压缩比较高，与设备无关。分为静态 GIF 和动画 GIF 两种，支持透明背景图像，适用于多种操作系统，网上很多小动画都是 GIF 格式。其实 GIF 是将多幅图像保存为一个图像文件，从而形成动画，所以归根结底 GIF 仍然是图片文件格式，是一种基于 LZW 算法的连续色调的无损压缩格式。
- JPEG 格式文件（.JPG）。联合照片专家组（Jiont Photographic Experts Group，JPEG）利用 JPEG 方法压缩图像格式，是 Internet 上重要文件格式之一，适用于处理 256 色以上、大幅面图像。它是应用最广泛的图片格式之一，采用一种特殊的有损压缩算法，将不易被人眼察觉的图像颜色删除，从而达到较大的压缩比（可达到 2∶1 甚至 40∶1）。
- WMF 格式文件。位图与矢量图的混合体，Windows 中许多剪贴画图像是以该格式存储的。广泛应用于桌面出版印刷领域。

9.3.3 视频信息

1. 基本概念

视频是由一系列静态图像按一定顺序排列组成的,每一幅静态图像称为帧(Frame)。通过快速播放每帧画面,再加上人眼视觉效应,便产生了电影、电视那样的连续运动的效果。由于视频还配有同步的声音,所以视频信息的存储容量很大。

目前国际上流行的视频制式标准分别为 NTSC 制式、PAL 制式和 SECAM 制式。美国、日本、中国台湾等地区使用 NTSC 制式。中国及欧洲大多数地区使用 PAL 制式,PAL 制式规定:每秒 25 帧,每帧水平扫描线为 625 条,水平分辨率为 240～400 个像素点,采用隔行扫描方式,场频(垂直扫描频率)为 50Hz,行频(水平扫描频率)为 15 625Hz。法国、俄罗斯、非洲地区采用 SECAM 制式。

视频有两类:模拟和数字视频。早期的电视等视频信号都是模拟方式,现在的 VCD、SVCD、DVD 等都是数字视频。

2. 视频信息的数字化

用计算机处理模拟视频信号,必须先数字化。数字视频具有适合网络使用、可以不失真地无限次复制、便于计算机创造性地编辑修改等优点。

与音频数字化相似,视频数字化就是在一定时间内以一定的速度对单帧视频信号进行采样、量化、编码等过程,实现模数转换、彩色空间变换和编码压缩等,这些都通过视频捕捉卡和相应的软件来实现。

3. 视频文件

视频文件分为影像文件(如 VCD)和流式视频文件两类,后者是随着 Internet 的发展而出现的,在线实况转播就是构架在流式视频技术之上的。

1) 影像视频文件

VCD、CD 光盘中的动画都是影像文件,影像文件中不仅有大量图像信息,还有大量音频信息,影像文件主要有以下几种格式。

- AVI(.avi)格式文件。音频视频交错(Audio-Video Interleaved,AVI)格式文件,较好地解决了音频与视频同步的问题,是 Windows 视频标准格式文件,该类文件数据量大,要压缩。
- MOV(.mov)格式文件。该类文件原是 QuickTime for Windows 的专用文件格式,现已移植到 Windows 平台,利用它可以合成视频、音频、动画、静止图像等多种素材,该类文件数据量大,要压缩,也使用有损压缩方法。
- MPG(.mpg)文件。MPG 文件是使用 MPEG 方法进行压缩的全运动视频图像,是全屏视频的标准文件,很多视频处理软件都支持这种格式。
- DAT(.dat)格式文件。是 VCD 专用的格式文件,文件格式基本与 MPG 相同。

2) 流媒体文件

只有文本、图形可以按照原格式在网络上传输,动画、音频、视频等类型的媒体一般采用流式技术进行处理。Internet 上使用较多的流媒体格式主要有 RealMedia、QuickTime、Windows Media 等。

9.3.4 数据压缩技术

多媒体信息有一个比较显著的特点就是数据量很大,如果不采取压缩的措施,现有的计算机系统几乎难以对它们进行存储和交换处理。

另一方面,多媒体信息在时间、空间上的"重复",使压缩有很大的空间。如静态图像的相邻像素之间有相关性,动态图像相邻帧之间一般只有少量变化,有更大的相关性,因此,多媒体信息数据冗余度大,可压缩量大。

1. 压缩技术指标

数据压缩是通过编码技术来降低数据存储所需的空间,当需要时,再进行解压缩。压缩技术有4个重要指标:

- 压缩比。压缩过程中输入数据量与输出数据量之比,即前后所需的信息存储之比要大。恢复时,应尽可能地恢复到原始数据。
- 恢复效果。即尽可能恢复到原始数据的效果。
- 速度。即压缩和解压缩的速度,解压缩的速度更重要,因为压缩只是一次,而解压缩则是实时的。
- 开销。实现压缩的软件和硬件的开销要小。

2. 无损压缩和有损压缩

- 无损压缩方法原理是统计被压缩数据中重复数据的出现次数来进行编码,能确保解压后的数据不失真。压缩比较小,一般为 2∶1~5∶1,被广泛应用于文本、程序、指纹图像、医学图像等需要完整保存数据的领域,不适合实时处理图像、视频和音频数据。典型的无损压缩软件有 WinZip、WinRAR 等。常用的无损压缩有 RLE(Run Length Encoding)行程编码、Huffman 编码、算术编码、LZW(Lempel Ziv Welch)编码。
- 有损压缩方法是以牺牲某些信息(这部分信息基本不影响对原始数据的理解)为代价,换取几十到几百倍的较高的压缩比,一般用于处理图像、视频和音频数据的压缩。图像或声音的频带宽、信息丰富,人类视觉和听觉器官对频带中某些频率成分不大敏感,有损压缩以牺牲这部分信息为代价,换取了较高的压缩比。常用的有损压缩方法有 PCM(脉冲编码调制)、预测编码、变换编码、插值与外推等。新一代的数据压缩方法有矢量量化和子带编码、基于模型的压缩、分形压缩及小波变换等。

3. 数据压缩的国际标准

为了便于多媒体信息的交流、共享,20 世纪 80 年代,国际标准化组织(International Standards Organization,ISO)和国际电信联盟(ITU)联合成立了两个专家组,联合图像专家组(Joint Photographic Experts Group,JPEG)和运动图像专家组(Moving Pictures Experts Group,MPEG)分别制定了静态和动态图像的压缩标准,使图像编码压缩技术得到飞速发展。

1) JPEG 标准

主要适用于连续色调、多灰度级、彩色或单色静态图像信号的压缩和编码,主要应用于摄影图像的存储和显示。JPEG 标准结合采用了预测、不定长等多种压缩编码方法,压缩比可以达到 10∶1~100∶1,而且压缩比可以在一定范围内由用户进行选择,JPEG 标准的设计思想是通过损失精度来换取压缩效果,是有损压缩算法中的经典。

2) MPEG 标准

MPEG 标准适用于运动图像和音频信息,包括 MPEG 视频、MPEG 音频、MPEG 系统(视频和音频的同步)。MPEG 已制定了 MPEG-1、MPEG-2、MPEG-4 和 MPEG-7 四种。

MPEG-1 标准制定于 1992 年,是针对 1.5Mb/s 以下数据传输率的数字存储媒体运动图像及其伴音编码设计的国际标准,主要用于在 CD-ROM(包括 Video-CD、CD-I)等存储彩色的同步运动视频图像,同时,它还被用于数字电话网络上的视频传输,如非对称数字用户线路(ADSL)、视频点播(VOD)、教育网络等。平均压缩比为 50∶1。如可以将一部 120 分钟长的电影压缩到 1.2GB 左右。可以说 MPEG-1 的出现使 VCD 取代了录像带。

MPEG-2 标准制定于 1994 年,是针对 3~10Mb/s 的数据传输率制定的运动图像及其伴音编码的国际标准。针对高清晰度电视所需要的视频和伴音信号,它提供的是人们通常所说的 DVD 品质,压缩比高达 200∶1,MPEG-2 的出现使数字电视逐步取代了模拟电视。

MPEG-4 于 1998 年 11 月公布,可用于在电话线上传输位速率很低(小于 64kb/s)的低带图像,更加注重的是多媒体系统的交互性和灵活性,适合于交互式音频服务以及远程监控,以及基于内容的多媒体检索。MPEG-4 使多媒体系统的交互性和灵活性大为增强。

MPEG-7 于 2001 年 9 月公布,是一种对多媒体信息内容描述的标准,它的出现使人们能进入一个互动多媒体的网络时代。

3) 视频通信编码标准

多媒体通信中的电视图像编码标准都采用 H.261 和 H.263。H.261 主要用来支持电视会议和可视电话。电视图像数据压缩后的数据速率为 P×64kb/s,其中 P 是一个可变参数,取值范围是 1~30。H.263 是在 H.261 的基础上开发的电视图像编码标准,用于低位速率通信的电视图像编码。

9.4 多媒体信息处理工具

9.4.1 多媒体信息处理工具的分类

多媒体信息处理工具数量众多,让人眼花缭乱,本节将这些软件分类,并按类介绍各自的特点,使读者能根据自己的需要,有目的、有选择地深入学习。

1. 根据来源进行分类

多媒体信息处理工具的来源主要有两个,一是与系统软件或外设硬件捆绑销售的各种软件,二是单独购买的软件。捆绑销售的软件性能不是很好,但使用方便,价格低廉,如与 Windows 捆绑的画图、CD 播放器,与扫描仪捆绑的图像处理软件 Photoshop。专门购买的软件较贵,从几十元到上千元都有,读者应利用购买计算机或外设的机会获得相应的软件。

2. 根据使用人员分类

使用者可分为家用(商用)和专业两类,家用和一般商业用户的特点是不希望花很多时间学习软件的使用就可以完成任务,因此这类软件操作界面简单易学,典型的产品有 Adobe Photo Deluxe。专业软件是为从事某一行业的专业人员设计的,因此这类软件功能强大,操作复杂,主要强调对最终效果的精确控制,Photoshop、Dreamweaver 都属于专业软件。

3. 按处理对象艺术特征分类

按处理对象艺术特征可将多媒体信息处理工具分为 8 类，即图像处理类、自然媒体绘画类、矢量插图类、二维动画类、音频类、视频播放及处理类、著作工具类、三维类。本节简单介绍这 8 类软件。

9.4.2 常用多媒体信息处理软件

1. 图像处理类

该类软件的主要特点是以照片或其他光栅图像为基础进行拼贴、组合、调整、色彩、质感等编辑，主要作用是调整图像，对已有的图像进行再次创作。这是计算机艺术领域软件中最多的一类，常见的产品如数码相片处理软件 Adobe Photo Deluxe，可从数码相机、扫描仪、软盘、CD-ROM 或网络中获取照片，可以完成除红眼、去刮痕和皱纹、移背景等，甚至可将照片转成彩色铅笔或碳笔的素描，商业版软件还有成千上万的模板可供选择，如日历、贺卡、照相簿、信封、报告封面等。支持 PDP、TIFF、JPEG、GIF、BMP、WMF、EPS、PSD、PCD 等多种文件格式。Corel PhotoHouse 软件是一个操作逻辑清晰、界面设计简单明了、逻辑性强、简便易用、便于用户向专业软件过渡的优秀图像处理教育软件。Microsoft PhotoDraw 是微软公司设计的图像编辑处理软件，是 Office 办公软件中的一员，定位于办公图像处理软件，操作较简便。

2. 自然媒体绘画类

这类软件作品带有很强的个人手法特点，主要利用专门的压感笔创作，通常还带有特殊笔触效果的处理工具，可以创作出具有著名画家特点的作品，为充分发挥该类软件的特性，应该选用电子绘画板这种输入工具。典型的软件如 MetaCreation Dabbler，中文的意译是"戏水者"，是一个操作简便、表现出色的计算机绘画教学软件。该软件以"抽屉"作为界面，把各种绘画工具分别装入不同抽屉，用户像在现实中作画一样，可以方便地取毛笔、蜡笔、喷笔、粉笔等工具。该软件还有一定的图像编辑和动画制作功能。Corel Painter 是一个典型的强调自然媒体绘画特点的专业图像编辑软件。很少有其他软件能像该软件那样，提供那么多的选择、那么多的灵活性，用自然介质绘画工具和照明效果进行创作。

3. 矢量插图类

基于矢量图形技术的绘图软件主要有两类，一类是工程制图软件，如 Auto CAD 等，另一类是图形艺术创作软件，如 Corel PrintHouse，这是一个优秀矢量图形处理教育软件，逻辑清晰，简便易用，有利于用户向专业软件过渡；Corel DRAW 不仅是一个矢量图形创作软件，也可以说是一个排版软件，当需要图形较多、排版比较复杂，而文字相对较少时，应该选择它。

4. 二维动画类

制作平面动画的软件，应用于网页设计、多媒体创作领域，目前最流行的当数 Flash，这是 Macromedia 公司出品的矢量动画创作专业软件，具有很强的动画编辑功能，其主要特点是采用矢量动画，使文件质量高，容量小；采用"流"技术播放，可以边下载边演示；交互按钮可以方便地控制页面跳转；支持同步音效，表现力高于 GIF 和 Java 动画；具有很强的兼容性；易学易用，与 Photoshop 等图形软件相似，其他还有 GIF Animator、Animator Pro 等。

5. 音频类

音频类工具一般都有音频制作和 MIDI 技术的作曲两种功能。如豪杰超级音乐工作室，这是国产音频工具软件，包括录音机、超级音乐播放器、界面编辑器、数字 CD 抓轨、音乐格式转换和音乐相册编辑等。音乐大师软件是易于使用的 MIDI 音乐编辑制作软件，是辅助学习 MIDI 音乐知识的优秀软件。支持 16 声部和标准的 MIDI 格式。可以独立调整各声部使用的乐器和音量，可用它制作出很好的伴奏音乐。

6. 视频播放及处理类

视频播放类软件大多能播放多种格式的媒体文件，视频编辑类软件的功能是对视频节目进行编辑、组合并进行后配音，即在计算机上实现节目的编辑。如豪杰超级解霸是豪杰公司推出的视频、音频解压软件，具有"防读死"技术，改进了由于光驱无法读取造成的死机情况；具有图像捕捉和录音功能，可截取精彩片段独自制作 VCD；可压缩制作 MP3 音乐光盘；完全自动播放 VCD、CD、MP3 光盘。Ulead VideoStudio 软件中文名称是"会声会影"，是一个市场上常见的数字影片剪辑制作软件，可以把 V8 或 Hi8 摄像机、电视、录像机播放的视频信号通过模拟视频采集卡转换成数字视频信号。特别值得一提的是，最近，国内最大的播放软件厂商暴风公司正式发布暴风影音 2.0，首创的"MEE 媒体专家引擎"，打破了长期以来 MPC、Real 和 Media Player 等国外播放技术垄断中国市场的局面。

7. 著作工具类

多媒体著作工具是多媒体电子出版物开发制作过程中不可缺少的软件，可用它将多媒体素材集成为一个完整的、具有交互功能的应用程序。如 Authorware 提供了 13 种用以表达不同多媒体对象的编辑图标，以及多种人们日常生活、工作中经常采用的交互方式，向开发者提供了"搭积木"式的创作方法。这是一个将多媒体素材整合制作的工具，对于图形、图像、声音、动画的处理能力较弱。Director 软件采用基于角色（Cast）和帧（Frame）动画制作方式，借鉴了影视制作的形式，按照对象出场的时间设计和规划整个作品的表现方式，是一种以时间为基础的多媒体著作工具。

这类软件中还有网页制作的工具如 Dreamweaver、FrontPage、PageMill 等，以及用于多媒体教学、演示的软件如 Microsoft PowerPoint 等。

8. 三维类

三维是指在计算机中建立出一系列物体的三维空间数学模型，用这些模型就可以在计算机中任意旋转该物体，能够观察它的不同的"面"，让它动起来。Maya 是 Autodesk 公司推出的软件，被广泛用于游戏开发以及电影和电视视觉效果制作。有关 Maya 8.5 中功能的完整列表，请访问 www.autodesk.com.cn/maya。Vue 6 Infinit 是 E-on Software 公司推出的，主要用来创建自然的 3D 环境。Vue 为生成 3D 环境和制作动画提供了高端的解决方案。

9.5 问 与 答

（1）多媒体计算机专用芯片的主要作用是什么？有哪两类芯片？

答：为了实现音频、视频信号的快速压缩、解压缩和播放处理，需要大量的快速计算，只有采用专用芯片，才能取得满意的效果。多媒体计算机专用芯片可归纳为两种类型：一种是固定功能的芯片；另一种是可编程的数字信号处理器(DSP)芯片。

(2) 什么是多媒体通信技术？

答：多媒体通信技术包含语音压缩、图像压缩及多媒体的混合传输技术。宽带综合业务数字网(B-ISDN)是解决多媒体数据的传输问题的一个比较完整的方法，其中ATM(异步传送模式)是近年来在研究和开发上的一个重要成果。

(3) 视频卡的主要功能是什么？常用的视频卡有哪些？

答：视频卡对模拟视频信号进行采样、量化、压缩后，使其成为数字视频信号，常见的视频卡有电视接收卡(TV调谐卡)、视频转换卡(捕捉卡)、视频编码卡(TV编码卡)和MPEG解压卡，还有将不同类的视频卡组合在一起构成的多功能视频卡。

习 题 9

1. 选择题

(1) JPEG 是用于_____的编码标准。
A. 音频数据　　　B. 静态图像　　　C. 视频图像　　　D. 音频和视频数据

(2) MPEG-1 是用于_____的编码标准。
A. 音频数据　　　B. 静态图像　　　C. 视频图像　　　D. 音频和视频数据

(3) 下面对声卡功能的说法中，不正确的是_____。
A. 声卡能够完成声音的 A/D 采集
B. 声卡能够完成数字音频信号的 D/A 转换和回放
C. 有些声卡能完成视频信号的采集和回放
D. 有些声卡具有 MIDI 接口，可外接 MIDI 设备

(4) 下面对视频采集卡功能的说法中，不正确的是_____。
A. 视频采集卡能够完成视频信号的 A/D 采集
B. 视频采集卡能够完成数字视频信号的 D/A 转换和回放
C. 视频采集卡能完成音频信号的采集和回放
D. 有些视频采集卡具有 MPEG 压缩和解压缩芯片

(5) 所谓媒体是指_____。
A. 计算机的外部设备　　　　　　B. 存储信息的实体和传输信息的载体
C. 各种信息的编码　　　　　　　D. 应用软件

(6) 多媒体技术是_____。
A. 一种图像和图形处理技术　　　B. 文本和图形处理技术
C. 超文本处理技术　　　　　　　D. 对多种媒体进行处理的技术

(7) 在多媒体计算机中，CD-ROM 是指_____。
A. 硬盘　　　B. 软盘　　　C. 只读光盘　　　D. 只写一次光盘

(8) 下列不是图像输入设备的是_____。
A. 彩色摄像机　　　B. 游戏操作杆　　　C. 彩色扫描仪　　　D. 数码照相机

(9) 在获取与处理音频信号的过程中，正确的处理顺序是_____。
A. 采样、量化、编码、存储、解码、D/A 变换

B. 量化、采样、编码、存储、解码、A/D 变换
C. 编码、采样、量化、存储、解码、A/D 变换
D. 采样、编码、存储、解码、量化、D/A 变换

(10) 在多媒体系统层次结构中,第一层表示多媒体的_____。
A. 外围设备　　　B. 系统软件　　　C. 播放系统　　　D. 编辑系统

(11) 下列关于有损压缩的叙述中,不正确的是_____。
A. 有损压缩是一种可逆压缩　　　B. 有损压缩的压缩比高
C. 有损压缩的数据还原后有一定的损失　D. 视频压缩技术标准 MPEG 是有损压缩

(12) 目前广泛使用的触摸屏技术属于计算机技术中的_____。
A. 工程技术　　　B. 输出技术　　　C. 传输技术　　　D. 多媒体技术

(13) 下列关于数码相机的叙述中,不正确的是_____。
A. 数码相机的像素越高,图像越清晰
B. 数码相机分辨率越高,图像文件占用的存储空间越大
C. 数码相机不支持即插即用
D. 数码相机的连拍速度越快,单位时间内所拍摄的画面数越多

(14) 扩展名默认为 wav 的文件属于_____文件。
A. 声音　　　B. 压缩　　　C. 图像　　　D. 文本

(15) 下列参数中,_____是音频信息数字化的参数。
A. 主频　　　B. 采样频率　　　C. 压缩比　　　D. 分辨率

(16) 依据_____,声卡可以分为 8 位、16 位、32 位等。
A. 采样频率　　　B. 量化位数　　　C. 量化误差　　　D. 接口总线

(17) 在选择多媒体数据压缩算法时需要综合考虑_____。
A. 数据质量和存储要求　　　B. 数据的用途和计算要求
C. 数据质量、数据量和计算的复杂度　D. 数据质量和计算要求

(18) 计算机在存储波形声音之前,必须进行_____。
A. 压缩处理　　　B. 解压缩处理　　　C. 模拟化处理　　　D. 数字化处理

(19) 图像数据压缩的主要目的是_____。
A. 提高图像的清晰度　　　B. 提高图像的对比度
C. 提高图像的亮度　　　D. 减少存储空间

(20) 下列文件格式中,_____是无损压缩。
A. GIF　　　B. MPEG　　　C. JPEG　　　D. BMP

2. 填空题

(1) 多媒体技术的三个重要特性是_____、_____和_____。

(2) 一个完整的多媒体计算机系统由_____和_____两部分组成。

(3) 多媒体系统的硬件结构包括_____、_____、_____、_____和_____ 5 部分。

(4) 多媒体系统的软件结构包括_____、_____、_____、_____和_____ 5 个层次。

(5) 数据压缩主要应用于_____和_____两个方面。

（6）用于静止图像压缩的国际标准为_____标准；用于视频和音频编码的国际标准为_____系列标准。

3. 问答题

（1）WAV 文件与 MIDI 文件有何区别？

（2）无损压缩和有损压缩的主要区别是什么？

（3）显示分辨率和图像分辨率（扫描分辨率）的主要区别是什么？

（4）图形和图像的主要区别是什么？

（5）什么是黑白图？什么是灰度图？

第 10 章　计算机网络及应用

学习目标：本章介绍计算机网络的产生与发展，详细讲解计算机网络的基本知识、局域网及 Internet 的主要应用。本章将介绍以下内容：
- 计算机网络的定义及分类；
- 计算机网络的硬件及软件介绍；
- Internet 的定义与常见服务介绍；
- 典型的 Internet 接入方式；
- Web 的基本知识；
- 电子邮件的基本应用。

10.1　计算机网络概述

计算机网络是人类在 20 世纪的一项伟大的发明。

计算机网络技术是基于计算机技术与通信技术基础上的新兴的科学技术。与有着上千年发展历史的经典学科相比，诞生于 1969 年的计算机网络只能算是科学殿堂里呱呱坠地的新生儿。但就是这样一项新生的技术，从诞生之初就以其强大的亲和力和渗透力影响着现代科学的发展。时至今日，计算机网络技术已经成为世界上最为活跃的技术之一，"网络无所不在"已经成为不争的事实。

追溯网络的缘起，前苏联 1957 年 10 月 4 日成功发射了人类历史上第一颗人造卫星——旅伴 1 号(Sputnik I)，这一事件被认为是计算机网络诞生的强有力的催化剂。为夺回外层空间的霸主地位，同时努力改进军队的通信网络，1958 年 1 月 7 日，美国国防部的研究机构——"国防部高级研究规划署"(ARPA)正式成立。1969 年 12 月，在 ARPA 工程师的努力之下，连接加州大学洛杉矶分校(UCLA)、斯坦福研究院(SRI)、加州大学圣巴巴拉分校(UCSB)和犹他大学(UTAH)4 个节点的阿帕网(ARPANet)正式启用，阿帕网拉开了网络时代的序幕。

【例 10.1】　开门见山组网络。

在系统地学习计算机网络知识之前，先通过一个简单的引例与计算机网络进行一次"零距离"接触。在具备计算机、网卡、网线、集线器等基本联网设备的前提下，如何组建一个如图 10-1 所示的小型局域网络呢？

组网步骤如下：

（1）检查联网所需的计算机及其他设备是否准备到位。计算机是否已经正确安装网卡，联网所

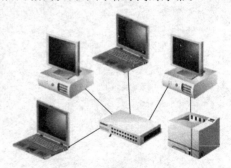

图 10-1　小型网络示意图

需设备如图 10-2 所示。如果计算机没有安装网卡,则按图 10-3 所示,进行网卡的安装(以 PC 为例)。

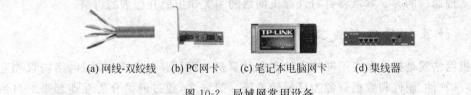

(a) 网线-双绞线　　(b) PC 网卡　　(c) 笔记本电脑网卡　　(d) 集线器

图 10-2　局域网常用设备

(2) 准备好集线器,将网线一端插入集线器,另一端插入计算机的网卡接口,然后接通集线器电源,如图 10-4 所示。

图 10-3　PC 网卡安装　　　　　　　　　图 10-4　集线器连接图

(3) 打开已经连线的计算机,在操作系统中进行网卡的相关配置,使所有联网计算机的 IP 地址在同一网段中,网络配置界面如图 10-5 所示。这样所有联网的计算机就可以相互共享文件和设备了,一个小型的对等局域网便组建完毕。

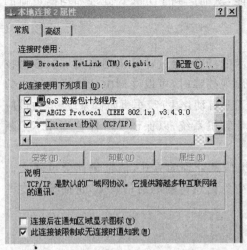
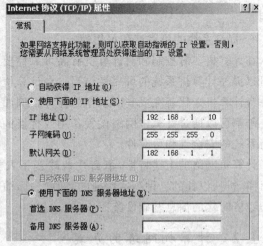

图 10-5　网络配置图

通过以上的引例，可以看出组建一个小型局域网在技术成熟的今天是非常简单的事情。但在简单的例子背后也隐藏着许多深层的网络原理，比如什么是集线器，什么是 IP 地址，网络是如何实现通信的等。本章将针对计算机网络的相关知识展开详细的讲解。

10.1.1 计算机网络的定义

计算机网络就是把分布在不同地点的多台计算机物理地连接起来，按照网络协议相互通信，以共享软件、硬件和数据资源为目标的系统。简言之，通过通信介质互连起来的自治的计算机集合体，叫做计算机网络。

建立计算机网络的目的是：通过数据通信，实现系统的资源共享，增加单机的功能，提高系统的可靠性。因此，计算机网络主要有下述 4 种功能。

1. 资源共享

资源共享是建立计算机网络最初的目的，也是计算机网络最主要的功能。利用计算机网络，既可以共享大型主机设备又可以共享其他硬件设备，例如进行复杂运算的巨型计算机、海量存储器、高速激光打印机、大型绘图仪等，从而避免重复购置，并且能够提高硬件设备的利用率。此外，利用计算机网络还可以共享软件资源，例如大型数据库和大型软件等，这样可以避免软件的重复开发和大型软件的重复购置，最大限度地降低成本，提高效率。

2. 数据通信

数据通信是计算机网络最基本的功能。借助数据通信，计算机之间或计算机与其他联网设备之间可以快速而稳定地相互传递信息。例如电子邮件（E-mail）可以使相隔万里的异地用户快速准确地相互通信；电子数据交换（EDI）可以实现在商业部门或公司之间进行订单、发票、单据等商业文件安全准确地交换；文件传输服务（FTP）可以实现文件的实时传递，为用户复制和查找文件提供了强有力的工具。

3. 分布式处理

利用现有的计算机网络环境，把数据处理的功能分散到不同的计算机上，这样既可以使一台计算机负担不至于太重，又扩大了单机的功能，从而起到了分布式处理和均衡负荷的作用。

4. 提高系统的可靠性和可用性

在计算机实时控制和对计算机有高可靠性要求的场合，通过计算机网络实现的备份技术可以提高计算机系统的可靠性。当一台计算机出现故障时，可以立即由计算机网络中的另一台计算机来代替完成其所承担的任务。例如工业自动化生产、军事防御系统、电力供应系统等都可以通过计算机网络设置备用或替换的计算机系统，以保证实时性管理和不间断运行系统的安全性和可靠性。

计算机网络的上述特性，革命性地改变了人类信息处理的方式，信息化社会也随之而来，计算机从以往的一种高速快捷的计算工具，演变为信息传输的通信媒体，进而成为支撑知识经济时代的信息基础设施。

10.1.2 计算机网络的分类

计算机网络的应用范围很广。由于应用场合、网络标准和技术的不同，所以计算机网络有多种分类的标准。比如某实验室内的网络，从拓扑结构角度出发可以称之为"星型网"，从传输介质角度上衡量也可以称之为"双绞线网络",而从网络覆盖范围角度来定义又可以将其称作"局域网"。表 10-1 列举了当今主流的几种计算机网络分类情况。

表 10-1 网络主要分类情况表

分类依据	分 类 描 述	具 体 分 类
覆盖范围	联网设备覆盖的地域面积	局域网(LAN),城域网(MAN),广域网(WAN)
拓扑结构	网络设备之间的物理布局	星状,总线状,环状,树状,网状
传输媒介	承载数据的线缆和信号技术	双绞线,同轴电缆,光纤,红外线,微波等
带宽	网络传输数据的能力	宽带,基带
通信协议	保证数据有序、无误传输的规则	TCP/IP,SPX/IPX,AppleTalk 等
组织结构	网络中设备之间的层次关系	客户端/服务器(C/S),对等网(P2P)等

下面以覆盖范围和拓扑结构为例,详细介绍网络的典型分类情况。

按照联网的计算机等设备之间的距离和网络覆盖面的不同,计算机网络一般分为局域网(Local Area Network,LAN)、城域网(Metropolitan Area Network,MAN)、广域网(Wide Area Network,WAN)。

局域网覆盖范围一般为几公里之内,由于光纤技术的出现,局域网实际的覆盖范围已经大大增加。城域网覆盖范围一般为几十公里。广域网覆盖范围从几十公里到几千公里甚至更远。

例如,在一所大学的计算中心机房里,放置了几十台彼此联网的计算机,这便是一个典型的局域网环境。在一所学校中,有很多这样的局域网,如计算机系有自己的局域网,管理系、外语系等也有自己的局域网。这些局域网都连在一个作为主干的高速通路上,校园的局域网便得到了扩展。

计算机网络按照拓扑结构的不同,一般可以分为星状、总线状、环状、树状和网状 5 种形式。拓扑(topology)一词来自几何学。网络拓扑结构是指网络的形状,即联网设备在物理布局上的方式。

星状拓扑结构如图 10-6 所示。所有计算机都通过通信线路直接连接到中心设备上,这一中心设备通常是集线器(hub)或交换机(switch)。目前使用最普遍的以太网(ethernet)就是星状结构。其优点是结构简单,遇到网络故障易于排除,网络的建设成本较低,并且网络容易扩展,可以在不影响系统其他设备工作的情况下,非常容易地增加和减少设备。但星状网络对中心设备依赖性强,如果中心设备发生故障,则会导致全网瘫痪。

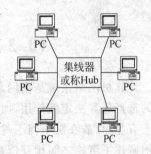

图 10-6 星状拓扑

总线状拓扑结构如图 10-7 所示。所有联网计算机共用一条通信线路,在该结构中,任意时刻只能有一台计算机发送数据,否则将会产生冲突。这种结构具有费用低、用户入网灵活等优点。缺点是网络访问获取机制较复杂。尽管有上述缺点,但由于布线简单,扩充容易,所以仍普遍用于局域网。

环状拓扑结构如图 10-8 所示。与总线状拓扑类似,所有计算机共用一条通信线路,不同的是这条通信线路首尾相连构成一个闭合环。环状结构显而易见消除了终端用户通信时对中心系统的依赖性。环可以是单向的,也可以是双向的。单向的环状网络,数据只能沿一个方向传输。

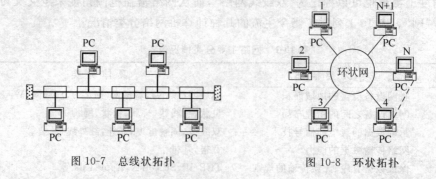

图 10-7 总线状拓扑　　　　　图 10-8 环状拓扑

　　树状拓扑如图 10-9 所示。树状结构网络本质上是星状网络和总线网络的混合,每个 Hub 与端用户的连接仍为星状,Hub 的级联而形成树状。其优点是易于扩展。

　　网状拓扑结构如图 10-10 所示。用这种方式形成的网络也称为全互联网络。该结构网络主要用于广域网,由于节点之间有多条线路相连,所以网络的可靠性较高。但是由于结构比较复杂,该类型网络建设成本较高。

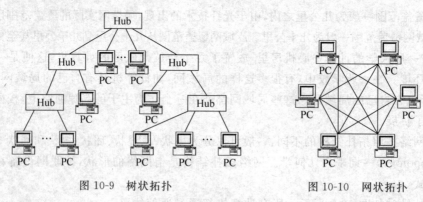

图 10-9 树状拓扑　　　　　图 10-10 网状拓扑

10.2 计算机网络的硬件和软件

　　计算机网络系统是由网络硬件系统和网络软件系统组成的。在网络系统中,硬件对网络的选择起着决定性作用,而软件则是挖掘网络潜力的工具。北宋苏轼有《琴诗》云:"若言琴上有琴声,放在匣中何不鸣? 若言声在指头上,何不于君指上听?"这一充满哲理的禅诗生动地阐述了事物之间相互依存的道理,用来比喻计算机网络系统中硬件与软件的关系恰如其分。

10.2.1 计算机网络的硬件组成

　　计算机网络硬件主要有计算机设备(服务器和工作站)、网络连接设备和网络传输介质。下面依次展开介绍。

1. 服务器

　　服务器(server)通常是一台高性能的计算机,用于网络管理、运行应用程序、处理各网络工作站成员的信息请求等,并连接一些外部设备如打印机、CD-ROM、调制解调器等。根据其作用的不同主要分为文件服务器、应用程序服务器和数据库服务器等。

广义上的服务器是指，向运行在其他计算机上的客户端程序提供某种特定服务的计算机或软件包。一台单独的服务器上可以同时有多个服务器软件包在运行，也就是说，它们可以向网络上的客户提供多种不同的服务。

2．工作站

工作站（Workstation）也称客户机（Client），由服务器进行管理和提供服务的、连入网络的任何计算机都属于工作站，其性能一般低于服务器。个人计算机接入 Internet 后，在获取 Internet 服务的同时，其本身就成为一台 Internet 的工作站。网络工作站需要运行网络操作系统的客户端软件。

客户机/服务器（Client/Server,C/S）系统是计算机网络中最重要的应用技术之一，在 C/S 模式中，服务器是整个应用系统资源的存储与管理中心，多台客户机则各自处理相应的功能，共同实现完整的应用。C/S 模式网络结构如图 10-11 所示。

3．网卡

网卡也称网络适配器、网络接口卡（Network Interface Card,NIC），是典型的局域网设备，用于实现联网计算机和网络电缆之间的物理连接。网卡为计算机之间相互通信提供一条物理通道，并通过这条通道进行高速数据传输。在局域网中，每一台联网计算机都需要安装一块或多块网卡，将计算机接入网络电缆系统。大多数局域网采用以太（Ethernet）网卡，如 3Com 网卡、Intel 网卡等。

网卡实质上就是一块实现微机通信的集成电路卡。它主要有如下功能：(1)读入由其他网络设备（路由器、交换机、集线器或其他网卡）传输过来的数据包，经过拆包，将其转换成客户机或服务器可以识别的数据；(2)将 PC 设备发送的数据，打包后输送到其他网络设备中。

网卡按照支持的网络协议分类，有以太网卡、快速以太网卡、千兆以太网卡、FDDI 网卡、ATM 网卡等。这些网卡可以提供 RJ-45、AUI、BNC 等不同的介质连接器。按总线接口分类，网卡可分为 ISA 总线网卡、PCI 总线网卡、EISA 总线网卡等类型。

值得注意的是，当今许多微机的网卡是直接集成到主板上的，另外在家庭和小范围的办公场景中，无线网卡得到了越来越多的应用。图 10-12 所示，是一块 PCI 总线、RJ-45 接口的网卡。

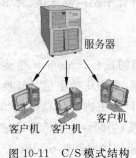

图 10-11　C/S 模式结构

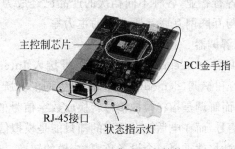

图 10-12　典型网卡结构

4. 中继器

中继器(repeater)用于连接同类型的两个局域网或延伸一个局域网。当安装一个局域网而物理距离又超过了线路的规定长度时，就可以用它进行延伸；中继器也可以收到一个网络的信号后将其放大发送到另一网络，从而起到连接两个局域网的作用。另外中继器还具备将两个不同传输介质的网络连接起来的功能。

5. 集线器

集线器(hub)是一种广泛应用于局域网的连接设备。顾名思义，集线器能够集中多台联网设备，并提供检错能力和网络管理等有关功能。集线器是中继器的一种形式，区别在于集线器能够提供多端口服务，也称为多口中继器。

Hub 主要用于星状以太网，使用 Hub 组网灵活，它处于网络的一个星状节点，对节点相连的工作站进行集中管理，不让出问题的工作站影响整个网络的正常运行，并且用户的加入和退出也很自由。依据工作方式区分有较普遍的意义，可以进一步划分为被动无源集线器(Passive Hub)、主动有源集线器(Actiie Hub)、智能集线器(Intelligent Hub)和交换集线器(Switching Hub)4 种。

6. 网桥

网桥(bridge)是一种常见的局域网扩展设备，利用网桥可以将同种类型但不同网段的局域网连接起来，彼此进行通信。在一个负荷很重的网络环境中，可以用网桥将其分割成两个网络。这是因为网桥会检查帧的发送和目的地址，如果这两个地址都在桥的某一半，那么数据帧就不会发送到网桥的另一半，这就可以降低整个网的通信负荷，这个功能就叫"过滤帧"。网桥工作原理如图 10-13 所示。

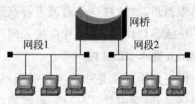

图 10-13 网桥工作原理

7. 路由器

路由器(Router)可以连接两种不同类型的网络。路由器主要有以下几种功能：

(1) 网络互连，路由器支持各种局域网和广域网接口，主要用于互连局域网和广域网，实现不同网络互相通信；

(2) 数据处理，提供包括分组过滤、分组转发、优先级、复用、加密、压缩和防火墙等功能；

(3) 网络管理，路由器提供包括配置管理、性能管理、容错管理和流量控制等功能。

作为互联网的主要节点设备，路由器是互联网络的枢纽、"交通警察"。目前路由器已经广泛应用于各行各业，各种不同档次的产品已经成为实现各种骨干网内部连接、骨干网间互联和骨干网与互联网互联互通业务的主力军。

8. 调制解调器

调制解调器(modem)是通过电话拨号接入 Internet 必需的设备。modem 是英文调制(modulation)和解调(demodulation)的派生词汇。所谓的调制，是指将数字信号转换成模拟信号的过程，而解调是指将模拟信号转换成数字信号的过程。计算机内的信息是由"0"和"1"组成的数字信号，而在电话线上传递的却只能是模拟信号。于是，当两台计算机要通过电话线进行数据传输时，就需要一个设备负责数/模的转换。这个数/模转换器就是 modem。

根据 modem 的形态和安装方式，可以分为外置式 modem、内置式 modem、PCMCIA 插卡式 modem(主要用于笔记本电脑)和机架式 modem(modem 池,一般用于电信等大型通信中心)4 种形式。

除以上 4 种常见的 modem 外,现在还有 ISDN 调制解调器和 Cable Modem 的调制解调器,另外还有目前在我国普遍应用的 ADSL 调制解调器。

传输速率是衡量 modem 品质的一项重要技术指标,modem 的传输速率主要以 b/s (位/秒)为单位。modem 的传输速率主要包括实际下载速率、拨号连接速率和理论最高连接速率。在购买 modem 时,包装盒上标记的速率只是该 modem 的拨号连接速率,即在拨号瞬间的速率的理想峰值,而实际通信过程中由于通信噪音、线路质量等诸多因素的影响,实际通信速率远低于这个峰值。图 10-14 展示了利用 modem 连接 Internet 的流程以及 modem 的工作原理。

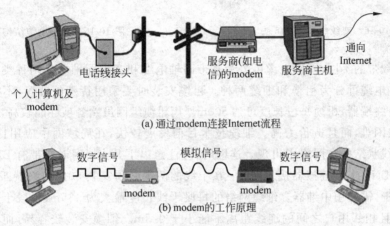

图 10-14 modem 连接及工作原理图

9. 传输介质

网络传输介质是用于承载传输信息的物理媒体。不同的通信媒体具有不同的属性。常用的网络传输介质有双绞线、同轴电缆、光缆等。此外计算机网络还使用无线(包括微波、红外线和激光)、卫星线路等传输介质。下面对常见的几种网络传输介质加以介绍。

双绞线(Twisted Pair)是将一对或一对以上绞合在一起的相互绝缘的铜线,封装在一个绝缘层中而形成的一种传输介质,是目前局域网最常用的布线材料。双绞线按其电气特性进行分级或分类,一般分为非屏蔽双绞线(Unshielded Twisted Pair,UTP)和屏蔽双绞线(Shielded Twisted Pair,STP)两大类,局域网中非屏蔽双绞线分为 3 类、4 类、5 类和超 5 类 4 种,屏蔽双绞线分为 3 类和 5 类两种。目前局域网中常用的双绞线一般都是非屏蔽的超 5 类双绞线,该线内部有 4 对(即 8 根)导线。双绞线一般用于星状网的布线连接,两端安装有 RJ-45 头(水晶头),连接工作站的网卡和集线器。双绞线和 RJ-45 头的外观如图 10-15 所示。双绞线内部的 8 根导线的排列具有国际统一的线序标准。即 T568A 线序标准:白绿,绿,白橙,蓝,白蓝,橙,白棕,棕。T568B 线序标准:白橙,橙,白绿,蓝,白蓝,绿,白棕,棕。

双绞线的优点在于布线成本低,线路更改及扩充方便,RJ-45 接口形式在 LAN 设备中普及度很高,容易配置。它的不足之处在于传输距离受限,5 类双绞线通信距离一般不能超过 150m,超 5 类双绞线通信距离一般不能超过 105m,另外双绞线特别是目前广为使用的

UTP，易受外界信号的干扰而使通信质量降低。

同轴电缆（Coaxial cable）由内部铜质导体环绕绝缘层以及绝缘层外的金属屏蔽网和最外层的护套组成，如图10-16所示。这种结构的金属屏蔽网可防止传输信号向外辐射电磁场，也可用来防止外界电磁场干扰传输信号。

   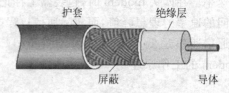

图10-15　双绞线及RJ-45头　　　　　　　　　图10-16　同轴电缆结构图

根据传输频带的不同，同轴电缆可分为基带同轴电缆和宽带同轴电缆两种类型。按直径的不同，同轴电缆可分为粗缆和细缆两种。粗缆安装时要采用特殊的装置，不需切断电缆，两端头装有终端器，粗缆每段长度可达500m。用粗缆组网虽然各项性能较高，但是网络安装、维护比较困难，而且造价太高。细缆技术目前发展较快，在局域网中应用比较普遍。细缆一般以总线状结构在网络中出现。连网时，应注意以下几点：网卡要带有BNC接口；每个用户通过BNC T型连接器接入网络；在干线的两端必须安装50Ω的终端匹配器；如要拓宽网络范围，需使用中继器。细缆网络的每段干线长度最大为185m，每段干线最多接入30个用户，且相邻用户之间的连线距离不能小于0.5m。细缆安装较容易，而且造价较低，但因受网络布线结构的限制，其日常维护不方便，一旦一个用户出故障，便会影响其他用户的正常工作。同轴电缆的接头及安装状况如图10-17所示。

光缆（Fiber-optic cable）是由一组光纤组成的用来传播光束的、细小而柔韧的传输介质。光纤由单根玻璃光纤、紧靠纤芯的包层以及塑料保护涂层组成，如图10-18所示。根据光在光纤中的传播方式，光纤有两种类型：单模光纤和多模光纤。单模光纤指光纤做得极细，接近光波波长，光信号只能与光纤轴成单个可辨角度传输。多模光纤的纤芯比单模的粗，光信号与光纤轴成多个可辨角度传输。单模光纤成本较高，但性能很好，在几十公里内能以几千Mb/s的速率传输数据。多模光纤成本较低，但性能比单模光纤差一些。

图10-17　同轴电缆接头及安装　　　　　　　图10-18　光纤结构

与传统电缆相比，光纤具有损耗小、传输距离长的优点。由于光纤传输损耗低，所以其中继距离达到几十公里至上百公里，而传统的电传输线中继距离仅为几公里。光纤具有抗干扰性好、保密性强、使用安全等特点。光纤是非金属介质材料,具有很强的抗电磁干扰能力,这是传统的电通信所无法比拟的。光纤具有抗高温和耐腐蚀的性能,因而可以抵御恶劣的工作环境。光缆的缺点主要在于布线及维护成本昂贵。

从 1970 年美国康宁公司制造出世界上第一根通信光纤到现在,光纤通信技术得到了长足的发展,目前光缆已经成为 Internet 的主干通信介质,并且可以预见在今后相当长的一段时间内,地面网络通信的主干都将由光缆承担。2007 年初由于台湾海峡地震导致海底光缆断裂,给国内互联网用户带来了极大的影响,这一事件足以证明当今光纤通信在网络通信领域举足轻重的作用。

10.2.2 计算机网络的软件组成

网络操作系统(NOS)是网络的心脏和灵魂,是向网络计算机提供服务的操作系统,它在计算机操作系统下工作,使计算机操作系统增加了网络操作所需要的能力。网络操作系统运行在称为服务器的计算机上,并由连网的计算机用户共享,这类用户称为客户。

NOS 与运行在工作站上的单用户操作系统或多用户操作系统之间,由于提供的服务类型不同而有差别。一般情况下,NOS 是以网络相关特性最佳为目的。如共享数据文件、软件应用以及共享硬盘、打印机、调制解调器、扫描仪和传真机等。NOS 的各种安全特性可用来管理每个用户的访问权利,确保关键数据的安全保密。因此,NOS 从根本上说是一种管理器,用来管理连接、资源和通信量的流向。现在常用的 NOS 有 Windows Server、Novell NetWare、UNIX 和 Linux 等。

客户机(网络工作站)上使用的应用软件通称为客户软件。它用于应用和获取网络上的共享资源。用在服务器上的服务软件则使网络用户可以获取这种服务。客户机/服务器系统的引入,给许多桌面系统注入了新的活力。如电子消息系统(又叫群件系统,Groupware),利用计算机和通信网络在工作组内协调和管理工作进程,目前的 Lotus Notes、Microsoft Exchange Server 等都使用了客户机/服务器概念,在降低客户机内存负担的同时,提高了效率。

网络协议和应用服务软件也是计算机网络软件的重要组成部分。有关网络协议和应用服务软件的知识将在本章后续部分详细介绍。

10.3 Internet 基础

Internet(也被称为因特网或互联网)在计算机网络家族中地位显赫,经过 40 年的发展,已成为世界上覆盖面最广、规模最大、信息资源最丰富的计算机信息网络。Internet 在今天已经得到了广泛的应用,它对人们生产、生活方式的改变已经成为不争的事实。例如,电子邮件已经成为人们彼此交流的一种主要手段,QQ 号码在今天已经像电话号码一样普及,网络浏览已经成为许多人生活中的习惯。

10.3.1 Internet 的定义

作为科学领域的新兴技术,Internet 没有一个经典的定义。在国外文献中,人们称它为"没有领导、没有法律、没有政治、没有军队……",总之是不可思议的组织结构或社会。

用最简单的话来说,Internet 是连接网络的网络。也就是说,它是一种全球性的巨大的计算机网络体系,它把全球数万个计算机网络,数千万台主机连接起来,包含了难以计数的信息资源,向全世界提供信息服务,这仅仅是对 Internet 的一种解释。

从网络通信的角度来看,Internet 是一种以 TCP/IP 为基础通信协议,连接各个国家、各个地区、各个机构的计算机网络的数据通信网。从信息资源的角度来看,Internet 是一种集各个部门、各个领域的各种信息资源为一体,供网上用户共享的信息资源网。一般认为,Internet 的定义至少包含以下 3 个方面的内容:

(1) Internet 是基于 TCP/IP 协议族的网络;

(2) Internet 是一个庞大的用户集团,用户既是网络资源的使用者,也是网络发展的建设者;

(3) Internet 是所有可被访问和利用的信息资源的集合。

Internet 的构成逻辑如图 10-19 所示。

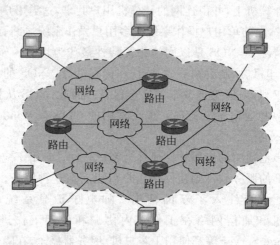

图 10-19　Internet 逻辑结构

当然,Internet 同其他技术一样,它的诞生也不是一蹴而就的,没有现代通信理论和丰富的网络服务作基础,就不可能有今天足以颠覆社会生产方式的全新的网络技术。

10.3.2　Internet 的世界语——TCP/IP 协议

计算机及其计算机网络家族庞大,体系结构千差万别,所运行的操作系统等软件也是各种各样。网络中计算机之间彼此无障碍地通信是如何实现的呢?网络中计算机之间通信的桥梁依赖的是通信双方共同遵守的通信协定——网络协议。所谓网络协议,就好像人与人之间用语言做沟通工具一样,计算机与计算机之间想要连接起来,也需要一种大家都懂得的语言,而 Internet 就是使用 TCP/IP 当作沟通用的"语言"。规范地说,网络协议是为网络数据交换而制定的规则、约定与标准。网络协议包括 3 个基本要素:语义、语法与时序。所谓语义,是指比特流的每一部分的意义,即需要发出何种控制信息,完成何种动作以及做出何种响应等。语法是指用户数据与控制信息的结构与格式。时序就是事件实现顺序的详细说明。

TCP/IP(Transmission Control Protocol/Internet Protocol,传输控制协议/网际协议)是由

ARPANet 网的研究机构发展起来的。有时人们将 TCP/IP 描述为互联网协议集(Internet Protocol Suite),TCP 和 IP 只是其中的两个协议。由于 TCP 和 IP 是人们熟悉的协议,以至于用 TCP/IP 这个词代替了整个协议集。表 10-2 介绍了 TCP/IP 协议族中几个常用的协议。

表 10-2 常用的协议

协议名	英文全称	功能
HTTP	Hyper Text Transport Protocol	超文本传输协议,用于在 Internet 上传输超文本文件
FTP	File Transfer Protocol	文件传输协议,允许用户将远程的文件复制到本地
SMTP	Simple Mail Transfer Protocol	简单邮政传输协议,用于发送电子邮件
POP	Post Office Protocol	邮局协议,用于接收邮件
TELNET	Telecommunication network	远程登录协议,允许用户在本地登录及操纵远程主机
SSL	Secure Socket Layer	安全套接层协议,它能够对计算机之间整个会话进行加密

TCP/IP 是 Internet 的基础协议,也是一种计算机数据打包和寻址的标准方法。在数据传送中,TCP 和 IP 就像是信封,要传递的信息被划分成若干段,每一段塞入一个 TCP 信封,并在该信封上记录分段号的信息,再将 TCP 信封塞入 IP 大信封,发送上网。在接收端,一个 TCP 软件包收集信封,抽出数据,按发送前的顺序还原,并加以校验,若发现差错,TCP 将会要求重发。因此,TCP/IP 在 Internet 中几乎可以无差错地传送数据。具体而言,IP 协议负责将 Internet 上传输的数据包从发送端送到接收端,而 TCP 协议负责所传送的数据包的正确性。

TCP/IP 技术是公开的,它不属于任何厂商或专业协会所有,因此关于它的相关文档是由一个叫 Internet Network Information Center (INTERNIC) 的组织来发表和维护的。TCP/IP 所有的协议标准都以 RFC (Request for Comment,需求注释) 技术报告的形式公开,RFC 享有网络知识圣经的美誉。RFC 的官方站点为 http://www.rfc.net,可以检查 RFC 最及时的更新情况。RFC 在全世界很多地方都有复制文件,可以通过多种渠道获取 RFC 资料。例如,可以访问 http://man.chinaunix.net/develop/rfc/default.htm 阅读中文版 RFC 文件,如图 10-20 所示。

图 10-20 RFC 文档目录

RFC 是依据其所写的时间顺序来编号的,可以用 RFC 1000 作 RFC 文件的索引。阅读及研究 RFC 对了解 Internet 工作原理及管理网络很有意义。

TCP/IP 的体系结构

网络设计者在解决网络体系结构时经常使用 ISO/OSI(国际标准化组织/开放系统互连)七层模型,该模型每一层代表一定层次的网络功能。最下面是物理层,它代表着进行数据传输的物理介质,换句话说,即网络电缆。其上是数据链路层,它通过网络接口卡提供服务。最上层是应用层,这里运行着使用网络服务的应用程序。TCP/IP 是同 ISO/OSI 模型等价的,二者关系如表 10-3 所示。

表 10-3　TCP/IP 及 OSI 模型对照

TCP/IP 模型	OSI 参考模型
应用层	应用层
	表示层
	会话层
传输层	传输层
网络层	网络层
网络接口层(物理层)	数据链路层
	物理层

TCP/IP 是一个 4 层协议系统,这 4 层分别是:应用层(Application Layer)、传输层(Transport Layer)、网络层(Internet Layer)和网络接口层(Network Interface Layer)。

(1) 网络接口层(数据链路层):是 TCP/IP 软件的最低层,负责接收 IP 数据报并通过网络发送之,或者从网络上接收物理帧,抽出 IP 数据报,交给 IP 层。该层通常包括操作系统中的设备驱动程序和计算机中的网卡,负责相邻计算机之间的通信。其功能包括:

① 处理来自传输层的分组发送请求,收到请求后,将分组装入 IP 数据报,填充报头,选择去往信宿机的路径,然后将数据报发往适当的网络接口。

② 处理输入数据报:首先检查其合法性,然后进行寻径——假如该数据报已到达信宿机,则去掉报头,将剩下部分交给适当的传输协议;假如该数据报尚未到达信宿机,则转发该数据报。

③ 处理路径、流控、拥塞等问题。

(2) 网络层包括 IP(网际协议)、ICMP(Internet 互联网控制报文协议)、IGMP(Internet 组管理协议)等协议。

(3) 传输层主要是为两台主机上的应用程序提供端到端的通信。其功能包括格式化信息流和提供可靠传输。传输层包括 TCP(传输控制协议)、UDP(用户数据报协议)等协议。

(4) 应用层向用户提供一组常用的应用程序,比如电子邮件、文件传输访问、远程登录等。

10.3.3　IP 地址与域名

IP 地址和域名是使用 Internet 时重要的概念,同时也是 IP 协议中的重要内容。在 Internet 的信息服务中,IP 地址具有以下重要的功能和意义。

1. 唯一的 Internet 网上通信地址

在 Internet 上，每个网络和每一台计算机都被分配有一个 IP 地址，这个 IP 地址在整个 Internet 网络中是唯一的。在 Internet 上，只要某一台计算机拥有至少一个 IP 地址，就称之为主机(host)。主机数目是衡量某一地区或国家 Internet 规模的重要依据。

2. 全球认可的通用地址格式

IP 地址是供全球识别的通信地址，它是全球认可的计算机网络标识方法。

目前 Internet 使用的是 IPv4 地址，共有 32 位二进制数，为了便于识记，书写时用 3 个圆点平均分成 4 部分，每部分都用十进制表示。由于每部分 IP 地址只有 8 位二进制数，所以数的范围不能超出 0～255。正确的 IP 地址如 166.111.4.100。IP 地址主要由两部分组成：一部分是左侧若干位，用于标识所属网络的网络地址；另一部分是右侧剩余的位数，用于标识给定网络上的某个特定主机的地址。IP 地址分为 A,B,C,D,E 5 个等级，其中常用的是 A,B,C 三类 IP 地址。

(1) A 类 IP 地址一般用于主机数多达 160 余万台的大型网络，高 8 位代表网络号，后 3 个 8 位代表主机号。32 位的高 3 位为 000；十进制的第 1 组数值范围为 000～127。IP 地址范围为 001.x.y.z～126.x.y.z。

(2) B 类 IP 地址一般用于中等规模的各地区网管中心，前两个 8 位代表网络号，后两个 8 位代表主机号。32 位高 3 位为 100；十进制的第 1 组数值范围为 128～191。IP 地址范围为 128.x.y.z～191.x.y.z。

(3) C 类地址一般用于规模较小的本地网络，如校园网等。前 3 个 8 位代表网络号，低 8 位代表主机号。32 位的前 3 位为 110，十进制第 1 组数值范围为 192～223。IP 地址范围为 192.x.y.z～223.x.y.z。一个 C 类地址可连上 254 台主机。

除了以上 5 类 IP 地址外，还有一类特殊地址，在网络通信中同样扮演着重要的角色。

(1) 0.0.0.0，它表示的是暂时不清楚的主机和目的网络。比如在网络设置中设置了默认网关，那么 Windows 系统会自动产生一个目的地址为 0.0.0.0 的默认路由。

(2) 255.255.255.255 限制广播地址。对本机来说，这个地址是指本网段内(同一广播域)的所有主机。

(3) 127.0.0.1 本机地址，主要用于测试。用汉语表示，就是"我自己"。在 Windows 系统中，这个地址有一个别名 Localhost。

(4) 10.x.x.x、172.16.x.x～172.31.x.x、192.168.x.x 私有地址，这些地址被大量用于企业内部网络中。在 Internet 上，这类地址是不能出现的。

尽管 IP 地址可以用来标识联网的计算机，但是记住 IP 地址这样的数字串仍然很不方便。为了便于用户记忆，Internet 在 1985 年开始采用域名解析系统(Domain Name System，DNS)，域名的结构为：计算机主机名.机构名.网络名.最高层域名。域名用英文或中文等文字书写，比用数字表示的 IP 地址容易记忆。例如清华大学的域名分析如图 10-21 所示。

图 10-21 域名分析

一个IP地址可以对应多个域名,如虚拟主机技术允许在一台服务器上建立多个站点,同时一个域名也可以对应多个IP地址,比如为负载均衡,一个站点也可以分布在多台服务器上。一个域名一旦生效使用,在Internet上就不允许有第二个域名与之重复,这就是域名的唯一性。

DNS提供一种目录服务,通过搜索计算机名称实现Internet上该计算机对应的IP地址的查找,反之亦然。承担域名转换任务的服务器称为DNS服务器。域名转换的原理如图10-22所示。

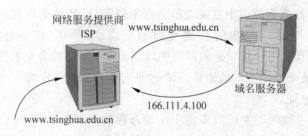

图10-22 域名解析过程

作为网络用户,了解域名定义的常识是必要的,表10-4介绍了比较常见的顶级行业域名及地理域名。

表10-4 常见域名描述表

顶级行业域名	
域名	域名描述
biz	未严格限定,但一般用于商务机构,是近些年定义的新域名
com	未严格限定,但一般用于商务机构,较Biz出现早
edu	严格限定,必须用于教育机构
gov	严格限定,必须用于非军事的政府机关
int	严格限定,用于国际组织
net	未严格限定,但一般用于网络服务机构
org	未严格限定,但一般用于非营利性的非政府组织机构
mil	严格限定用于军事机构
顶级地理域名	
域名	域名描述
cn	China,中国大陆地区
tw	Taiwan,中国台湾地区
hk	Hong Kong,中国香港特别行政区
mo	Macau,中国澳门特别行政区

域名由申请域名的组织机构或个人选择,然后再向Internet网络信息中心NIC(在中国是CNNIC,中国互联网络信息中心)登记注册。由于域名的唯一性,所以它同IP地址一样,是一种有限的资源。2006年微软发布了IE 7.0正式版,可直接支持中文域名访问,标志着中文域名已经成为国际互联网的全新重要标识,也让广大华语圈融入互联网无任何障碍。中文域名也成为一种在Internet上炙手可热的资源。

10.3.4 Internet 的主要服务

Internet 向人们提供越来越多的服务，这正是 Internet 的迷人之处。Internet 的主要服务如下。

1. WWW 服务

万维网（World Wide Web，WWW），也叫 Web，是目前应用最广的一种 Internet 基本应用。WWW 是一个庞大的"超文本系统"，可以说是世界上最大的信息资源库。WWW 服务使用的是超文本链接方式的资源组织形式，可以很方便地从一个信息页转换到另一个信息页。它不仅能查看文字，还可以欣赏图片、音乐、动画。最流行的 WWW 服务的程序就是微软的 IE 浏览器。本章将详细讲解 WWW 服务。

2. 电子邮件（E-mail）

E-mail 是一种用电子手段提供信息交换的通信方式，也是 Internet 应用最广的服务之一。通过电子邮件系统，用户可以用非常低廉的价格，以非常快速的方式，与任何一个网络用户联系，这些电子邮件可以是文字、图像、声音等各种媒体形式。同时，用户可以得到大量免费的新闻、专题邮件，并实现轻松的信息搜索。

3. 文件传输（FTP）

FTP 是 Internet 中最早的服务之一。Internet 建立的重要目的之一就是把文件从一处传输到另一处，FTP 就承担了这一任务。FTP 还提供了许多实用的免费工具软件。

4. 远程登录（Telnet）

Telnet 提供了一种登录到 Internet 其他计算机中的途径。一旦登录成功，就可以操纵已经登录的那台计算机。

5. 博客（Blog）

博客是 Internet 上新兴的服务，最早的博客出现于 1998 年。Blog 一词来源于 Web Log（网络日志），是指网上写作的一种特定形式和格式。由按时间倒序排列的文档组成的栏目，两侧通常还可以有补充材料，频繁更新，一般大量使用链接。博客分为日记博客（Journal Blog）、新闻博客（News Blog）、视频博客（Video Blog）、图片博客（Potolog）等多种形式。频繁更新（frequency）、简洁明了（brevity）和个性化（personality）的特性使博客以惊人的速度发展，目前已经大大超越了传统的论坛、聊天室等媒体发布形式。据统计，2007 年中国博客数量为 4000 万，而到 2008 年底已经增长为 1.07 亿！图 10-23 是一个典型的 Blog 页面。

6. 即时通信（Instant Messenger，IM）

自 1996 年 ICQ 诞生以来，即时通信在短时间内获得了迅速发展，并成为继电话、电子邮件之后的第三种现代通信方式。目前国内主流的即时通信软件主要有以下 3 类。

（1）腾讯 QQ。该软件是腾讯公司开发的产品，是基于 Internet 的即时通信软件。腾讯 QQ 支持在线聊天、视频电话、点对点断点续传文件、共享文件、网络硬盘、自定义面板、QQ 邮箱等多种功能，并可与移动通信终端等多种通信方式相连，是国内最为流行的即时通信软件。

（2）MSN。MSN 是微软公司提供的 Internet 服务，诞生于 1995 年 8 月。MSN 作为一种即时通信工具，在办公环境中较为普及。在 www.hotmail.com 网站中能够下载免费的 MSN messager，该软件提供聊天、视频、通知用户接收到邮件等一系列的网络在线服务功能。

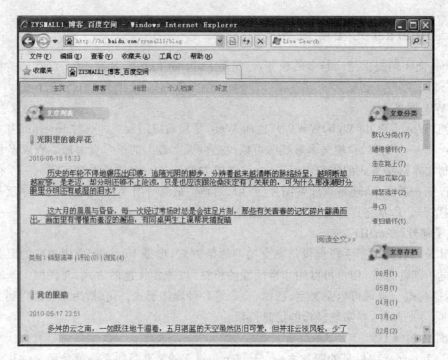

图 10-23 典型的 Blog 页面

(3) Skype。Skype 是一种网络即时语音沟通工具。它具备视频聊天、多人语音会议、多人聊天、传送文件、文字聊天等功能。它可以免费高清晰地与其他用户语音对话,也可以拨打诸如固定电话、手机、小灵通等国内国际电话,并且可以实现呼叫转移、短信发送等功能,通信费率远低于传统手段通信费率。可以说 Skype 的出现是对传统通信方式的一种颠覆。

总之,Internet 提供的服务丰富多彩,并且仍然在不断地发展。如果离开这些服务,可以说 Internet 也就失去了使用价值,Internet 的功能主要就是通过它所提供的服务而体现出来的。熟练地掌握 Internet 服务,是网络时代信息利用和信息处理的基本要求。

10.3.5 接入 Internet 的方法

如何让自己所使用的计算机连入 Internet 是几乎所有网络用户都要思考和解决的问题。ADSL 是目前国内主流的宽带上网方式,例 10.2 将详细讲解如何申请、安装、配置 ADSL,达到家庭或办公环境上网的问题。以此揭开 Internet 接入技术的面纱。

【例 10.2】 亲密接触 ADSL——了解如何安装 ADSL。

(1) 在当地电信局申请 ADSL 上网服务,选择适合的带宽(如 2Mb/s、10Mb/s 等)、资费标准。当然安装 ADSL 要求要有一条电话线,线路质量由电信部门专业人员测试是否合格,没有电话线或线路质量不合格则要求重新敷设电话线路。

(2) 硬件准备。接入 ADSL 要求用户至少要有一台装有网卡的计算机,RJ-11 接口的电话线,RJ-45 接口的双绞线,一个电话线分离器(如果要同时使用电话),一台 ADSL modem。而电话线、双绞线、ADSL modem 一般由网络服务商提供。ADSL modem 接口如图 10-24 所示。

(3) 安装和连线。ADSL modem 不可与电话并联,电话只能从分离器后的 Phone 端口引出，否则 ADSL modem 不能正常工作。分离器从左到右的联线顺序是：电话入户线，电话信号输出线（连接普通电话），数据信号输出线（连接 ADSL modem）。用双绞线将 ADSL modem 的 Ethernet 接口与网卡相联。若 ADSL modem 为 USB 接口或是内置 ADSL modem，则无此要求。连接逻辑如图 10-25 所示。

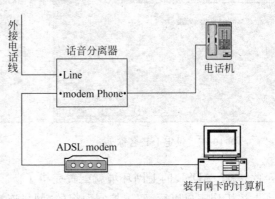

图 10-24 ADSL modem　　　　　　　　　图 10-25 ADSL 逻辑连接图

（4）ADSL 拨号的配置。若操作系统是 Windows 2000 及以下版本，需要安装专门的 ADSL 拨号软件，而 Windows XP 及以上版本操作系统则可以直接配置 ADSL 拨号过程。在此以 Windows XP 操作系统为例，介绍 ADSL 拨号过程的配置。

① 执行"开始"→"程序"→"附件"→"通讯"→"新建连接向导"命令，进入"新建连接向导"对话框，如图 10-26 所示。

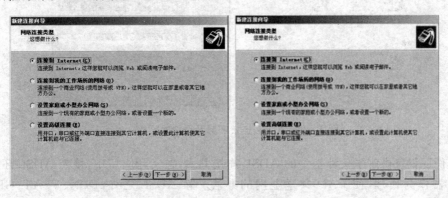

图 10-26 "新建连接向导"对话框

② 在"新建连接向导"对话框中选择"连接到 Internet"选项，单击"下一步"按钮，选择"手动设置我的连接"选项，继续单击"下一步"按钮，在上网方式选择对话框中，选中"用要求用户名和密码的宽带方式连接来连接"选项（此处可根据真正的需求选择）。

③ 在选择完连接方式之后，单击"下一步"按钮，进入如图 10-27 所示的对话框，在对话框的输入框中创建连接名称。在此，输入 MY ADSL 作为连接名称。

④ 单击"下一步"按钮，进入最后一个设置对话框，从图 10-28 中可以看出，用户需要填写用户名、用户密码等重要的信息。当然这些信息在申请 ADSL 服务时，已经由服务商向用户提供。

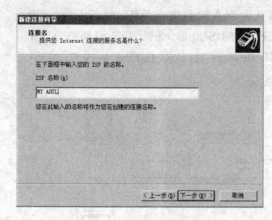
图 10-27　设定 ISP 名称
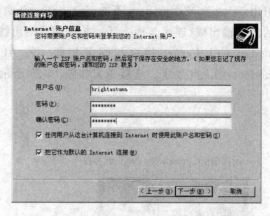
图 10-28　用户身份验证窗口

至此，一个 ADSL 的上网环境就配置完毕了。

当上述工作完成以后，双击控制面板的"网络连接"选项，便能看到多了一个名字为 MY ADSL 的连接图标。双击该图标，便能打开 ADSL 的登录窗口了，如果 ADSL modem 工作正常的话，就能够享受一下网上冲浪了！连接图标和登录对话框如图 10-29 所示。

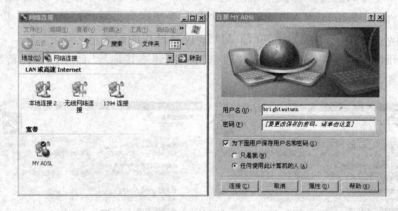
图 10-29　ADSL 连接图标及登录对话框

上述例题仅仅讲解了一种基本的 ADSL 连接方式，在实际应用中，接入 ADSL 还可以采用路由器作为代理，使 LAN 共享上网的办法。除 ADSL 之外，DDN、VSAT、GPRS、WLAN、3G、蓝牙等多种上网接入方式都可以选择。下面简要介绍几种主流的接入 Internet 的方式。

1. DDN 专线

DDN(Digital Data Network)的主干网传输介质有光纤、数字微波、卫星信道等，用户端多使用普通电缆和双绞线。DDN 将数字通信技术、计算机技术、光纤通信技术以及数字交叉连接技术有机地结合在一起，提供了高速度、高质量的通信环境，可以向用户提供点对点、点对多点透明传输的数据专线出租电路，为用户传输数据、图像、声音等信息。DDN 的通信速率可根据用户需要在 $N\times 64{\rm Kb/s}(N=1\sim 32)$ 之间进行选择，当然速度越快租用费用也越高。DDN 的租用费较贵，普通个人用户负担不起，DDN 主要面向集团公司等需要综合运用的单位。

2. 有线电视接入

有线电视接入是利用线缆调制解调器,通过有线电视(CATV)网进行数据传输的 Internet 接入方式。随着广电事业的迅速发展,有线电视接入成为越来越普及的一种高速接入方式。该接入方式可分为两种:对称速率型和非对称速率型。前者的数据上传速率和下载速率相同,都在 500Kb/s～2Mb/s 之间,后者的数据上传速率在 500Kb/s～10Mb/s 之间,下载速率为 2Mb/s～40Mb/s。

3. 卫星通信

VSAT(Very Small Aperture Terminal)即甚小天线口径终端。VSAT 系统以通信卫星为中继,通过 VSAT 与主站或 VSAT 与其他 VSAT 对通,提供各种电信业务。VSAT 卫星通信技术较其他接入技术出现晚,但它的应用,解决了地面接入技术无法解决的覆盖地区有限等问题的困扰。我国的 VSAT 接入业务发展迅速,至今已经形成种类齐全、规模庞大和运行稳定可靠的服务体系。VSAT 在我国已经广泛用于边远地区网络服务、海洋、公安、金融等系统的特殊网络服务。

卫星直接连到计算机,需要的典型终端包括配有 modem 的 PC、卫星接收适配卡、小型卫星天线。在企业应用中,给服务器装上一个卫星接收适配卡,每个 PC 通过服务器发送文件。VSAT 通信原理如图 10-30 所示。

4. GPRS 接入技术

GPRS 是以分组交换技术把数据通过手机信号传给用户的接入方式。GPRS 的用途十分广泛,包括通过手机发送及接收电子邮件,在互联网上浏览等。GPRS 的数据传输速度远高于传统的手机上网方式——WAP(Wireless Application Protocal)所能比拟的。WAP 的传输速度为 9.6Kb/s,而 GPRS 手机目前已达到 115Kb/s 的传输速度。另外笔记本电脑也可以使用 GPRS 无线网卡连接到 Internet。GPRS 无线网卡如图 10-31 所示。

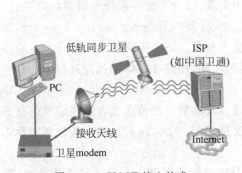

图 10-30 VAST 接入技术

图 10-31 GPRS 无线网卡

5. WLAN

无线局域网(Wireless LAN,WLAN)是使用无线连接的局域网。一般由电信公司或单位统一部署无线接入点,建立 WLAN,并接入 Internet,WLAN 覆盖范围内的区域,用户只要拥有无线网卡,加入 WLAN 之后就可以自由上网了。无线局域网现在已经广泛地应用在商务区、大学、机场,及其他公共区域。无线局域网最通用的标准是 IEEE 定义的 802.11 系列标准。WLAN 也是目前我国多数大中城市建立"无线城市"的主要接入手段之一。

6. 3G 接入技术

3G 全称为 3rd Generation，即第三代数字通信。3G 通信的三大主流无线接口标准分别是 W-CDMA（宽频码分多址）、CDMA2000 和 TDS-CDMA（时分同步-码分多址）。TD-SCDMA 标准是由中国第一次提出并与国际合作而完成的通信标准。

3G 是通信业和计算机工业相融合的产物，3G 手机被称为"个人通信终端"，除了能完成高质量的日常通信外，还能进行多媒体通信。用户可以在 3G 手机的触摸显示屏上直接写字、绘图，并将其快速传送给另一台手机或计算机，可以用 3G 手机直接上网，甚至可以用 3G 手机自带的摄像头进行视频会议。3G 通信极大促进了手机上网方式的普及。截止至 2009 年 7 月，中国大陆地区手机上网用户已经达到 1.55 亿人，占网民总数的 45.9%。

3G 和 WLAN 在业务提供能力和网络覆盖上具有很强的互补性，WLAN 将作为 3G 网络的补充，特别是在室内的场景下，WLAN 可以做有效的数据分流，节省运营商室内覆盖的投资。3G+WLAN 的混合组网策略已经成为无线网的发展趋势。3G 手机及操作界面如图 10-32 所示。

图 10-32　3G 手机及界面

7. 蓝牙通信

蓝牙（Bluetooth）技术是由移动通信公司与移动计算公司联合开发的传输范围约为 10m 的短距离无线通信标准，用来设计在便携式计算机、移动电话以及其他的移动设备之间建立起一种小型、经济、短距离的无线链路。蓝牙协议能使包括蜂窝电话、掌上电脑、笔记本电脑、相关外设和家庭 Hub 等众多设备之间进行信息交换。蓝牙应用于手机与计算机的相连，可节省手机费用，实现数据共享、因特网接入、无线免提、同步资料、影像传递等。蓝牙的通信速度为 750Kb/s，目前 16Mb/s 的扩展已经被批准。

利用何种技术接入 Internet 要依据具体的应用需求，综合考虑各项技术因素加以选择。与接入技术的选择同样重要的还有对 ISP 的选择。所谓 ISP（Internet Service Provider）即网络服务提供商，这里的服务主要是指 Internet 接入服务。ISP 是网民进入 Internet 的桥梁，由于 ISP 的规模以及所提供服务内容及费用等的不同，用户在具体的选择过程中一般要衡量以下几个方面因素：

（1）地理覆盖范围。被选择的 ISP，其提供的通信线路敷设的范围或者无线信号的覆盖范围一定要包含用户的上网地点。例如远离本地交换局（5.5km 以上），就不能选择 ADSL 接入。

（2）网络出口带宽。网络出口带宽可反映出 ISP 的服务器和 Internet 的连接速率，带宽越大则每个用户连接速率就会越高，网络出口带宽是体现该 ISP 接入能力的一个关键参数。原则上 ISP 的网络出口带宽应该越大越好，目前国内很多 ISP 都利用了 Chinanet 的出口，一般具有通信背景的 ISP 在这方面具有先天优势。

（3）接入速率。ISP 的接入速率就是 ISP 提供的拨号联网端口速率。接入速率越高，访问因特网速度就越快，一般应该是 33.6Kb/s 或更高，以免高速 modem 没有用武之地。

（4）资费标准。申请时需要初装费，使用中需要月租费或端口费。

（5）信誉和服务。信誉和售后服务的好坏是衡量一个 ISP 实力的重要标志，是否提供免费的用户培训及用户支持也是网络入门者所需考虑的因素之一。

10.3.6 Internet 在中国

中国(下文中的数据均不包括香港、澳门、台湾地区在内)进入 Internet 世界的历程始自 20 世纪 90 年代,虽然时间不长,但中国在 Internet 领域的迅速崛起却是令世界瞩目的。来自中国互联网络信息中心(CNNIC)的统计数据表明,中国网民数量已经从 1997 年的 60 余万人发展到截止到 2009 年 7 月的 3.38 亿人,而且人数还在不断增加,规模世界第一。中国拥有的 IP 地址(IPv4)总数从 2003 年的 1A+233B+146C 增长到 2009 年 7 月的 12A+56B+135C 的规模。中国的网民数量及普及率近 4 年的统计如图 10-33 所示。

图 10-33 中国大陆网民数量及普及率

另外,截至 2009 年 7 月,以 CN 为顶级地理域名的站点 1300 万个,居世界第一。在 Internet 世界,中文已经成为一种重要的信息载体。中国国际出口带宽总量达到 747 541M,较 2003 年增长 38 倍。诸多数据表明,中国已经成为 Internet 世界中重要的成员。在下一代 IPv6 网络的发展进程中,中国甚至扮演着新的互联网标准制定者和领航者的角色。

中国 Internet 的发展经历了以下三个主要阶段:

第一阶段:1986—1994 年,这个阶段基本上是通过中科院高能物理所线路,实现了与欧洲及北美地区的 E-mail 通信。1986 年,北京计算机应用技术研究所研究员钱天白先生通过拨号方式在我国首次实现了与 Internet 的间接连接,通过 Internet 发出了中国有史以来的第一封 E-mail:"越过长城,走向世界"。1990 年 11 月 28 日,钱先生代表中国在 SRI-NIC (国际互联网信息中心 Inter NIC 的前身)首次注册了中国的顶级域名 CN,并在国外建立了中国第一台 CN 域名服务器,从此中国有了自己的域名,中国的网络有了自己的标识。

第二阶段:1994—1995 年,这一阶段是教育科研网的发展阶段。北京中关村地区及清华、北大组成 NCFC 网,于 1994 年 4 月开通了与国际 Internet 的 64Kb/s 专线连接。这时,中国才算真正加入了 Internet 行列。

第三阶段:1995 年以后,该阶段开始了商业应用。1995 年 5 月,原邮电部开通了中国公用计算机互联网,即 CHINANET。从 1996 年开始,各地 ISP 纷纷开办,Internet 在中国开始繁荣发展。值得一提的是,中国政府自 20 世纪 90 年代末开始主导实施一系列旨在提高政府部门信息化水平的举措,如 1995 年开始的"三金"工程(到后期推广为"十二金"工程),1999年开始的"政府上网工程",直到今天的"电子政务"的普及和深入等。这些重要的举措极大地支持和推动了我国互联网事业的发展。

在我国,目前经国家批准,可直接连接Internet的网络有10个,即中国科学院主管的中国科学技术网(CSTNET)、中国教育部主管的中国教育科研网(CERNET)、中国电信主管的中国公用计算机互联网(CHINANET,它也是目前拥有最多带宽的网络)、中国吉通公司主管的中国金桥信息网(CHINAGBN)、中国联通公司主管的UNINET、中国网通公司主管的宽带中国CHINA169网、中国国际经济贸易互联网(CIETNET)、中国长城互联网(CGWNET)、中国卫星集团互联网(CSNET)和中国铁通互联网(CRNET)。其中,中国科学技术网、中国教育科研网、中国公用计算机互联网、中国金桥信息网资历较老,基础雄厚,被称为中国Internet的四大ISP。关于四大ISP,简介如下。

1. 中国科学技术网

中国科学院主管的CSTNET是我国最早拥有国际出口的网络,目前主要服务于国内各学术、科研机构。CSTNET的网址为http://www.cstnet.net.cn,主页如图10-34所示。

图10-34 CSTNET主页

2. 中国教育科研网

中国教育科研网CERNET(China Education and Research Network)于1994年启动建设。CERNET的目标是建设一个全国性的教育科研基础设施,利用先进实用的计算机技术和网络通信技术,把全国大部分高等院校和有条件的中学连接起来,改善教育环境,提供资源共享,推动我国教育和科研事业的发展。该项目由清华大学、北京大学等10所高等学校承担建设,网络总控中心设在清华大学。

CERNET包括全国主干网、地区网和校园网三级层次结构。CERNET网管中心负责主干网的规划、实施、管理和运行。地区网络中心分别设在北京、上海、南京、西安、广州、武汉、成都等高等学校集中地区,这些地区网络中心作为主干网的节点负责为该地区的校园网提供接入服务。值得一提的是,CERNET目前正承担着我国新一代互联网——IPv6网络的试验和研究工作。CERNET的网址为http://www.edu.cn,主页如图10-35所示。

图10-35　CERNET主页

3. 中国公用计算机互联网

CHINANET于1994年开始建设,是目前国内覆盖面最广,向社会公众开放,并提供互联网接入和信息服务的互联网,由各地的电信部门负责。用户要加入CHINANET,只需到当地的电信部门办理入网手续即可。

4. 中国金桥信息网

原电子工业部所属吉通公司主管的中国金桥信息网(CHINAGBN)从1994年开始建设,1996年9月正式开通。它同样是覆盖全国,实行国际联网,并为用户提供专用信道、网络服务和信息服务的基干网,网管中心设在中国吉通通信有限公司。目前CHINAGBN已在全国24个省市发展了数千本地和远程仿真终端,并与科学院国家信息中心等各部委实行了互联,开始了全面的信息服务。

由于上述四大ISP所属部门在国民经济中扮演的角色不同,其各自建立和使用Internet的目的和用途也有所差别。CSTNET和CERNET是为科研、教育服务的非营利性质Internet,CHINANET和CHINAGBN则是为社会提供Internet服务的经营性Internet。

10.4 WWW 及浏览器

网络从当年具有军方背景的 ARPANet 发展到今天人人都可以轻松使用的 Internet，可谓"旧时王谢堂前燕，飞入寻常百姓家"，上网在今天已经像走进办公室不经意地冲泡一杯热茶一样，成为许多人工作和生活的一种习惯。但是，当轻点鼠标，信息扑面而来的时候，是否想过，是什么技术帮助人们轻松便捷地获取了来自世界各地的信息？

10.4.1 WWW 基础

WWW(World Wide Web)，也叫 3W、Web，中文译为万维网、全球信息网或全球资讯网。最初是用来帮助日内瓦的欧洲原子能物理实验室的科学家与其他科学家交换数据和研究材料用的，由欧洲核子研究中心（CERN）的 Tim Berners. Lee 创建，1992 年正式用于 Internet。究其本质，WWW 是一种建立在 Internet 上的全球性的、交互的、动态的、多平台的、分布式的图形信息系统。同 Telnet、E-mail、FTP、BBS 等相似。它也是建立在 Internet 上的一种网络服务。它遵循 HTTP 协议。默认端口是 80。现在 WWW 的应用已经成为 Internet 上最受欢迎的应用之一。它的出现极大地推动了 Internet 的推广。

WWW 是一个专用术语，用于描述 Internet 上的所有可用信息和多媒体资源。可以使用一个被称为 Web 浏览器的应用程序来访问这些信息。Microsoft Internet Explorer 就是一个 Web 浏览器，它可以搜索、查看和下载 Internet 上的各种信息。"超文本"的加入使得 Web 很快成为一片能自由航行的信息海洋，它使用了一种被称为 HTML（超文本标记语言）的文件格式，可以在 Web 上通过跳转或"超链接"从某一页跳到其他网页——这些网页可包括图像、动画、声音、3D 世界以及其他任何信息。网页和文件可以放在 Internet 上的任何一个地方，通过"超链接"将它们连在一起，形成巨大的 WWW。一旦与 Web 连接，就可以使用同样的方式访问全球任何地方的信息，而不用支付额外的"长距离"连接费用或受其他条件的制约。

WWW 是由遍布在 Internet 上的无数台被称为 WWW 服务器的计算机组成的。一个服务器除了提供自身的独特信息服务外，还"指引"存放在其他服务器上的信息。那些被指引的服务器又指引着更多的服务器。各服务器之间是通过"链接"操作来完成相互访问的。通常这些链接在网页中是带有下划线、具有不同的色彩和亮度的词、词组或者图形等其他标记，当鼠标移到带有链接的部分时，鼠标的光标通常变成一只小手的形状。此时，单击鼠标，计算机会根据链接站点的内容做出相应的反应，如跳转到 Internet 上的另一个站点，或 WWW 上的一个新的网页。链接将各个 WWW 站点像链子一样串起来，用户可根据需要顺藤摸瓜地寻找到所需要的信息。

WWW 的精华有 3 处：
- 用超文本（HyperText）技术实现了信息与信息的链接；
- 用统一资源定位技术(URL)实现全球信息的精确定位；
- 用新的应用层协议（HTTP）实现分布式的信息共享。

可以说，正是这种革命性的非线性信息组织形式和信息连接方式，使 Internet 世界变得丰富多彩，信息的全球共享构成了信息的海洋，而信息爆炸式的增长方式质变地改变了人们获取信息、利用信息和处理信息的方式和能力。WWW 的出现,直接促进了信息化时代的到来。

上述 WWW 的 3 处精华,全部由 Tim Berners·Lee 一人主导定义和完成。人们将 Tim Berners·Lee 誉为 WWW 之父。Tim Berners·Lee 1955 年生于英国,1976 年牛津大学毕业,主修物理。1989 年他实现了超文本系统 HTML,并于 1990 年 10 月在他当时工作的 CERN(欧洲高能粒子物理实验室)启用。1991 年,HTML 开始在 Internet 上发布。此后两年,他主导了 URL、HTML 和 HTTP 的定义和发展。1994 年,他到麻省理工学院(MIT),加入了非营利机构 W3C(WWW Consortium),并任总监,继续推动着 Internet 技术的发展。下面着重介绍一下 WWW 的 3 个精华之处。

1. 超文本

WWW 每一个页面对应一个文件,它不是普通的"文本文件",而是具有文字、图形、图像、声音及虚拟环境的文件,文件中有时还包含一些链接,将包含链接的文件称为"超文本文件(HyperText)"。为了使各种不同类型的 WWW 服务器都能正确地识别和执行,超文本文件要遵从一个严格的标准,这个标准就是超文本标记语言(HyperText Markup Language,HTML),也可利用该语言编写超文本文件,即网页。超文本文件的扩展名为.html 或.htm。

HTML 是 WWW 的描述语言,由 Tim Berners·Lee(见图 10-36)提出。设计 HTML 语言是为了能把存放在一台计算机中的文本或图形与另一台计算机中的文本或图形方便地联系在一起,形成有机的整体。HTML 语言拥有超链接(Hyperlink),由这些超链接将若干文本组合起来构成超文本(Hypertext)。当然也有人将相互链接的单纯的文本称为"超文本",而将含有图形、图像、声音等媒体形式的相互链接的信息整体称为"超媒体",本书将两者统称为"超文本"。超文本的工作原理如图 10-37 所示。

图 10-36　Tim Berners·Lee

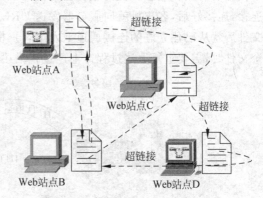

图 10-37　超文本工作原理

2. 统一资源定位器

统一资源定位器(Uniform Resource Locator,URL)是指定 Internet 上资源地址的标准编址机制。其作用就像茫茫信息海洋中的罗盘和航标灯,帮助用户找到自己所需要的信息资源和网络服务。人们经常用"网址"、"地址"等俗称来代替 URL。事实上,URL 并不单是地址,它还包含了对这个地址的访问方式。一个 URL 由以冒号隔开的两大部分组成,在 URL 中的字符对大写或小写没有要求。

URL 的一般形式是:＜URL 的访问方式＞://＜服务器地址＞:＜端口＞/＜路径＞。

其中 URL 的访问方式指出 WWW 客户程序用来操作的工具。如"http://"表示 WWW 服务器，"ftp://"表示 FTP 服务器。服务器地址是指要访问的页面所在的服务器域名。端口是指要访问的资源所在的服务器提供的端口号（依据服务类型的不同，服务器同时提供若干端口为用户服务），但由于各类服务所使用的端口一般都是默认的，在输入 URL 时通常都是省略端口号。路径指明服务器上资源的位置，通常由文件夹/子文件夹/文件名这样的结构组成。与端口一样，路径并非总是需要的。图 10-38 分析了一个典型 URL 地址的构成。

图 10-38　典型的 URL 结构分析

除了一般网页浏览所需的 HTTP URLs 以外，根据协议的不同 URL 还有以下几种：

File URLs：如 file://ftp.net.tsinghua.edu.cn/pub，该 URL 指定了一台 FTP 服务器上的一个目录。

Gopher URLs：Gopher（信息鼠）URLs 比 File URLs 稍微复杂一点，因为 Gopher 服务器的处理机制略复杂于 FTP 服务器。例如 gopher://gopher.tsinghua.edu.cn/。

News URLs：新闻组的 URL 非常简单，例如 news://rec.gardening。

E-mail URLs：电子邮件的 URL 也非常简单，如 mailto://bright@tsinghua.edu.cn。

3. 超文本传输协议

超文本传输协议（Hyper-Text Transport Protocol，HTTP）是用于在 Internet 上传输超文本文件的协议。当客户机向服务器请求一个文件时，首先要建立一个从客户机到服务器的连接，连接好后，客户机就向服务器发送 URL，让服务器根据 URL 去寻找相应的文件，找到文件后就从已建立好的连接通道上发给客户机，文件发送完毕即拆除连接。当要寻找另一个文件时，需要重复上述过程。上述过程描述的 HTTP 工作流程如图 10-39 所示。

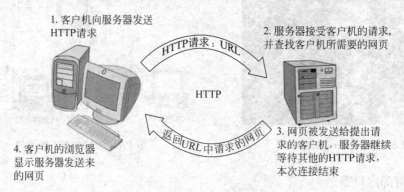

图 10-39　HTTP 协议工作流程

10.4.2　浏览器的设置和使用

同 WWW 一样，浏览器的出现带来了一场网络使用方式的革命。正是由于有了多媒体的网络浏览器，使原来技术专家之间的网络通信，普及到每一位上网者的身边。WWW 浏览器（browser）是用于观看 WWW 信息的可独立运行的用户应用程序。其功能是向 Web

服务器发送各种请求,并对从服务器发来的由 HTML 语言定义的超文本信息和各种多媒体数据格式进行解释、显示和播放。

浏览器同样是青年人创造的神话般的科技现实。被称为浏览器之父的 Marc Andreesen(见图 10-40),1993 年开发成功世界上第一款界面友好,容易使用的浏览器——马赛克(Mosaic)时,还是一位就读于美国伊利诺伊(Illinois)大学本科并兼职于该大学"国家超级计算机应用中心(NCSA)"的年仅 22 岁的学生。Marc Andreessen 创作的 Mosaic,能够让文字和图片资料同时出现在窗口内,而且还整合了其他通信协议的网络服务于一身,例如 Telnet、FTP 和 gopher 等。

图 10-40　Marc Andreessen

Mosaic 的推出造成无与伦比的震撼,被形象地称作"杀手级的应用程序"(Killer-App),在当年竟然使互联网上的数据传输量增长了 34 万多倍!Marc Andreessen 在 1994 年时创建了网景(Netscape)公司,制作出 Netscape Navigator 浏览器。

随着 Web 技术应用的日益广泛,人们对浏览器的期望也越来越高,希望它能提供越来越高的表达能力。为此 HTML 语言一再升级版本,浏览器软件版本也一再升级,以求满足用户不断增长的要求。网络浏览器的出现,不仅使超文本文件格式的优点得到了充分的发挥,而且也使对互联网用户的技术要求降到了最低点。不用任何计算机方面的知识,不用经过任何训练,只要用一个小小的鼠标,就可以方便地进行操作。目前占据市场的主流浏览器的统计如图 10-41 所示。

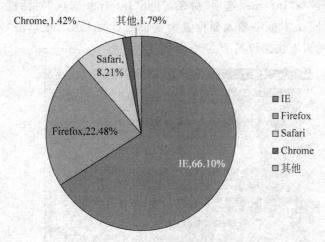

图 10-41　2009 年 4 月浏览器市场占有率

下面以 IE 8.0 浏览器为例,讲解浏览器的常规设置与主要的使用技术。

IE 8.0 窗口如图 10-42 所示。窗口的各个组成部分与 Windows 中的其他窗口十分类似。其中标题栏用于指明网页的性质,如网页的名称、联机或脱机等内容。菜单栏与一般软件菜单栏相似,通过菜单可以获得浏览器软件的所有功能。命令栏集成了常用功能的命令按钮以及常用的设置功能。地址栏中可以输入需要浏览的网站地址或 URL。状态栏用以指明 IE 浏览器的当前状况。

图 10-42　IE 浏览器窗口构成

浏览器的类型不同或者同种浏览器的不同版本之间，彼此的功能都会有一些差别，但是它们之间都有着极其相似的基本功能。下面以 IE 8.0 为例，介绍其主要的功能。

1)"主页"设置功能

上网用户习惯将自己经常访问的站点页面设置为浏览器的主页，当打开浏览器时或者在浏览页面过程中单击主页按钮，都可以快速打开用户设置好的主页。主页的设置方法是在浏览器中执行"工具"→"Internet 选项"命令，打开"Internet 选项"对话框，在"常规"选项卡的"主页"栏的"地址"文本框中输入要设置为主页的页面 URL，或单击"使用当前页"按钮，可以把当前打开的页面快速设置为主页，如图 10-43 所示。

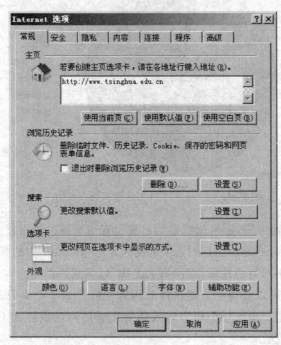

图 10-43　"Internet 选项"对话框

在 IE 的"Internet 选项"对话框中还可以设置许多重要参数,希望读者认真练习该对话框中其他选项的使用。IE 8.0 命令栏中的主页按钮 也可以用来快速设置主页,单击按钮右侧的箭头,在下拉菜单中选择添加或更改的主页,可以在如图 10-44 所示的对话框中快速设置主页。

2)"收藏夹"功能

Internet 上有着海量的资源,收藏夹功能(部分浏览器叫做书签功能)可以帮助用户将有用资源的 URL 记录下来,以便下次快速找到该资源。收藏夹可以通过菜单栏的"收藏夹"项设置,也可以通过 IE 的收藏夹按钮进行设置。例如,当前的页面是清华大学网站的首页,想把它收藏到收藏夹中,只需执行"收藏夹"→"添加到收藏夹"命令,就会在如图 10-45 所示的对话框中完成页面的收藏。

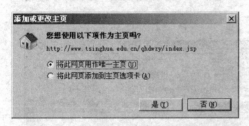

图 10-44 "添加或更改主页"对话框

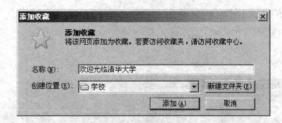

图 10-45 "添加收藏"对话框

收藏的名称允许用户自定义,在"创建位置:"列表框中,可以选择已经定义过的文件夹,也允许新建文件夹存放该页面的地址。

网页收藏多了以后,为了便于查找,对其进行分类非常重要,即用文件夹的形式对所收藏的网页进行归类。方法是执行"收藏夹"→"整理收藏夹"命令,便可弹出如图 10-46 所示的对话框,实现对收藏信息的整理。

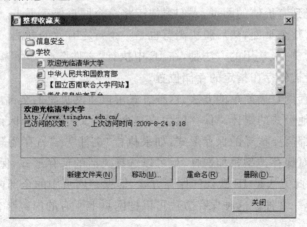

图 10-46 "整理收藏夹"对话框

IE 的收藏夹收藏着经常访问的网页地址,收藏夹中的信息已经成为上网计算机的一项重要的资源。重装系统或者系统遭受病毒攻击后,这些信息可能会被全部清除,给用户造成很大的不便,因此备份收藏夹是很必要的。备份、恢复收藏夹通常有两种方式:手工操作和 IE 导入导出。

Windows XP 的收藏夹默认位于系统分区如 C:\Documents and Settings\username\ 下,这个文件夹具有星形图标,非常容易辨认。只需要将这个文件夹复制到别的地方就可以实现备份,将备份文件夹复制回原来的目录即可实现恢复。上述的方法便是收藏夹的手工备份的方法。

IE 的导入导出功能同样可以很好地解决收藏夹的备份、恢复等问题,具体操作方法为:

打开 IE 浏览器,执行"文件"→"导入和导出"命令,打开"导入/导出设置"对话框,如图 10-47 所示。其中有 3 个选项,分别为"从另一个浏览器中导入"、"从文件中导入"、"导出到文件",用户可以根据实际需要选择其中一项完成收藏信息的导入或导出。

另外 IE 8.0 还提供了一个人性化的功能按钮——"添加到收藏栏"按钮,单击此按钮,IE 8.0 可以把当前打开的页面以图标的方式添加到收藏夹栏中,更加方便对该页面的快速访问,如图 10-48 所示。

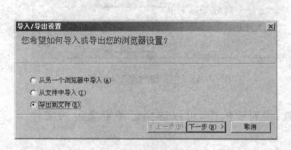
图 10-47 "导入/导出设置"对话框

图 10-48 添加到收藏夹功能

3) 保存网页信息功能

在网上浏览时,遇到有价值的网页,人们习惯于将整个网页保存下来。网络状况不稳定或者链接过慢时,保存整个页面,然后脱机浏览也是一个行之有效的办法。那么用什么方法保存网页呢?以 IE 为例,最常用的方法是,在 IE 中执行"文件"→"另存为"命令,选择保存网页的路径,网页就会被保存在指定的存储位置。

以上介绍的是保存网页最简单的方法,这种方式可以将网页里的全部内容保存下来,包括文字、图片,以及其他形式的媒体。保存后生成一个网页文件和一个保存图片的文件夹。但并不是所有情况下都需要这样的保存形式,如果执行"文件"→"另存为"命令之后在弹出的"保存网页"窗口中对保存类型稍加选择,就可以选择灵活的保存形式,保存类型有:

(1) 网页,全部。此方法是 IE 默认的保存方式,即保存网页中的全部内容。

(2) Web 档案,单一文件。这种保存方法可以把网页上所有的内容整合为一个文件,这对于管理网页也十分方便。

(3) 网页,仅 HTML。仅保存当前显示的 HTML 文件,不保存图像、声音和其他文件。

(4) 文本文件。保存网页时会自动去除网页中的所有 HTML 标签,以纯文本格式保存网页的文字内容。此方法所占空间最小,适合于只需要保存文字的情况。

另外,对于超链接指向的网页,可以不打开该网页而直接保存,方法是在该超链接上右击,在弹出的快捷菜单上执行"目标另存为"命令,在"另存为"对话框中,选择保存位置,输入文件名即可。

图片作为网页中重要的视觉形象资源,也是网络用户习惯保存的内容之一,将网上的图片保存到计算机磁盘上的具体操作方法如下:

(1) 在需要保存的图片上右击,在弹出的快捷菜单中选择"图片另存为"命令,弹出"保存图片"对话框;

(2) 在"保存在"列表框中选择要保存的路径,在"文件名"文本框中输入要保存的文件名,单击"保存"按钮,即可将该图片下载并保存到计算机中。

除上述常规功能之外,IE 8.0 增加了许多特色的功能,特别是在安全方面,引入了 InPrivate 功能,可以避免 IE 存储用户的浏览会话的数据,包括 Cookie、Internet 临时文件、历史记录以及其他数据等隐私信息,适合于在网吧等公用上网场所安全上网。SmartScreen 功能则可以帮助用户检测可疑站点的安全性,为绿色上网提供了简易可行的办法。

10.5 电子邮件

10.5.1 电子邮件概述

电子邮件(Electronic Mail,E-mail)是 Internet 上的重要信息服务方式,是 Internet 为用户提供的一种极为快速、简单和经济的通信和交换信息的方法。E-mail 不同于传统通信方式之处有如下几点:

(1) 发送速度快。E-mail 通常在数秒钟内即可送达至全球任意位置的收件人信箱中,这是传统通信所不能够比拟的。

(2) 信息多样化。电子邮件发送的信件内容除普通文字外,还可以包含数据、程序,甚至是声音、动画、视频等各类多媒体信息。

(3) 收发方便。与电话通信或邮政信件发送不同,E-mail 采取的是异步工作方式,它在高速传输的同时允许收信人自由决定在什么时候、什么地点接收和回复,E-mail 的收发跨越了时空的限制。

(4) 更为广泛的交流对象。同一个信件可以发送给网上指定的一个或多个成员,甚至召开网上会议进行互相讨论,这些成员可以分布在世界各地,但发送速度则与地域无关。

像传统的邮政邮件一样,E-mail 在通信中也需要收信人地址和发信人地址。E-mail 地址都遵循"用户名+@+邮件服务器域名"的格式,即 userid@domain。例如 birght@sina.com 就是一个典型的 E-mail 地址。在这个地址中,用户名是 bright,邮件服务器域名是 sina.com。在一个地址中不可以含有空格,@符号(读作"at")作为分隔符必不可少。

美国高技术调查公司(IDC)2007 年 2 月的调查数据表明,目前世界上每天在互联网上传递的电子邮件数量超过 400 亿次。这一惊人的数据说明电子邮件已经成为人们生活中一种重要的通信手段。在名片上,E-mail 地址已经像电话号码一样不可缺少。拥有 E-mail 地址已经成为网络用户的一个基本特征。

目前可供 Internet 用户使用的邮箱主要有免费邮箱、企业/单位/学校专用邮箱、收费邮箱等几种。从安全性和存储空间大小上来说,收费邮箱和专用邮箱往往要好于免费邮箱。在国内,电子邮件用户有 95%以上使用的是免费邮箱(中科院 2006 年统计)。

10.5.2 电子邮件的收发常识

目前,E-mail 的收发途径主要有登录邮件服务器的 Web 方式收发和通过软件(如 Outlook、Foxmail)本地收发两种方式,有 80%以上的网民习惯于 Web 方式收发 E-mail。

电子邮件与传统邮件在书写、传递、功能上存在诸多不同。电子邮件由 3 部分组成,即邮件头、正文、附件。邮件头中的发件日期及时间、发件人地址由系统自动填充,收件人地址可以从通信录中选择,也可以手工填写。邮件的正文末尾可以自动添加设置好的发件人签名。目前邮件服务系统都支持 MIME(Multipurpose Internet Mail Extensions,多用途互联网邮件扩展协议),利用这一协议,E-mail 可以交换图形、声音、传真等非文本的多媒体信息。邮件的附件可以是任意类型扩展名的文件,附件大小的限制由邮件服务器决定。

E-mail 支持群发功能,例如商业信函或者会议通知等。可以在收件人栏添加多人的 E-mail 地址,彼此用";"隔开,或者在抄送(Cc)栏/秘密抄送(Bcc)栏填入多人的 E-mail 地址,彼此用";"隔开。E-mail 的收发还有许多技巧和附加功能。

在虚拟的网络世界,E-mail 的使用有着自身独特的习惯,这样的习惯被称为"电子邮件网络礼仪"。懂得这样的礼仪,才可以在 E-mail 的收发中,对其运用自如,避免不必要的误会与尴尬。关于"电子邮件网络礼仪",简述如下。

1. 使用有意义的主题

在垃圾邮件大量充斥的今天,一个有意义的主题可以让收件人轻松识别 E-mail 的来源及意义,防止邮件被当成垃圾邮件过滤掉或者删除。

2. 不要总是输入大写字母或者加粗字体

大写字母的网上寓意就好像在线尖叫一般,通常用来表示愤怒的情绪。汉字的加粗字体也有着同样的效果。

3. 注意言简意赅

E-mail 切忌冗长,E-mail 从诞生之初就伴随着信息爆炸时代的到来,在电子信件中,不要用抒情的长篇大论来考验收件人的耐心。

4. 留心附件

当今网络病毒流行,E-mail 附件是计算机病毒的主要载体之一。所以要确保被发送的附件没有病毒。另外附件的内容最好在信件中向收件人说明,附件的大小不要过大。

5. 慎重使用抄送和秘密抄送

私人性质的 E-mail 不宜群发或者抄送,否则就是对收件人的不尊重。商业信函尽量使用秘密抄送而避免使用抄送,这样可以对大量收件人的地址进行保密。

6. 注意语言

E-mail 中运用的语言要礼貌,避免带有不好的情绪。语气过重时建议使用表情符号进行诙谐的调剂,比如^_^代表微笑,:-O 表示吃惊,:-< 表示沮丧等。但"路逢剑客需呈剑",表情符号最好运用于懂得它们含义的人群中间。

10.5.3 电子邮件的收发原理

E-mail 的发送需要通过发送邮件的服务器,并遵守"简单邮件传输协议(Simple Mail Transfer Protocol,SMTP)"。这个协议是 TCP/IP 协议集中的一部分,它描述了邮件的格式以及传输时应如何处理,而信件在两台计算机之间传输仍采用 TCP/IP 协议。

接收 E-mail 需要通过读取信件服务器,并遵守"邮局协议(Post Office Protocol 3, POP3)"。这个协议也是 TCP/IP 协议集中的一部分,它负责接收 E-mail。

IMAP(Internet Message Access Protocol,因特网信息存取协议)也是常用的 E-mail 接收协议。当使用电子邮件应用程序(如 Outlook Express、Foxmail)访问 IMAP 服务器时,用户可以决定是否将邮件复制到自己的计算机上,以及是否在 IMAP 服务器中保留邮件副本。而访问 POP3 服务器时,邮箱中的邮件被复制到用户的计算机中,不再保留邮件的副本。目前支持 IMAP 协议的服务器还不多,大量的邮件服务器还是 POP3 服务器。

在 Internet 上发送和接收 E-mail 的过程,与普通的邮政信件的传递与接收过程十分相似。邮件并不是从发送者的计算机上直接发到接收者的计算机上,而是通过 Internet 上的邮件服务器进行中转的。简单的邮件收发原理如图 10-49 所示。

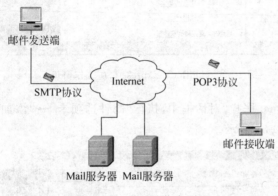

图 10-49　E-mail 收发原理

10.5.4　Outlook Express 简介

除了登录邮件服务器站点在线收发 E-mail 外,还可以利用专门的软件收发 E-mail,这样的软件有很多,常用的有 Outlook Express、Netscape Messanger、Foxmail 等。其中 Outlook Express 是由美国微软公司(Microsoft)出品的免费软件,与 Internet Explorer 浏览器软件捆绑发行。Outlook Express 的功能强大,具有完善的中文界面、支持多个账号、支持多种语言及 HTML 格式等。

Outlook Express 的应用十分简单易学,进入 Outlook Express 的方法与进入 IE 的方法十分类似,即通过快速启动栏、桌面图标、开始菜单均可。Outlook Express 6.0 的工作窗口如图 10-50 所示。

在图 10-50 中可以看出,Outlook Express 的邮件管理功能强于在线的邮件系统。在 Outlook Express 中,除了可以正常收发邮件外,还可以定制新闻组服务,在同一软件中可以同时管理多个邮件账户,另外在 Outlook Express 的菜单栏中还包括了大量的关于 E-mail 管理及账户、通信录等管理的功能。

Outlook Express 在使用前必须添加账户等基本信息,邮件账户设置步骤如下:

(1) 单击"工具"→"账户"。

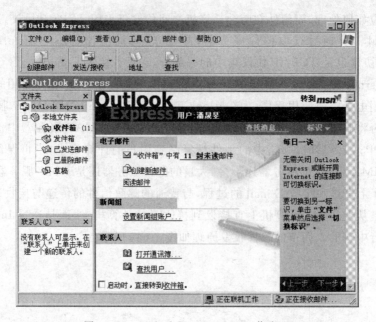

图 10-50　Outlook Express 6.0 工作窗口

（2）在弹出的"Internet 账户"对话框中，执行"邮件选项卡"→"添加"→"邮件"命令，添加一个邮件账户，如图 10-51 所示。

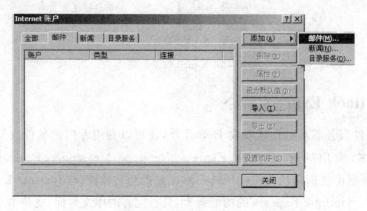

图 10-51　添加邮件账户

（3）在向导对话框中，输入姓名（将出现在"发件人"栏中）后单击"下一步"按钮。

（4）输入邮件地址后单击"下一步"按钮。

（5）根据提示输入邮箱的 POP 和 SMTP 服务器地址，不同的邮件服务器所规定的 POP 和 SMTP 地址各不相同，用户要到自己申请邮箱的邮件服务器中查询上述地址。例如网易 126 邮箱的 POP 和 SMTP 地址分别是 pop.126.com 和 smtp.126.com。输入完之后再单击"下一步"按钮，如图 10-52 所示。

（6）输入邮件账户密码后单击"下一步"按钮，注意账户名一定为全称。在下一个出现的对话框中单击"完成"按钮。

设置完毕，Outlook Express 就可以正常收发邮件了。

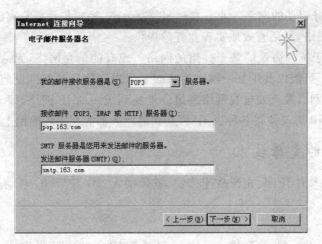

图 10-52　配置邮件服务器

微软除了免费发布 Outlook Express 外,还作为其 Office 组件有偿发布了 Outlook(如 Outlook 2003)。两者虽然名称里都含有"Outlook",功能也很相近,但还是有所不同。Outlook express 仅是一个邮件客户端程序,而 Outlook 软件是微软公司的群件客户端程序,除了邮件功能外还有日程安排、通信录等,如果配合 Exchange 使用,可以实现非常强的协作功能。

10.6　网络技术发展趋势

网络技术的发展与整个信息技术发展息息相关。关于信息技术的发展,科学界归纳出三条重要的定律:摩尔定律、吉尔德定律和迈特卡尔定律。摩尔定律预测了处理器能力的高速增长,即每 18 个月翻一番。摩尔定律预见了未来计算无处不在,并且趋于免费。吉尔德定律预测主干网带宽的增长速度至少每 6 个月带宽增长 1 倍,预见了除计算外,通信也趋于零成本。迈特卡尔定律总结了网络价值同网络用户数量的平方成正比的规律,即 N 个联结能创造 N^2 的效益,简单而言就是万人上网,亿份效益。该定律让人们看到了网络发展的巨大的潜力。

网络空前的信息容纳能力、高速的信息传递能力、有力的信息组织与检索能力、普遍的可连接性(时间、地点、设备)等特征彰显的今天,人们对网络的未来充满了憧憬,可扩展、更安全、更大、可信、可管理、高质量的下一代网络技术已成为学术、产业界与终端用户的共同期盼。

10.6.1　NGN 的概念和特点

在探讨网络发展趋势的过程中,业界提出了下一代网络(Next Generation Network,NGN)的概念。NGN 是一个松散的定义,泛指一个不同于目前一代的、以数据为中心的融合网络。理想中的 NGN 可以实现各种网络的互通,用户可以在任何时间、任何地点、以多种方式,享受网络提供的各种服务。NGN 是一个集数据、语音、视频等各种多媒体功能于一体的网络,有以下特征:

(1) NGN 采用开放的网络构架体系。将传统交换机的功能模块分离成为独立的网络部件,各个部件可以按相应的功能划分,各自独立发展。

(2) NGN 是业务驱动的网络。业务与呼叫控制分离,呼叫与承载分离。分离的目标是使业务真正独立于网络,灵活有效地实现业务的提供。

(3) NGN 是基于统一协议的基于分组的网络。现有的信息网络,无论是电信网、计算机网和有线电视网不可能以其中某一网络为基础平台来创建信息基础设施,人们已经认识到电信网络、计算机网络及有线电视网络将最终汇集到统一的 IP 网络,即人们通常所说的"三网"融合大趋势,IP 协议使得各种以 IP 为基础的业务都能在不同的网上实现互通。

10.6.2 NGN 的支撑技术

NGN 的支撑技术有 IPv6、光纤高速传输、宽带接入、3G 和后 3G 移动通信系统、IP 终端、网络安全等。

1. IPv6

作为网络协议,NGN 将基于 IPv6。IPv6 相对于 IPv4 的主要优势是:扩大了地址空间、提高了网络的整体吞吐量、服务质量得到很大改善、安全性有了更好的保证、支持即插即用和移动性、更好地实现了多播功能。

2. 光纤高速传输技术

NGN 需要高速率、大容量,到目前为止能实现的最理想传送媒介仍然是光。因为只有利用光谱才能带给人们充裕的带宽。单一光纤的传输容量目前已达到 40Gb/s,Tb/s 级别的传输研究也已经开展。

3. 宽带接入

NGN 必须要有宽带接入技术的支持,因为只有接入网的带宽瓶颈被打开,各种宽带服务与应用才能开展起来,网络容量的潜力才能真正发挥。这方面的技术主要有以下 4 种:

(1) 基于高速数字用户线(VDSL)。

(2) 基于以太网无源光网(EPON)的光纤到家(FTTH)。

(3) 自由空间光系统(FSO)。

(4) 无线局域网(WLAN)。

4. 3G 和后 3G 移动通信系统

3G 定位于多媒体 IP 业务,传输容量更大,灵活性更高,并将引入新的商业模式。IPv6 是 3G 必须遵循的标准。包括 4G 在内的后 3G 系统将定位于宽带多媒体业务,使用更高的频带,使传输容量再上一个台阶。在不同网络间可无缝提供服务,网络可以自行组织,终端可以重新配置和随身佩带,是一个包括卫星通信在内的端到端 IP 系统,与其他技术共享一个 IP 核心网。它们都是支持 NGN 的基础设施。

5. IP 终端

计算机在网络普及的年代将突破传统领域,在 IPv6 海量地址的支持下,大量内嵌处理器、分配有 IP 地址的智能设备开始涌现,许多公司现正在从固定电话机开始开发基于 IP 的用户设备,包括汽车的仪表板、建筑物的空调系统以及家用电器,从音响设备和电冰箱到调光开关和电咖啡壶。所有这些设备都将挂在网上,可以通过家庭 LAN 或个人网(PAN)接入或从远端 PC 接入。

6. 网络安全技术

没有安全保障,网络的效益将化作虚无。不但传统网络面临的安全威胁在 NGN 的发展中也会同样出现,而且随着网络的融合和互通,又会有新的安全威胁产生。除了常用的防火墙、安全过滤、用户证书、数据加密、安全审计和故障恢复等安全技术外,今后还要采取更多的措施来加强网络的安全。如采用强安全性的网络协议(特别是IPv6);针对现有路由器、交换机、边界网关协议(BGP)、域名系统(DNS)所存在的安全弱点提出解决办法;迅速对关键的网元、网站、数据中心设置真正的冗余、分集和保护;严格控制新技术和新系统,在找到和克服安全弱点之前不盲目将其推向应用等。

10.6.3 网络发展的内在动力

下一代网络的发展充满了创新与机遇。遥想当年冷战政治催生了网络的诞生,到今天不断涌现的创新应用却成为网络发展不竭的内在动力。创新应用对下一代网络的推动主要体现在如下几个方面。

1. 终端多样化推动了广泛地址空间的需求

网络连接终端不仅仅是有网络连接功能的 PC 工作站或服务器,在今天,手机可以入网、手持终端(POS)可以入网、智能的仪器甚至家电设备也可以入网,终端的丰富与多样化遇到的最大瓶颈就是网络地址空间的有限性,IPv4 地址消耗殆尽已经是不争的事实,随之而来的就是网络的拥塞现象和效率的明显降低。IPv6 的采用将很好地解决地址空间的危机,当然新的协议标准仍有许多亟待完善之处。2008 年北京奥运会成功启用 IPv6 服务网络,可视电话、高速上网、即时通信、视频会议、奥运游戏等新业务提升了北京奥运的科技含量,也让人们直接感受到了 NGN 的广阔应用前景。

2. 高清多媒体应用推动了更高的带宽及质量保证需求

在多媒体应用领域,今年高清晰网络电视等服务风起云涌,一帧高清晰度电视画面需要 110~130 万个像素,而普通电视画面一帧仅为 38 万个像素,人们在享受视觉盛宴的同时要付出更大的带宽的代价。

3. P2P 网络应用推动了端到端的服务质量提升

当前,以 BitTorrent(以下简称 BT)为代表的 P2P 下载软件流量占用了宽带接入的大量带宽,据统计已经超过了 50%。P2P 的无节制应用严重影响了正常的 Web、E-mail 以及视频点播等网络业务。因此,修改和优化服务质量(QoS)机制,在允许用户使用 P2P 的前提下,保障正常业务的运行成了 NGN 重点需要解决的问题。

4. 生产环境监控等工业控制要求实时可靠的服务质量保证

军事、电力、交通、气象以及工矿企业等诸多领域的指挥、监控、调度等控制系统对未来网络有着独特的技术需求。要求 NGN 具备高度的稳定可靠性、强大的多媒体通信能力、实时的业务特性、强大的指挥调度功能、便捷的 IM 消息和字幕功能、优秀的网络适应性等。

5. 电子购物等网络服务商业行为要求可信可管理的安全技术手段

网络购物以及网络金融活动已经成为社会生活的重要方式之一,网络安全必然会为越来越多的人所关注,网络安全将成为新商业文明的重要保障。巨大的网络交易市场吸引了不法分子。网络诈骗在购物平台上屡见不鲜。NGN 采用国家级安全 CA 认证体系,保障账户安全、结算安全、支付安全、系统安全,让双方放心便捷地进行交易已经成为一项重要的技术需求。

10.7 问 与 答

(1) 什么是 MAC 地址？

答：MAC 地址是 Media Access Control 的缩写，是在网络中唯一能标识计算机的硬件地址，存在于网卡上。每块合法的网卡在出厂时都被赋予了一个 MAC 地址，且所有的网卡的 MAC 地址都不会重复。MAC 地址是用 48 位的地址，用 12 个十六进制数表示的，如 00-a0-c9-86-ea-43，其中 MAC 地址的前 6 位是厂商号，后 6 位是网卡号。

(2) 什么是子网掩码？子网掩码起什么作用？

答：子网掩码也是一个 32 位地址，其作用是用于屏蔽 IP 地址的一部分以区分网络标识和主机标识。只有同在一个子网中的主机才能直接互相通信联系。在 TCP/IP 中是通过子网掩码来表明本网是如何划分的。将子网掩码和 IP 地址进行"与"运算，即可区分一台计算机是本地网络还是远程网络。

(3) 计算机网络未来的发展趋势如何？

答：未来网络的发展有 3 种基本的技术趋势。一是朝着低成本微机所带来的分布式计算和智能化方向发展；二是向适应多媒体通信、移动通信结构发展；三是网络结构适应网络互连，扩大规模以至于建立全球网络。

(4) 什么是"三网合一"？

答：所谓"三网合一"是指现有的电信网络、计算机网络以及广播电视网络相互融合，逐渐形成一个统一的网络系统，由一个全数字化的网络设施来支持包括数据、话音和视像在内的所有业务的通信。

"三网合一"是 21 世纪通信网发展的大趋势，"三网合一"的通信网络将是一个覆盖全球、功能强大、业务齐全的信息服务网络，即为全球一体化的综合宽带多媒体通信网采用超大容量光导纤维构成地面的骨干网，而这一网络结构应是一个统一完整的结合体系，为全球任一地点，采用任何终端的用户提供综合的语音、数字、图像等多种服务。而这一全球网络将是以 IP 协议为基础，所有网络将向以 IP 为基本协议的分组网统一。

习 题 10

1. 单选题

(1) Outlook Express 是一个_____处理软件。
A. 文字　　　　　B. 表格　　　　　C. 电子邮件　　　　D. 幻灯片

(2) 如下网络设备中，_____承担着数据报传输路径选择的任务。
A. 交换机　　　　B. 调制解调器　　C. 路由器　　　　　D. 集线器

(3) 计算机网络的主要目标是实现_____。
A. 数据处理　　　　　　　　　　　　B. 文献检索
C. 信息共享与信息传输　　　　　　　D. 信息传输

(4) "星型网"是按照_____作为分类依据的一种网络类型。
A. 拓扑结构　　　B. 通信介质　　　C. 覆盖范围　　　　D. 通信协议

(5) 双绞线作为通信介质,对应的网线接头应该是_____。
　A. BNC　　　　　B. RJ-11　　　　C. COM　　　　　D. RJ-45
(6) Internet 源自_____网。
　A. ARCNET　　　B. CERNET　　　C. AT&T　　　　D. ARPA
(7) Internet 的通用协议是_____。
　A. TCP/IP　　　　B. FTP　　　　　C. UDP　　　　　D. Telnet
(8) 下面的选项中,_____不是选择 ISP 的主要考虑因素。
　A. 初装及月租价格　B. 付费方式　　C. 地理位置　　　D. 服务质量
(9) IP 地址 130.1.23.8 属于_____类 IP 地址。
　A. A 类　　　　　B. B 类　　　　　C. C 类　　　　　D. D 类
(10) 将域名转换为 IP 地址的是_____。
　A. DNS　　　　　B. ARP　　　　　C. RARP　　　　D. ICMP
(11) 下面协议中,用于 WWW 传输控制的是_____。
　A. URL　　　　　B. SMTP　　　　C. HTTP　　　　D. HTML
(12) 以下几种方式中传输速率最高的是_____。
　A. ADSL　　　　B. 调制解调器　　C. ISDN　　　　　D. WAP
(13) 电子邮件(E-mail)的特点之一是_____。
　A. 比邮政信函、电报、电话、传真都更快
　B. 在通信双方的计算机之间建立直接的通信线路后即可快速传递信息
　C. 采用存储-转发方式在网络上逐步传递信息,不像电话那样直接、即时,但费用低廉
　D. 在通信双方的计算机都开机工作的情况下即可快速传递数字信息
(14) 下列 4 项中,合法的电子邮件地址是_____。
　A. Wang-em. hxing. com. cn　　　　B. em. hxing. com. cn-wang
　C. em. hxing. com. cn@wang　　　　D. wang@em. hxing. com. cn
(15) 开放系统互连参考模型的基本结构分为_____。
　A. 4 层　　　　　B. 5 层　　　　　C. 6 层　　　　　D. 7 层

2. 填空题

(1) 计算机网络系统由通信子网和_____子网组成。
(2) 127.0.0.1 是一个特殊的 IP 地址,代表_____。
(3) 邮件服务器使用 SMTP 的主要目的是_____。
(4) CHINANET 是我国主要的 ISP 之一,它的中文全称为_____。
(5) 可以将经常访问的网址存于 IE 的_____中,方便下次快速访问。
(6) 在 DNS 的顶级域名中,COM 代表_____。
(7) 客户机/服务器模式的局域网,其网络硬件主要包括服务器、工作站、网卡和_____。
(8) FTP 是 Internet 中的一种_____服务。
(9) 网络病毒常常隐藏在 E-mail 的_____中。
(10) 目前网景公司的 Netscape Navigator(新版本为 Communicator)和微软公司的_____是主流的浏览器。

3. 多选题

(1) 以下 IP 地址中为 C 类地址的是 _____。

A. 127.0.0.1　　　　　　　　　B. 202.201.0.1
C. 224.0.0.1　　　　　　　　　D. 210.26.50.248

(2) WWW 的精华之处有 _____。

A. HTTP　　　B. FTP　　　C. URL　　　D. HyperText

(3) E-mail 常用的协议有 _____。

A. UDP　　　B. POP3　　　C. SMTP　　　D. IMAP

(4) 选择 ISP 的准则有 _____。

A. 资费标准　　B. 出口带宽　　C. 服务类型　　D. 服务与承诺

(5) 下列 _____ 属于即时通信软件。

A. 腾讯 QQ　　B. Outlook　　C. MSN　　　D. IE

(6) 接入 Internet 可以采取 _____ 方式。

A. PSTN　　　B. ADSL　　　C. Web　　　D. ISDN

(7) 下面 _____ 是有效的通信介质。

A. 光纤　　　B. 红外线　　　C. RJ-11　　　D. BNC

(8) 有域名 www.tsing.edu.cn，则域名拥有者很可能 _____。

A. 是中国的　　B. 是教育机构　　C. 是政府部门　　D. 是外国的

(9) 常见的网络操作系统(NOS)有 _____。

A. DOS　　　　　　　　　　　B. UNIX
C. Windows Server　　　　　　D. Novell NetWare

(10) 对 IPv4 描述正确的有 _____。

A. 点分二进制书写　　　　　　B. 共有 32 位
C. 由网络号和主机号构成　　　D. IPv4 地址总数无限多

第11章　信息安全技术

学习目标：掌握计算机信息安全技术的基础知识以及知识产权与相关法规。

本章涉及以下内容：
- 信息安全的概念；
- 实体安全；
- 计算机病毒；
- 加密和解密；
- 防火墙技术；
- 数据备份和恢复技术；
- 知识产权与相关法规。

11.1　信息安全技术概述

11.1.1　信息安全的概念

1. 定义

国际标准化组织定义信息安全(Information Security)为"数据处理系统建立和采取的技术和管理的安全保护，保护计算机硬件、软件和数据不因偶然和恶意的原因而遭到破坏、更改和显露"。

信息安全包含三层含义。一是系统的实体安全，它提供系统安全运行的物理基础；二是系统中的信息安全，通过对用户权限的控制和数据加密等手段，确保系统中的信息不被非授权者获取或篡改；三是管理安全，通过采用一系列综合措施，对系统内的信息资源和系统安全运行进行有效的管理。

2. 属性

不论应用何种安全机制解决信息安全问题，本质上都是为了保证信息的各项安全属性。信息安全的基本属性为信息的保密性、完整性、可用性、可控性和不可否认性。

1) 保密性(confidentiality)

信息或数据经过加密变换后，将明文变成密文形式。只有被授权的合法用户，掌握了密钥，才能通过解密算法将密文还原成明文。未经授权的用户因为不知道密钥，而无法获知原明文的信息。

2) 完整性(integrity)

为方便检验所获取的信息与原信息是否完整一致，通常可给原信息附加上特定的信息块,该信息块的内容是原信息数据的函数。系统利用该信息块检验数据信息的完整性。未授权用户对原信息的改动会导致附加块发生变化,由此引发系统启动预定的保护措施。

3) 可用性(availability)

可用性指的是安全系统能够对用户授权,提供其某些服务,即经过授权的用户可以得到系统资源,并且享受到系统提供的服务。防止非法抵制或拒绝对系统资源或系统服务的访问和利用,增强系统的效用。

4) 可控性(controllability)

可控性是指合法机构能对信息及信息系统进行合法监控,防止不良分子利用安全保密设备来从事反对政府或破坏社会安全等犯罪活动。通过特殊设计的密码体制与密钥管理运行机制相结合,使政府管理监控机关可以依法侦探犯罪分子的保密通信,同时保护合法用户的个人隐私。即对信息系统安全监控管理。

5) 不可否认性(incontestability)

不可否认性是指无论合法的还是非法的用户,一旦对某些受保护的信息进行了处理或其他操作,它都要留下自己的信息,以备在以后进行查证之用。即保证信息行为人不能否认自己的行为。不可否认性在公文流转系统中尤显重要。

11.1.2 信息安全技术研究内容

计算机网络具有连接形式多样性、终端分布不均匀性和网络的开放性、互联性等特征,致使网络易受黑客、恶意软件和其他不轨行为的攻击,所以网络信息的安全和保密是一个至关重要的问题。无论是在单机系统、局域网还是广域网中,都存在着自然和人为等诸多因素的脆弱性和潜在威胁。因此,计算机网络的安全措施应该能全方位地针对各种不同的威胁和脆弱性,这样才能确保网络信息的保密性、完整性和可用性。总之,一切影响计算机网络安全的因素和保障计算机网络安全的措施都是计算机网络安全技术的研究内容。

1. 实体安全

实体安全或称物理安全,是指包括环境、设备和记录介质在内的所有支持网络系统运行的总体安全。

2. 软件系统安全

软件系统安全主要是针对所有计算机程序和文档资料,保证它们免遭破坏和非法复制,还包括掌握高安全产品的质量标准,对于自己开发使用的软件建立严格的开发、控制、质量保障机制,保证软件满足安全保密技术标准要求,确保系统安全运行。

3. 加密技术

信息安全最重要的自动工具是加密,通常使用两种形式的加密:对称加密和非对称加密。

4. 网络安全防护

网络安全防护主要是针对计算机网络面临的威胁和网络的脆弱性而采取的防护技术,如安全服务、安全机制及其配置方法,动态网络安全策略,网络安全设计的基本原则等。

5. 数据信息安全

数据信息安全对于系统的稳定性越来越重要。其安全保密主要是指为保证计算机系统的数据库、数据文件以及数据信息在传输过程中的完整、有效、合法使用,免遭破坏、篡改、泄露和窃取等威胁和攻击而采取的一切技术、方法和措施。其中包括备份技术、压缩技术、数据库安全技术等。

6. 认证技术

与保密性同等重要的安全措施是认证。在最低程度上,消息认证是确保一个消息来自合法用户。此外认证还能够保护信息免受篡改、延时、重放和重排序等。它涉及的内容包括访问控制、散列函数、身份认证、消息认证、数字签名、认证应用程序等。

7. 计算机病毒防治技术

计算机病毒对信息系统安全的威胁已成为一个重要的问题。详见 11.3 节。

8. 防火墙与隔离技术

防火墙与隔离技术是静态安全防御技术,是保护本地计算机资源免受外部威胁的一种标准方法。详见 11.5 节。

9. 入侵检测技术

入侵检测技术是动态安全技术的核心技术,是防火墙的合理补充;入侵检测技术帮助系统对付网络攻击,扩展了系统的安全管理能力(包括安全审计、监视、进攻识别和响应),提高了信息安全基础结构的完整性。

10. 漏洞扫描技术

漏洞扫描主要是利用漏洞扫描工具对一组目标 IP 进行扫描,通过扫描能得到大量相关的 IP、服务、操作系统和应用程序的漏洞信息。漏洞扫描可分为系统漏洞扫描和 Web 漏洞扫描,主要扫描一些操作系统或应用程序配置漏洞,如操作系统或应用程序代码漏洞,旧的或作废的软件版本,特洛伊木马或后门程序,致命的特权相关的漏洞,拒绝服务漏洞,Web 和 CGI 漏洞。

11.1.3 计算机安全评价标准

1. 美国可信计算机安全评价标准(TCSEC)

TCSEC 标准是计算机系统安全评估的第一个正式标准,具有划时代的意义。该准则于 1970 年由美国国防科学委员会提出,并于 1985 年 12 月由美国国防部公布。TCSEC 将计算机系统的安全划分为 4 个等级、7 个级别。

D 类安全等级:D 类安全等级只包括 D1 一个级别。D1 的安全等级最低,D1 系统只为文件和用户提供安全保护。

C 类安全等级:该类安全等级能够提供审慎的保护,并为用户的行动和责任提供审计能力。C 类安全等级可划分为 C1 和 C2 两类。

B 类安全等级:B 类安全等级可分为 B1、B2 和 B3 三类,B 类系统具有强制性保护功能。强制性保护意味着如果用户没有与安全等级相连,系统就不会让用户存取对象。

A 类安全等级:A 系统的安全级别最高。目前,A 类安全等级只包含 A1 一个安全类别。A1 系统的显著特征是,系统的设计者必须按照一个正式的设计规范来分析系统。

2. 信息技术安全性评估通用准则(CC 标准)

《信息技术安全性评估准则》(通常也简称通用准则——CC)已于 2001 年 3 月正式颁布,该标准是评估信息技术产品和系统安全性的基础准则。是国际标准化组织统一现有多种评估准则努力的结果,是在美国、加拿大、欧洲等国家和地区分别自行推出测评准则并具体实践的基础上,通过相互间的总结和互补发展起来的。

CC 定义了作为评估信息技术产品和系统安全性的基础准则,提出了目前国际上公认的表述信息技术安全性的结构,即把安全要求分为规范产品和系统安全行为的功能要求以及解决如何正确有效地实施这些功能的保证要求。功能和保证要求又以"类-子类-组件"的结构表述,组件作为安全要求的最小构件块,可以用"保护轮廓"、"安全目标"和"包"构建,例如由保证组件构成典型的包——"评估保证级"。另外,功能组件还是连接 CC 与传统安全机制和服务的桥梁,以及解决 CC 同已有准则如 TCSEC、ITSEC 的协调关系,如功能组件构成 TCSEC 的各级要求。

3. 我国的信息安全等级制度

我国自 2006 年 3 月 1 日起实施《信息安全等级保护管理办法(试行)》,规定信息系统的安全保护等级分为以下 5 级:

第一级为自主保护级,适用于一般的信息系统,其受到破坏后,会对公民、法人和其他组织的合法权益产生损害,但不损害国家安全、社会秩序和公共利益。

第二级为指导保护级,适用于一般的信息系统,其受到破坏后,会对社会秩序和公共利益造成轻微损害,但不损害国家安全。

第三级为监督保护级,适用于涉及国家安全、社会秩序和公共利益的重要信息系统,其受到破坏后,会对国家安全、社会秩序和公共利益造成损害。

第四级为强制保护级,适用于涉及国家安全、社会秩序和公共利益的重要信息系统,其受到破坏后,会对国家安全、社会秩序和公共利益造成严重损害。

第五级为专控保护级,适用于涉及国家安全、社会秩序和公共利益的重要信息系统的核心子系统,其受到破坏后,会对国家安全、社会秩序和公共利益造成特别严重的损害。

11.2 实体安全

实体安全也叫物理安全,是包括环境、设备和记录介质在内的所有计算机网络环境中的硬件总体安全。对实体安全的威胁主要分为自然威胁和人为威胁。实体安全应考虑这样一些因素:设施的安装位置、物理访问控制、对自然灾害的防护、对磁性介质的处理、防电磁泄漏等。在信息安全的规划与实施中,人们往往更加注重安全策略中的技术环节而忽视实体安全,而事实上,没有实体安全的有力保障,虚拟世界中的安全将是十分脆弱的。信息安全问题同样受制于"木桶效应",即安全性取决于最薄弱的环节,因此实体安全问题在信息安全领域要得到足够的重视。

11.2.1 计算机环境"三度"的技术要求

1. 温度

在计算机房内,机房的主要热量来自于太阳辐射热、人工照明、人体体热及计算机等机房设备,其中计算机等设备运行中产生的热量非常大,是机房中的主要热源。

当环境温度过高时,会使设备损坏。过高、过低的温度还会产生如下不良影响:使磁盘、磁带等受热膨胀而出现记录错误,使设备绝缘性能下降或产生接触故障;导致温度变化而产生结露或静电现象;机房人员身心健康状态及工作效率下降。如机房温度急剧交替变化则影响更大。

开机和停机时对室温的要求参见表11-1和表11-2。

表11-1 开机时对机房室温的要求

机房级别 项目	A级		B级	C级
	夏季	冬季		
温度(℃)	(22±2)℃	(20±2)℃	15～30℃	10～35℃
温度变化率(℃/h)	<5(℃/h)不结露		<10(℃/h)不结露	<15(℃/h)不结露

表11-2 停机时对机房室温的要求

机房级别 项目	A级	B级	C级
温度(℃)	5～35℃	5～35℃	10～40℃
温度变化率(℃/h)	<5(℃/h)不结露	<10(℃/h)不结露	<15(℃/h)不结露

2. 湿度

除室温外,机房湿度也是影响计算机等设备连续可靠运行的因素之一。机房的相对湿度无论过高、过低都会给机房设备的正常运行以及机房人员的身心健康带来不良影响,而且低湿度的危害性还远高于高湿度的危害性。如处于高温、高湿、低温、低湿频繁交替变化的环境中,对计算机设备的危害则尤为严重。因而必须严格控制机房的湿度及变化范围。对于机房湿度的要求在国家标准《计算站场地技术条件》中做了具体规定,参见表11-3。

表11-3 机房湿度的要求

机房级别 项目	A级		B级		C级	
	开机时	停机时	开机时	停机时	开机时	停机时
相对湿度	45%～65%	40%～70%	40%～70%	20%～80%	30%～80%	8%～80%

3. 洁净度

作为人员、设备相对集中的机房,无论采用何种建筑结构,其灰尘都是无法避免的,灰尘对计算机设备的正常运转影响很大。磁介质存储器是最怕灰尘的部件,若集聚大量灰尘,会导致软盘、硬盘的读、写功能出错。其中硬盘虽有较精密的防尘结构,但大量积聚的灰尘会使过滤器堵塞导致设备发热,而硬盘过滤器若堵塞必须在超净化空间进行更换,在一般机房中难以完成。在设备内沉积的灰尘还会产生以下不良影响:减少集成块与电子元器件和空气的接触,使其散热性能降低;堵塞过滤器,减少空气流通量,使设备过热;增加接触部分和传动部分的摩擦力,加快设备磨损或发生卡死现象;导电性灰尘降低设备的绝缘性能甚至短路;绝缘性灰尘则会引起接插件触点的接触不良。

从大气中灰尘的分布规律来看,大气中小于或等于$1\mu m$尘埃个数约占大气尘埃总量的99%,而重量百分比仅为3%,为此,国家标准《计算站场地技术条件》是以单位体积内尘埃个数为机房内空气含尘量的计量标准,其标准如表11-4所示。

表 11-4　机房内洁净度标准

机房级别 项目	A 级	B 级
粒度（μm）	≥0.5	≥0.5
个数（粒/dm³）	≤10 000	≤18 000

11.2.2　雷击的防护措施及技术要求

计算机网络系统防雷电浪涌，是一项综合性的工程。随着人们对防雷技术的深入研究，计算机网络防雷电浪涌的技术要求也越来越明确，越来越多的科学地针对计算机网络防护的技术手段被推广应用。防雷体系主要包括建筑物内、外两层防护措施和机房进出线防护措施。

外部防护主要是指对直击雷的防护，是防雷技术的主要组成部分。其技术措施有分接闪、引下线、接地体和法拉地笼等，其中分接闪是使用避雷针、避雷带、避雷线等金属接闪器。法拉地笼则是将建筑物的门窗等作良好的金属连接并接地。其同时可对建筑物内的设备进行初级屏蔽。

机房内部防护措施是指对雷电侵入的防护，其技术措施包括屏蔽措施（含法拉地笼）、均压等电位措施和防闪络措施 3 部分。屏蔽措施是利用各种金属屏蔽体来阻挡和衰减施加在计算机等设备上的电磁干扰或过电压能量，具体可分为建筑物屏蔽、设备屏蔽和各种线缆（含管道）的屏蔽。建筑物屏蔽主要是用法拉地笼形成初级屏蔽；设备屏蔽是根据计算机耐过压电压能力，按防雷区施行多级屏蔽；线缆屏蔽是利用金属丝纺织网、金属软导管、硬导管、栈桥等对各类进户线缆进行屏蔽。等电位连接是用连接导线或过电压（电涌）保护器将处在需要防雷空间内的防雷装置和建筑物的金属构架、金属装置、入户导线、电气装置、电信装置等连接成一个等电位网络，以实现均压等电位。防闪络措施是指接地体（CBN）与金属物或线路之间的隔离距离或等电位连接的技术要求。

接地系统

为了保证计算机稳定可靠地工作，防止寄生电容耦合的干扰，保护设备及人身的安全，计算机机房和场地要求有一个良好的接地系统。计算机接地系统主要有工作接地与保护接地两大类。工作接地分为交流工作接地与直流接地（逻辑接地）；保护接地分为安全保护接地、防雷接地、防静电接地、屏蔽接地等。

交流工作接地和安全保护接地的作用和要求与大多数电子设备接地相似。电流的零线就是交流的工作地线。另设一条作为保护地线。它们在机房外接到同一条接地线上。其接地电阻要求在 4Ω。

防雷保护地，如机房建在已有防雷设施的建筑群中，并且在保护范围之内，可不设此地线。若单独建设，应设防雷保护地，其接地极要与安全保护地线的地极相距 5m 以上。

计算机系统直流地，直流地就比较复杂，不同的计算机系统，直流地线的处理方法就不一样。目前主要有两种接地方式，一种是直流地不与大地相接简称为"直流悬空"，一种与大地相接简称为"直流接地"。此时接地电阻要求小于 1～4Ω。

为了消除噪声，避免干扰，使计算机系统稳定可靠工作，对于地线的处理，有以下要求：

（1）无论是"悬空"还是"接地"，在机房内部都不允许与交流地线相短接，以保证直流地线上无交流电流。因此设备安装后应进行交直流的短路检测。

(2) 交流线路走线不允许与直流线路走线平行敷设。

(3) 直流接地极与避雷接地极应离开 5m 以上。

(4) 直流地线网,应做到哪里有机柜,就能在哪里直接接地。

11.2.3 典型网络设备的防雷技术

1. 网卡防雷

网卡是网络中重要的终端,被雷击的概率较大,若无接地措施或者接地不良,在雷电天气,感应雷就可以通过电缆击中网卡。网卡防雷的措施首先是网络用户要注意避免在雷电天气使用网络,对于局域网上网的用户可以拔掉与网卡相连的网线。另外用户可以选用内嵌防雷保安器的防雷插座,当然,入户的电话线和电力线对应地也可以安装信号、电源防雷保安器,如图 11-1 所示。当遇到雷击或者高电压、大电流时,防雷保安器可以起到导流或者阻断的作用,以保护设备。

2. modem 防雷

modem 作为与 ISP 相连的互联网必需的设备,具备线路外延以及全天候服务的特性,易受雷电的威胁。企业用户和普通用户对 modem 的防雷分别采取两种不同的策略。

企业用户应该采取整体防御及多重保护,力争将雷害降到最低限度。首先,若是高层建筑,要在建筑物顶端安装符合要求的避雷针;不能将电视、电线等线缆缠绕到避雷针或者避雷带上;要避免电线、有线电视线缆、电话线架空入室(感应雷会在架空的线缆上形成强的雷电磁脉冲,造成网络设备的损坏);电源布线必须连接地线;强弱入室线路采用电源及信号防雷保安器。

普通的家庭网络用户应注意避免在雷电的天气上网,要养成关机后切断 modem 电源(雷电天气要拔掉外连线路)的习惯;另外可以选用具有防雷功能的 modem,即内带保护电路或者保险丝的 modem;当然有条件的家庭用户也可以选用信号及电源防雷保安器。简单的 modem 防雷布局如图 11-2 所示。

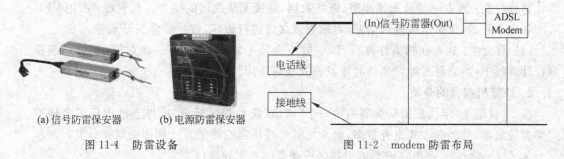

(a) 信号防雷保安器　　(b) 电源防雷保安器

图 11-1　防雷设备　　　　　　　　图 11-2　modem 防雷布局

3. 路由器等网络设备防雷

网络中除了网卡和 modem 之外还有交换机、路由器、集线器等大量网络设备,这些设备同样会受到雷电灾害的威胁。这些网络设备除了可以采取类似于 modem 的防护措施外,还有自身的一些特有的防护措施。网络设备特别是具有智能化管理功能的核心网络设备,本身含有集成度颇高的 IC 电路,所以要采用多级防护的措施来确保其安全。在电源方面,总电源处采用第一级防护,楼层电源处或者 UPS 前采用第二级防护,用电设备处采用第三级防护;信号防护方面,外线接口处采用第一级防护,交换机/路由器处采用第二级防护,终端设备处采用第三级防护。条件允许的情况下,入室电缆要采取埋地方式,埋地长度要超过15m(闭路线埋地长度要大于1.5m)。另外网络设备要做好接地处理,接地的作用是分流,分流是释放直击雷和雷电电磁干扰能量的有效手段。所有接地线均须采用铜质绝缘导线,导线直径不能小于1.5~2mm,要绝对避免将接地线接于建筑物避雷线或者通顶金属物(如水管)上。最后,网络设备要采用防雷(防电涌)插座。

11.3 计算机病毒防治

11.3.1 计算机病毒的概念

1. 计算机病毒的定义

在《中华人民共和国计算机信息系统安全保护条例》中的定义为:"计算机病毒是指编制或者在计算机程序中插入的破坏计算机功能或者数据,影响计算机使用并且能够自我复制的一组计算机指令或者程序代码"。

计算机病毒虽是一个小小的程序,但它和普通的计算机程序不同,具有以下特点:

(1) 传染性:对于绝大多数计算机病毒来讲,传染是它的一个重要特性。病毒可以通过各种渠道从已被感染的计算机扩散到未被感染的计算机,病毒一旦进入计算机并得以执行,便会搜寻符合其传染条件的程序和存储介质,它通过修改别的程序,将自己全部代码复制在外壳中,从而达到扩散的目的。

(2) 隐蔽性:有些病毒是编程技巧极高的短小精悍的程序,一般只有几百个字节或1~2KB,并巧妙地隐藏在正常程序或磁盘的隐蔽部位,若不经过代码分析,病毒程序与正常程序无法区分开来。

(3) 破坏性:凡是软件手段能触及计算机资源的地方均可能受到计算机病毒的破坏。任何病毒只要侵入计算机,一旦发作,都会对系统及应用程序产生不同程度的破坏,轻者降低计算机性能;重者可导致系统崩溃、破坏数据,造成无法挽回的损失。其表现:占用CPU时间和内存开销,从而造成进程堵塞,对数据或文件进行破坏,打乱屏幕的显示等。

(4) 潜伏性:病毒在感染计算机后,一般不会马上发作,需要等一段时间,它可长期隐藏在计算机中,当满足其触发条件时才发挥其破坏作用。

2. 计算机病毒的分类

自20世纪80年代莫里斯编制的第一个"蠕虫"病毒程序至今,世界上已出现了多种不同类型的病毒,分类的方式也有很多,最常见的是按病毒的寄生方式和传染对象分类:

- 引导型病毒:寄生在磁盘的引导区或硬盘的主引导扇区。
- 文件型病毒:寄生在文件内的计算机病毒,主要感染.exe和.com文件。
- 混合型病毒:同时具有引导型和文件型病毒的寄生方式。
- 宏病毒:一般指寄生在文档上的宏代码。

3. 计算机病毒的破坏表现

虽然病毒形式多种多样,但它们发作的目的都是破坏程序的完整性,篡改文件的精确性,使系统及其所支持的数据和服务失去功效。其主要表现形式有:破坏文件分配表,使磁盘上的用户信息丢失;改变磁盘分配,造成数据的错误;删除磁盘上特定的文件,或破坏文件的数据;影响内存中的常驻程序;自我繁殖,侵占大量存储空间;改变正常运行的程序;盗用用户的重要数据。

4. 病毒的入侵方式

一般计算机病毒的入侵都是有一定的规律性的,计算机病毒常用以下几种方式入侵计算机:

(1) 利用操作系统漏洞传播病毒:利用操作系统存在的安全漏洞来攻击计算机,比如冲击波、震荡波病毒。例如计算机感染冲击波病毒后,计算机就会弹出一个对话框,提示"您的计算机将在 1 分钟内关闭",然后便开始 1 分钟倒计时,计时完毕后计算机就会自动关闭。

(2) 通过电子邮件传播病毒:通过电子邮件传播病毒也是比较常见的一种病毒传播方式。通常会有邮件以提示中奖、免费下载等诱人消息提示的方式诱骗用户打开邮件附件或带有病毒的网站,以达到使病毒入侵计算机的目的。最常见的就是病毒发送大量垃圾邮件,造成企业邮件服务器瘫痪,网速减慢。有些病毒还会删除系统文件,篡改系统注册表,导致计算机不能正常工作。

(3) 通过网站下载传播病毒:通常会有一些提供音乐、视频等点击率较高的网站,或提供色情、反动宣传资料下载等不健康网站被病毒传播者们利用,利用这些点击率较高的网页来达到更好地传播病毒的目的。

(4) 通过即时通信工具传播病毒:有很多木马病毒,较为常见的如"QQ尾巴"病毒,都是通过 OICQ 来传播的。常见的就是感染病毒后,在用 OICQ、ICQ、MSN 等工具给对方发送一条信息的时候,系统会自动地给对方发送一条有病毒潜伏的网页地址,或发送一个文件。而发送者却看不到这条信息,对方点击此链接地址或打开运行此文件时,很可能就会被感染。

(5) 通过感染文件传播:CIH、Funlove 等病毒都是通过感染 Windows 可执行文件(PE 格式文件)进行传播的,通常被这类病毒感染的系统运行会比较缓慢,并且一些大的自解压缩文件也可能被这种病毒破坏而无法打开。

(6) 通过其他方式进行感染:如通过引导区、移动存储设备等进行传播。

11.3.2 计算机病毒预防和清除

"有病治病,无病预防"这是人们对健康生活的最基本也是最重要的要求,预防比治疗更为重要。对计算机来说,同样也是如此,了解病毒,针对病毒养成一个良好的计算机应用管理习惯,对保障计算机不受计算机病毒侵扰是尤为重要的。为了减少病毒的侵扰,建议大家平时做到"三打三防"。

"三打":就是安装新的计算机系统时,要注意打系统补丁,震荡波一类的恶性蠕虫病毒一般都是通过系统漏洞传播的,打好补丁就可以防止此类病毒感染;用户上网的时候要打开杀毒软件实时监控,以免病毒通过网络进入自己的计算机;玩网络游戏时要打开个人防火墙,防火墙可以隔绝病毒跟外界的联系,防止木马病毒盗窃资料。

"三防":就是防邮件病毒,用户收到邮件时首先要进行病毒扫描,不要随意打开电子邮件里携带的附件;防木马病毒,木马病毒一般是通过恶意网站散播的,用户从网上下载任何文件后，一定要先进行病毒扫描再运行；防恶意"好友"，现在很多木马病毒可以通过 MSN、QQ 等即时通信软件或电子邮件传播，一旦用户的在线好友感染病毒，那么所有好友将会遭到病毒的入侵。

如果不小心感染了病毒，应该使用以下方式加以清除：

1) 在安全模式下清除病毒

当计算机感染病毒的时候，绝大多数的感染病毒的处理可以在正常模式下彻底清除病毒。但有些病毒由于使用了更加隐匿和狡猾的手段，往往会对杀毒软件进行攻击甚至是删除系统中的杀毒软件，针对这样的病毒绝大多数的杀毒软件都被设计为在安全模式可安装、使用、执行杀毒处理。对于现在大多数流行的病毒，如蠕虫病毒、木马程序和网页代码病毒等，都可以在安全模式下彻底清除。

2) 带毒文件在\Temporary Internet Files 目录下

由于 Windows 会对此目录下的文件有一定的保护作用，所以对这个目录下的带毒文件即使在安全模式下也不能进行清除，对于这种情况，请先关闭其他一些程序软件，然后打开 IE，执行 IE 工具栏中的"工具"→"Internet 选项"，选择"删除文件"删除即可，如果有提示"删除所有脱机内容"，也请选上一并删除。

3) 带毒文件在 _Restore 目录下，*.cpy 文件中

这是系统还原功能存放还原文件的目录，只有在装了 Windows Me/XP 操作系统上才会有这个目录，由于系统对这个目录有保护作用。对于这种情况需要先取消"系统还原"功能，然后将带毒文件删除，甚至将整个目录删除也是可以的。

4) 带毒文件在.rar、.zip、.cab 等压缩文件中

对于绝大多数的反病毒软件来说，现在的查杀压缩文件中病毒的功能已经基本完善了，单是对于一些特殊类型的压缩文件或者加了密码保护的压缩文件就可能直接清除了。要清除压缩文件中的病毒，建议解压缩后清除，或者借助压缩工具软件的外挂杀毒程序的功能，对带毒的压缩文件进行杀毒。

5) 病毒在引导区或者 SUHDLOG.DAT 或 SUHDLOG.BAK 文件中

这种病毒一般是引导区病毒，报告的病毒名称一般带有 boot、wyx 等字样。如果病毒只是存在于移动存储设备（如软盘、闪存盘、移动硬盘）上，就可以借助本地硬盘上的反病毒软件直接进行查杀；如果这种病毒是在硬盘上，则需要用干净的可引导盘启动进行查杀。

6) 带毒文件在一些邮件文件中，如 dbx、eml、box 等

绝大多数的防毒软件可以直接检查这些邮件文件中的文件是否带毒，对于邮箱中的带毒的信件，可以根据用户的设置杀毒或删除带毒邮件，但是由于此类邮箱的复合文件结构，易出现杀毒后的邮箱依旧可以检测到病毒的情况，这是由于没有压缩邮箱就进行空间释放的原因导致的，可以尝试在 Outlook Express 中选择"工具"→"选项"→"维护"→"立即清除"→"压缩"命令。

7) 文件中有病毒的残留代码

这种情况比较多见的就是带有 CIH、Funlove、宏病毒（包括 Word、Excel、Powerpoint 和 Wordpro 等文档中的宏病毒）和个别网页病毒的残留代码，通常防毒软件对这些带有病毒残留代码的文件报告的病毒名称后缀通常是 int、app 等结尾，而且并不常见，如 W32/FunLove.app、W32.Funlove.int。一般情况下，这些残留的代码不会影响正常程序的运行，

也不会传染,如果需要彻底清除的话,要根据各个病毒的实际情况进行清除。

8) 文件错误

这种情况出现得并不多,通常是由于某些病毒对系统中的关键文件修改后造成的,异常的文件无法正常使用,同时易造成其他的系统错误,针对此种情况建议采用修复安装的方法恢复系统中的关键文件。

9) 加密的文件或目录

对于一些加密了的文件或目录,请在解密后再进行病毒查杀。

10) 共享目录杀毒

这里包括两种情况:本地共享目录和网络中远程共享目录(其中也包括映射盘)。针对这两种情况,都建议取消共享,然后针对共享目录进行彻底查杀,恢复共享的时候,注意不要开放太高的权限,并对共享目录加设密码。

11) 光盘等一些存储介质

对于光盘上带有的病毒,不要试图直接清除,这是因为光盘上的文件都是只读的。同时,对另外一些存储设备查杀病毒时,也需要注意其是否处于写保护或者密码保护状态。

11.3.3 其他恶意程序及其防治

除了传统意义上的病毒这一主要的破坏手段外,计算机还可能遭到其他恶意程序的破坏。下面介绍几种主要的恶意程序及其防治方法。

1. 逻辑炸弹(Logic bombs)

逻辑炸弹就是一种只有当特定事件出现才进行破坏的程序,又称为定时炸弹。与病毒相比,逻辑炸弹强调破坏作用本身,而实施破坏的程序不会传播。这里举一个典型的例子,某国一家公司负责工资表编程的程序员,名叫"史约翰",他获悉老板要解雇他,为了报复,他设计了一个"逻辑炸弹",即在打印工资表时判断工资表中是否有"史约翰"的名字。若有,则程序正常运行;若没有,则破坏硬盘数据。这个"逻辑炸弹"平时隐藏在工资表程序中,只要"史约翰"的名字还在工资表中,程序就会正常运行。一旦"史约翰"被解雇,"史约翰"的名字就自然要从公司的工资表中消失,这时"逻辑炸弹"就激发,并运行攻击程序,破坏硬盘数据。

2. "特洛伊"木马(Trojan)

这个名字来源于古希腊传说,它是指通过一段特定的程序(木马程序)来控制另一台计算机。木马通常有两个可执行程序:一个是客户端,即控制端;另一个是服务端,即被控制端。木马的设计者为了防止木马被发现,采用多种手段隐藏木马。木马的服务一旦运行并被控制端连接,其控制端将享有服务端的大部分操作权限,例如给计算机增加口令,浏览、移动、复制、删除文件,修改注册表,更改计算机配置等。

防治木马的危害,应该采取以下措施:

① 安装杀毒软件和个人防火墙,并及时升级。
② 把个人防火墙设置好安全等级,防止未知程序向外传送数据。
③ 可以考虑使用安全性比较好的浏览器和电子邮件客户端工具。
④ 如果使用 IE 浏览器,应该安装卡卡安全助手,防止恶意网站在自己计算机上安装不明软件和浏览器插件,以免被木马趁机侵入。

3. 恶意脚本

恶意脚本指一切以制造危害或者损害系统功能为目的而从软件系统中增加、改变或删除的任何脚本。传统的恶意脚本包括病毒、蠕虫、特洛伊木马和攻击性脚本。更新的例子包括 Java 攻击小程序(Java Attack Applets)和危险的 ActiveX 控件。

防治恶意脚本，应该采取以下措施：

① 上网时开启杀毒软件的所有监控。

② 不要轻易浏览不良网站。

③ 如果怀疑自己的计算机感染了恶意脚本，可以登录免费查毒网站，对自己的计算机进行全面扫描。

4. 恶意共享软件

恶意共享软件(Malicious Shareware)是指采用不正当的捆绑或不透明的方式强制安装在用户的计算机上，并且利用一些病毒常用的技术手段造成软件很难被卸载，或采用一些非法手段强制用户购买的免费、共享软件。

防治恶意共享软件，需要在安装软件时注意以下方面：

① 注意仔细阅读软件提供的"安装协议"，不要随便点击"next"进行安装。

② 不要安装从不良渠道获得的盗版软件，这些软件往往由于破解不完全，安装之后带来安全风险。

③ 使用具有破坏性功能的软件，如硬盘整理、分区软件等，一定要仔细了解它的功能之后再使用，避免因误操作产生不可挽回的损失。

5. 浏览器劫持

浏览器劫持是一种恶意程序，通过 DLL 插件、BHO(Browser Help Objects)、Winsock LSP 等形式对用户的浏览器进行篡改，使用户浏览器出现访问正常网站时被转向到恶意网页、IE 浏览器主页／搜索页等被修改为劫持软件指定的网站地址等异常。

浏览器劫持分为多种不同的方式，从最简单的修改 IE 默认搜索页到最复杂的通过病毒修改系统设置并设置病毒守护进程、劫持浏览器，都有人采用。针对这些情况，用户应该采取如下措施：

① 不要轻易浏览不良网站。

② 不要轻易安装共享软件、盗版软件。

③ 建议使用安全性能比较高的浏览器，并可以针对自己的需要对浏览器的安全设置进行相应调整。

④ 如果给浏览器安装插件，尽量从浏览器提供商的官方网站下载。

⑤ 如果浏览器被劫持，可以先用瑞星杀毒软件、瑞星杀毒软件下载版或瑞星在线杀毒服务对计算机进行彻底杀毒，再使用卡卡安全助手的"系统修复"功能，就可以使系统恢复正常。

6. 网络钓鱼

网络钓鱼(Phishing)一词，是 fishing 和 phone 的综合体，由于黑客始祖起初是以电话作案，所以用 ph 来取代 f，创造了 phishing，phishing 发音与 fishing 相同。攻击者利用欺骗性的电子邮件和伪造的 Web 站点来进行网络诈骗活动，受骗者往往会泄露自己的私人资料，如信用卡号、银行卡账户、身份证号等内容。诈骗者通常会将自己伪装成网络银行、在线零售商和信用卡公司等可信的品牌,骗取用户的私人信息。

要防备网络钓鱼需要做到以下几点:

① 不要在网上留下可以证明自己身份的任何资料,包括手机号码、身份证号、银行卡号码等。

② 不要把自己的隐私资料通过网络传输,包括银行卡号码、身份证号、电子商务网站账户等资料不要通过 QQ、MSN、E-mail 等软件传播,这些途径往往可能被黑客利用来进行诈骗。

③ 不要相信网上流传的消息,除非得到权威途径的证明。如网络论坛、新闻组、QQ 等往往有人发布谣言,伺机窃取用户的身份资料等。

④ 不要在网站注册时透露自己的真实资料。例如住址、住宅电话、手机号码、自己使用的银行账户、自己经常去的消费场所等。骗子们可能利用这些资料去欺骗用户的朋友。

⑤ 如果涉及金钱交易、商业合同、工作安排等重大事项,不要仅仅通过网络完成,有心计的骗子们可能通过这些途径了解用户的资料,伺机进行诈骗。

⑥ 不要轻易相信通过电子邮件、网络论坛等发布的中奖信息、促销信息等,除非得到另外途径的证明。正规公司一般不会通过电子邮件给用户发送中奖信息和促销信息,而骗子们往往喜欢这样进行诈骗。

7. 间谍软件

间谍软件(spyware)是能够在使用者不知情的情况下,在用户计算机上安装后门程序的软件。用户的隐私数据和重要信息会被那些后门程序捕获,甚至这些"后门程序"还能使黑客远程操纵用户的计算机。

防治间谍软件,应注意以下方面:

① 不要轻易安装共享软件或"免费软件",这些软件里往往含有广告程序、间谍软件等不良软件,可能带来安全风险。

② 有些间谍软件通过恶意网站安装,所以不要浏览不良网站。

③ 采用安全性比较好的网络浏览器,并注意弥补系统漏洞。

11.4 数据的加密与解密

11.4.1 密码技术

密码技术主要是为维护用户自身利益,对资源采取防护措施,防止非法用户侵用和盗取,或即使非法用户侵用和盗取了资源,也由于无法识别而不能使用。

密码技术分加密和解密两部分。所谓数据加密(Data Encryption)技术是指将一个信息(或称明文,Plain Text)经过加密钥匙(Encryption Key)及加密函数转换,变成无意义的密文(Cipher Text),而接收方则将此密文经过解密函数、解密钥匙(Decryption Key)还原成明文。加密技术是网络安全技术的基石。

数据加密与解密的模型如图 11-3 所示。

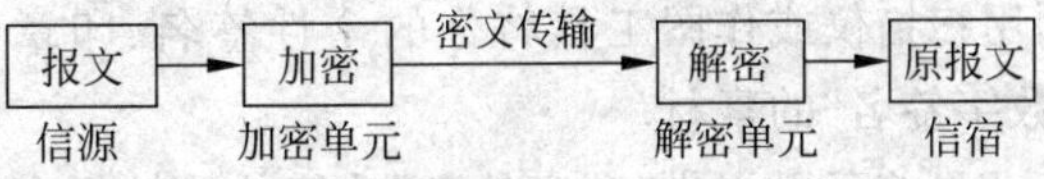

目前加密算法主要有对称加密和非对称加密算法。

报文 → 加密 —密文传输→ 解密 → 原报文
信源　加密单元　　　　　解密单元　信宿

图 11-3　加密、解密模型

1. 对称加密技术

在对称加密技术中,对信息的加密和解密都使用相同的钥匙,也就是说一把钥匙开一把锁(如图 11-4 所示)。这种加密方法可简化加密处理过程,信息交换双方都不必彼此研究和交换专用的加密算法。如果在交换阶段私有密钥未曾泄露,那么机密性和报文完整性就得以保证。对称加密技术也存在一些不足,如果交换一方有 N 个交换对象,那么他就要维护 N 个私有密钥,对称加密存在的另一个问题是双方共享一把私有密钥,交换双方的任何信息都是通过这把密钥加密后传送给对方的。如三重 DES 是 DES(数据加密标准)的一种变形,这种方法使用两个独立的 56 位密钥对信息进行 3 次加密,从而使有效密钥长度达到 112 位。

2. 非对称加密技术

在非对称加密体系中,密钥被分解为公开密钥和私有密钥(如图 11-5 所示)。这对密钥中任何一把都可以作为公开密钥(加密密钥)通过非保密方式向他人公开,而另一把作为私有密钥(解密密钥)加以保存。公开密钥用于加密,私有密钥用于解密,私有密钥只能有生成密钥的交换方掌握,公开密钥可广泛公布,但它只对应于生成密钥的交换方。非对称加密方式可以使通信双方无须事先交换密钥就可以建立安全通信,广泛应用于身份认证、数字签名等信息交换领域。非对称加密体系一般是建立在某些已知的数学难题之上的,是计算机复杂性理论发展的必然结果。最具有代表性的是 RSA 公钥密码体制,其数学原理是将一个大数分解成两个质数的乘积。即使已知明文、密文和加密密钥(公开密钥),想要推导出解密密钥(私有密钥),在计算上是不可能的。按现在的计算机技术水平,要破解目前采用的 1024 位 RSA 密钥,需要上千年的计算时间。

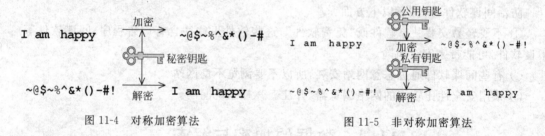

图 11-4 对称加密算法　　　　　图 11-5 非对称加密算法

注意:能否切实有效地发挥加密机制的作用,关键的问题在于密钥的管理,包括密钥的生成、分发、安装、保管、使用以及作废全过程。

11.4.2 数字签名

数字签名实际上是一种网络传输的安全工具,通过它可以确保文件不会被篡改或丢失。在发送文件前,只要你通过"数字签名"软件将文件加上签名,然后由收件者识别出你的签名,就可以确定这份文件没有在传输过程中遭到拦截或篡改。

"数字签名"与普通文本签名的最大区别在于,它可以使用个性鲜明的图形文件,你只要利用扫描仪或作图工具将你的个性签名、印章甚至相片等制作成 BMP 文件,就可以当做"数字签名"的素材。

目前可以提供"数字签名"功能的软件很多,用法和原理都大同小异,其中比较常用的有 OnSign。安装 OnSign 后,在 Word、Outlook 等程序的工具栏上,就会出现 OnSign 的快捷按钮,每次使用时,需输入自己的密码,以确保他人无法盗用。

对于使用了 OnSign 寄出的文件,收件人也需要安装 OnSign 或 OnSign Viewer,这样才具备了识别"数字签名"的功能。根据 OnSign 的设计,任何文件内容的篡改与拦截,都会让签名失效。因此当对方识别出你的"数字签名",就能确定这份文件是由你本人所发出的,并且中途没有被篡改或拦截过。当然如果收件人还不放心,也可以单击"数字签名"上的蓝色问号,OnSign 就会再次自动检查,如果文件有问题,"数字签名"上就会出现红色的警告标志。

在电子邮件使用频繁的网络时代,使用好"数字签名",就像传统信件中的"挂号信",无疑为网络传输文件的安全又增加了一道保护屏障。

11.5 防火墙技术

1. 概述

防火墙(Firewall)是一种用于保护一个网络不受来自其他网络攻击的安全技术,如图 11-6 所示。它是内部网与外部网之间的一个中介系统,它通过监测、限制、修改跨越防火墙的数据流,尽可能地对外屏蔽内部网络的结构、信息和运行情况,拒绝未经授权的非法用户访问或存取内部网络中的敏感数据,保护其不被偷窃或破坏,同时允许合法用户不受妨碍地访问网络资源。

网络中的防火墙就像一座装有水力发电厂的大坝。大坝上十分严格地预留了一定数量的开口和溢流口,可以使一定数量的水流通过规定通道。还可以把网络防火墙比喻成国际机场的

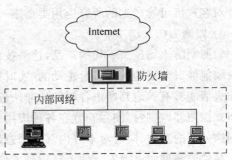

图 11-6 防火墙逻辑位置示意图

护照检查和海关。在你得到允许进出一个国家前,必须通过一系列的检查点。在网络防火墙中,每个数据包在得到许可继续传输前也必须通过某些检查点。

需要说明的是,防火墙不能防范不通过它的连接,如防火墙内的入侵者,或者站点允许对防火墙后面的内部系统进行拨号访问。所以防火墙只用于防止来自外部网络非法用户的恶意攻击,而且是一种被动的防御技术。要进一步提高网络的安全性,重要网络还应配备入侵检测系统(Intrusion Detection System,IDS),其作用是对潜在的入侵行为作出记录,并对攻击后果进行预测。

2. 分类

防火墙从结构上看,可以是专用的硬件设备(硬件防火墙),也可以是运行于某个计算机系统上的软件系统(软件防火墙),还可以集成在路由器中。

从工作原理来看,防火墙可以分为:

1) 包过滤防火墙

通过检查数据流中每一个数据包的源地址、目的地址、所用端口号、协议状态,按网络管理员设定的过滤规则确定是否允许该数据包通过。

优点:简单实用,实现成本较低,在应用环境比较简单的情况下,能够以较小的代价在

一定程度上保证系统的安全。

缺点：包过滤技术是一种完全基于网络层的安全技术，只能根据数据包的来源、目标和端口等网络信息进行判断，无法识别基于应用层的恶意侵入，如恶意的Java小程序以及电子邮件中附带的病毒。有经验的黑客很容易伪造IP地址，骗过包过滤型防火墙。

2）代理型防火墙

代理型防火墙也可以被称为代理服务器，它的安全性要高于包过滤型产品，并已经开始向应用层发展。代理服务器位于客户机与服务器之间，完全阻挡了二者间的数据交流。从客户机来看，代理服务器相当于一台真正的服务器；而从服务器来看，代理服务器又是一台真正的客户机。当客户机需要使用服务器上的数据时，首先将数据请求发给代理服务器，代理服务器再根据这一请求向服务器索取数据，然后再由代理服务器将数据传输给客户机。由于外部系统与内部服务器之间没有直接的数据通道，外部的恶意侵害也就很难伤害到企业内部网络系统。

代理型防火墙的优点是安全性较高，可以针对应用层进行侦测和扫描，对付基于应用层的侵入和病毒都十分有效。其缺点是对系统的整体性能有较大的影响，而且代理服务器必须针对客户机可能产生的所有应用类型逐一进行设置，大大增加了系统管理的复杂性。

3）监测型防火墙

监测型防火墙是新一代的产品，这一技术实际已经超越了最初的防火墙定义。监测型防火墙能够对各层的数据进行主动的、实时的监测，在对这些数据加以分析的基础上，监测型防火墙能够有效地判断出各层中的非法侵入。同时，这种检测型防火墙产品一般还带有分布式探测器，这些探测器安置在各种应用服务器和其他网络的节点之中，不仅能够检测来自网络外部的攻击，同时对来自内部的恶意破坏也有极强的防范作用。

虽然监测型防火墙安全性上已超越了包过滤型和代理服务器型防火墙，但由于监测型防火墙技术的实现成本较高，也不易管理，所以目前在实用中的防火墙产品仍然以第二代代理型产品为主，但在某些方面也已经开始使用监测型防火墙。基于对系统成本与安全技术成本的综合考虑，用户可以选择性地使用某些监测型技术。这样既能够保证网络系统的安全性需求，同时也能有效地控制安全系统的总拥有成本。

11.6 数据的备份与恢复

对于网络信息系统来说，信息是整个系统存在的意义所在，信息遭到破坏或丢失对于系统来说就意味着安全性和可用性受到了威胁。数据备份是系统容灾的基础，也是保障数据可用性的最后一道防线，其目的是系统数据崩溃时能够快速地恢复数据。

1. 数据备份和恢复技术概述

数据备份是一个发展迅速的技术领域，从传统的手工备份到今天的后台自动备份及网络备份，从单机磁盘备份到异地备份，从单一系统或目标文件的备份到多综合备份策略的制定，可以说备份手段、技术发展日新月异。总体而言，备份有3种基本的方式，分别是完全备份、增量备份和差异备份。

1）完全备份

完全备份即备份所有选中的备份对象。例如对于数据库，利用完全备份可以备份整个数据库,包含用户表、系统表、索引、视图和存储过程等所有数据库对象。这种方法对数据进行了很好的保护,非常耗时,但从完全备份中恢复数据的过程比其他备份方式要简单。完全备份不太通用,主要是因为耗时问题,大多数完全备份都必须是在非商业时间里进行,而且许多大企业的数据量太大,在短时间里没法完成完全数据备份。

值得注意的是,完全备份并不意味着一定要备份系统的方方面面(当然也可以这样),完全备份依然需要选择备份的内容。完全备份之后,所有被备份的文件都将标记为已备份。

2) 增量备份

增量备份是针对于上一次备份(无论是哪种备份),备份上一次备份后所有发生变化的文件。增量备份过程中,只备份有标记的选中的文件和文件夹,增量备份后被备份的文件将被标记为已备份。如果用户将完全备份与增量备份结合起来使用,则需要最后一次完全备份集合和所有的增量备份集合来恢复数据。增量备份每次只会备份过去没有备份过的内容,所以备份速度很快,但恢复时比较麻烦。

3) 差异备份

差异备份用于备份上次完全备份以来所创建或更改的文件。它不将文件标记为已备份。这就是说,正常或增量备份去掉了文件的"存档"属性,在新文件创建或旧文件被修改后,文件重新被加上了"存档"属性,差异备份就是备份这类文件。在备份完毕后,差异备份并不会清除这类文件的"存档"属性,这样的话,在下次运行差异备份的时候,只要在此期间上次差异备份的文件没有被更改,则它们还会包含在备份集中,将被再次备份。

增量备份和差异备份经常与完全备份结合使用。许多企业每天进行增量备份或差异备份,每周进行完全备份。三种备份方法的结合使用,使得备份过程既有了速度,又有了安全性。

在制定备份策略时,主要考虑以下几方面的因素:

① 备份内容的选择。选择备份的内容,例如操作系统的核心目录、数据库的核心数据表等。

② 备份媒介的选择。根据需求的不同,可以选择一般的只写光盘、可擦写光盘、另一个硬盘、同一硬盘的不同分区,或使用网络备份系统等多种媒介。在媒介的选用上选择的依据主要是备份的速度、价格以及数据保存的持久度。

③ 考虑备份的方式。

④ 备份的频率。备份的频率有日备份、周备份、月备份等,依据备份需求可以由用户自由选择。

数据恢复技术是一门新兴技术,是指由于各种原因导致数据损失时把保留在介质上的数据重新恢复的过程。即使数据被删除或硬盘出现故障,只要在介质没有严重受损的情况下,数据就有可能被完好无损地恢复。误删除、误格式化、误分区或者误克隆引起的数据损失的情况下,大部分数据仍未损坏,用软件重新恢复连接环节的话,可以重读数据,如果硬盘因硬件损坏而无法访问时,更换发生故障的零件,即可恢复数据。在介质严重受损或数据被覆盖的情况下,数据将无法恢复。但是要注意的是,在误操作删除数据之后,尽量不要再进行向介质上的写操作,以免欲恢复的数据遭到写覆盖。

2. 常用的备份与恢复方法

若用户使用的是 Windows 操作系统(Win 2000、Win XP、Win 2003 等),那么利用操作

系统本身提供的工具即可进行日常的备份。

【例 11.1】 利用 WinXP 操作系统自带的备份工具进行资料备份与恢复。

（1）运行 ntbackup 命令或者单击"开始"→"程序"→"附件"→"系统工具"→"备份"，打开系统备份工具，如图 11-7 所示。

（2）单击"下一步"按钮，选择备份或者还原（即数据恢复），此处选择"备份文件和设置"项，如图 11-8 所示。

图 11-7 系统备份

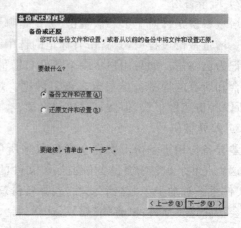

图 11-8 备份还原

（3）单击"下一步"按钮，选择备份的内容，在选择项目上，窗口提供的前三个选项都是 Windows 系统备份策略中常见的备份选项。如其中第一项"我的文档及设置"就含有"我的文件夹"、"收藏夹"、"桌面"、Cookies。在此，选择最后一项，即"让我选择要备份的内容"，进行备份内容的自由选择，如图 11-9 所示。

（4）单击"下一步"按钮，在窗口左右两侧的树型目录框中选择要备份的内容。在此，选择好要备份的文件及文件夹，例如，如图 11-10 所示，选中"照片"文件夹，备份该文件夹的全部内容。

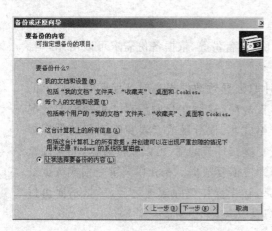

图 11-9 选择备份项目

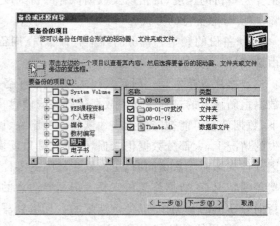

图 11-10 选择备份内容

(5)单击"下一步"按钮,选择备份的类型、目标和名称。如图 11-11 所示,备份的目标设置为 C:\,备份文件的名称设定为 Backup209。单击"下一步"按钮,如图 11-12 所示,可以看到备份的摘要信息,直接单击"完成"按钮开始备份。

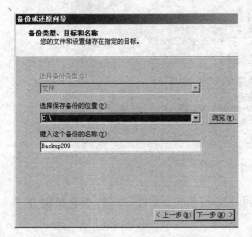 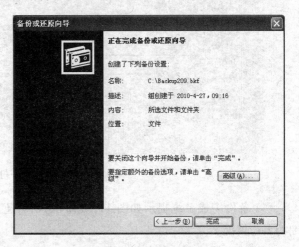

图 11-11　设定备份位置、名称　　　　　图 11-12　显示备份设置摘要

当然,上述过程是利用系统提供的备份向导完成的,操作十分简单,用户若想进行备份策略的详细设定,还可以在图 11-12 所示的窗口中单击"高级"按钮,那么在后续的一系列的设置窗口中,用户可以选择备份的类型,如图 11-13 所示。

之后,高级设置还提供备份验证、硬件压缩、卷阴影复制(允许被备份的文件正在执行写操作的同时执行备份),如图 11-14 所示。

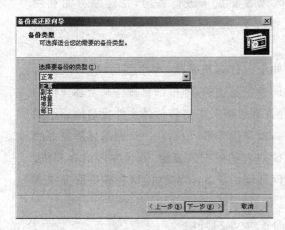 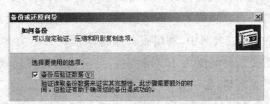

图 11-13　高级设置-选择备份类型　　　　图 11-14　高级设置-备份高级选项

在备份的时间上,高级设置也允许用户选择立即备份或者在指定时间备份,该选项也是十分实用的,因为对于繁忙工作的系统,备份的时间必须与正常的业务时间错开,否则将降低系统的工作效率,其设置如图 11-15 所示。该处的设置工作十分细致,不再详述,请读者自行实践。

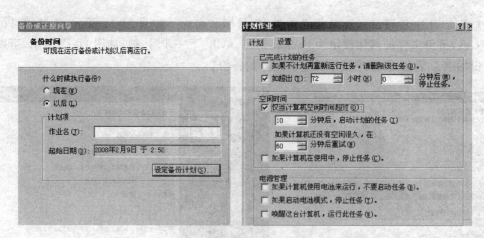

图 11-15 高级设置-备份时间设置

(6) 备份完成系统提示如图 11-16 所示,当然还可以通过单击"报告"按钮,查看更加详细的备份情况。

(7) 还原数据的过程类似于备份的过程,同样是打开系统备份工具,如步骤(1),然后选择要还原的备份文件、还原的位置等。

除了例 11.1 阐述的利用 Windows 系统自带的备份与还原工具执行数据的备份与恢复工作之外,数据库系统、其他的操作系统也都有系统本身提供的数据备份与恢复的工具。用户还可以选择一些独立的软件完成更加高效和策略更加丰富的备份与数据恢复工作。例如 Symantec 公司的 Ghost 就是一款目前利用率非常高的优秀的系统备份与恢复的专用软件。在一般桌面计算机中,Ghost 可以针对整个分区或者硬盘来进行备份,在还原方面利用 Ghost 也是非常快速的,而且操作简便! Ghost 完成备份之后,会生成一个独立的镜像文件,通常刻录到光盘当中,非常便于保存。

Ghost 适用于备份需求不十分频繁的场合,如个人计算机系统、中小型局域网环境等,特别值得一提的是,Ghost 支持 C/S 局域网环境的备份及还原,即可以直接将某台客户机的系统备份成镜像文件传输到服务器上,同样地,允许通过服务器将该镜像文件批量地还原到若干台客户机上。整个操作过程自动化程度很高,效率也非常可观,在一个网络环境良好的 100M 以太网中,利用服务器将原系统大小为 30G 左右的数据恢复给 30 台左右的客户机,需要的时间仅为 10 分钟左右。所以在许多局域网环境中,Ghost 都是网络管理员群发安装系统环境,备份及恢复系统的首选软件。

【例 11.2】 利用 Ghost 进行硬盘某一分区的备份(单机环境)。

(1) 启动 Ghost 程序,进入如图 11-17 所示的画面,依次选择 Local(本地)→Partition(分区)→To Image(生成映像文件)项。注意,其中的 Peer to peer 适合于局域网中系统点对点的克隆。GhostCast 适合局域网环境下系统广播式地进行备份与还原。

(2) 回车后,屏幕显示出硬盘选择画面,选择分区所在的硬盘"1",如果只有一块硬盘,可以直接按回车,如图 11-18 所示。

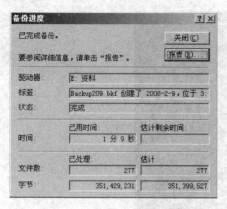
图 11-16 备份完成的提示

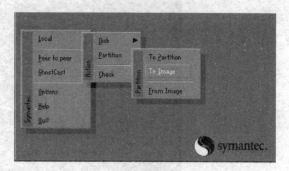
图 11-17 Ghost 的启动窗口

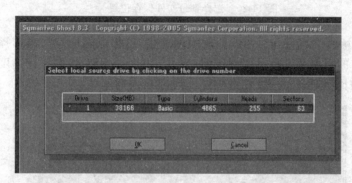
图 11-18 选择硬盘

(3) 选择要制作镜像文件的分区(即源分区),用上下键选择分区"1"(即 C 分区),再按 Tab 键切换到 OK 按钮,再按回车,如图 11-19 所示。

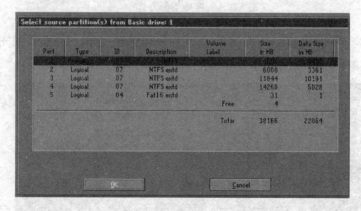
图 11-19 选择分区

(4) 选择镜像文件保存的位置,此时按 Shift+Tab 键可以切回到选择分区的下拉菜单,按上下键选择分区,例如 1:2 的意思就是第一块硬盘的第二个分区,也就是 D 盘,选好分区后,再按 Tab 键切到文件选择区域,用上下键选择文件夹,可以再按 Tab 键,切到 Filename 文本框输入镜像文件名称,如 new.GHO,然后按回车,如图 11-20 所示。

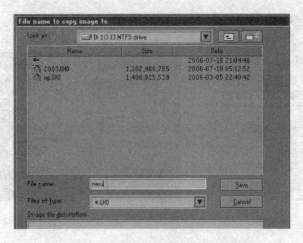

图 11-20　选择备份文件保存位置

（5）接下来 Ghost 会询问是否需要压缩镜像文件，这里只能用左右键选择，No 表示不做任何压缩；Fast 的意思是进行小比例压缩，该方式进行备份工作的执行速度较快；High 是采用较高的压缩比但是备份速度相对较慢，如图 11-21 所示。

图 11-21　选择备份方式

（6）如图 11-22 所示，选择 yes，按回车后，开始制作镜像文件。至此，已经完成了一个 C 盘的备份，在系统出现不能解决的问题时，就可以轻轻松松地来恢复系统了。

图 11-22　选择备份文件保存位置

【例11.3】 利用 Ghost 进行硬盘某一分区的还原(单机环境)。

(1) 利用启动媒介(软盘、光盘、U 盘等)启动系统,转到备份盘,进入备份目录,运行 Ghost 程序。如图 11-23 所示,选择 Local→Partition→From Image,恢复到系统盘。

(2) 选择镜像文件保存的位置,此时按 Shift＋Tab 键可以切回到选择分区的下拉菜单,按上下键选择分区,例如"1:2"的意思就是第一块硬盘的第二个分区,也就是"D"盘,选好分区后,再按 Tab 键切到文件选择区域,用上下键选择文件夹,按回车进入相应文件夹并选好源文件,也就是 *.gho 的文件,并按回车,如图 11-24 所示。

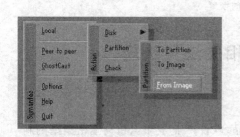
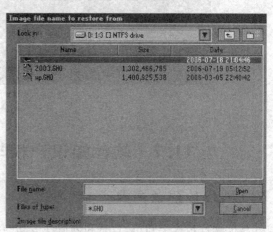

图 11-23 选择恢复系统的菜单　　　　图 11-24 选择镜像文件

(3) Ghost 会显示 *.gho 源文件是一个主分区的镜像文件,直接按回车。

(4) Ghost 提供硬盘选择窗口,若只有一块硬盘,可以直接按回车。

(5) 如图 11-25 所示,窗口提示要把镜像文件恢复到哪个分区,在本例题中选择 Primary,也就是主分区的 C 盘。

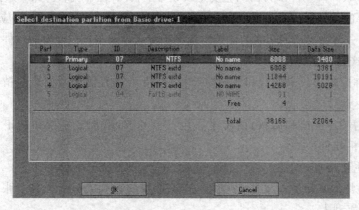

图 11-25 选择恢复数据的目标分区

(6) 所有选择完毕后,选择 yes 并回车,如图 11-26 所示。等到进度到 100%,镜像就恢复成功了,此时直按选择 Ghost 给出的选项 restart compter 即可重启系统。

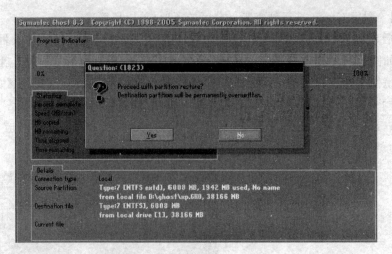

图 11-26 完成镜像文件的恢复

11.7 软件知识产权与相关法律法规

11.7.1 软件知识产权

计算机软件是人类知识、智慧和创造性劳动的结晶,软件产业是知识和资金密集型的新兴产业。由于它具有开发工作量大、周期长,而生产(复制)容易、费用低等特点,因此,长期以来,软件的知识产权得不到尊重,软件的真正价值得不到承认,靠非法窃取他人软件而牟取商业利益成了信息产业中投机者的一条捷径。因此,软件产权保护已成为急待解决的一个社会问题,且是我国软件产业健康发展的前提。1967年在瑞典斯的哥尔摩成立了世界知识产权组织。1980年我国正式加入该组织。1990年9月我国颁布了《著作权法》,确定计算机软件为保护的对象。1991年6月由国务院正式颁布了我国《计算机软件保护条例》。读者应该学习并掌握必要的软件保护法律知识,一方面要尊重别人的智力劳动成果,不应任意侵犯他人的软件版权;另一方面要采取切实的保护措施保护自己以及本单位开发的软件成果。

1. 软件知识产权的法律保护

知识产权又称为智力成果产权和智慧财产权,是指对智力活动所创造的精神财富所享有的权利。

知识产权分为工业产权和版权,前者主要包括专利权、商标专有权和制止不正当竞争权,后者专指计算机软件。

知识产权的主要特点如下:

(1) 无形性:是指其保护对象是无形的。知识产权的权利人只有当其主张自己权利的时候,才能确认为权利人。

(2) 专有性:指未经知识产权人的同意,除法律有规定的情况外,他人不得占有或使用该项智力成果。

(3) 地域性:指法律保护知识产权的有效地区范围。任何国家法律所确认的知识产权,只在其本国领域内有效,除非该国与他国签订有双边协定或该国参加了有关知识产权保护的国际公约。

（4）时间性：指法律保护知识产权的有效期限，期限届满即丧失效力。这是为限制权利人不致因自己对其智力成果的垄断期过长而阻碍社会经济、文化和科学事业的发展。

2. 计算机软件是著作权保护的客体

1）软件著作权保护的基本条件

对计算机软件来说，著作权法并不要求软件达到某个较高的技术水平，只要是开发者独立地自行开发的软件，即可享有著作权。一个仅处于作者构思过程中、未表现出来的软件，不享有著作权。一个软件必须在其创作出来，并固定在某种有形物体（如纸、磁带、磁盘）上面，能为他人感知、传播、复制的情况下，才能享有著作权保护。

2）软件著作权的特征

计算机软件的体现形式是程序和文件。文件是受著作权法保护的（包括人无法识别的目标代码）形式的程序、固化在只读存储器（ROM）中的程序等。

3）软件著作权的保护范围

著作权法的基本原则是：只保护作品的表现，而不保护作品中所体现的思想、概念。因此，在软件中哪些是思想、概念，哪些是表现，要确定著作权保护客体的范围是比较困难的。目前人们比较一致地认为：软件的功能目标应用属于思想、概念，不受著作权法的保护；而软件的程序代码则是表现，应属于著作权保护的客体之内。

3. 软件著作权人享有的专有权力

根据我国著作权法的规定，作品著作人（或称版权人）享有 5 项专有权力：

（1）发表权。决定作品是否公布于众的权力。

（2）署名权。表明作者身份，在作品上有署名权。

（3）修改权。修改或授权他人修改作品的权力。

（4）保护作品完整权。保护作品不受篡改的权力。

（5）使用权和获得报酬权。以复制，表演，播放，展览，发行，摄制电影、电视、录像或改编、翻译、注释，编辑等方式使用作品的权力，以及许可他人以上述方式作为作品，并由此获得报酬的权力。

4. 软件著作权的登记

《计算机软件保护条例》中对办理软件著作权登记有以下基本要求：

（1）凡完成开发一年之内的软件均可向软件登记机构办理登记申请。

（2）凡已在软件登记机构办理登记的软件，在其专有权力发生转让活动时，受让方应在转让合同正式签订后的两个月之内向软件登记机构备案。

（3）当国籍或定居地为中国的著作权人或其受让者，在中国境内开发的计算机软件的专有权力要向境外许可或转让时，许可方或转让方应首先报请国务院有关主管部门批准，并向软件登记机构备案。

5. 办理软件著作权登记的基本要求

（1）办理软件著作权和软件著作转让或许可的登记、备案手续，应当到法定的或国家指定的软件登记机构办理。

（2）办理上述登记手续应当是软件专有权人（包括公民、法人或非法人组织）或者是软件专有权人委托的代理人。但代理人须向软件登记管理机构出示写明委托权限的委托书。

(3) 通常一个独立的软件,只能办理一次著作权的登记。若软件是由多个独立的软件组成的,也可以分别办理软件著作权的登记手续。

(4) 办理软件著作权登记均应以书面的形式进行。在软件申请书(登记表)上应有申请者或代理人的签章。

(5) 办理软件著作权登记时,申请者应提交该软件具有独创性事实和转让、许可证明等有关鉴别材料。

(6) 对于软件登记申请中出现的有关问题和遗漏,软件申请者应积极配合软件登记机构予以纠正。

(7) 所办理的软件登记手续,均应在法定的期限内完成,否则将失去机会。

(8) 办理登记手续时,应交纳法定的手续费。

6. 软件著作权的保护期

软件著作权的保护期自软件开发完成之日起产生。自然人的软件著作权,保护期为自然人终生及其死亡后 50 年,截止于自然人死亡后第 50 年的 12 月 31 日;软件是合作开发的,截止于最后死亡的自然人死亡后第 50 年的 12 月 31 日。

法人或者其他组织的软件著作权,保护期为 50 年,截止于软件首次发表后第 50 年的 12 月 31 日,但软件自开发完成之日起 50 年内未发表的,条例不再保护。

7. 法律责任

除《中华人民共和国著作权法》或者本条例另有规定外,有下列侵权行为的,应当根据情况,承担停止侵害、消除影响、赔礼道歉、赔偿损失等民事责任:

(1) 未经软件著作权人许可,发表或者登记其软件的;

(2) 将他人软件作为自己的软件发表或者登记的;

(3) 未经合作者许可,将与他人合作开发的软件作为自己单独完成的软件发表或者登记的;

(4) 在他人软件上署名或者更改他人软件上的署名的;

(5) 未经软件著作权人许可,修改、翻译其软件的;

(6) 其他侵犯软件著作权的行为。

11.7.2 网络行为规范与网络道德

随着社会的不断发展,人类科学技术业已得到了飞速的发展,21 世纪是高科技的世纪,人类社会已全面进入了信息化社会。在纷繁复杂的信息网络中,资源的共享越来越受到人们的依赖。传统的人类伦理道德也同时受到网络道德的冲击。大量的虚假信息充斥着当今的计算机网络;网络欺诈、知识产权的侵犯、非法信息的传播已经使人们在日益膨胀的网络中迷失了自己应有的方向。网络道德的规范刻不容缓地提到了人们的议事日程中。网络的净化已经到了非解决不可的程度。

道德是以善恶评价的方式来调节人们行为的规范手段和人类自我完善的一种社会价值形态,网络道德是指人们在遨游网络世界时,在虚拟环境下形成的规范与操守。由于网络的鲜明特点,使得网络道德除包含道德本质的含义外,还具有自身的特点。

1. 网络行为规范

到目前为止,在 Internet 上,或在整个世界范围内,一种全球性的网络规范并没有形成,有的只是各地区、各组织为了网络正常运作而制定的一些协会性、行业性计算机网络规范。

这些规范由于考虑了一般道德要求在网络上的反映,也在很大程度上保证了目前网络发展的基本需要,因此很多规范具有普遍的"网络规范"的特征。而且,人们可以从不同的网络规范中抽取相同的、普遍的东西出来,最终上升为人类普遍的规范和准则。

国外研究者认为,每个网民必须认识到:一个网民在接近大量的网络服务器、地址、系统和人时,其行为最终是要负责任的。Internet 或者"网络"不仅仅是一个简单的网络,它更是一个由成千上万的个人组成的网络"社会",就像你驾车要达到某个目的地一样必须通过不同的交通路段,你在网络上实际也是在通过不同的网络"地段",因此,参与到网络系统中的用户不仅应该意识到"交通"或网络规则,也应认识到其他网络参与者的存在,即最终要认识到网络行为无论如何是要遵循一定的规范的。作为一个网络用户,你可以被允许接受其他网络或者连接到网络上的计算机系统,但你也要认识到每个网络或系统都有它自己的规则和程序,在一个网络或系统中被允许的行为在另一个网络或系统中也许是受控制,甚至是被禁止的。因此,遵守其他网络的规则和程序也是网络用户的责任,作为网络用户要记住这样一个简单的事实,一个用户"能够"采取一种特殊的行为并不意味着他"应该"采取那样的行为。

因此,既然网络行为和其他社会一样,需要一定的规范和原则,因而国外一些计算机和网络组织为其用户制定了一系列相应的规范。这些规范涉及网络行为的方方面面,在这些规则和协议中,比较著名的是美国计算机伦理学会(Computer Ethics Institute)为计算机伦理学所制定的十条戒律(The Ten Commandments),也可以说就是计算机行为规范,这些规范是一个计算机用户在任何网络系统中都"应该"遵循的最基本的行为准则,它是从各种具体网络行为中概括出来的一般原则,它对网民要求的具体内容是:

(1) 不应该用计算机去伤害他人;
(2) 不应干扰别人的计算机工作;
(3) 不应窥探别人的文件;
(4) 不应用计算机进行偷窃;
(5) 不应用计算机作伪证;
(6) 不应使用或复制没有付钱的软件;
(7) 不应未经许可而使用别人的计算机资源;
(8) 不应盗用别人的智力成果;
(9) 应该考虑你所编的程序的社会后果;
(10) 应该以深思熟虑和慎重的方式来使用计算机。

再如,美国的计算机协会(The Association of Computing Machinery)是一个全国性的组织,它希望它的成员支持下列一般的伦理道德和职业行为规范:

(1) 为社会和人类作出贡献;
(2) 避免伤害他人;
(3) 要诚实可靠;
(4) 要公正并且不采取歧视性行为;
(5) 尊重包括版权和专利在内的财产权;
(6) 尊重知识产权;
(7) 尊重他人的隐私;

(8) 保守秘密。

国外有些机构还明确划定了那些被禁止的网络违规行为，即从反面界定了违反网络规范的行为类型，如南加利福尼亚大学网络伦理申明指出了6种不道德网络行为类型：

(1) 有意地造成网络交通混乱或擅自闯入网络及其相联的系统；
(2) 商业性或欺骗性地利用大学计算机资源；
(3) 偷窃资料、设备或智力成果；
(4) 未经许可而接近他人的文件；
(5) 在公共用户场合作出引起混乱或造成破坏的行动；
(6) 伪造电子邮件信息。

上面所列的"规范"包含两方面内容，一是"应该"和"可以"做的行为，二是"不应该"和"不可以"做的行为。事实上，无论第一类还是第二类，都与已经确立的基本"规范"相关，只有确立了基本规范，人们才能对究竟什么是道德的或不道德的行为作出具体判断。

2. 网络道德原则

网络道德的三个墈酌原则是全民原则、兼容原则和互惠原则。

网络道德的全民原则内容包含一切网络行为必须服从于网络社会的整体利益。个体利益服从整体利益；不得损害整个网络社会的整体利益，它还要求网络社会决策和网络运行方式必须以服务于社会一切成员为最终目的，不得以经济、文化、政治和意识形态等方面的差异为借口把网络仅仅建设成只满足社会一部分人需要的工具，并使这部分人成为网络社会新的统治者和社会资源占有者。网络应该为一切愿意参与网络社会交往的成员提供平等交往的机会，它应该排除现有社会成员间存在的政治、经济和文化差异，为所有成员所拥有并服务于社会全体成员。

全民原则包含下面两个基本道德原则：第一，平等原则。每个网络用户和网络社会成员享有平等的社会权利和义务，从网络社会结构上讲，他们都被给予某个特定的网络身份，即用户名、网址和口令，网络所提供的一切服务和便利他都应该得到，而网络共同体的所有规范他都应该遵守并履行一个网络行为主体所应该履行的义务。第二，公正原则。网络对每一个用户都应该做到一视同仁，它不应该为某些人制定特别的规则并给予某些用户特殊的权利。作为网络用户，你既然与别人具有同样的权利和义务，那么就不要强求网络能够给你与别人不一样的待遇。

网络道德的兼容原则认为，网络主体间的行为方式应符合某种一致的、相互认同的规范和标准、个人的网络行为应该被他人及整个网络社会所接受，最终实现人们网际交往的行为规范化、语言可理解化和信息交流的无障碍化。其中最核心的内容就是要求消除网络社会由于各种原因造成的网络行为主体间的交往障碍。

当人们今天面临网络社会，需要建立一个高速信息网时，兼容问题依然有其重要意义。"当世界各地正在研究环境与停车场的时候，新的竞争的种子也正在不断地播下。例如，Internet 正逐渐变得如此重要，以至于只有 Windows 在被清楚地证明为是连接人们与 Internet 之间的最佳途径后，才可能兴旺发达起来。所有的操作系统公司都在十万火急地寻找种种能令自己在支持 Internet 方面略占上风，具有竞争力的方法。"

兼容原则要求网络共同规范适用于一切网络功能和一切网络主体。网络的道德原则只有适用于全体网络用户并得到全体用户的认可，才能被确立为一种标准和准则。要避免网络道德的"沙文主义"和强权措施,谁都没有理由和"特权"硬把自己的行为方式确定为唯一道德的标准,只有公认的标准才是网络道德的标准。

兼容原则总的要求和目的是达到网络社会人们交往的无障碍化和信息交流的畅通性。如果在一个网络社会中,有些人因为计算机硬件和操作系统的原因而无法与别人交流,有些人因为不具备某种语言和文化素养而不能与别人正常进行网络交往,有些人被排斥在网络系统的某个功能之外,这样的网络是不健全的。从道德原则上讲,这种系统和网络社会也是不道德的,因为它排斥了一些参与社会正常交往的基本需要。因此,兼容不仅仅是技术的,也是道德的社会问题。

网络道德的互惠原则表明,任何一个网络用户必须认识到,他既是网络信息和网络服务的使用者和享受者,也是网络信息的生产者和提供者,网民们有网络社会交往的一切权利时,也应承担网络社会对其成员所要求的责任。信息交流和网络服务是双向的,网络主体间的关系是交互式的,用户如果从网络和其他网络用户得到什么利益和便利,也应同时给予网络和对方什么利益和便利。

互惠原则集中体现了网络行为主体道德权利和义务的统一。从伦理学上讲,道德义务是"指人们应当履行的对社会、集体和他人的道德责任。凡是有人群活动的地方,人和人之间总得发生一定的关系,处理这种关系就产生义务问题。"作为网络社会的成员,他必须承担社会赋予他的责任,他有义务为网络提供有价值的信息,有义务通过网络帮助别人,也有义务遵守网络的各种规范以推动网络社会稳定有序地运行。这里,可以是人们对网络义务自觉意识到后而自觉执行,也可以是意识不到而规范"要求"这么做,但无论怎样,义务总是存在的。当然,履行网络道德义务并不排斥行为主体享有各种网络权利,美国学者指出,"权利是对某种可达到的条件的要求,这种条件是个人及其社会为更好地生活所必需的。如果某种东西是能使生活更好、可得到且必不可少的因素,那么得到它就是一个人的权利。无论什么东西,只要它是生活得好所必需的、有价值的,都可以被看作一种权利。如果它不太容易得到,那么,社会就应该使其成为可得到的。"

11.7.3 网络安全的法律法规

1. 网络安全立法的迫切性和重要性

中国上网人数居世界首位,网络用户持续增长,社会各界对网络信息依赖加剧,而信息技术发展却相对滞后。相对落后的技术对信息传递、使用不能提供技术上的安全保障,相反,信息技术被不当利用,却加剧了网络信息安全隐患,使得保障信息网络安全成为信息网络自身发展的首要问题,对信息安全立法提出了迫切要求。近年来,计算机网络犯罪日益突出,犯罪率持续上升,犯罪手段纷繁复杂。

信息安全是其他安全的基础,这一特殊性引起了党中央的高度重视,2001年7月中央提出了"积极发展,加强管理,趋利避害,为我所用,努力在全球信息网络化的发展中占据主动地位"的要求,这是保障中国信息网络健康发展,也是相关立法的重要指导思想。

2. 中国计算机网络信息安全法规简况

早在1981年,中国政府就对计算机信息系统安全给予了极大的关注。公安部于1983年7月成立了计算机管理监察局,主管全国的计算机安全工作。1987年10月公安部推出了《电子计算机系统安全规范(试行草案)》,这是中国第一部有关计算机安全工作的管理规范。随着网络技术的快速发展，通过信息网络传播权利人作品、表演、录音录像制品（以下统称作品）的情况越来越普遍。国务院通过了《信息网络传播权保护条例》，并于2006年7月1日起正式施行，用于调整权利人、网络服务提供者和作品使用者之间的关系。到目前为止，已经颁布的与计算机网络、信息系统安全问题有关的主要法律法规还有：

《中华人民共和国计算机信息系统安全保护条例》
《全国人大常委会关于维护互联网安全的决定》
《计算机信息网络国际联网安全保护管理办法》
《中华人民共和国计算机信息网络国际联网管理暂行规定》
《中华人民共和国计算机信息网络国际联网管理暂行规定实施办法》
《计算机信息系统安全专用产品检测和销售许可证管理办法》
《计算机信息网络国际联网出入口信道管理办法》
《中国公用计算机互联网国际联网管理办法》
《中国公众多媒体通信管理办法》
《计算机病毒防治管理办法》
《互联网信息服务管理办法》
《中华人民共和国电信条例》
《计算机信息系统国际联网保密管理规定》
《计算机信息系统保密管理暂行规定》
《金融机构计算机信息系统安全保护工作暂行规定》
《互联网等信息网络传播视听节目管理办法》
《信息安全等级保护管理办法（试行）》
《信息网络传播权保护条例》

相关法律法规的具体内容可到相关的网站查找。

11.8 问 与 答

（1）什么是黑客？

答：黑客是网络信息安全的主要威胁者之一。

古典意义上的"黑客"是所谓的"真正的程序员"：以编写软件与玩弄各种程序设计技巧为乐，创造并推动计算机工业的发展。

现代意义上的"黑客"则分为黑客和骇客。黑客（hacker）：热衷于编程查找并公布系统漏洞；骇客（cracker）：通过利用系统漏洞进行网络攻击来表现自我。

（2）网络安全领域里有哪些重要的IDS系统？

答：在网络安全领域，随着黑客应用技术的不断"傻瓜化"，入侵检测系统IDS的地位正在逐渐增加。一个网络中，只有有效实施了IDS，才能敏锐地察觉攻击者的侵犯行为，才能防患于未然！

根据监测对象不同，IDS系统分为很多种，以下是几种很重要的IDS系统：

① NIDS(Network Intrusion Detection System，网络入侵检测系统)：主要用于检测hacker或cracker通过网络进行的入侵行为。NIDS的运行方式有两种，一种是在目标主机

上运行以监测其本身的通信信息,另一种是在一台单独的机器上运行以监测所有网络设备的通信信息,比如 Hub、路由器。

② SIV(System Integrity Verifiers,系统完整性检测):主要用于监视系统文件或者 Windows 注册表等重要信息是否被修改,以堵上攻击者日后来访的后门。SIV 更多的是以工具软件的形式出现,比如著名的 Tripwire,它可以检测到重要系统组件的变换情况,但并不产生实时的报警信息。

③ LFM(Log File Monitors,日志文件监测器):主要用于监测网络服务所产生的日志文件。LFM 通过检测日志文件内容并与关键字进行匹配的方式判断入侵行为,例如对于 HTTP 服务器的日志文件,只要搜索"swatch"关键字,就可以判断出是否有 phf 攻击。

④ Honeypots:蜜罐系统,也就是诱骗系统,它是一个包含漏洞的系统,通过模拟一个或多个易受攻击的主机,给黑客提供一个容易攻击的目标。

(3) 谁是网络的入侵者?

答:通常人们将入侵者称为 hacker,但实际上这是不准确的。可以这么说:hacker 是发现系统漏洞并修补漏洞的人,cracker 才是利用漏洞占山头搞破坏的入侵者。为了不混淆视听,在此干脆统一叫作入侵者吧。一般来说,入侵者分为两类:内部和外部。内部入侵者通常利用社会工程学盗用非授权账户进行非法活动,比如使用其他人的机器、冒充是处长或局长;外部入侵者则要借助一定的攻击技术对攻击目标进行监测、查漏,然后采取破坏活动。

有一点请牢记:统计表明,入侵行为有 80% 来自内部。

(4) 网络入侵有哪些方式?

答:① 探测。

探测方式有很多,包括 ping 扫描、探测操作系统类别、系统及应用软件的弱账号扫描、侦探电子邮件、TCP/UDP 端口扫描、探测 Web 服务器 CGI 漏洞等。

② 漏洞利用。

指入侵者利用系统的隐藏功能或漏洞尝试取得系统控制权。主要包括:

CGI 漏洞:编写 CGI 程序需要考虑得非常完善才有可能避免安全威胁。

Web 浏览器漏洞:这方面的漏洞涉及面同样很广,冲浪者绝不能掉以轻心。

STMP 漏洞:比如利用缓冲区溢出攻击 STMP、使用 VRFY 命令搜索用户名称。

IMAP 漏洞:IMAP 即 Internet 信息控制协议(Internet Message Access Protocol),是指从邮件服务器上获取 E-mail 信息或直接收取邮件的协议。

IP 地址欺骗:由于路由选择不需要判断来源地址,因此入侵者就可将 IP 数据包的来源地址替换为伪造地址以期隐藏其攻击地点。而且,由于是伪造的来源地址,入侵者也不会接收到目标机器的返回通信信息,真正做到了"攻不还手"。

缓冲区溢出:除了前面提及的缓冲区溢出种类外,还有 DNS 溢出(超长 DNS 名字发送给服务器)和 statd 溢出(超长文件名)。

③ DoS 或 DDoS(拒绝服务攻击或分布式拒绝服务攻击)。

这种攻击是真正的"损人不利己",不需要别人的数据,只想等别人出错看热闹。常见的 DoS 有死亡之 Ping、SYN 湮没、Land 攻击。

(5) NIDS 检测到一个入侵行为后做什么?

答:当发现一个入侵行为后,NIDS 系统将采取诸多有力措施对付攻击,这主要包括:

重新配置防火墙禁止入侵者 IP 地址进入；播放一段 WAV 音乐提醒管理者；发送 SNMP TRAP 信息包到管理控制台；将事件记录到系统日志文件中；给管理员发送电子邮件通知入侵正在发生；以寻呼方式（BP 机）告知管理员；保存攻击信息，如攻击时间、入侵者 IP 地址、受害者 IP 地址及端口、协议信息、相关数据包；启动特殊程序处理入侵事件；伪造 TCP FIN 信息包强制结束连接，避免悲剧继续上演。

习 题 11

1. 选择题

（1）_____无助于加强计算机的安全。

A. 安装杀毒软件并及时更新病毒库

B. 及时更新操作系统补丁包

C. 把操作系统管理员账号的口令设置为空

D. 安装使用防火墙

（2）下面描述正确的是_____。

A. 只要不使用 U 盘，就不会使系统感染病毒

B. 只要不执行 U 盘中的程序，就不会使系统感染病毒

C. 软盘比 U 盘更容易感染病毒

D. 设置写保护后使用 U 盘就不会使 U 盘内的文件感染病毒

（3）使用浏览器上网时，_____不可能影响系统和个人信息安全。

A. 浏览包含有病毒的网站

B. 改变浏览器显示网页文字的字体大小

C. 在网站上输入银行账号、口令等敏感信息

D. 下载和安装互联网上的软件或者程序

（4）计算机病毒是指_____。

A. 编制有错误的计算机程序　　　　B. 设计不完善的计算机程序

C. 计算机的程序已被破坏　　　　　D. 以危害系统为目的的特殊的计算机程序

（5）下列叙述中，正确的是_____。

A. 反病毒软件通常滞后于计算机新病毒的出现

B. 反病毒软件总是先于病毒的出现，它可以查、杀任何种类的病毒

C. 感染过计算机病毒的计算机具有对该病毒的免疫性

D. 计算机病毒会危害计算机用户的健康

2. 问答题

（1）什么是信息安全？它有哪些属性？

（2）什么是计算机病毒？它的特点是什么？有哪些分类？

（3）什么是密码技术？

（4）什么是防火墙？它的作用是什么？

（5）常用的数据备份和恢复技术有哪些？

第12章 信息处理技术员模拟试题和参考答案

12.1 信息处理技术员理论考试模拟试卷

1. 本试卷的试题中共有 75 个空格,需要全部解答,每个空格 1 分,满分 75 分。
2. 每个空格对应一个序号,有 A、B、C、D 四个选项,请选择一个最恰当的选项作为解答。在答题卡相应序号下填涂该选项。

(1) 一条内存不常见的容量是_____。
 A. 256MB　　　　B. 512MB　　　　C. 768MB　　　　D. 1GB

(2) LCD 显示器的响应时间为_____时,显示的效果更好。
 A. 30ms　　　　B. 25ms　　　　C. 20ms　　　　D. 16ms

(3) 下列_____组设备依次为输入设备、输出设备和存储设备。
 A. CRT、CPU、ROM　　　　B. 鼠标、手写板、光盘
 C. 键盘、显示器、磁盘　　　　D. 声卡、扫描仪、U 盘

(4) 微型计算机的更新与发展,主要基于_____变革。
 A. 软件　　　　B. 微处理器　　　　C. 输入输出设备　　　　D. 硬盘的容量

(5) 下列关于打印机的叙述,不正确的是_____。
 A. 喷墨打印机属于非击打式打印机
 B. 激光打印机属于击打式打印机
 C. 将打印机与计算机连接后,必须要安装有相应的驱动程序才可以使用
 D. 可以在安装系统时安装多种型号的打印机驱动程序,使用时根据所连接的打印机型号进行设置

(6) 静态图像压缩的标准是_____。
 A. JPEG　　　　B. MHEG　　　　C. MPEG　　　　D. MPC

(7) 多媒体计算机与电视机的主要区别是多媒体计算机可以_____。
 A. 调节声音和图像　　　　B. 进行人机交互
 C. 使音响效果更好　　　　D. 使颜色更丰富

(8) 下列选项中,具有连接范围窄、用户数少、配置容易、连接速率高等特点的网络是_____。
 A. 局域网　　　　B. 城域网　　　　C. 广域网　　　　D. 互联网

(9) 当个人计算机以拨号方式接入互联网时,必须使用的设备是_____。
 A. 路由器　　　　B. 调制解调器　　　　C. 电话机　　　　D. 交换机

(10) 计算机与网络传输介质连接，必须具有的设备是_____。
  A. 网卡　　　　　B. 集线器　　　　C. 交换机　　　　D. 路由器
(11) 以太网是目前应用最为广泛、最为成熟的网络类型，根据执行标准和传输速率的不同，可以分为标准以太网、快速以太网、_____和万兆以太网。
  A. 千兆以太网　　B. 百兆以太网　　C. 十兆以太网　　D. 一兆以太网
(12) 网址 http://photo.bokee.com 中，http 的含义是_____。
  A. 超文本链接　　　　　　　　　　B. 超文本标记语言
  C. 文件传输协议　　　　　　　　　D. 超文本传输协议
(13) 下列关于 ADSL 的叙述中，正确的是_____。
  A. ADSL 的上传速度比下载速度快
  B. ADSL 支持的频带宽度是普通电话用户频带宽度的 10 倍
  C. ADSL 只支持语音业务、视频业务、VPN 虚拟专网业务
  D. ADSL 可用于家庭上网、远程办公、远程教育、视频会议等
(14) 下列关于数码相机的叙述，不正确的是_____。
  A. 数码相机的像素越高，图像越清晰
  B. 数码相机分辨率越高，图像文件占用的存储空间越大
  C. 数码相机不支持即插即用
  D. 数码相机的连拍速度越快，单位时间内所拍摄的画面数越多
(15) 在转发电子邮件时，下列叙述中正确的是_____。
  A. 只能转发给一个收件人　　　　　B. 转发时不需要填写收信人的地址
  C. 转发邮件就是回复邮件　　　　　D. 邮件及其附件一起被转发
(16) 在 IE 浏览器中查看近期访问过的各个站点，应该单击浏览器工作窗口上工具栏中的_____按钮。
  A. 主页　　　　　B. 搜索　　　　　C. 收藏　　　　　D. 历史
(17) 在浏览网页时，当鼠标指针移至某些文字或图片时，会出现手形状，通常是由于网页在这个地方做了_____。
  A. 动画　　　　　B. 快捷方式　　　C. 超链接　　　　D. 多媒体文件
(18) 下列选项中，不能查杀计算机病毒的是_____。
  A. 卡巴斯基　　　B. 金山毒霸　　　C. 江民 2008　　　D. 天网防火墙
(19) 下列选项中，不属于信息安全基本要素的是_____。
  A. 保密性　　　　B. 可用性　　　　C. 交互性　　　　D. 完整性
(20) 某人利用某种算法编写了程序，并写出了相应的技术文档，在申请软件著作权保护时，根据计算机软件保护条例，不受保护的是_____。
  A. 源程序　　　　B. 目标程序　　　C. 算法　　　　　D. 技术文档
(21) 开机后显示器和主机都没有任何反应，首先应该检查_____。
  A. 内存条是否有松动　　　　　　　B. Windows 启动文件是否损坏
  C. 供电是否正常　　　　　　　　　D. 计算机上的硬件设置是否有错误
(22) 下列关于计算机使用操作的叙述，正确的是_____。
  A. 当计算机显示屏幕保护图像时，应立即进行冷启动

B. 计算机正在下载文件时不能同时进行其他操作
C. 将某台计算机上已经安装好的 Office 软件复制到本机上就能正常运行
D. 计算机不应与大电机和空调器等电感性大的电器共用一组电源线

(23) 交通信号能同时被多人接收,说明信息具有_____。
A. 依附性　　　B. 共享性　　　C. 价值性　　　D. 时效性

(24) 信息处理技术员的机考分 5 个部分:文字编辑、文稿排版、数据表统计、演示文稿制作、数据库处理,每个部分满分都是 15 分。某考生各道题的得分分别为 T1、T2、T3、T4、T5。如果将其成绩数据制作成_____的形式,则更能直观地反映该考生各个部分的信息处理操作能力以及总体的信息处理操作水平。
A. 雷达图　　　B. 柱形图　　　C. 折线图　　　D. 饼图

(25) 图像数据压缩的主要目的是_____。
A. 提高图像的清晰度　　　　　　B. 提高图像的对比度
C. 提高图像的亮度　　　　　　　D. 减少存储空间

(26) 某种商品因积压而降价 20%,随后又因畅销而在降价的基础上提价 10%。这时的价格是原价的_____。
A. 85%　　　B. 88%　　　C. 90%　　　D. 92%

(27) 某企业 2007 年的销售额比 2006 年提高了 8.5%,但原计划只要求提高 5%。该企业的销售额大致超额完成了计划的_____。
A. 3.3%　　　B. 3.5%　　　C. 59%　　　D. 70%

(28) 设硅玻璃在不同温度下的比热如下:

温度(T℃)	100	200	300	400	500
比热(Cp)	0.2372	0.2416	0.2460	0.2504	0.2548

则按比例(线性插值)可以推算 225℃时的比热为_____。
A. 0.2383　　　B. 0.2427　　　C. 0.2438　　　D. 0.2449

(29) 某公司统计一季度考勤情况如下:

缺勤天数	0	1	2	3	4	5	6
人数	5	2	1	2	0	2	1

根据公司规定,凡缺勤不超过 2 天的人,每人发 200 元考勤奖;凡缺勤天数超过 5 天的人,每人每天缺勤从工资中扣 50 元,用于发放其他人的考勤奖。根据上表,计算该公司还需要拿出_____元作为一季度的考勤奖。
A. 1300　　　B. 1350　　　C. 1550　　　D. 1600

(30) 计算机内部采用_____表示各种信息。
A. 十进制　　　B. 二进制　　　C. 八进制　　　D. 十六进制

(31) 下列关于信息传递过程的叙述中,正确的是_____。
A. 信源发出信息后,它自身的信息量将减少
B. 信息传递只能有一个信宿

C. 信息必须依附于某种载体
D. 随着接收者的增加,每个接收者得到的信息相应减少

(32) 根据文件的扩展名判断,下列文件中属于声音文件的是_____。
A. a.txt B. a.mp3 C. a.doc D. a.bmp

(33) 在 Windows XP 中,使用窗口中的控制按扭不能将窗口_____。
A. 最大化 B. 最小化 C. 移动 D. 关闭

(34) 下列关于无损压缩的叙述中,正确的是_____。
A. 无损压缩可以将原来文件中的信息完全保留,解压后数据可以完全复原
B. 无损压缩可以将原来文件中的信息完全保留,解压后数据不能完全复原
C. 无损压缩不能将原来文件中的信息完全保留,解压后数据可以完全复原
D. 无损压缩不能将原来文件中的信息完全保留,解压后数据不能完全复原

(35) 在 Windows XP 中,文件的存取控制属性中的"只读"的含义是指该文件只能读而不能_____。
A. 修改 B. 删除 C. 复制 D. 移动

(36) Windows XP 的许多应用程序的"文件"菜单中,都有"保存"和"另存为"两个命令。以下对这两个命令的叙述,正确的是_____。
A. "保存"命令只能用原文件名存盘,"另存为"命令不能用原文件名存盘
B. "保存"命令不能用原文件名存盘,"另存为"命令只能用原文件名存盘
C. "保存"命令只能用原文件名存盘,"另存为"命令也能用原文件名存盘
D. "保存"和"另存为"命令都能用任意文件名存盘

(37) 在 Windows XP 中,可用来改变窗口大小的光标是_____。
A. ⊘ B. ↔ C. ＋ D. ▷

(38) 在 Windows XP 资源管理器中的文件夹区域中,文件夹图标前标有"＋"的,表示该文件夹中_____。
A. 有文件 B. 没有文件 C. 有子文件夹 D. 没有子文件夹

(39) 在 Windows XP 中,查找以 a 开头且扩展名为 txt 的所有文件,应在查找对话框内的名称框中输入_____。
A. a.txt B. a?.txt C. a/.txt D. a＊.txt

(40) 下列关于 Windows XP 使用的叙述中,正确的是_____。
A. 置入回收站的内容,不占用硬盘的存储空间
B. 从硬盘上删除文件或文件夹一般还需要在对话框中确认
C. 软盘上被删除的文件或文件夹,一般可以利用回收站将其恢复
D. 用鼠标将某硬盘中的文件拖动到某 U 盘上,则原文件消失

(41) 在 Windows XP 中,如果一个文件夹中有一些文件和子文件夹,在删除该文件夹后,_____。
A. 该文件夹中的文件和子文件夹不被删除
B. 该文件夹中的文件和子文件夹全被删除
C. 该文件夹中的文件被删除,子文件夹不被删除
D. 该文件夹中的子文件夹被删除,文件不被删除

(42) 在 Word 工作区中,闪烁的垂直条表示_____。
A. 插入点　　　　B. 鼠标位置　　　C. 复制位置　　　D. 锚点位置
(43) 下列关于 Word 文稿的页眉和页脚设置的叙述中,不正确的是_____。
A. 可以为文档的第一页设置特殊的页眉和页脚
B. 不可以为文档的每节设置不同的页眉和页脚
C. 可以为文档的偶数页设置相同的页眉和页脚
D. 可以为文档的奇数页设置相同的页眉和页脚
(44) 在 Word 中,_____便于查看长文档的结构。
A. Web 版式视图　B. 页面视图　　　C. 普通视图　　　D. 大纲视图
(45) 在文稿排版时,下列标点符号不应出现在行首的是_____。
A. (　　　　　　B. [　　　　　　C. {　　　　　　D. 。
(46) 人们常用打印当前页操作,其中的"当前页"是指_____。
A. 当前文件的首页　　　　　　　B. 状态栏上当前页码所指明的页
C. 最近修改的页　　　　　　　　D. 刚才打印页的下一页
(47) 要使 Word 能自动提醒英文单词的字母拼写是否正确,应设置 Word 的_____选项功能。
A. 拼写检查　　　B. 同义词库　　　C. 语法检查　　　D. 自动更正
(48) 在 Word 中,复制所选文本或对象的默认快捷键是_____。
A. Ctrl+X　　　　B. Ctrl+C　　　　C. Ctrl+Z　　　　D. Ctrl+V
(49) 下列关于 Word 文稿中首字下沉的叙述,正确的是_____。
A. 下沉文字的字体可以改变　　　B. 首字下沉不能取消
C. 首字下沉的行数不能改变　　　D. 可使每一行的首字下沉
(50) 在 Word 的编辑状态,对当前插入点所在段落设置悬挂缩进,则_____。
A. 该段的首行起始位置重新确定
B. 该段的所有行起始位置都重新确定
C. 除首行外,该段其余各行起始位置都重新确定
D. 插入点所在行的起始位置被重新确定
(51) Word 中有多种工具栏,下面各个工具栏中_____是"格式"工具栏。
A. ［图］　　　　　　　　　　　B. ［图］
C. ［图］　　　　　　　　　　　D. ［图］
(52) 在 Excel 中,单元格地址绝对引用的方法是_____。
A. 在单元格地址前加"$"
B. 在单元格地址后加"$"
C. 在构成单元格地址的行标号和列标号前分别加"$"
D. 在构成单元格地址的行标号和列标号之间加"$"
(53) 在 Excel 单元格中输入身份证号字符串,可先输入"_____"。
A. ,　　　　　　B. :　　　　　　C. ;　　　　　　D. !

(54) 在 Excel 单元格中输入 =100＞98,按回车后,此单元格显示的内容为_____。
  A. FALSE　　　　B. =100＞98　　　C. TRUE　　　　D. 100＞98

(55) 在 Excel 中,若单元格 C1 中的公式为=A1+B2,将其复制到单元格 C5,则 C5 中的公式是_____。
  A. =A1+B2　　　B. =A5+B6　　　C. =A5+B2　　　D. =A1+B6

(56) 已知 Excel 工作表中单元格 A1 和 B1 的值分别为"信息处理"、"技术员",要求在 C1 单元格显示"信息处理技术员",则在 C1 单元格中应输入的正确公式为_____。
  A. ="信息处理"＋"技术员"　　　B. =A1$B1
  C. =A1+B1　　　　　　　　　　D. =A1&B1

(57) 在 Excel 中,每个工作簿可以包含_____工作表。
  A. 1 张　　　　B. 3 张　　　C. 不超过 3 张　　　D. 最多 255 张

(58) 在 Excel 单元格中输入 =SUM(MAX(18,8),MIN(10,7)),按回车后,单元格显示的内容是_____。
  A. 28　　　　B. 25　　　C. 18　　　D. 15

(59) 在 Excel 中,将 A1 单元格的格式设置为数值,小数位数为 2,然后在此单元格输入数值 65.2568,按回车后,单元格显示的内容是_____。
  A. 65.00　　　B. 65.25　　　C. 65.26　　　D. 65.30

(60) 在 Excel 中,A1、A2、A3、A4 单元格类型均为数值型,A1、A2、A3、A4 单元格内容分别为 36、74、64、82,如果在 A5 单元格输入=AVERAGE(A1:A4),然后回车,则 A5 单元格显示的内容是_____。
  A. =AVERAGE(A1:A4)　　　B. 4
  C. 256　　　　　　　　　　D. 64

(61) 在 PowerPoint 中,对母版的修改将直接反映在_____幻灯片上。
  A. 每张　　　　　　　　　　B. 当前
  C. 当前幻灯片之后的所有　　D. 当前幻灯片之前的所有

(62) 在 PowerPoint 2000 中,如果要更改幻灯片上对象出现的顺序,应设置"自定义动画"中的_____。
  A. 顺序和时间　　B. 效果　　C. 多媒体设置　　D. 图表效果

(63) 下列关于 PowerPoint 的叙述中,不正确的是_____。
  A. PowerPoint 可以调整全部幻灯片的配色方案
  B. PowerPoint 可以更改动画对象的出现顺序
  C. 在放映幻灯片时可以修改动画效果
  D. PowerPoint 可以设置幻灯片切换效果

(64) 下列关于 PowerPoint 幻灯片背景的说法中错误的是_____。
  A. 用户可以为幻灯片设置不同的颜色、纹理的背景
  B. 可以使用图片作为幻灯片背景
  C. 可以为单张幻灯片设置背景
  D. 不可以同时对多张幻灯片设置相同的背景

(65) 下列关于数据库主键的叙述中,不正确的是_____。
A. 主键只允许数字类型的值
B. 主键不允许出现 Null 值
C. 主键不允许出现重复值
D. 若不能保证任何单字段都含唯一值,可以将两个或更多的字段指定为主键

(66) 在 Access 中,条件"性别＝"女"AND 工资＞2000"的含义是指_____。
A. 性别为"女",并且工资大于 2000 的记录
B. 性别为"女",或者工资大于 2000 的记录
C. 性别为"女",并非工资大于 2000 的记录
D. 性别为"女"或者工资大于 2000 的,且二者只选其一的记录

(67) 在 Access 中,表和数据库的关系是_____。
A. 一个数据库可以包含多个表   B. 一个表只能包含一个数据库
C. 一个表可以包含多个数据库   D. 一个数据库只能包含一个表

(68) 在 Access 中,下列关于排序的说法,不正确的是_____。
A. 记录可以按升序或降序方式排序
B. 排序操作不会修改表中的数据
C. 对所有的数据类型都能进行排序操作
D. 记录可以按多个字段排序

(69) 专职信息处理技术员在录入文稿时,发现了原稿中的不当用词,正确的做法是_____。
A. 咨询其他录入员后,给予改正   B. 查字典后给予改正
C. 根据计算机内的词组给予改正   D. 先按原样录入,但加标注提醒作者

(70) 上级要求信息处理技术员做 a、b、c、d、e 五件工作。先做什么,后做什么,如何安排呢?根据工作性质以及紧急程度,他列出了如下几条规则:
a 应在 b 前 c 应在 a 前 d 应在 a 前 a 应在 e 前
d 应在 b 前 b 应在 e 前 c 应在 d 前 c 应在 e 前
根据上述规则,他妥善地安排了工作顺序,排在第一位的工作是_____。
A. a   B. b   C. c   D. d

(71) The Internet is the worlds largest computer _____.
A. network   B. device   C. display   D. disk

(72) Input data from keyboard are stored in _____ for processing.
A. modem   B. bus   C. memory   D. printer

(73) Display units, printers are _____ device.
A. input   B. output   C. storage   D. communication

(74) _____ is the foundation on which applications are built.
A. User   B. Display   C. Printer   D. Operation system

(75) When Word is started it creates a new blank _____.
A. document   B. process   C. text   D. block

12.2 信息处理技术员上机考试模拟试卷

1. 文字处理（15分）

用 Word 软件录入以下内容，按题目要求完成后，用 Word 的保存功能直接存盘。

1949年12月2日，中央人民政府委员会第四次会议接受全国政协的建议，通过了《关于中华人民共和国国庆日的决议》，决定每年10月1日，即中华人民共和国宣告成立的伟大日子，为中华人民共和国国庆日。

国庆纪念日是近代民族国家的一种特征，是伴随着近代民族国家的出现而出现的，并且变得尤为重要。它成为一个独立国家的标志，反映这个国家的国体和政体。

国庆这种特殊纪念方式一旦成为新的、全民性的节日形式，便承载了反映这个国家、民族的凝聚力的功能。同时国庆日上的大规模庆典活动，也是政府动员与号召力的具体体现。显示力量、增强国民信心、体现凝聚力，发挥号召力，即为国庆庆典的三个基本特征。

要求：

(1) 录入文字内容，并将文字字体设置为宋体，字号设置为五号。

(2) 设置每行为37个字符，段后间距为0.5行，字符间距为加宽、0.1磅。

(3) 将录入的内容分为3栏，栏间设置分隔线。

(4) 为10月1日添加灰色－20％底纹、红色双下划线和乌龙绞柱动画效果。

(5) 为文档添加水印，水印文本为"国庆纪念日"并将文本设置为宋体、红色（半透明）、水平输出。

2. 绘制图形（15分）

仿照下图，绘制一个平面的图形，要求线条颜色为红色，并将线条宽度设定为2磅。完成题目后，以 Word 格式存盘。注意：答案必须由 Office 提供的图形元素组成。

3. 电子表格处理（要求在 Excel 中完成）（15分）

创建"家庭理财"工作表（内容如下表所示），按照题目要求完成后，用 Excel 的保存功能直接存盘。

要求：

(1) 将"家庭理财"文字字体设置为华文彩云、14号、居中。

家庭理财						
项目	一月	二月	三月	四月	五月	六月
水费						
电费						
燃气费						
交通费	200	180	200	150	170	300
餐费	348	200	300	350	420	280
管理费	20	20	20	20	20	20

续表

家庭理财

项 目	一月	二月	三月	四月	五月	六月
电话费	179	190	65	180	150	210
购物	1340	2000	1800	2100	1500	1210
其他	300	200	210	180	150	280
支出小计						
工资收入	3500	3500	3500	3500	3500	3500
奖金收入	1200	1200	1800	2000	2000	2000
其他收入	1000	1000	1200	2000	1100	1500
收入小计						
当月节余						
平均每月节余						

(2) 创建"数据"工作表(内容如下表所示)，将"使用量记录表"设置为"经典 2"格式、文字居中，"单价表"设置为"会计 2"格式、内容居中。

使用量记录表

项目	一月	二月	三月	四月	五月	六月
水(吨)	8	10	12	10	11	9
电(度)	70	80	120	70	80	120
燃气(立方米)	10	15	12	10	11	13

单价表

项目	单价
水	2.2(元/吨)
电	0.4(元/度)
燃气	2.4(元/m^3)

(3) 用"数据"工作表中的相关数据计算"家庭理财"工作表中的相关费用，计算时必须使用绝对引用。

(4) 用公式计算"家庭理财"工作表中的"支出小计"、"收入小计"和"当月节余"。

(5) 用函数计算"家庭理财"工作表中的"平均每月节余"(平均每月节余＝当月节余的总和/6，计算时必须使用函数，直接用公式计算不得分)。

4. 演示文稿的处理(要求在 PowerPoint 中完成)(15 分)

利用系统提供的资料和图片素材，按照题目要求用 PowerPoint 创意制作演示文稿，直接用 PowerPoint 的保存功能存盘。

资料一：嫦娥工程

资料二：绕月探测工程五大系统

2007 年，中国将以一种前所未有的激情派使者出访月亮，使者是一位与月宫仙女同名的新星——嫦娥一号，出发点是有"月亮女儿"美誉的西昌发射场。托举她的是中国航天人精心挑选的大力士长征三号甲运载火箭，护驾的还有为中国载人航天工程立下赫赫战功的航天测控网和国家天文台的观天"巨眼"。在北京一座布满计算机的宫殿里,人们将会查到嫦娥一号送回的探测数据。所有这些共同组成了嫦娥一号出访月亮的团队——绕月探测工程五大系统。

要求:

(1) 第一页演示文稿:用资料一内容。
(2) 第二页演示文稿:用资料二内容。
(3) 演示文稿的模板、动画等自行选择。
(4) 自行设置每页演示文稿的动画效果。
(5) 制作完成的演示文稿整体美观,符合所给环境。

5. 数据库的处理(要求在 Access 中完成)(15 分)

按照题目要求完成后,用 Access 的保存功能直接存盘。

要求:

(1) 用 Access 创建"联系人"表(内容如下表所示)。

联系人 ID	姓名	地址	市	邮政编码	公司名称
1	刘勤	朝阳区	北京市	100034	五环公司
2	张东	西城区	北京市	100026	产业公司
3	任辉	和平区	天津市	300025	启河公司
4	罗晓	南开区	天津市	300010	越丰公司

(2) 用 Access 创建"通话记录"表(内容如下表所示)。

联系人 ID	通话 ID	通话日期	通话时间	通话主题

(3) 为"联系人"表和"通话记录"表建立关系。

(4) 向"联系人"表中输入记录有关通话信息的数据(通话信息的数据内容如下表,表中的"姓名"对应联系人表中的"姓名")。

表一:

姓名	通话 ID	通话日期	通话时间	通话主题
刘勤	1	2007-8-12	9:00	商定会谈时间
	2	2007-8-12	15:00	确定会谈时间和地点

表二:

姓名	通话 ID	通话日期	通话时间	通话主题
任辉	1	2007-9-2	早上 8:20	祝贺生日快乐

(5) 通过 Access 的查询功能,生成"联系人通话记录查询"表,并在表中显示有过电话交流的联系人的详细情况及通话记录。

12.3 参考答案

第1章

略

第2章

1. 选择题

(1) A (2) C (3) C (4) B (5) B (6) C (7) C (8) B (9) A
(10) D (11) B (12) B (13) D (14) C (15) D (16) A (17) B (18) B
(19) A (20) C (21) B (22) A (23) B (24) D (25) C (26) B (27) D
(28) A (29) C (30) D

2. 填空题

(1) 连接计算机中各部件   (2) 输入设备   (3) 随机读/写存储器

(4) 中央处理器、内存储器、外存储器、I/O设备

(5) 只读存储器、随机读/写存储器、高速缓冲存储器

(6) $(221)_{10}$ $(335)_8$ $(DD)_{16}$

3. 问答题   略

第3章

1. 单选题

(1) D (2) A (3) B (4) B (5) D (6) D (7) B (8) C (9) C
(10) C (11) B (12) C (13) B (14) B (15) C (16) B (17) A (18) D
(19) D (20) B (21) D (22) C (23) A (24) D (25) A

2. 多选题

(1) ABCD (2) AD (3) ABCD (4) AB (5) BCD (6) BC (7) ABCD
(8) ABCD (9) AB (10) ABCD (11) BCD (12) ABC (13) AD (14) BCD
(15) BCD (16) ABCD (17) ABCD (18) AC (19) ACD (20) ABCD

3. 填空题

(1) 被选中的复选框   (2) 一个正在执行或可执行的程序

(3) 树型结构   (4) 剪贴板

(5) Ctrl   (6) 硬盘上

(7) 右   (8) Shift+空格键

(9) Ctrl+Shift   (10) 硬盘

第4章

1. 单选题

(1) D (2) A (3) C (4) B (5) B (6) A (7) B (8) B (9) D

(10) C (11) C (12) C (13) D (14) C (15) D (16) C (17) A (18) A
(19) B (20) A (21) D (22) A (23) C (24) A (25) A (26) C (27) B
(28) C (29) C (30) D

2. 多选题

(1) BCD (2) ABCD (3) ABCD (4) ABC (5) ABC
(6) ABD (7) ABD (8) BD (9) BCD (10) ABCD
(11) ABCD (12) ABC (13) ACD (14) BCD (15) ABC

3. 填空题

(1) 拆分 (2) 字符缩放 (3) 段落 (4) 格式 (5) 段落
(6) 文件名 (7) 工具 (8) 另存为 (9) Ctrl+Enter (10) 样式和格式

第 5 章

1. 单选题

(1) A (2) C (3) C (4) B (5) C (6) A (7) B (8) B (9) A
(10) C (11) D (12) D (13) B (14) D (15) C (16) A (17) B (18) B
(19) A (20) B (21) A (22) D (23) D (24) A (25) C

2. 多选题

(1) ABC (2) AB (3) ABC (4) BCD (5) ABCD (6) ABC
(7) AC (8) ABCD (9) ABCD (10) ABCD (11) ABCD (12) CD
(13) ABCD (14) ABCD (15) BD (16) ABC (17) CD (18) ABCD
(19) ABC (20) ACD

3. 填空题

(1) 3 (2) 255 (3) Book1 (4) Ctrl+V (5) Ctrl+C
(6) D2 (7) 右对齐 (8) $ (9) 编辑 (10) Ctrl

第 6 章

1. 单选题

(1) C (2) B (3) A (4) D (5) A (6) A (7) B (8) C (9) B
(10) C (11) D (12) B (13) C (14) D (15) D (16) A (17) C (18) C
(19) A (20) B

2. 多选题

(1) ABCD (2) BCD (3) ABC (4) AD (5) BD
(6) ABCD (7) BCD (8) ABD (9) AB (10) ABD

3. 填空题

(1) 文本框 (2) 母版 (3) 一张幻灯片 (4) 其他 (5) 多个不同的模板
(6) 标题母版 (7) 重排顺序 (8) PPS (9) 讲义 (10) 发送

第 7 章

1. 单选题

(1) A (2) D (3) D (4) B (5) B (6) A (7) D (8) C (9) A

(10) C (11) B (12) A (13) B (14) D (15) B (16) B (17) A (18) C
(19) D (20) D

2. 多选题

(1) ABC (2) ABCD (3) ABCD (4) AB (5) ABD
(6) ACD (7) ABCD (8) BC (9) ACD (10) ABCD

3. 填空题

(1) 记事本 (2) 网页文件 (3) 4 (4) 颜色 (5) 测试

第 8 章

1. 单选题

(1) B (2) C (3) B (4) A (5) A (6) D (7) B (8) D (9) B
(10) B (11) C (12) D (13) A (14) B (15) B (16) C (17) D (18) A
(19) B (20) C (21) B (22) C (23) D (24) C (25) A

2. 多选题

(1) ABC (2) CD (3) ACD (4) ABD (5) BC
(6) AD (7) ACD (8) BCD (9) ABC (10) BD

3. 填空题

(1) 不是 (2) 身份证号 (3) 字符(串)连接符 (4) 筛选 (5) 表
(6) 链接表 (7) 模糊 (8) OpenQuery (9) OLE 对象 (10) 备注型

第 9 章

1. 选择题

(1) B (2) D (3) C (4) D (5) B (6) D (7) C (8) B (9) A
(10) A (11) A (12) D (13) C (14) A (15) B (16) B (17) C (18) D
(19) D (20) D

2. 填空题

(1) 交互性、多样化、集成性

(2) 硬件、软件

(3) 主机、视频部分、音频部分、基本输入/输出设备、高级多媒体设备

(4) 多媒体应用程序、多媒体工具软件、多媒体操作系统、多媒体核心部件、多媒体硬件设备驱动程序

(5) 传输、存储

(6) JPEG、MPEG

3. 问答题 略

第 10 章

1. 单选题

(1) C (2) C (3) C (4) A (5) D (6) D (7) A (8) B (9) B
(10) A (11) C (12) A (13) C (14) C (15) D

2. 填空题

(1) 资源　　(2) 本机　　(3) 发送邮件　　(4) 中国公众互联网　　(5) 收藏夹
(6) 商业机构　(7) 集线器　(8) 文件传输　　(9) 附件　　　　　　(10) IE

3. 多选题

(1) BCD　　(2) ACD　　(3) BCD　　(4) ABCD　　(5) AC
(6) ABD　　(7) AB　　 (8) AB　　 (9) BCD　　 (10) BC

第 11 章

1. 选择题

(1) C　　(2) D　　(3) B　　(4) D　　(5) A

2. 问答题

略

第 12 章

12.1

(1) C　(2) D　(3) C　(4) B　(5) B　(6) A　(7) B　(8) A　(9) B
(10) A　(11) A　(12) D　(13) A　(14) C　(15) D　(16) C　(17) C　(18) D
(19) C　(20) C　(21) C　(22) D　(23) B　(24) B　(25) D　(26) B　(27) A
(28) B　(29) C　(30) B　(31) C　(32) C　(33) C　(34) A　(35) A　(36) C
(37) B　(38) C　(39) D　(40) B　(41) B　(42) A　(43) B　(44) D　(45) D
(46) B　(47) A　(48) B　(49) A　(50) A　(51) B　(52) C　(53) C　(54) C
(55) B　(56) D　(57) D　(58) B　(59) C　(60) D　(61) A　(62) A　(63) C
(64) D　(65) A　(66) A　(67) A　(68) C　(69) D　(70) C　(71) A　(72) C
(73) B　(74) D　(75) A

12.2

略

附录 A   ASCII 码表

十进制	十六进制	符号	十进制	十六进制	符号
0	0H	(NULL)	33	21H	!
1	1H		34	22H	"
2	2H		35	23H	#
3	3H		36	24H	$
4	4H		37	25H	%
5	5H		38	26H	&
6	6H		39	27H	'
7	7H	BEEP	40	28H	(
8	8H		41	29H	)
9	9H	'\t'	42	2AH	*
10	AH	'\n'	43	2BH	+
11	BH	'\v'	44	2CH	,
12	CH	'\f'	45	2DH	-
13	DH	'\r'	46	2EH	.
14	EH		47	2FH	/
15	FH		48	30H	0
16	10H		49	31H	1
17	11H		50	32H	2
18	12H		51	33H	3
19	13H		52	34H	4
20	14H		53	35H	5
21	15H		54	36H	6
22	16H		55	37H	7
23	17H		56	38H	8
24	18H		57	39H	9
25	19H		58	3AH	:
26	1AH		59	3BH	;
27	1BH	ESC	60	3CH	<
28	1CH		61	3DH	=
29	1DH		62	3EH	>
30	1EH		63	3FH	?
31	1FH		64	40H	@
32	20H	空格符	65	41H	A

续表

十进制	十六进制	符号	十进制	十六进制	符号
66	42H	B	97	61H	a
67	43H	C	98	62H	b
68	44H	D	99	63H	c
69	45H	E	100	64H	d
70	46H	F	101	65H	e
71	47H	G	102	66H	f
72	48H	H	103	67H	g
73	49H	I	104	68H	h
74	4AH	J	105	69H	i
75	4BH	K	106	6AH	j
76	4CH	L	107	6BH	k
77	4DH	M	108	6CH	l
78	4EH	N	109	6DH	m
79	4FH	O	110	6EH	n
80	50H	P	111	6FH	o
81	51H	Q	112	70H	p
82	52H	R	113	71H	q
83	53H	S	114	72H	r
84	54H	T	115	73H	s
85	55H	U	116	74H	t
86	56H	V	117	75H	u
87	57H	W	118	76H	v
88	58H	X	119	77H	w
89	59H	Y	120	78H	x
90	5AH	Z	121	79H	y
91	5BH	[	122	7AH	z
92	5CH	\	123	7BH	{
93	5DH	]	124	7CH	|
94	5EH	^	125	7DH	}
95	5FH	_	126	7EH	~
96	60H	`	127	7FH	

参考文献

1. 杨振山,龚沛曾.大学计算机基础.北京:高等教育出版社,2004.
2. 李秀.计算机文化基础.北京:清华大学出版社,2005.
3. 李大友.信息处理技术.北京:电子工业出版社,2005.
4. 唐多强.信息处理技术员教程.北京:清华大学出版社,2006.
5. 李辉等.信息处理技术与工具.北京:清华大学出版社,2005.
6. 沈祥玖.数据库原理及应用(Access 2000).北京:高等教育出版社,2005.
7. 赵晓侠,马崇华.Visual FoxPro8.0数据库程序设计.北京:中国铁道出版社,2006.
8. 程旭,巨泽建.Windows XP中文版.北京:清华大学出版社,2001.
9. 微软公司(中国).http://www.microsoft.com/china/index.htm.
10. 计算机世界.http://www.ccw.com.cn.
11. 中国电子行业信息网.http://www.ceic.gov.cn.
12. 中国信息产业部.http://www.gov.cn.

相关课程教材推荐

ISBN	书名	定价(元)
9787302200390	信息素养教育	31.00
9787302228295	信息处理技术基础教程(第2版)	34.00
9787302232001	计算机应用基础(第2版)	26.00
9787302232858	计算机应用基础(第2版)上机指导与实践教程	16.00
9787302199274	大学计算机基础	33.00
9787302218579	程序设计基础(C语言版)第2版	23.00
9787302220541	程序设计基础(C语言版)第2版 实验指导与习题	13.00
9787302244677	C程序设计基础(第2版)	29.50
9787302176855	C程序设计实例教程	25.00
9787302189725	Visual FoxPro 程序设计基础	29.00
9787302201946	Visual FoxPro 程序设计实训与应用教程	21.00
9787302183013	IT行业英语	32.00
9787302185635	网页设计与制作实例教程	28.00
9787302201649	网页设计与开发——HTML、CSS、JavaScript 实例教程	29.00
9787302175384	计算机常用工具软件教程	32.00
9787302245384	多媒体技术与应用	32.00
9787302194422	Flash8 动画基础案例教程	22.00
9787302152200	计算机组装与维护教程	25.00
9787302216605	计算机组装与系统维护技术	32.00
9787302200628	信息检索与分析利用(第2版)	23.00
9787302203865	工程信息检索与论文写作	39.50
9787302191094	毕业设计(论文)指导手册(信息技术卷)	20.00

以上教材样书可以免费赠送给授课教师,如果需要,请发电子邮件与我们联系。

教学资源支持

敬爱的教师:

感谢您一直以来对清华版计算机教材的支持和爱护。为了配合本课程的教学需要,本教材配有配套的电子教案(素材),有需求的教师可以与我们联系,我们将向使用本教材进行教学的教师免费赠送电子教案(素材),希望有助于教学活动的开展。

相关信息请拨打电话 010-62770175-4505 或发送电子邮件至 liangying@tup.tsinghua.edu.cn 咨询,也可以到清华大学出版社主页(http://www.tup.com.cn 或 http://www.tup.tsinghua.edu.cn)上查询和下载。

如果您在使用本教材的过程中遇到了什么问题,或者有相关教材出版计划,也请您发邮件或来信告诉我们,以便我们更好为您服务。

地址:北京市海淀区双清路学研大厦 A-708　　计算机与信息分社 梁颖　收
邮编:100084　　　　　　　　　　　　　　　电子邮件:liangying@tup.tsinghua.edu.cn
电话:010-62770175-4505　　　　　　　　　邮购电话:010-62786544

图书资源支持

感谢您一直以来对清华版图书的支持和爱护。为了配合本书的使用,本书提供配套的素材,有需求的用户请到清华大学出版社主页(http://www.tup.com.cn)上查询和下载,也可以拨打电话或发送电子邮件咨询。

如果您在使用本书的过程中遇到了什么问题,或者有相关图书出版计划,也请您发邮件告诉我们,以便我们更好地为您服务。

我们的联系方式:

地　　址:北京海淀区双清路学研大厦 A 座 707

邮　　编:100084

电　　话:010-62770175-4604

资源下载:http://www.tup.com.cn

电子邮件:weijj@tup.tsinghua.edu.cn

QQ:883604(请写明您的单位和姓名)

用微信扫一扫右边的二维码,即可关注清华大学出版社公众号"书圈"。

扫一扫
资源下载、样书申请
新书推荐、技术交流